该丛书获得胡崇明法津援助基金资助

Fundamental Understanding and Operation
of Leniency on Admission of Guilty
and Acceptance of Punishment

认罪认罚
从宽制度研究

◎孙道萃 著

从试点至立法，认罪认罚从宽制度备受关注，

开启了有中国特色的认罪协商制度的探索与实践。

在此期间，实践经验反复叠加，理论研究不断积累，

学术成果日渐丰富，加速推进认罪认罚从宽制度的知识进阶与深度形塑。

在全面实施阶段，学术意识更为开阔，实践交锋频现，

理论研究尚需更上一层楼。

本书旨在起抛砖引玉之用，以期研究更为深入。

中国政法大学出版社

2020·北京

图书在版编目（CIP）数据

认罪认罚从宽制度研究/孙道萃著.—北京：中国政法大学出版社，2020.7
ISBN 978-7-5620-8502-7

Ⅰ.①认… Ⅱ.①孙… Ⅲ.①刑事诉讼—司法制度—研究—中国 Ⅳ.①D925.210.4

中国版本图书馆CIP数据核字(2020)第083042号

书　名　认罪认罚从宽制度研究
　　　　RENZUI RENFA CONGKUAN ZHIDU YANJIU

出版者　中国政法大学出版社

地　址　北京市海淀区西土城路 25 号

邮　箱　fadapress@163.com

网　址　http://www.cuplpress.com（网络实名：中国政法大学出版社）

电　话　010-58908466（第七编辑部） 010-58908334（邮购部）

承　印　北京九州迅驰传媒文化有限公司

开　本　720mm×960mm　1/16

印　张　22

字　数　360 千字

版　次　2020 年 7 月第 1 版

印　次　2020 年 7 月第 1 次印刷

定　价　88.00 元

序　一

孙道萃系我在北京师范大学刑事法律科学研究院指导的博士生。2014 年博士毕业后，他通过自己的努力，进入华南理工大学法学院任教，开启了教学科研的新旅程。

孙道萃同志对学术研究还是有一定的追求与抱负的。他先后多次反复征求我本人的意见，也表达了希望回京进一步学习与进步的意愿。作为导师，我深以为然。2016 年 12 月，在多方努力下，孙道萃回到北京师范大学刑事法律科学研究院，跟随我国著名刑事诉讼法学家樊崇义教授从事刑事诉讼方面的博士后工作。在博士后工作期间，他围绕认罪认罚从宽制度，充分结合刑法学与刑事诉讼法学的理论与知识，遂成本书。

认罪认罚从宽制度是一项全新的法律制度，对此，我个人有以下基本看法：

（1）如何理解实体法意义上的认罪认罚。关于认罪认罚的理解，《刑事诉讼法》（2018 年修正）第 15 条规定的是"自愿如实供述自己的罪行，承认指控的犯罪事实，愿意接受处罚的"。但是，据我了解，刑事诉讼法学界对此仍有不同的看法，而在刑法层面，也有值得探索的地方。它包括：一是认罪与自首制度的关系。包括认罪是否就是自首、认罪与共同犯罪中立功的关系等问题。二是认罚与积极退赔退赃、主动缴纳罚金等之间的关系。三是认罪认罚在刑法典中的合法性地位。目前，1997 年《刑法》中并未明确单独地规定"认罪认罚"，在实体法层面存在一定的规范合法性危机。四是认罪认罚对理解刑法学中的一些概念带来了新的影响，如犯罪的概念、社会危害性、人身危险性等。五是认罪认罚是否是一个整体概念，而不能分开进行理解。但是，相应的刑法学依据尚不明确。

（2）如何把握好实体从宽的标准、幅度以及边界。按照《刑事诉讼法》（2018 年修正）第 15 条的规定，从宽处理是最终的法律结果，也是该项制度的司法归宿所在。当前，办案机关围绕如何实现"从宽处理"，其实存在一些不同的认识，在实施层面也有不同的理解。解决好"从宽处理"的问题，不仅要从贯彻落实《刑事诉讼法》的规定这一角度出发，也要通盘考虑刑法衔接问题。在刑法层面的问题：一是如何理解《刑法》第61条关于量刑根据的规定，认罪认罚是否应当作为一项新的内容。二是如何理解《刑法》第63条关于法定减轻的规定。对于认罪认罚的，需要作出减轻的从宽处罚。但"认罪认罚"又不属于第63条规定的情形，对此应如何处理？三是认罪认罚案件如何实现"依法"从宽处理，从而不突破刑法的相关规定与基本原理，并最终实现罪责刑相适应原则。四是认罪认罚是否属于独立的量刑情节。目前，不少观点予以支持。但问题是，《刑法》并无相关规定。如何填补这一立法空白的困惑也随之而来。

（3）如何实现《刑法》与《刑事诉讼法》的衔接问题。《刑事诉讼法》（2018年修正）正式规定认罪认罚从宽制度后，其中一些规定与现行刑法的规定存在一些不一致的地方，亟需做好两法衔接问题。譬如，刚才谈到的认罪认罚是否属于独立的量刑情节等。但更值得刑法学界关注的问题是，在立法上，是否需要考虑以及如何启动刑法修正工作。只有从刑法典的角度解决好上述争议问题，实现两法的有序衔接，才能提供合法性依据，才能形成合力，共同促进认罪认罚从宽制度的全面实施。

（4）如何实现精准量刑。《刑事诉讼法》（2018年修正）第15条规定，犯罪嫌疑人、被告人自愿如实供述自己的罪行，承认指控的犯罪事实，愿意接受处罚的，可以依法从宽处理。第176条第2款明确规定，犯罪嫌疑人认罪认罚的，人民检察院应就主刑、附加刑、是否适用缓刑等提出量刑建议。第201条规定，人民法院一般应当采纳人民检察院的量刑建议。这从立法上明确了检察机关作为主导的实施机关，应提出精准且明确的量刑建议。这对检察机关的量刑建议能力提升与量刑工作改革等提出了更高的要求。同时，对于人民法院而言，对签署的具结书及量刑建议的审查，也成为新的庭审对象。2019年4月12日，全国检察机关贯彻落实认罪认罚从宽制度电视电话会议强调，进一步细化常见罪名量刑标准，加强量刑规范化建设。2019年4月28日，全国检察机关"量刑建议精准化、规范化、智能化"网络培训要求，全面加快提升检察官量刑建议的能力和水平。特别明确要求充分发挥大数据智能辅助系统的作用，有效提升量刑建议的精准度。提议参考学习法院系统和专家学者开发的量刑辅助系统，充分论证并适时组织研发可以普遍适用的量刑建议辅助系统，明确提出了认罪认罚案件的量刑智能化改革之探索方向。

可以肯定的是，大数据与人工智能分析技术能够在智能抓取相关量刑情节基础上，对刑期进行数据归纳、分析和智能输出。未来量刑活动离不开大数据智能辅助办案系统的支撑，必须充分利用人工智能提升量刑建议精准度。

对于认罪认罚从宽制度及其实施过程中的新型疑难问题，应当加强理论研究，群策群力，尽快提出有效的对策。孙道萃同志的博士后出站报告以认罪认罚从宽制度为研究对象，反映了其主动关注现实法治问题的学术意愿，也很好地整合了刑事法学的相关知识。本书以博士后研究报告为基础，结合立法的最新修改、实施细则与实践动态，对认罪认罚从宽制度及其实施过程中的重点、难点以及热点问题进行解读，为理解和完善该项制度提供了积极有益的思考方向。

综观本书，具有以下特点：一是充分贯彻刑事一体化的研究方法。众所周知，认罪认罚从宽制度是一项综合性的制度，既涉及实体法问题，也涉及程序法问题。因而，对认罪认罚从宽制度的研究，不能只关注程序法内容，而忽略了实体法内容。本书很好地体认刑事一体化之研究方法，进行了完整的讨论与全面的分析。可以说，该书是他本人致力于刑事一体化研究的良好开端。二是有效地统合理论与实践。认罪认罚从宽制度从试点到正式立法，既是一场浩大的试验性活动，也是富于理论与教义学的生产活动。特别是立法化后，理论研究尤为重要。本书以大量试点数据与实施情况为依托，充分立足于实践的动态与规律，在此基础上，也注重理论层面的升华与提炼，并提出了一些有新意的看法与观点。三是兼顾了全面实施与知识前瞻的协同关系。认罪认罚从宽制度正处于全面实施阶段，有诸多新的适用问题有待澄清。同时，对该制度的理论前瞻与制度建设也不容耽搁。本书既不余遗力地聚焦实施问题，也恰当地展开了针对重点议题的前瞻思考。

诚然，该书尚且存在一些可以进一步完善之处，毕竟认罪认罚从宽制度的全面实施尚启动不久，新情况、新问题将不断出现，可以预见将来仍有广阔的研究前景。但是，瑕不掩瑜，该书可作为当下研究的一个有益参考。值此付梓之际，邀我作序，作为导师，欣然应允，予以推介，仍为勉励。

高铭暄

2019 年 10 月 1 日

序　二

　　初识孙道萃同志于 2016 年底，当时系经我国著名刑法学家高铭暄教授的推荐，有意在我们下从事博士后工作。经过安排，最后进入北京师范大学刑事科学研究院流动站。当时正好是认罪认罚从宽制度试点工作的启动前后。他比较敏锐地抓住了这个热点问题，当即告知打算将认罪认罚从宽制度作为博士后出站报告的研究主题。我明确予以支持，并鼓励尽快动手。不久，孙道萃同志还以此主题，顺利申报了博士后基金项目资助。本书的部分内容便源自其博士后出站报告。但是，《刑事诉讼法》（2018 年修正）的到来，又出现了许多新问题、新情况。有鉴于此，不得不又作了很大幅度的修改，既为了确保与法律规定的一致，也为了聚焦实施过程的适用问题。

　　该书在一定程度上反映了我国认罪认罚从宽制度的动态发展历程，亦见证了认罪认罚从宽制度的研究进展。该书有以下几个方面值得肯定：

　　一是精于主要问题的阐明。公认的是，认罪认罚从宽制度是一项综合性范畴，涉及诸多方面的问题，无论是在试点期间，还是立法过程中以及全面实施阶段，均有待澄清。然而，当前更应当集中解答主要的理论争议与实践困境。为此，该书选择九大主题进行讨论，具有一定的专题研究色彩。通过对当前主要问题的透视，旨在侧重对该制度的主要矛盾进行解构。尽管没有按照既有的演绎法进行"庖丁解牛"，对认罪认罚从宽制度进行逐一的阐述，却也避免了面面俱到带来的不必要臃肿，继而能够更集中地围绕重大疑难问题展开阐述。这种由点到面地渐次铺开，也可以立体地展示该书的一些研究旨趣与学术关切。

　　二是善于回归理论研究。认罪认罚从宽制度从试点至今，有着极为丰富的实践数据、实施经验。但是，由于试点时间不长、各地做法不一，导致理论研究不够，学术争鸣不充分。在立法修改过程中，围绕认罪认罚从宽制度的理论探讨日益丰富。不仅使该项制度的内容日益丰满，也使其实践价值更为凸显。在认罪认罚从宽制度全面实施过程中，也积累了新路径与新思维，这为理论研究提供了更为肥沃的土壤。在我看来，全面推进认罪认罚从宽制度的贯彻实施是当前与今后的重大任务。政治立场的站位要高、全面改革的意识要深、司法模式的转型要快，应作为指导其全面实施的基本方向。应当加快构建全面实施的运行机制，既涉及诉讼联动机制的有效嵌入，也涉及适用范围的全覆盖、诉讼阶段的全流程适用、诉讼程序类型的准确适用等内容。搭建推动认罪认罚从宽制度的实施平台，建立平等的控辩协商机制具有迫切的现实需要与重大意义，由主观认定到程序审理的深度转变则是另一要务。该书对于这些活生生的实践理性，不仅予以充分的呈现，更善于回归理论研究，注重学术的凝练，提出并丰富了该制度的认识视角与共识。例如，该书对认罪认罚从宽诉讼协商制度及机制建设以及认罪认罚从宽诉讼协商程序适用进行讨论，都有着显著的研究意义。

三是敢于探索新问题。在认罪认罚从宽制度的全面实施阶段，有许多新的适用问题不断出现，包括如何理解认罪认罚从宽，如何协商，如何精准量刑等。只有对这些前沿的新问题进行及时的理解，才能更全面地理解并贯彻落实认罪认罚从宽制度，真正激活并发挥该项制度的立法初衷与司法意义。当前，智能预测量刑系统无疑是前沿热点议题之一。对此，本书已经敏锐地注意到，并进行了详细深入的讨论，提出了诸多有建设性的构想，并上升到了学理层面，对解决精准量刑具有积极意义。这反映了该书不失于对理论与实践的前瞻性的有效关注。

当然，该书也存在一些遗憾和不足。例如，对"两高三部"发布的《关于适用认罪认罚从宽制度的指导意见》（2019年10月）及其实施细则等内容，解读的实效性不够，也来不及对全面实施阶段的新问题进行及时回应。但作为一本研究动态问题与发展实务的著作，难免存在这方面的问题。

作为孙道萃同志在北京师范大学刑事科学研究院的博士后合作导师，乐于看到他入职后，专心学术的热情不减，坚持写作的态度不变。而今，他又是我们国家法律援助研究院的新晋一员，邀我作序，欣然应允，特予推荐。

樊崇义

2019年10月5日

目　录

绪　论

《中共中央关于全面推进依法治国若干重大问题的决定》（2014 年）、最高人民法院《关于全面深化人民法院改革的意见——人民法院第四个五年改革纲要（2014—2018）》（法发〔2015〕3 号）对认罪认罚从宽制度作出了重要的战略部署和安排。随后，《关于认罪认罚从宽制度改革试点方案》（中央全面深化改革领导小组，2016 年 7 月，以下简称《试点方案》），《关于〈关于授权在部分地区开展刑事案件认罪认罚从宽制度试点工作的决定（草案）〉的说明》[周强，2016 年 8 月，以下简称《试点决定（草案）》]，全国人民代表大会常务委员会《关于授权最高人民法院、最高人民检察院在部分地区开展刑事案件认罪认罚从宽制度试点工作的决定》（2016 年 9 月，以下简称《试点决定》），最高人民法院、最高人民检察院、公安部、国家安全部、司法部《关于在部分地区开展刑事案件认罪认罚从宽制度试点工作的办法》（2016 年 10 月，以下简称《试点办法》）相继出台，不仅使认罪认罚从宽制度真正得以具体落地，也使其正式转入全面铺开的试点阶段。2018 年 10 月26 日，《全国人民代表大会常务委员会关于修改〈中华人民共和国刑事诉讼法〉的决定》（第十三届全国人民代表大会常务委员会第六次会议通过）使认罪认罚从宽制度的未来发展方向之重大问题终于"尘埃落定"，不仅在总则中确立了认罪认罚从宽制度，而且还对速裁程序、值班律师制度等相关事项一并作出了规定。《刑事诉讼法》（2018 年修正）对认罪认罚从宽制度及其实施的相关配套措施之规定，具有划时代的开拓意义，不仅有助于将试点经验等予以固化、升级，也有助于进一步推动认罪认罚从宽制度的再实施，但也必然会面临新的挑战。

认罪认罚从宽制度是我国刑事司法改革的前沿阵地，是继刑事速裁程序试点改革后，与"以审判为中心"及庭审实质化、程序分流等改革相配套的重要举措，是我国刑事诉讼制度在当代社会的最新发展。这决定对其进行过程同步性、全程持续性研究具有重大实践意义和理论价值。认罪认罚从宽制度也是一体性、综合性、兼容性的司法制度，应首先持开放性、发展性、包容性立场对其进行理论解构，充分整合实体法和程序法资源，以试验性司法与立法的高效协同推动试点探索的顺利开展。认罪认罚从宽制度还是认罪从宽政策法定化、制度化的产物，其制度功效与未来命运直接取决于两年的试点探索工作。应通过密切追踪、实时观察并积极参与试点探索进展，为其完善适用提出相应的对策与方案。与此同时，对认罪认罚从宽制度在试点结束后何去何从的研究应当提上议程，继续试点、普遍推广还是另寻他路都是其未来命运的可能走向。在试点探索与制度解构的基础上，应充分结合最新规定的内容，全面谋划后"认罪认罚从宽"时代的诉讼制度改革图景。

基于此，对认罪认罚从宽制度及其试点进行观察、分析、讨论以及研判、展望时，应当遵循以下基本理念和要求：（1）践行刑事一体化的诉讼法哲学思维。立足于刑事一体化研究的精神实质，充分了解和掌握认罪认罚从宽制度的试点探索进展，通过全程参与、同步追踪试点探索活动，为认罪认罚从宽试点的发展完善提供复合型、订制型等多元化解决对策。（2）营造刑事诉讼制度改革的"承前启后"局面。承接刑事速裁程序试点等司法改革的有益经验和前期基础，整合刑事司法改革资源，谋求系统性的改革效益，释放最大改革红利。着眼未来的司法改革与诉讼制度变革，展望制度试点结束后的应然命运，提供具有实践理性与可检验性的方案，有效衔接司法改革的跃升。（3）创生试验性刑事司法改革的理论图景与实践品格。汇聚认罪认罚从宽制度的探索成果与最新经验，提炼试验性司法与立法的协同模型与运行机理。投放试验性改革动能，助力刑事诉讼改革的持续性与发展性，反哺刑事实体法的改进。（4）展望《刑事诉讼法》（2018 年修正）确认后的制度完善与实施优化机制。《刑事诉讼法》（2018 年修正）对认罪认罚从宽制度的确认，具有承前启后的重大意义，既使试点到期后的制度衔接有效"落地"，也提出了进一步贯彻、落实《刑事诉讼法》（2018 年修正）相关内容的新课题。

在此基础上，针对认罪认罚从宽制度及其全面实施，结合试点情况，围绕九大基本问题，从多维度来展开深入浅出的分析，并提出相应的对策与建议。

第一章"认罪认罚从宽制度的法理探寻"。虽然试点工作进展顺利，但其法理基础问题略有忽视，指导试点的制度意义难以被彻底激发。从认罪认罚从宽制度的相关政策文件及其主要表述看，可以锁定认罪认罚从宽制度与宽严相济刑事政策、程序繁简分流、诉讼效率提高、以审判为中心的诉讼制度改革与庭审实质化、刑事诉讼协商合作以及刑事诉讼程序体系的多元化等理念息息相关。但目前理论上的阐述仍有不足之处，主要是未能跳出试点与当前的特定背景，因而需要进一步予以探究认罪认罚从宽与其法理基础之间的"互动关系"。总体而言，宽严相济的刑事政策强调区别对待精神，既表现为实体法上对认罪与否的区分，也表现为程序法上对认罪与否案件的不同处理。只有充分认识到宽严相济刑事政策的制度化、具体化是这场变革的根本动力，才能准确把握认罪认罚从宽案件的出台背景与试点目标，真正实现刑事一体化意义上的"区别对待"。在以审判为中心的诉讼制度改革的语境下，庭审实质化等改革相继推进，为了满足程序分流的目标，就必须从源头上区分认罪认罚与不认罪认罚，实现庭审实质化与程序简化的合理分流，但应警惕程序简化所可能引发的司法公正风险。应充分关注并导入由诉讼对抗到诉讼合作的司法理念转型，同步掌握其对刑事诉讼结构、模式以及制度的影响，推动刑事诉讼协商制度的发展，迎接刑事诉讼程序体系多元化时代的到来。

第二章"认罪认罚的规范理解与适用释明"。认罪认罚从宽制度的试点工作已经全面铺开，遵循刑事一体化理念，对认罪认罚这一新概念的制度要义和本体范畴的解析尤为重要。认罪是前提和基础，其实体含义主要由认罪的时间或阶段、与自首等区别认罪主体、认可所犯罪行与法律适用，以及认罪的有效性、自愿性与协商性等组成，程序内涵主要包括如实供述与合理辩解、客观的有罪事实存在与达到法定的证明标准、刑事责任的形成与实现、独立的认罪程序、签署具结书的诉讼固化意义等。认罚是关键的衔接因素，其实体意蕴主要包括认罪的协商性、对具体罪名及法定刑等具体要素的认可、自愿性与真挚性，程序内涵包括量刑协商等不同诉讼阶段的具体表现、积极退赔退赃等常见情形、自愿性的审查、与认罪的逻辑关系等。同时，要明确认罪认罚是否属于独立的量刑情节。

第三章"从宽制度的基本内涵与实现"。认罪认罚从宽制度是一项综合性的刑事法治范畴，基于被追诉者自愿认罪认罚而依法形成的从宽是终端运行机制的基石，理论基础包括宽严相济刑事政策、罪责刑均衡理念、刑事一体化理念以及刑事诉讼的基本原理，事实依据包括自愿认罪认罚、被害人态度、认罪认罚从宽协商机制。基于刑事一体化的思维，从宽总体上分为实体从宽与程序从宽。在实体从宽方面：定罪从宽，涉及罪名轻重、罪数从宽、但书的适用、定罪从宽与赦免的可能性；归责从宽，涉及人身危险性或社会危险性的降低、罪责的协商性、罪责的减免；量刑从宽，涉及是否包括减轻处罚、是否包括免除处罚、从宽幅度、"可以"与"应当"的区分、刑事制裁措施的选择、刑罚执行方式的适用；认罪认罚从宽协商机制，涉及认罪认罚从宽协商机制的确立及其挑战、认罪认罚从宽协商机制的基本逻辑与实现途径。在程序从宽方面：程序从宽的基本内容，涉及适用案件范围的"无禁区"、适用强制措施的从宽、有效辩护的强化、特殊案件的撤销权限、不起诉制度的裁量权限扩大、程序的全程简化；量刑的控辩协商，涉及量刑意见的协商、签署具结书的撤回、量刑意见的强制效力；程序简化的运行机制，涉及认罪认罚自愿性的审查程序、撤回认罪认罚的程序、单独设置认罪认罚从宽的协商程序、上诉程序与抗诉程序、诉讼监督程序、被害人参与的程序及规则。从宽制度是决定这场改革成败的关键，既要推动从宽的制度基础、量刑裁量权的行使与制约、简化审判程序与从宽、量刑规范化改革等涉及从宽的规范化建设工作。在此基础上，也要加强从宽制度建构以及实体立法、程序立法的多维度探索，确保司法正义不在试点与立法贯彻中缺席。

第四章"认罪认罚从宽诉讼协商机制"。控辩（量刑）协商机制是认罪认罚从宽制度中最重要的制度创新，与美国的辩诉交易不尽相同，从实践所呈现的状况来看，利弊均有。在认罪认罚从宽协商的主体结构中，犯罪嫌疑人、被告人是启动者与协商者，公诉部门是主导者与决定者，都是基本主体；审判机关是确认者与审查者，侦查机关是特殊审查者，都是协同主体；辩护律师是辅助主体，被害人是参与主体，代理人是辅助主体，都是参与主体。在认罪认罚的控辩协商机制中，首先要坚持控辩协商的平等原则与自愿协商原则，并努力创造条件促其实现。关于量刑协商的基本构造，实践并未予以完整地呈现，也暴露出一些不足。应对量刑协商的法理构造、量刑协商的存续时间、刑罚种类的协商、量刑幅度的协商、异议与协商、法院审查与裁判、检察机关量刑建议权与限制、量刑协商的规范化等问题展开探索。关于在认罪认罚从宽制度中是否可以展开定罪协商的理论分歧比较大，《试点办法》第9条、第13条规定的做法值得深究，《刑事诉讼法》（2018年修正）也予以明确规定，故不妨推动定罪协商的法理研究。应建立和完善控辩量刑协商机制：既要考虑设置相对独立的量刑协商程序，结合实践中的情况，基于定罪与量刑的程序分离规律，推进独立协商机制的内部构造之发展；也要积极建构新型控辩协商关系，包括犯罪嫌疑人、被告人及其辩护人的权利行使、公诉部门的职权行使、被害人的参与、有效辩护的导入等要素；还要强化具结书的规范化与合法化，重视具结书的说理，确保量刑意见的强制效力。

第五章"认罪认罚从宽诉讼协商程序适用"。按照《刑事诉讼法》（2018年修正）的规定，认罪认罚从宽制度的程序简化作为其基本特征，走向了历史的一个新高点，但与此同时要警惕过度的程序简化现象，妥当处置程序简化与程序正义的分合问题，全程压缩办案期限、刑拘直诉、海淀法院的全流程模式、朝阳区检察院"133"模式等创新做法，都可能是程序过度简化背后的正义隐忧之所在。从试点文件等规定看，认罪认罚从宽诉讼程序的基本属性是独立性或从属性的争辩尚无定论，法庭简化审理作为焦点，涉及是否开庭审理、证人出庭、庭审精简、独任制、当庭宣判等问题，仍需在实践中寻求最佳解决方案，而诉讼程序类型的选择权、量刑协商程序的基本地位与独立性、程序公开原则、庭审简化而不简约的原则等认罪认罚从宽诉讼程序的基本理念更不能失位。认罪认罚的自愿性是适用的最基本前提，应对自愿性采取全程的辨识，考虑设置相对独立的自愿性审查程序。控辩量刑协商机制是认罪认罚案件诉讼程序运行的重要内容，犯罪嫌疑人、被告人撤回认罪认罚，检察机关撤回量刑意见，认罪认罚从宽诉讼协商程序的回转是试点中的工作重心。根据试点文件的规定，不立案或特殊案件撤销权限的行使亦是题中之义，不立案的决定应当依法作出，特殊案件撤销权的掌握是难点，应从理论释疑，并严格适用和通过公正价值施加必要的管控。不起诉的适用是检察机关主导认罪认罚从宽诉讼协商程序，特别是处置从宽问题的重要内容，实践中不起诉的适用相对较为慎重，特殊案件的不起诉以及未成年人认罪认罚案件的附条件不起诉是难点所在。尽管实践中的上诉率不高，但上诉程序的适用对认罪认罚的被追诉者而言是一种诉讼权利的行使之体现，具有现实必要性，实践中应主要解决一审终审制的取舍、上诉条件与情形、上诉审理方式等问题。尽管在实践中，检察机关一般不会主动抗诉，而且试点中的案件数量不多，但抗诉程序的坚守意义重大。应当重视认罪认罚从宽诉讼协商程序中的诉讼监督问题，立案监督程序与审判监督程序是不可或缺的组成部分。

第六章"认罪认罚案件量刑建议的适用争论与发展完善"。在认罪认罚案件中，量刑建议是最核心的实施要素，是决定办案质量的根本内容。认罪认罚从宽协商机制是量刑建议的存在前提与生成基石，但必须强化量刑从宽协商机制的实体化与程序化运行机制，通过异议制度强化量刑建议的合法性与正当性，纠偏当前检察机关提出量刑建议的单方面性等问题。检察机关提出幅度刑，容易引发消损被追诉者的量刑预测等负面作用。检察机关提出确定刑，具有倒逼量刑从宽协商质量提高等积极意义。检察机关应在量刑精准化的新要求下，加快全面提出确定刑的量刑建议。检察机关基于精准要求提出的量刑建议，人民法院一般应当予以采纳，应严格适用"明显不当"的例外排除情形。应加快配套措施的建设，进一步实现量刑建议标准的统一化，提升量刑建议的精准度与科学性。

第七章"认罪认罚从宽制度与被害人权益保障"。认罪认罚案件中的被害人权益可能更易被忽视，应根据有关规定具体地确定被害人的诉讼地位，并据此保障其权益。对于目前的认识分歧，既要准确定位被害人谅解的意义，也要重视被害人权益的动态性，保持理论与实践的一致性。被害人在不同诉讼阶段的参与程度有所差异，侦查阶段是限制参与，审查起诉阶段是重要参与，审判阶段是有限参与，而全程参与是一个逻辑悖论。关于被害人权利的逻辑本体，既要明确被害人参与的基本范围，也应强调控辩协商是参与重点。继而，充分保障被害人的基本权利，主要包括知情权，发表意见权，对犯罪嫌疑人、被告人是否认罪、悔罪发表意见的权利，提出异议权。关于被害人自愿作出谅解的问题，应坚持自愿性、有效性、合理性等标准，科学判断被害人过错问题。在实践中，应重点关注被害人有效参与量刑协商的现状，优化被害人参与量刑协商的方式，妥善处理量刑异议及其效果，合理保障被害人的量刑建议权。对于被害人的申诉权行使问题，包括对不立案决定的申诉权、对不起诉决定的申诉权、对法院生效判决的申诉权等，应考虑设置控告申诉案件的反向评查机制。关于被害人提起自诉的权利，主要涉及对撤销案件决定与不起诉决定提起自诉，但附条件不起诉的情形除外，为了确保有效行使自诉权，可以考虑建立不起诉案件备案审查机制等。

第八章"认罪认罚从宽制度与有效辩护"。基于认罪认罚从宽案件的特殊性，律师提供法律帮助与有效辩护是强化保障被追诉人诉讼权利的利器。但我国辩护制度的现状与试点探索的进展堪忧，有效辩护的现实需要难以得到满足。在侦查阶段，律师参与并提供法律帮助，主要涉及讯问律师在场的必要性与可行性、辩护律师向犯罪嫌疑人核实案件情况的法定限度、强制措施的从宽适用等问题，同时也要依法完成认罪、认罚自愿性的协助确认和特殊案件撤销的参与等热点问题。在审查起诉阶段，律师辩护的主要内容应围绕认罪与定罪的协商、量刑意见的协商、不起诉的适用、辩护人对认罪认罚的异议、制定精细化的量刑规范及律师提供法律帮助的服务标准、流于形式的"见证人"倾向之遏制等问题展开。在审判阶段，律师辩护应围绕协助自愿性审查、督促量刑建议的依法审查与适用、撤回认罪认罚与程序切换的辅助适用（帮助被告人行使撤回权、审判程序的切换以及原有证据材料的合法性、有效性）以及上诉权的保障等问题展开。为了确保律师有效辩护的实现，应将有效辩护的观念导入纳入议题，启动强制辩护的可行性探索，推动刑事辩护全覆盖的试点工作，也应通盘考虑法律援助的延展、控辩对立到控辩合意的思维转变、辩护重心的审前移动等问题。

第九章"认罪认罚案件量刑的智能精准预测知识之前瞻"。控辩量刑从宽协商成为主要的办案任务，而案多人少与司法效率的矛盾进一步凸显、量刑协商机制与提出量刑建议能力相对不足等问题交互叠加，决定了探索智能预测量刑的现实必要性。认罪认罚案件具备智能办案的规模化、类型化优势条件，与"预测"的量刑本质特征、量刑规范化理论、司法大数据蕴含的量刑规律与经验等，共同支撑智能精准预测量刑的深入。应澄清认罪认罚案件智能精准预测量刑的知识体系。理论预测与数据预测作为体系双核相互验证，与必要的人工介入，齐力实现更精准预测量刑，提高认罪认罚案件量刑协商效率与质量。智能精准预测量刑系统宜定位为辅助角色，发挥量刑规范化层面的参考作用。

第一章
认罪认罚从宽制度的法理探寻

一、缘何而来与本源追问

认罪认罚从宽制度作为一项极其重要的刑事司法改革举措，当前对其关注的焦点已经转移到试点的具体操作环节。特别是随着《刑事诉讼法》（2018年修正）明确规定后，认罪认罚从宽制度的实施问题成为首要关注点。但认罪认罚从宽制度的法理基础作为本源问题，不应被忽视和搁置。反而，它是事关这场试点成败的关键内容。只有正确把握认罪认罚从宽制度背后的"支撑力量体系"与"多元诉求"，才能更充分地实现由试点到制度、由制度到理念并上升到立法高度的多重进化诉求。然而，目前无论是政策文件还是理论探索，都缺乏一个整体性的知识图景予以交代。

（一）自上而下的司法体制改革与落地措施的演进

《中共中央关于全面推进依法治国若干重大问题的决定》提出，应完善刑事诉讼中认罪认罚从宽制度。最高人民法院《关于全面深化人民法院改革的意见——人民法院第四个五年改革纲要（2014—2018）》（法发〔2015〕3号）要求，完善刑事诉讼中认罪认罚从宽制度，明确被告人自愿认罪、自愿接受处罚、积极退赃退赔案件的诉讼程序、处罚标准和处理方式，构建被告人认罪案件和不认罪案件的分流机制，优化配置司法资源。按照中央司法体制改革的战略部署，认罪认罚从宽制度是我国刑事司法改革的又一新生力量，是全面推进依法治国的内容。《试点方案》《试点决定（草案）》《试点决定》《试点办法》相继出台，不仅使认罪认罚从宽制度真正得以具体落地，也使其正式转入全面铺开的试点阶段。

然而，在此期间，理论界和实务界都急于认清其"庐山真面目"，试点城市更是"等菜下饭"，首先围绕"认罪认罚从宽制度是什么"的本源探讨正在如火如荼地展开，而试点活动使其更丰富和饱满。但值得追问的是，认罪认罚从宽制度缘何而产生，其形成的时代背景、政策考虑、价值取向、目标定位、诉讼制度改革意义等问题，理论上的阐释仍不够及时和充分。而且，对于这些问题，更应在试点期间作出更完整、更系统的回答，避免因政策不一、价值冲突、目标虚化、制度空置等问题，影响试点工作的正确开展，同时还可以为该制度何去何从摸清方向。例如，关于认罪认罚从宽协商机制的问题，试点过程并不重视，但理论上又是重点。这些问题随着《刑事诉讼法》（2018 年修正）的颁行，在认罪认罚从宽这一基本制度的适用过程中不断涌现。鉴于此，探寻认罪认罚从宽制度的法理基础刻不容缓，进而助益试点与制度本身。

（二）政策文件的立场表述与反思

对于认罪认罚从宽制度的"真实面貌"，在认罪认罚从宽制度试点前后，官方表态都有不同程度的阐明，并有不同的内容表述。这为我们提供了理论观察的前提。

从官方态度看，对认罪认罚从宽制度的产生背景、制度意义等作出了如下表述：(1)《试点方案》强调，认罪认罚从宽制度是我国宽严相济刑事政策的制度化，也是对刑事诉讼程序的创新，将有利于促使犯罪嫌疑人、被告人如实供述犯罪事实，配合司法机关依法处理好案件，有利于节约司法成本，提高司法效率，也有利于减少社会对抗，修复社会关系。(2)《试点决定（草案）》指出，试点的必要性包括：一是及时有效惩罚犯罪，维护社会稳定的需要。二是落实宽严相济刑事政策，加强人权司法保障的需要。三是优化司法资源配置，提升司法公正效率的需要。四是深化刑事诉讼制度改革，构建科学刑事诉讼体系的需要。(3)《试点决定》指明了试点的背景与目标：进一步落实宽严相济刑事政策，完善刑事诉讼程序，合理配置司法资源，提高办理刑事案件的质量与效率，确保无罪的人不受刑事追究，有罪的人受到公正惩罚，维护当事人的合法权益，促进司法公正。(4)《试点办法》第 4 条强调，办理认罪认罚案件，应当坚持贯彻宽严相济刑事政策的原则，做到该宽则宽，当严则严，宽严相济，确保办案法律效果和社会效果。为确保刑事案件认罪认罚从宽制度试点工作依法有序开展，基于《试点方案》《试点决定》的精神，对认罪认罚从宽制度作出具体规定，从操作层面固化试点精神与目标。(5) 2016

年 11 月，最高人民检察院副检察长在检察机关刑事案件认罪认罚从宽试点工作部署会议上指出，开展认罪认罚从宽改革试点，是适应新形势，准确及时惩罚犯罪，维护社会稳定的重要举措；是充分体现现代司法宽容精神，贯彻宽严相济刑事政策，强化人权司法保障的重要路径；是推动刑事案件繁简分流，优化司法资源配置，提升诉讼效率的重要探索；是优化我国刑事诉讼结构，完善刑事诉讼程序，促进提升社会治理能力的重要契机。认罪认罚从宽制度改革，是我国刑事诉讼领域的一场重大变革。完善认罪认罚从宽制度，是从我国国情出发进行的法律制度设计，蕴含着司法价值的平衡和选择，是我国司法制度和刑事诉讼制度的自我完善。虽然它也借鉴了国外辩诉交易和认罪协商制度的有益成分，但两者之间存在本质的区别。[1] (6) 2017 年 7 月 11 日，时任最高人民检察院党组书记、检察长曹建明在大检察官研讨班上强调，要深入推进认罪认罚从宽制度试点，推动构建具有中国特色的轻罪诉讼体系。[2] (7) 2017 年 7 月，时任最高人民法院审判委员会专职委员、第二巡回法庭庭长胡云腾在重庆调研刑事案件认罪认罚从宽制度试点工作时指出，认罪认罚从宽制度试点，是落实党的十八届四中全会改革部署的重大举措，是推进以审判为中心的诉讼制度改革的重要保障。核心内容是对认罪认罚案件"区别对待""分流处理"，实体上从宽量刑，推动宽严相济刑事政策具体化、制度化；程序上从简处理，区分适用速裁、简易或普通程序，实现繁简分流规范化、全程化。要深刻认识这项改革对于强化人权司法保障、创新完善诉讼程序、优化司法资源配置的重要价值。[3] (8) 2017 年 9 月 18~19 日，最高人民检察院在山东青岛召开检察机关刑事案件认罪认罚从宽制度试点工作推进会并指出，完善认罪认罚从宽制度，是党的十八届四中全会部署的重大改革，对提升刑事诉讼效率、健全刑事诉讼结构、完善刑事诉讼程序、推动刑事诉讼制度改革具有重要意义。要着力拓展认罪认罚从宽制度的适用案件范围，完善认罪认罚自愿性保障机制，发挥不起诉在认罪认罚案件处理中的分流作用，提升量刑建议的精准度，完善与多层次诉讼体系相适应的公诉模式，推

---

〔1〕 谢敏："牢牢把握改革方向确保试点依法规范开展"，载《检察日报》2016 年 11 月 29 日，第 1 版。

〔2〕 王治国等："推动构建中国特色轻罪诉讼体系"，载《检察日报》2017 年 7 月 13 日，第 3 版。

〔3〕 罗书臻："胡云腾在认罪认罚从宽制度试点工作座谈会上要求及时总结试点经验 大力推进试点工作"，载《人民法院报》2017 年 7 月 18 日，第 1 版。

进现代科技与改革试点深度融合；要加大统筹推进力度，坚持重点突破与整体推进相结合；要加强监督制约，提高当事人及人民群众的接受度和认可度；要强化改革督查评估，在发现问题、解决问题上下功夫；要积极推动改革成果法制化，形成科学规范、运行有效的制度体系。[1]（9）2017 年 11 月 8～9日，最高人民法院在京召开刑事案件认罪认罚从宽制度试点工作部署会并指出，刑事案件认罪认罚从宽制度试点，是落实党的十八届四中全会改革部署的重大举措，是依法推动宽严相济刑事政策具体化、制度化的重要探索。这项改革，以更好满足司法实践需要、更好回应人民群众对司法公正的期盼为导向，有利于及时有效惩罚犯罪，维护社会稳定；有利于进一步落实宽严相济刑事政策，加强人权司法保障，促进社会和谐；有利于优化司法资源配置，推进以审判为中心的刑事诉讼制度改革，在更高层次上实现公正与效率相统一。要深刻认识改革的时代背景和重大意义，统一思想、明确目标、迅速行动，确保试点顺利开展并取得实效。[2]（10）2017 年 11 月 9 日，最高人民法院在福建省厦门市召开刑事案件认罪认罚从宽制度试点工作推进会。时任最高人民法院审判委员会专职委员、第二巡回法庭庭长胡云腾在讲话中强调，要深刻认识和把握新时代坚持全面深化改革的要求，扎实推进刑事案件认罪认罚从宽制度改革试点。一年来，试点工作全面推开，运行稳妥有序，形成了许多行之有效、可复制、可推广的做法和经验，在落实宽严相济、强化人权保障、优化资源配置、促进公平正义等方面取得了积极成效。今后，试点地区各级法院要把制度创新和程序构建作为核心任务，加强经验梳理、数据分析和总结研究，努力从实体和程序两个层面探索完善宽严相济、区别对待、繁简分流的认罪认罚案件处理模式，在更高层次上实现刑事司法公正与效率相统一，确保改革任务如期圆满完成。[3]（11）最高人民法院、最高人民检察院《关于在部分地区开展刑事案件认罪认罚从宽制度试点工作情况的中期报告》中指出，开展刑事案件认罪认罚从宽制度试点，是落实党的十八届四

---

〔1〕 史兆琨、王海声："攻坚克难推动试点工作向纵深迈进"，载《检察日报》2017 年 9 月 19日，第 1 版。

〔2〕 程国维："张述元：依法推进认罪认罚从宽制度试点工作"，载最高人民法院网，http://www. court. gov. cn/zixun-xiangqing-30331. html，最后访问时间：2017 年 11 月 25 日。

〔3〕 秦至："以党的十九大精神为指引扎实推进改革试点工作"，载《人民法院报》2017 年 11月 10 日，第 1 版。

中全会有关改革部署的重大举措，是推动宽严相济刑事政策具体化、制度化的重要探索，对完善刑事诉讼制度、优化司法资源配置、依法及时有效惩罚犯罪、加强人权司法保障具有重要意义。[1]（12）2018 年 1 月，中央政治局委员、中央政法委书记郭声琨日前在中央政法工作会议上表示，诉讼制度改革作为司法体制改革的重要组成部分，是优化司法资源配置、提高司法质量效率的必由之路。郭声琨要求，深化刑事诉讼制度改革，要根据刑罚轻重、认罪与否等情况，完善刑事案件分流机制，推进简案快审、繁案精审，继续推进认罪认罚从宽制度试点，对被告人认罪认罚的刑事案件，适用速裁程序、简易程序办理，让正义尽快实现。2018 年 9 月试点到期后，要及时总结试点经验，推动刑事诉讼法等有关法律修改，构建起中国特色轻罪诉讼制度体系。中央政法工作会议提出，深入推进以审判为中心的刑事诉讼制度改革，对依普通程序审理的刑事案件，特别是被告人不认罪和认罪后又翻供的案件，积极推进庭审的实质化。要完善庭前会议、法庭调查、法庭辩论等程序，扎实推进律师辩护全覆盖试点，逐步扩大应当出庭人员范围，保证庭审发挥决定性作用。[2]（13）2018 年 10 月 27 日，全国人大常委会法工委刑法室主任王爱立介绍，与 1996 年和 2012 年两次"大修"《刑事诉讼法》相比，这次刑事诉讼法的修改，紧紧围绕党中央的重大决策部署，特别是对深化司法体制改革、进一步完善中国特色的刑事诉讼制度、推进国家治理体系和治理能力现代化而作出的修改。认罪认罚从宽制度及速裁程序被写入法律，正是吸收司法改革成果并用法律的形式固定的积极体现。[3]

尽管官方立场的前后表述略有差异，但仍可以获知其相应的"最小公约数"，主要有以下几个方面：（1）宽严相济刑事政策的制度化与法律化以及具体化；（2）在案多人少的背景下，节约司法成本、合理配置司法资源、提高司法效率；（3）深化以审判为中心的诉讼制度改革、推进程序分流、构建科

---

〔1〕 周强："关于在部分地区开展刑事案件认罪认罚从宽制度试点工作情况的中期报告——2017 年 12 月 23 日在第十二届全国人民代表大会常务委员会第三十一次会议上"，载《人民法院报》2017 年 12 月 24 日，第 1 版。

〔2〕 王亦君："中央政法工作会议提出：推进刑事案件庭审实质化引导民商事纠纷以非诉方式解决"，载中青在线，http://news. cyol. com/yuanchuang/2018-01/23/content_ 16893249. htm，最后访问时间：2018 年 3 月 15 日。

〔3〕 "全国人大常委会法工委刑法室主任王爱立解读新刑事诉讼法"，载凤凰网，http://wemedia. ifeng. com/84176364/wemedia. shtml，最后访问时间：2018 年 11 月 4 日。

学合理的诉讼体系；（4）司法公正的坚守与人权保障的维护之间的关系。这显然是对认罪认罚从宽制度的制定背景、价值取向、功能设定、目标追求的反复"重申"，同时，也为从本体上认清认罪认罚从宽制度及其法理基础提供基本的内部视角。

然而，上述官方表述仍存在一定的模糊性：（1）认罪认罚从宽制度的出台，将如何解决两年试点到期与司法改革措施的长远定位问题。认罪认罚从宽制度是应急之举还是长远之策的问题，准确地讲，改革者对此并不明确。认罪认罚从宽制度的法理基础是否可以支撑其继续往前走，目前还需进一步探究。（2）认罪认罚从宽制度的推动，与已经存在的公诉案件刑事和解程序、刑事速裁程序、简易程序的正向关系是什么，与以审判为中心改革、庭审实质化的相关性是什么等问题尚需明确。这些模糊性使认罪认罚从宽制度的定位问题不够明朗。这其实也间接指出了在认罪认罚从宽制度的试点期间，应当解决如何融入现有的诉讼体系，并同时发挥"变革与创新"的作用，推动我国刑事诉讼制度的改革和完善的深入发展，而非使其成为单纯的一个阶段性试点活动。对此，必须从认罪认罚从宽制度的法理基础出发，才能获得相应的答案。（3）认罪认罚从宽制度在运行中，如何处理程序简化与程序正义的紧张关系，如何平衡诉讼效率与司法公正的博弈态势，如何将个别性的试验性司法与刑事诉讼改革的全局统筹在一起，这些价值与功能的选择与安排问题仍需进一步明确，否则，试点改革的积极意义会受到削弱。换言之，还需要继续深挖认罪认罚从宽制度背后的刑事司法改革这一顶层设计问题。（4）认罪认罚从宽制度，首先是认罪认罚后的从宽协商制度，但它与我国正在探索的刑事认罪协商机制的关系与功能配合问题，在试点中并未得到重视。而且，认罪认罚从宽协商背后的理论基础是什么，与域外辩诉交易等制度的差异，以及如何整合认罪协商资源，提升制度的张力等问题都需要以试点活动为依托进行讨论，如此才能推动认罪认罚从宽制度的深度发展。（5）认罪认罚从宽制度，也与辩护制度、值班律师制度、检察制度改革等司法改革问题紧密联系。对于认罪认罚从宽制度与这些相关诉讼制度的"衔接"问题，仍需要依据认罪认罚从宽制度的法理基础，通过明确"最大公约数"来整合正向的改革力量。（6）对认罪认罚从宽制度的认识，仍未深刻地触及法理层面，也未能展开多维度的思考，以至于试点过程难以积累法理层面的内容。相应地，对于未来的制度安排与发展愿景也缺乏充分的考虑。

（三）认罪认罚从宽制度的理论"围城"与实践审思

在理论上，受官方定位的"先入为主"效应影响，对认罪认罚从宽制度的法理依据的理解，既有对既定政策的进一步阐释，也需要更丰富和开放性的拓展。

同时，围绕官方表态所传递的指导思想或理论基础等，理论上已经展开初步的讨论，大体而言，主要有以下几个方面：（1）刑事政策问题。刑事政策是这场试点改革的首要问题。有观点认为，认罪认罚从宽制度是"宽严相济"刑事司法政策从宽一面的直接体现，通过"该宽从宽"明显提升程序效率。[1]但是，宽严相济刑事政策是基本刑事政策，在更宏观的实体、程序相结合的角度产生了深远的意义。有观点认为，宽严相济刑事政策的法治路径以及犯罪轻刑化与犯罪数量的增长、员额制改革的诉讼机制配套等组成时代背景，催生了认罪认罚从宽制度。公正基础上的效率观，承载现代司法宽容精神，探索形成非对抗的诉讼格局，实现司法资源的优化配置，是其价值取向。[2]显然，宽严相济刑事政策的法律化、制度化起到了至关重要的作用。另有观点也认为，认罪认罚从宽滥觞于"坦白从宽、抗拒从严"和"宽严相济"的刑事政策，在新的历史条件下，重点发展了宽缓的一面。[3]诚然，宽严相济刑事政策是我国的基本刑事政策，对刑事司法的全局具有指导作用，对刑事司法改革亦是如此。认罪认罚之所以可以从宽，与宽严相济刑事政策的关系紧密，但认罪认罚与从宽的联动机制、如何契合宽严相济刑事政策、如何在试点中体现等问题，仍需进一步挖掘。（2）刑事诉讼制度改革问题。刑事司法改革语境下的刑事诉讼制度改革，是认罪认罚从宽制度试点的首要背景。对此，有观点认为，认罪认罚从宽制度是"宽严相济"刑事政策制度化、法治化的体现，不仅有利于实现程序的繁简分流，提高诉讼效率，也有利于促进司法资源的优化配置，为"推进以审判为中心的诉讼制度改革"提供资源保障，有助于国家和被追诉人之间由对抗走向合作，抚慰被害人，修复被破坏的社会关系。[4]认罪认罚从宽制度是以审判为中心的改革的直接产

---

〔1〕 陈光中、马康："认罪认罚从宽制度若干重要问题探讨"，载《法学》2016 年第 8 期。

〔2〕 陈卫东："认罪认罚从宽制度研究"，载《中国法学》2016 年第 2 期。

〔3〕 熊秋红："认罪认罚从宽的理论审视与制度完善"，载《法学》2016 年第 10 期。

〔4〕 汪海燕、付奇艺："认罪认罚从宽制度的理论研究"，载《人民检察》2016 年第 15 期。

物。亦有观点认为，认罪认罚从宽制度与以审判为中心的诉讼制度的关系，实质上是刑事诉讼中对办案机关及办案人员办理案件的实然需要与应然要求的关系。在应然上，办理案件时，任何被追诉人在刑事诉讼中都有获得公正审判的诉讼权利。公正审判是一项诉讼权利而不是诉讼义务，被追诉人有权自愿放弃，选择采用简化的诉讼程序和方式接受审判，并在法定范围内获得"好处"，此乃办理案件的实然需要。认罪认罚从宽制度与以审判为中心的诉讼制度并非天然对立、相互排斥，而是相辅相成、互相促进。在以审判为中心的诉讼制度中，实质上包含了认罪认罚从宽制度。[1]这种对认罪认罚从宽制度与审判为中心的诉讼制度改革之间的"内在关联性"所做的阐释是中肯的，也折射了认罪认罚从宽制度具有服务的功能预设。还有观点认为，刑事速裁程序作为认罪认罚从宽制度建构的重要内容，以提升刑事诉讼程序效率为重要价值取向，包含实体上（刑罚）从轻、程序上从简的制度安排，同时在一定程度上以控辩协商为先决条件。从这一实践价值出发，可以将刑事速裁程序试点视为完善认罪认罚从宽制度之先行试验，刑事速裁程序试点过程中积累的经验与教训在制度安排与试点方案上对于认罪认罚从宽制度之完善具有重要参考价值。[2]这些都强调了认罪认罚从宽制度的出台，与以审判为中心的诉讼制度改革及其相关改革措施紧密联系，甚至可以认为前者是后者的最新配套措施，如此一来，却也使认罪认罚从宽制度的未来命运问题悬而难决。（3）制度出台的特殊时代背景。认罪认罚从宽制度的出现，是在当前特定条件下的产物，而其未来命运也与之息息相关。有观点认为，随着刑法立法观日益转向积极，刑法修正案不断增加罪名、降低入刑门槛，刑事案件数量持续增长，案多人少矛盾日益突出，此乃认罪认罚从宽制度的出发点。[3]这指出了"案多人少"这一司法改革进程的矛盾对认罪认罚从宽制度的直接影响。另有观点认为，认罪认罚从宽制度是程序分流科学化的法定进路、诉讼程序多元化的积极追求、刑事政策人文化的具体表现、协商司法制度化的

---

〔1〕 顾永忠："关于'完善认罪认罚从宽制度'的几个理论问题"，载《当代法学》2016年第6期。

〔2〕 刘方权："认罪认罚从宽制度的建设路径——基于刑事速裁程序试点经验的研究"，载《中国刑事法杂志》2017年第3期。

〔3〕 魏晓娜："完善认罪认罚从宽制度：中国语境下的关键词展开"，载《法学研究》2016年第4期。

有益尝试。[1]这也显示了认罪认罚从宽制度的出台，深受当前司法改革举措与需要的影响。尽管认罪认罚从宽制度对"刑事认罪协商机制"的发展意义无需赘言，但认罪认罚从宽制度如何从根本上推进中国特色认罪协商机制的制度化、法律化等问题，在试点期间被明显搁置。（4）刑事诉讼的价值博弈。有观点认为，司法效率与司法正义是认罪认罚从宽制度在运行过程中始终需要解决的价值难题。[2]这明确地揭示了认罪认罚从宽制度背后的价值诉求问题。而且，在试点期间，存在将提高诉讼效率作为改革的主要目的之不良倾向。[3]认罪认罚从宽制度的最直观特征是"程序简化"，而这必然隐藏司法正义"打折扣"的潜在危险。关于司法效率与司法公正的协调，认罪认罚从宽制度在试点中贯彻得并不非常到位。而法理基础层面的博弈，需要从法律价值等层面作出解答，并指导制度改革与试点工作。（5）政策与制度的互动关系。认罪认罚从宽制度比过往的类似试点工作，更具综合性、系统性与创新性，进一步强化了刑事诉讼制度的建设问题。有观点认为，应遵循从政策向制度演化的路径来认识认罪认罚从宽制度的定位。推行认罪认罚从宽，不单是出于诉讼经济或效率的考虑，还有实现刑罚预防、修复社会关系、彰显宽恕精神、体现刑罚谦抑性等更深层的实体法依据，彰显犯罪治理的自信、鼓励犯罪人与国家司法合作等刑事政策或公共政策根据。[4]尽管认罪认罚从宽制度受益于宽严相济刑事政策，但不限于此，它有更广泛的法律制度作为基础。认罪认罚从宽作为司法改革措施，仍需要被制度化、法治化。只有明确了认罪认罚从宽制度的法理基础，才能谋划其未来发展的方向，才能将宽严相济的精神落到实处，才能指导试点工作，并为认罪认罚从宽制度的未来发展奠定良好的基础。（6）实体法的依据。相比于过往的相关举措，认罪认罚从宽制度有着深厚的实体法依据，而这就决定了它是一场全面的改革措施。有观点认为，只有在刑事政策的统领之下，从实体和程序两个角度来审视，

---

〔1〕 叶青、吴思远："认罪认罚从宽制度的逻辑展开"，载《国家检察官学院学报》2017 年第 1 期。

〔2〕 王瑞君："'认罪从宽'实体法视角的解读及司法适用研究"，载《政治与法律》2016 年第 5 期。

〔3〕 左卫民："认罪认罚何以从宽：误区与正解——反思效率优先的改革主张"，载《法学研究》2017 年第 3 期。

〔4〕 卢建平："认罪认罚从宽：从政策到制度"，载《北京联合大学学报（人文社会科学版）》2017 年第 4 期。

对认罪认罚从宽制度内涵的把握才能更加全面、深入和科学。认罪认罚从宽制度的三大实体根据，即实现刑罚预防、修复社会关系、彰显宽恕精神。[1]尽管认罪认罚从宽制度首先表现为程序法问题，但也广泛涉及实体法问题，因此，刑事一体化思维的植入至关重要。只有从综合性的视野出发，才能更全面地审视认罪认罚从宽制度的价值、功能与制度预期等问题。

（四）认罪认罚从宽制度的法理重述

理论上对认罪认罚从宽制度的"挖掘"，既不失于官方表述的既定方向，如对刑事政策法定化、程序分流、协商性司法、司法和谐等的确认；也对试点前后的难点、热点问题展开阐述，尤其以认罪认罚从宽制度与以审判为中心改革及庭审实质化的关系、与刑事速裁程序的关系，以及效率与公正的兼顾等问题为主。因此，目前对认罪认罚从宽制度法理基础的认识整体上是有效且正确的。

尽管如此，围绕认罪认罚从宽制度的本源性探索，仍存在以下问题：一是在强调刑事政策法定化的主导因素之际，仍以程序思维为主，对实体思维的忽视较为明显，导致实体与程序的并进前景并不乐观。这不利于全面落实试点的初衷。二是认罪认罚从宽程序，与以审判为中心的改革、庭审实质化的内在关系，与和解程序、速裁程序、简易程序的关系，都未达成共识，认罪认罚从宽制度的独立性仍悬而未决。这也导致认罪认罚从宽制度的未来建构缺乏扎实的理论基础。三是如何兼顾司法效率与司法公正，在试点期间仍主要停留在"就事论事"或"摸着石头过河"的经验理性状态。如果不能确保司法公正，法理基础的整体性就有可能塌陷。四是对认罪认罚从宽制度批判性思考与反思并不充分，实践理性的作用受到牵制，不利于对该制度进行更理性的整体评估、预测以及规划等工作的开展。

关于试点中的认罪认罚从宽制度的法理本义，仍是一个探索未竟的重大命题。尽管官方给出了相对意义上的标准答案，理论界也纷纷释明与延展，但均未能展现一个完整的知识图像。而且，在讨论认罪认罚从宽制度的法理本义上，在方法论上需要导入刑事一体化理念，在价值论上需要解决效率与正义的冲突，在认识论上需要澄清认罪认罚从宽制度与关联制度、诉讼改革

---

[1] 卢建平："刑事政策视野中的认罪认罚从宽"，载《中外法学》2017年第4期。

的暗含与角力，在发展论上需要描绘认罪认罚从宽制度改革的潜在意义及其未来命运。而且，《刑事诉讼法》（2018 年修正）第 15 条规定："犯罪嫌疑人、被告人自愿如实供述自己的罪行，承认指控的犯罪事实，愿意接受处罚的，可以依法从宽处理。"这使对认罪认罚从宽制度的讨论，已经从试点状态切换到基本的刑事诉讼制度，必然增加了探讨认罪认罚从宽制度之法理基础的宽厚性、规范性、教义性等特质。相应地，也需要从更高的政治站位、更强的司法改革意识、更敏锐的刑事诉讼理念与结构的诉讼转型认识等方面，[1]对认罪认罚从宽制度的法理基础予以更全面的认知。

二、基本刑事政策的制度化：宽严相济的程序图景及其展开

孟建柱同志指出，认罪认罚从宽制度，体现了现代司法宽容精神，是我国宽严相济刑事政策的制度化。[2]认罪认罚从宽制度首先体现了对"坦白"这一制度的具体确认，是我国"宽严相济"刑事政策从宽一面的体现，[3]是我国基本刑事政策的法律化与具体化的最新发展。因而，认罪认罚从宽制度是我国基本刑事政策的制度化产物，凸显了宽严相济及区别对待精神的程序意义。

（一）刑事政策与认罪认罚的关系考察

从刑法结构看，刑事政策处于刑法与刑事诉讼法之上。对于刑事诉讼法而言，刑事政策的指导意义无需赘言，而且这种关系也与实体法紧密联系在一起。

1. 刑事政策的本体逻辑

通常而言，刑事政策可分为基本的刑事政策和具体的刑事政策。指导刑法立法的刑事政策是基本刑事政策；影响刑法司法的刑事政策是具体刑事政策。只有在较长时期内涉及全过程的主要的刑事政策，才是基本刑事政策。具体刑事政策相对于基本刑事政策而言，是指在犯罪控制的某一领域或某一

---

〔1〕 樊崇义："理性认识'认罪认罚从宽'"，载《检察日报》2019 年 2 月 16 日，第 3 版。

〔2〕 孟建柱："坚持改革创新为全面建成小康社会提供有力司法保障——学习贯彻习近平同志关于全面深化司法体制改革和加强政法队伍建设重要指示精神"，载《人民日报》2016 年 3 月 9 日，第 7 版。

〔3〕 陈光中、马康："认罪认罚从宽制度若干重要问题探讨"，载《法学》2016 年第 8 期。

阶段中起作用的刑事政策。[1]"宽严相济"在作为刑事政策被提出之前，经过了镇压与宽大两个政策，也即镇压与宽大相结合、惩办与宽大相结合的进程。宽严相济刑事政策的提出，是构建社会主义和谐社会的需要，也是对"严打"政策进行理性反思的成果。[2]关于宽严相济刑事政策的定位，一般认为，宽严相济是基本刑事政策，"严打""少杀、慎杀"等是具体刑事政策，具体刑事政策是法定刑事政策的组成部分。宽严相济作为刑事司法政策，并不否定宽严相济作为基本刑事政策的定位。[3]

在犯罪控制系统中，一国的基本刑事政策起决定性作用，它指导刑事立法、刑事司法和刑事执行等刑事法治的各个环节，担负预防犯罪和控制犯罪的总体功能。宽严相济刑事政策不仅对刑事司法过程中犯罪的认定、刑罚的裁量、刑罚的执行以及诉讼程序各环节的司法活动起根本性的指导作用，还对犯罪圈的划定、刑罚结构及强度的确定以及诉讼程序的规定等刑事立法活动和刑罚执行及犯罪防范等活动起到根本的指导作用。不能因为强调宽严相济刑事政策在刑事司法中的作用，就否定其在刑事立法、刑事执行中的指导性地位。正因如此，宽严相济刑事政策应当被理解和确定为我国当前的基本刑事政策，而非一项司法刑事政策。在此基础上，应当在条件成熟时将宽严相济刑事政策上升到法律的高度，将其内容和地位明确规定于刑事立法中，为其在司法实践中的贯彻确立法律依据。[4]

为了在检察工作中全面贯彻宽严相济的刑事司法政策，更好地为构建社会主义和谐社会服务，2007年，最高人民检察院出台了《关于在检察工作中贯彻宽严相济刑事司法政策的若干意见》（以下简称《宽严相济刑事司法政策意见》）。该意见要求，宽严相济是我们党和国家的重要刑事司法政策，是检察机关正确执行国家法律的重要指针。检察机关要根据社会治安形势和犯罪分子的不同情况，在依法履行法律监督职能中实行区别对待，注重宽与严的有机统一，该严则严，当宽则宽，宽严互补，宽严有度，对严重犯罪行为依法从严打击，对轻微犯罪行为依法从宽处理，对严重犯罪中的从宽情节和轻微犯罪中的从严情节也要依法分别予以宽严体现，对犯罪的实体处理和适用

〔1〕　周洪波、单民："论刑事政策与刑法"，载《当代法学》2005年第6期。
〔2〕　马克昌："宽严相济刑事政策的演进"，载《法学家》2008年第5期。
〔3〕　马克昌："论宽严相济刑事政策的定位"，载《中国法学》2007年第4期。
〔4〕　赵秉志："宽严相济刑事政策及其贯彻的基本问题"，载《人民检察》2009年第17期。

的诉讼程序都要体现宽严相济的精神。同时，最高人民法院《关于贯彻宽严相济刑事政策的若干意见》（2010 年）指出，宽严相济刑事政策是我国的基本刑事政策，贯穿于刑事立法、刑事司法和刑罚执行的全过程，是惩办与宽大相结合政策在新时期的继承、发展和完善，是司法机关惩罚犯罪、预防犯罪、保护人民、保障人权、正确实施国家法律的指南。这些规定进一步细化宽严相济刑事政策的内容，更凸显其区别对待的精神，有助于更好地发挥基本刑事政策的指导意义，而且贯穿于刑事立法、司法以及实体法、程序法的诸个领域。

2. 刑事政策与刑法的关系

一般认为，关于刑事政策与刑法的关系，在应然层面上，刑事政策宏观上优位于刑法；在规范的层次上，互不替代，但应相互制约，协调发展。在具体运作上，应区别两者，强化互动，通过制约来促进协同关系。[1]或者说，刑事政策思想决定刑法理论的走向，而不同国家坚持的不同刑事政策立场决定一个国家主流刑法理论的选择。同时，刑法理论对刑事政策的制定和推行具有重要影响力或反制作用，"刑法是刑事政策不可逾越的藩篱"。[2]而且，刑法司法解释具有联系刑法立法与司法适用的位阶特质、扬弃立法解释与个案解释的属性特质、完善刑事政策与刑法体系化的结构特质，刑法司法解释日益成为刑事政策进入社会治理的微观路径，将在刑事政策与规范刑法之间发挥现实的实践纽带作用。[3]

在互动、促进与合作的问题上，涉及刑事政策的刑法化与刑法的刑事政策化。刑事政策需要刑法化，但并非所有的刑事政策都需要刑法化，也不是所有的刑事政策都能够被刑法化，刑事政策刑法化有一定的范围和条件限制，它具体体现为坚持长期刑事政策的法典化、中期刑事政策的单行法律化、短期刑事政策的司法解释化等实践做法。[4]现代意义上刑事政策刑法化的基本含义：一是刑事政策内容或者精神的刑法化，即刑事政策的基本内容或者精神体现在刑法中，刑法整体或者部分体现或反映某项刑事政策的内容或者精神；

---

〔1〕 卢建平："刑事政策与刑法关系论纲"，载《法治研究》2011 年第 5 期。

〔2〕 谢望原："论刑事政策对刑法理论的影响"，载《中国法学》2009 年第 3 期。

〔3〕 卫磊："当代刑事政策发展的实践路径——以刑法司法解释为视角"，载《华东政法大学学报》2013 年第 4 期。

〔4〕 严励、孙晶："刑事政策刑法化的理性思考"，载《政治与法律》2005 年第 4 期。

二是某项具体的刑事政策被条文化、规范化，成为刑法内容的一部分。[1]同时，刑法的刑事政策化也是题中之义，可以细化为立法的刑事政策化和司法的刑事政策化。从历史维度来看，刑事政策的刑法化先后集中表现为严打刑事政策的刑法化和宽严相济刑事政策的刑法化。刑法的刑事政策化应有合理限度，应当尽可能地消解刑法的稳定性与刑事政策的变动性之间的矛盾，实现刑法典演变的延续性；应当协调刑法的规范性与刑事政策的价值性；应当妥善处理刑法的公正性与刑事政策的功利性，使刑事政策对功利性目的的追求受到刑法的限制。[2]

3. 刑事政策的（司法）程序意义

刑事诉讼法不仅与刑法的关系非常紧密，与刑事诉讼的关系也非常紧密。或者说，刑事政策是一个综合性的、一体性的范畴，既涉及实体法内容，也涉及程序法内容，而且只有将实体与程序进行整合与统筹，才能发挥最大的效用。继而，宽严相济刑事政策不仅是一个刑法问题，而且也是一个刑事诉讼法问题。[3]宽严相济刑事政策的立法与司法的贯彻，涉及以下刑事诉讼程序问题，主要有刑事和解、起诉便宜、裁量减轻、社区矫正等。[4]例如，裁量减轻是宽严相济刑事政策的司法化过程中，在刑事诉讼程序中的具体体现，客观地反映宽严相济刑事政策的程序性一面。因此，毋庸置疑的是，一国的刑事政策也同时指导刑事诉讼立法，对刑事诉讼的进程与把握具有指导作用。因而，刑事政策的刑事诉讼化现象也客观存在，是推动刑事诉讼发展完善的重要力量。[5]在 2012 年《刑事诉讼法》的修改过程中，刑事政策的指导意义便得到了充分的发挥与体现，[6]既包括侦查程序、公诉程序、审判程序，也包括公诉案件刑事和解、未成年人诉讼程序等。

党的十六届四中全会明确提出，为适应我国社会的深刻变化，需把和谐

---

〔1〕　柳忠卫："刑事政策刑法化的一般考察"，载《法学论坛》2010 年第 3 期。

〔2〕　陈兴良："刑法的刑事政策化及其限度"，载《华东政法大学学报》2013 年第 4 期。

〔3〕　陈卫东、石献智："刑事政策在刑事司法中的地位和作用"，载《江海学刊》2002 年第 5 期。

〔4〕　陈兴良："宽严相济刑事政策研究"，载《法学杂志》2006 年第 1 期。

〔5〕　肖晋："论刑事诉讼法的刑事政策化"，载《河南师范大学学报（哲学社会科学版）》2009 年第 5 期。

〔6〕　潘金贵："刑事诉讼法再修改贯彻宽严相济刑事政策的基本构想"，载《河南社会科学》2008 年第 3 期。

社会建设摆在重要位置。刑事和解作为解决刑事纠纷的机制可以为我国的社会主义和谐社会建设和法制建设带来一条新思路，也是宽严相济刑事政策的一种体现。[1]在刑事诉讼层面，宽严相济刑事政策的司法意义非常丰富，也是宽严相济刑事政策指导刑事诉讼的具体体现，尤其在从宽的规范化、诉讼程序分流等方面。例如，应当根据刑法明文规定的从重、从轻、减轻、免除处罚，基于轻罪与重罪等的罪种区分适用、犯罪情节的轻重、犯罪后的具体表现等，具体地落实区别对待精神，在疑案处理上准确把握宽严相济的精神。[2]又如，宽严相济的"宽"，包括尽量适用诉讼上的程序简易化和非刑事诉讼化、实体上的非刑罚化和执行上的非监禁化。在刑事司法改革方面，暂缓起诉制度、辩诉交易制度、恢复性司法制度等。[3]这些都体现了宽严相济刑事政策对刑事程序法的指导意义与积极作用。而且，在《刑事诉讼法》的制定与修改过程中，刑事政策始终发挥着基础的指导作用。[4]

4. 坦白从宽政策的实践考察

长期以来，政治层面的"坦白从宽、抗拒从严"政策是我国的一项十分重要的刑事政策。作为一项在实践中被广泛运行的刑事政策，"坦白从宽、抗拒从严"的存在意义在于：一是对嫌疑人、被告人供述犯罪事实具有明显的激励作用，从而减少侦查机关的任务；二是对于拒不供认有罪、推翻供述或者"认罪态度不好"的犯罪嫌疑人或被告人，初步确立从重处罚的效果。在此基础上，对是否"认罪"的犯罪嫌疑人、被告人，刑事处罚的差异性效果得以体现。

尽管"坦白从宽、抗拒从严"的政治安排仍在实践中发挥积极的作用，但该制度一些内在缺陷也在不断放大，特别是刑法化与制度化的程度明显不足。实践证明，"坦白从宽、抗拒从严"作为我国司法活动的重要指导原则，在打击、惩治犯罪中发挥了巨大作用。但是，由于立法上并无明确规定，一些司法解释也存在不当理解，使得人们对该政策存在一定的片面理解，加上

---

〔1〕 甄贞、陈静："建设和谐社会与构建刑事和解制度的思考"，载《法学杂志》2006年第4期。

〔2〕 张智辉："宽严相济刑事政策的司法适用"，载《国家检察官学院学报》2007年第6期。

〔3〕 赵秉志："宽严相济刑事政策视野中的中国刑事司法"，载《南昌大学学报(人文社会科学版)》2007年第1期。

〔4〕 陈实："话语与实践：刑事政策影响下的刑事诉讼"，载《江西社会科学》2014年第11期。

执行不严、贯彻不力等因素，共同导致该政策现面临难以兑现的困境。[1]比如，坦白从宽的贯彻不到位，从宽的实际力度不够，一些合法的辩护行为也被视为抗拒而得到从严处理，过分强调"抗拒从严"也容易导致刑讯逼供现象，与"严打"政策也存在一定矛盾等。[2]

因此，从刑事政策的刑法化来看，有必要将"坦白从宽、抗拒从严"予以法治化、制度化、规范化，不仅要在实体法上作出明确的规定，也要在程序法上保证坦白的自愿性，建立讯问犯罪嫌疑人录音、录像制度以防止非法取证行为发生，考虑废除抗拒从严的做法，等等。而且，要在此基础上对认罪作出从宽处理，真正实现宽严相济刑事政策的诉求。通过上述的这些改变，可以扭转该政策在实际运行中的一些异化倾向。而认罪认罚从宽制度的确立与试点，是对"坦白从宽、抗拒从严"在实践中出现运行不畅的制度性回应，是对"坦白从宽"的制度化、法定化，有助于宽严相济刑事政策的科学化，并创新性地丰富了其程序意义。

（二）认罪认罚从宽制度与宽严相济的实质吻合

认罪认罚从宽制度作为一项试点措施，首先对刑法中的"坦白"规定予以确认，并升级为"认罪"，同时增加"认罚"这一新的内容，彰显了改革的开拓精神。而且，认罪认罚从宽制度正式明确了认罪认罚与从宽之间的逻辑关系，体现了宽严相济的"宽"的一面，具体体现在实体法与程序法两个方面。经此，可见二者的高度契合关系。

1. 区别对待的意蕴与认罪认罚案件的宽缓

《关于贯彻宽严相济刑事司法政策的若干意见》要求贯彻区别对待原则。宽严相济刑事司法政策的核心是区别对待。应当综合考虑犯罪的社会危害性（包括犯罪侵害的客体、情节、手段、后果等）、犯罪人的主观恶性（包括犯罪时的主观方面、犯罪后的态度、平时表现等）以及案件的社会影响，根据不同时期、不同地区犯罪与社会治安的形势，具体情况具体分析，依法予以从宽或者从严处理。这里其实已经蕴含认罪与不认罪对案件处理的重要意义，

---

〔1〕　何泉生等："'坦白从宽，抗拒从严'政策的困境与出路"，载《中国人民公安大学学报（社会科学版）》2011年第3期。

〔2〕　杨文革、邓子滨："关于坦白从宽、抗拒从严的思考"，载《公安大学学报》2000年第1期。

应当坚持对认罪案件与不认罪案件的处理予以区别对待，做到宽严相济。因此，与认罪认罚从宽制度的属性是完全吻合的。

《关于贯彻宽严相济刑事政策的若干意见》要求：一是贯彻宽严相济刑事政策，要根据犯罪的具体情况，实行区别对待，做到该宽则宽、当严则严、宽严相济。二是要正确把握宽与严的关系，切实做到宽严并用。既要注意克服重刑主义思想影响，防止片面从严，也要避免受轻刑化思想影响，一味从宽。三是根据经济社会的发展和治安形势的变化，尤其要根据犯罪情况的变化，在法律规定的范围内，适时调整从宽和从严的对象、范围和力度。对于犯罪性质尚不严重，情节较轻和社会危害性较小的犯罪，以及被告人认罪、悔罪，从宽处罚更有利于社会和谐稳定的案件，依法可以从宽处理。这其实也在认罪与不认罪上作出了区分，并以此作为区别对待的重要依据，因而与《宽严相济刑事司法政策意见》对案件类型的宽严区分一致。

在从宽的问题上，《关于贯彻宽严相济刑事政策的若干意见》要求：一是对于自首的被告人，除罪行极其严重、主观恶性极深、人身危险性极大，或恶意地利用自首规避法律制裁者以外，一般均应当依法从宽处罚。二是被告人案发后对被害人积极进行赔偿，认罪、悔罪的，依法可以作为酌定量刑情节予以考虑。从中可见，在贯彻落实宽严相济刑事政策上，对于诉讼程序上的"区别对待"问题，首先体现在是否认罪、是否悔罪以及是否有民事赔偿等方面，继而，强化了通过区分认罪认罚与否来实现"宽严相济"以及对"从宽"的司法掌控。

此外，在工作机制上，《关于贯彻宽严相济刑事政策的若干意见》还要求：一是要积极探索人民法庭受理轻微刑事案件的工作机制，进一步促进轻微刑事案件及时审判，确保法律效果和社会效果的有机统一。二是要充分发挥刑事简易程序节约司法资源、提高审判效率、促进司法公正的功能，进一步强化简易程序的适用。对于被告人对被指控的基本犯罪事实无异议，并自愿认罪的第一审公诉案件，要依法进一步强化普通程序简化审的适用力度，以保障符合条件的案件都能得到及时高效的审理。三是对于刑事自诉案件，要尽可能多做化解矛盾的调解工作，促进双方自行和解。经过司法机关做工作，被告人认罪悔过，愿意赔偿被害人损失，取得被害人谅解，达成和解协议的，可以由自诉人撤回起诉，或者对被告人依法从轻或免予刑事处罚。这些规定进一步从工作机制上强化了配套措施，其中，轻微案件快审、简易程序的充分适用等做法，都与认罪认罚从宽制度的精神相契合。

从宽严相济刑事政策及其区别对待的基本精神看，区分实体法与程序法、立法与司法、认罪与不认罪等不同情况，既是宽与严有别在个案或类案中的真实反映，也是采取区别对待的基本要素和法治前提。其中，基于主动认罪、民事赔偿与被害人谅解等因素形成的认罪从宽处理机制贯穿至今，在刑事和解与刑事速裁程序等试点工作的推动下，认罪从宽处理机制更为成熟，孕育了认罪认罚从宽制度的存在根基，也为认罪认罚从宽制度的铺开积累了丰富的实践经验。

2. "坦白从宽、抗拒从严"作为认罪认罚从宽制度的实体法依据

1997 年《刑法》第 67 条只规定了自首与准自首。实践中，"坦白从宽、抗拒从严"被作为酌定的量刑情节对待。鉴于此，《刑法修正案（八）》修改了第 67 条。该条第 3 款规定："犯罪嫌疑人虽不具有前两款规定的自首情节，但是如实供述自己罪行的，可以从轻处罚；因其如实供述自己罪行，避免特别严重后果发生的，可以减轻处罚。"将"坦白从宽"的政策做法、酌定量刑情节予以法定化。

对于认罪认罚从宽制度而言，坦白的法定化，是提出并试点该制度的重要实体法依据，由此，也直接确认了二者的紧密联系，更彰显了认罪认罚从宽制度的发展性与升级性。如果说，以往犯罪嫌疑人、被告人在面临办案人员"坦白从宽"的法律释明时，很容易将其理解为是一种宣教意义上的政策攻心，尤其是在适用上还存在结果的较大不确定性和实践操作中的可能恣意性，仅具有到最后一刻才揭晓的实体法律意义的话，那么认罪认罚从宽的推进，则是让这种结果具有更多的规范性、约束性、可预期性和程序保障性，从而具有更多的制度保障和程序意义。这使得犯罪嫌疑人、被告人的"坦白"，通过"程序"的桥梁，与"结果"产生较为直接的关联。原则与例外的内容，通过程序被进一步制度化，犯罪嫌疑人、被告人愿意通过如实供述犯罪来获得刑罚减让的结果预期获得了程序运行上的保障，从而有效促成了认罪认罚行为。这是认罪认罚推进运行的程序要求，也是对宽严相济政策的新的实践发展，从而使其具有实体与程序的双重价值与多重保障。[1]

---

〔1〕 王戬："认罪认罚从宽的程序性推进"，载《华东政法大学学报》2017 年第 4 期。

3. 宽严相济与认罪认罚从宽制度的本质契合

2016 年，时任中央政法委书记孟建柱在中央政法委工作会议上指出，认罪认罚从宽制度是我国宽严相济刑事政策的制度化，充分体现了现代司法宽容精神，也是对刑事诉讼程序的创新。[1]2016 年 11 月，最高人民检察院副检察长在"检察机关刑事案件认罪认罚从宽试点工作部署会议"上指出，开展改革试点，是充分体现现代司法宽容精神，贯彻宽严相济刑事政策，强化人权司法保障的重要路径。孟建柱同志指出，认罪认罚从宽制度，体现了现代司法宽容精神，是我国宽严相济刑事政策的制度化。司法是衡平的艺术，需要兼顾法、理、情。随着社会的不断发展进步，宽容已经成为现代司法的一项基本价值，在司法中的作用越来越受到重视。对于认罪认罚的犯罪嫌疑人、被告人，在刑事诉讼中予以从宽处罚，体现了现代司法宽容、平和的理念。宽严相济刑事政策作为我国的基本刑事政策，要求根据犯罪的具体情况，实行区别对待，做到宽严相济、罚当其罪。宽严相济刑事政策要落到实处，就必须有具体的可供执行的规范和依据。认罪认罚从宽虽然一直存在于我国刑事法律规定和司法实践中，但在实体法和程序法中，对"从宽"的评价缺乏统一的标准，犯罪嫌疑人、被告人即使认罪，往往也不能获得迅速审判的程序性收益和从宽处理的实体性收益，使"从宽"和"从简"难以得到真正落实。认罪认罚从宽制度则为全面落实宽严相济刑事政策提供了制度路径。对认罪认罚刑事案件，特别是其中的轻罪案件从宽、从快、从简处理，可以降低审前羁押率，使犯罪嫌疑人及时得到处理、被告人及时获得审判。同时，充分保障被害人的合法权益，犯罪嫌疑人、被告人是否与被害人达成和解协议，是否赔偿被害人损失，是否取得被害人谅解，都是量刑的重要考虑因素。这较为全面和宏观地揭示了认罪认罚从宽制度的出台，充分地吸纳了宽严相济刑事政策的基本精神与要求。

首先，认罪认罚从宽制度同"坦白从宽"政策安排有着高度相似性：一是都主要围绕口供问题的刑事政策。犯罪人认罪与否，直接影响到对其是否从宽，以及如何从宽的问题。二是在价值导向上，既追求效率，也追求程序公正。三是认罪认罚从宽制度和"坦白从宽"政策都有利于促进刑法适用特

---

〔1〕 李阳："攻坚之年看司改风向标——聚焦中央政法工作会议"，载《人民法院报》2016 年 1 月 23 日，第 2 版。

别是刑罚适用上的轻缓化，从而有利于轻缓化刑事政策的贯彻。认罪认罚从宽制度，虽然是对"坦白从宽"政策的历史继承，但也与之有明显区别，表现在如下方面：一是内涵不同。"坦白从宽"政策基本只是口供政策，认罪认罚从宽制度在内涵上更为丰富。二是适用阶段不同。"坦白从宽"政策主要适用于审前阶段。三是从宽的方式不同。"坦白从宽"政策限于实体法。四是法律关系有所不同。"坦白从宽"政策体现的是公权机关和被追诉人之间的关系。认罪认罚从宽制度是对"坦白从宽"政策的扬弃，有继承，更有发展。[1]因此，认罪认罚从宽制度明显超越了"坦白从宽"刑事政策的内容，是宽严相济这一基本刑事政策之下的具体刑事政策，也是宽严相济刑事政策之宽的侧面在新形势下的拓展和深化。随着认罪认罚从宽制度的融入，宽严相济刑事政策，特别是其宽的侧面也将得到充实、发展和完善。[2]

其次，认罪认罚后从宽处理的法律效果，可以直接将其作为宽严相济的刑事司法政策的应有内涵。从宽处理一直广泛存在于我国理论认识、刑事法律规定和司法实务中，为贯彻宽严相济的刑事政策提供较为具体的，可供执行的规范依据。因此，完善认罪认罚从宽制度成为当前推进我国刑事诉讼制度改革的有力举措。推动认罪认罚从宽制度的深化发展，彰显宽严相济刑事政策的核心价值。认罪认罚从宽制度与宽严相济的刑事政策紧密相连，但后者以原则化的政策形式存在，唯有将后者的政策内涵具化为法律制度并贯彻适用，方能凸显刑事政策的实践效果。认罪认罚从宽制度进一步改变以往从重从严打击犯罪的传统诉讼观，提倡刑事司法的人文情怀与理性关怀，认罪认罚从宽制度是充分体现刑事政策精神的制度样本。[3]

再次，认罪认罚从宽制度在"从宽"上增加了丰富的程序内容，是重大的超越。在现行法律框架下推进认罪认罚从宽制度，不在于被告人"认罪认罚"获得从宽的处理结果，这与以往被告人"自首""坦白"或在庭审中"认罪"后的案件处理并无实质差异；也不能简单地以认罪加认罚等于或者可能等于从宽，进行文字意义层面的制度解读；否则，认罪认罚从宽制度与现有法律框架内的一些原则和制度并无任何不同，无需作为一个新内容予以试

〔1〕 卢建平："刑事政策视野中的认罪认罚从宽"，载《中外法学》2017 年第 4 期。
〔2〕 卢建平："刑事政策视野中的认罪认罚从宽"，载《中外法学》2017 年第 4 期。
〔3〕 陈卫东："认罪认罚从宽制度研究"，载《中国法学》2016 年第 2 期。

点。以往犯罪嫌疑人、被告人在面临办案人员"坦白从宽"的法律释明时，很容易将其理解为一种宣教意义上的政策攻心，尤其适用结果上具有较大不确定性和实践操作的可能恣意性，实体法律意义具有不确定性。然而，认罪认罚从宽制度的推进，使从宽的结果具有更多的规范性、约束性、可预期性和程序保障性，以及更多的制度保障和程序意义。

但是，从目前试点的情况看，认罪认罚从宽制度到底是个独立的制度，还是个刑事政策抑或是一种精神，对此认定仍然较为模糊。只有制度才能保障程序运行的刚性，杜绝其适用的随意性和不确定性。而所谓制度应该有独立的规则，一以贯之的指导原则，有独立运行的体系。但从《试点办法》的相关规定可以看出，目前的认罪认罚从宽制度，缺少自己独立的制度内容，仅是依附于其他程序，依附于原有的简易程序、刑事速裁程序，甚至是普通程序。所有这些程序都可能包含或部分包含认罪认罚从宽制度的内容。因此，认罪认罚从宽制度容易异化为泛化概念，使认罪认罚从宽既没有形成自己独立的制度内容，也逐渐背离初衷。由于认罪认罚从宽制度与现有程序设置的基础和标准不同，决定了其与现有程序之间不是一个简单的架接关系。如果按照其与既有程序的简单相似和关联内容来判断，仅仅将其定位为一种理念、一种精神，或者作为政策指导于各个阶段，则无法使这些程序脱胎换骨，发挥出更大的作用，进而导致认罪认罚从宽制度的基础定位和推进思路存有缺陷。因此，在充分看到认罪认罚从宽制度与宽严相济刑事政策的紧密关系之际，也要充分保障认罪认罚从宽制度的法律属性，要将其置于实体法与程序法的视野下进行试点、发展，并将其制度化、规范化、立法化，内生出助推刑事司法改革的积极意义，最终成为推动和固化司法改革的重大成果和有益经验。

三、诉讼程序的分流：审判中心、庭审实质化的统合与配套机制

认罪认罚从宽制度是以审判为中心的诉讼制度改革背景下的创新产物，也是实现庭审实质化的重大配套措施，是刑事诉讼程序繁简分流的重要新生支点。由此，认罪认罚从宽制度及其试点工作才处于刑事司法改革的最前沿。只有立足于此，才能准确透视认罪认罚从宽制度的来龙去脉及其功能安排。

（一）审判中心诉讼制度改革的释义

在程序繁简分流与诉讼效率提高的改革目标下，以审判为中心的诉讼制

度改革以及庭审实质化等相关改革措施，是我国当前刑事司法改革的主线。认罪认罚从宽制度的出台与试点，是这场司法改革全局中的重要支点。

1. 政策文件的解读

《中共中央关于全面推进依法治国若干重大问题的决定》要求，推进以审判为中心的诉讼制度改革，确保侦查、审查起诉的案件事实证据经得起法律的检验。这扼要地规定了以审判为中心的诉讼制度改革的基本要义。

最高人民法院、最高人民检察院、公安部、国家安全部、司法部《关于推进以审判为中心的刑事诉讼制度改革的意见》（2016 年 10 月）第 21 项要求，推进案件繁简分流，优化司法资源配置。完善刑事案件速裁程序和认罪认罚从宽制度，对案件事实清楚、证据确实充分的轻微刑事案件，或者犯罪嫌疑人、被告人自愿认罪认罚的，可以适用刑事速裁程序、简易程序或者普通程序简化审理。这明确了以审判为中心的诉讼制度改革，与包括认罪认罚从宽制度在内的诉讼制度改革是紧密联系在一起的，后者都服务于以审判为中心的改革需要。

最高人民法院《关于全面推进以审判为中心的刑事诉讼制度改革的实施意见》（法发〔2017〕5 号）第五部分"完善繁简分流机制，优化司法资源配置"作出如下要求：一是推进刑事速裁程序改革，逐步扩大刑事速裁程序的适用范围，完善速裁程序运行机制。对被告人认罪的轻微案件，探索实行快速审理和简便裁判机制。二是推进认罪认罚从宽制度改革，对适用速裁程序、简易程序或者普通程序简化审理的被告人认罪案件，法庭应当告知被告人享有的诉讼权利，依法审查被告人认罪认罚的自愿性和真实性，确认被告人了解认罪认罚的性质和法律后果。法庭确认被告人自愿认罪认罚，同意适用简化审理程序的，应当落实从宽处罚的法律制度。被告人当庭不认罪或者不同意适用简易程序审理的，应当适用普通程序审理。三是适用速裁程序审理的案件，应当当庭宣判。适用简易程序审理的案件，一般应当当庭宣判。适用普通程序审理的案件，逐步提高当庭宣判率。这显示了认罪认罚从宽制度与刑事速裁程序都是"程序繁简分流"的产物，是以审判为中心的诉讼制度改革的重要配套措施，同时也是庭审实质化的重要内容。当然，根据《试点办法》的规定，认罪认罚从宽制度吸纳了刑事速裁程序并以此作为所适用的程序类型之一，从而客观上使认罪认罚从宽制度成为这场改革的基本配套机制。

2. 主要内涵的界定

关于以审判为中心的诉讼制度的基本内涵，时任最高人民法院副院长沈德咏指出，以审判为中心的诉讼制度改革，实质内容是在诉讼的全过程，实行以司法审判标准为中心。在推进以审判为中心的诉讼制度改革的过程中，并不动摇公检法三机关"分工负责、互相配合、互相制约"的诉讼原则。将以审判为中心理解为以法院为中心，是简单和片面的看法。[1]这种阐述与政策文件的立场是一致的。

同时，对以审判为中心的诉讼制度，理论上还有其他观点。例如，有观点认为，以审判为中心，是指在我国宪法规定的"分工负责、互相配合、互相制约"的前提下，诉讼的各个阶段都以法院的庭审和裁决关于事实认定和法律适用的要求和标准进行。[2]又如，"以审判为中心"的前提是优化司法职权配置、规范司法权力运行，核心在于"以庭审为中心"，强调重视第一审程序在认定事实和适用法律方面的重要作用，注意发挥审后程序对一审的救济和监督作用。[3]这些看法整体上与政策文件的立场无异，并对以审判为中心的诉讼制度的内容作出了更进一步的理解，有力地纠偏了"侦查中心主义"的不当倾向与做法。

但是，亦有观点认为，"以审判为中心"的诉讼制度改革是针对以侦查为中心提出来的。以审判为中心强调以审判职能为中心，以审判为中心不是以庭审为中心，以审判为中心不是证明标准的统一，以审判为中心不适用于民事、行政案件。[4]"以审判为中心"是基于特定历史背景和司法规律而提出的重大命题，其实质是对侦查、起诉、审判职能之间关系的反思与重构，意在建立科学合理的刑事诉讼构造。"以审判为中心"是就刑事公诉案件而言的，强调的是诉讼职能定位，而不是机关部门地位，并不意味着刑事诉讼全程统一实行审判标准，与庭审中心主义存在区别。[5]诚然，"以审判为中心"，必然对过往的"侦查中心主义"进行调整，摆脱刑事诉讼构造的"流

---

〔1〕 沈德咏："论以审判为中心的诉讼制度改革"，载《中国法学》2015年第3期。

〔2〕 樊崇义："以审判为中心的几个理论问题"，载《法治现代化研究》2017年第2期。

〔3〕 卞建林、谢澍："'以审判为中心'：域外经验与本土建构"，载《思想战线》2016年第4期。

〔4〕 陈卫东："以审判为中心：解读、实现与展望"，载《当代法学》2016年第4期。

〔5〕 陈卫东："以审判为中心：当代中国刑事司法改革的基点"，载《法学家》2016年第4期。

水线"操作。相应地，将工作重心转移到审判阶段或法院层次，并不意味着忽视审前程序的重要性，反而更凸显审前程序的意义。

3. 庭审实质化的理解

庭审实质化，是以审判为中心的诉讼制度改革的必要结果与核心内容，是程序繁简分流的基本内容之一，是庭审简化或诉讼程序简化的另一侧面。

目前，案多人少的矛盾不断激化等现实情况，倒逼庭审实质化改革措施的出台：（1）以《刑法修正案（八）》《刑法修正案（九）》的出台、劳动教养制度被废除等为主要的诱因，我国刑事司法领域已经凸显出犯罪轻刑化倾向，同时，结合"立案登记制"改革等一系列举措的适用，有限的司法资源与解决司法纠纷的社会需求之间的张力愈发明显。（2）员额制改革的诉讼机制配套。虽然与简单轻微刑事案件数量增势明显状况相联系，推行法官、检察官员额制改革举措促成司法机关办案力量趋向精简干练，但案多人少的办案压力在一定程度上有增无减。按照员额制改革的试点方案，法官、检察官约占中央政法专项编制人数的39%以下，司法辅助人员约占46%，司法行政人员约占15%。从目前试点省份的改革效果来看，尽管大部分试点省份达到了这一要求，但在部分试点地方出于办案压力的顾虑，仍旧坚持在较大入额比的前提下推行法官员额制改革。如何破解办案负担居高不下的难题成为深化员额制改革取得实效的核心问题之一。而完善认罪认罚从宽制度对于缓解司法资源的有限性和日渐增长的案件数量之间的紧张关系有着特殊意义。

《中共中央关于全面推进依法治国若干重大问题的决定》提出，要完善证人、鉴定人出庭制度，保证庭审在查明事实、认定证据、保护诉权、公正裁判中发挥决定性作用。庭审是审判的关键环节、主要方式，只有坚持以庭审为中心，切实发挥庭审的决定性作用，才能推动建立以审判为中心的诉讼制度。以庭审为中心的本质要求是通过法庭审理发现疑点、理清事实、查明真相，因此必须力戒形式主义，保证庭审在查明事实、认定证据、保护诉权、公正裁判中发挥决定性作用。其中，为了实现庭审实质化，从司法实践来看，尚需完善建立健全认罪认罚从宽制度这一相关配套改革措施。[1]这充分指明了庭审实质化之于以审判为中心的诉讼制度改革的基本意义，庭审实质化与必要的庭审简化才是完整的组合体。

---

〔1〕　沈德咏："论以审判为中心的诉讼制度改革"，载《中国法学》2015年第3期。

在方法论上，为适应庭审实质化要求和实现实质庭审的目标，应推动案件繁简分流。在提高庭审程序公正性的同时，法庭审理的实质性展开会不可避免地导致庭审效率的下降。因此，为了推动有争议案件的庭审实质化，需要进一步加强案件的繁简分流，将多数无争议或争议较小的案件交付简易程序审理。2012年修正《刑事诉讼法》时扩大适用简易程序的案件范围，体现繁简分流、提高诉讼效率的精神。目前作为司法改革措施之一，正在一些法院试点的刑事速裁程序，对控辩协商一致的轻罪案件进一步推动程序简化。这对于兼顾司法公正与诉讼效率，保证司法资源主要集中于有争议案件的审理也有积极的意义。[1]例如，新修改的《人民法院法庭规则》明确规定保护证人、鉴定人、被害人出庭作证，坚持控辩平等，坚持审判公开，为被告人"去标签化"，贯彻无罪推定的先进理念。这些立法上的变化为庭审查明案件事实、进入实质化，创造出十分有利的程序氛围，体现我国的庭审实质化改革在诉讼制度改革中的重要作用。[2]

因此，刑事庭审实质化是以审判为中心的诉讼制度改革的基本要求之一，是实现"大案要案精审"的基本途径。刑事庭审实质化，是指应通过庭审的方式认定案件事实并在此基础上决定被告人的定罪量刑，其基本要求包括两个方面：一是审判应成为诉讼中心阶段，应在审判阶段而不是在侦查、审查起诉或其他环节解决被告人的刑事责任；二是庭审活动是决定被告人命运的关键环节。也即："审判案件应当以庭审为中心。事实证据调查在法庭，定罪量刑辩护在法庭，裁判结果形成于法庭。"庭审实质化是相对庭审虚化或形式化而言的。所谓"庭审虚化"，是指案件事实和被告人刑事责任不通过庭审方式认定，甚至不在审判阶段决定，庭审只是一种形式。我国刑事庭审虚化的问题由来已久。[3]对于大案要案以及其他复杂案件而言，刑事庭审虚化会带来一系列的负面后果。

（二）认罪认罚从宽制度的功能呼应

认罪认罚从宽制度是以审判为中心的诉讼制度改革以及庭审实质化改革

---

〔1〕 龙宗智："庭审实质化的路径和方法"，载《法学研究》2015年第5期。

〔2〕 樊崇义："新《法庭规则》：贯彻落实庭审实质化的重要举措"，载《人民法治》2016年第5期。

〔3〕 汪海燕："论刑事庭审实质化"，载《中国社会科学》2015年第2期。

措施的重大配套措施，是程序繁简分流机制的基本内容。在此基础上，认罪认罚从宽制度，客观上与不认罪认罚的普通案件，形成了天然的程序繁简分流效果。

1. 审判中心、庭审实质化的分流功能

从应然的角度来说，认罪认罚从宽制度与"以审判为中心"并不矛盾，办理认罪认罚从宽案件仍应坚持"以审判为中心"，也应当坚持必要的庭审实质化。对此，最高人民法院指出，推进庭审实质化，既审查认罪认罚的自愿性，又对事实证据进行全面审查，防止犯罪嫌疑人、被告人被迫认罪、替人顶罪。[1]

首先，需要澄清以审判为中心改革、庭审实质化改革等的内容及其相互的关系。具体而言：（1）无论适用何种程序，审判都应是刑事诉讼的中心；在不同程序中，"以审判为中心"有不同的表现形式。"以审判为中心"是诉讼规律的必然要求，不因所适用的是何种程序而受影响。但是，由于庭审实质化、法官亲历性等方面在刑事诉讼的不同程序、不同审级中有区别性的要求（庭审实质化在不同程序中作区别化认识），因而"以审判为中心"在不同程序、不同审级中又会有不同的表现形式。因此，要把"以审判为中心"不同的表现形式与"不以审判为中心"的做法区分开来。[2]（2）"以审判为中心"与"庭审实质化""庭审为中心"是不同层面的问题，具有不同的参照系。其一，"以审判为中心"与"庭审实质化"是两个不同层面的问题，二者是目标与途径的关系，不宜相提并论。其二，"以审判为中心"与"以庭审为中心"参照系不同。"以审判为中心"的参照系是侦查职能、起诉职能和执行职能，解决刑事诉讼诸职能中何者是中心的问题，解决的是审判职能与外部诸诉讼职能的关系；而"以庭审为中心"的参照系是审判职能的内部庭前准备、庭审、庭后程序，解决审判职能内部诸审判程序之间的关系。因此，不能把"以审判为中心"与"以庭审为中心"混为一谈。[3]（3）庭审实质化是实现"以审判为中心"这一目标的核心途径，但在刑事诉讼的不同程序中，

---

〔1〕 周强："关于在部分地区开展刑事案件认罪认罚从宽制度试点工作情况的中期报告——2017年 12 月 23 日在第十二届全国人民代表大会常务委员会第三十一次会议上"，载《人民法院报》2017年 12 月 24 日，第 1 版。

〔2〕 朱孝清："认罪认罚从宽制度中的几个理论问题"，载《法学杂志》2017 年第 9 期。

〔3〕 朱孝清："认罪认罚从宽制度中的几个理论问题"，载《法学杂志》2017 年第 9 期。

庭审实质化的要求是分层次的：在审理不认罪案件，特别是其中的疑难、复杂案件的普通程序中要求最高，是庭审实质化的典型形态；在审理认罪认罚案件的普通程序中要求次之，允许某些环节实行简化审理；在审理认罪认罚案件的简易程序中要求再次之，允许不受法律规定的送达期限、讯问被告人、询问证人或鉴定人、出示证据、法庭辩论程序的限制；在审理认罪认罚案件的速裁程序中要求最低，允许不进行法庭调查与法庭辩论。特别地，即使在速裁程序中，也并非毫无"庭审实质化"，法庭仍要对被告人认罪认罚的自愿性、真实性和案件基本事实的可靠性进行实质性审查，控辩双方如有不同意见仍应充分发表；法官要对事实、证据和案件处理负最终责任。庭审实质化在不同程序中的要求之所以分层次，是为了满足当事人多样化的需求，也是实现刑事诉讼"公正优先、兼顾效率"价值目标的需要，还是节约司法资源、实现诉讼经济的需要。[1]

其次，庭审实质化改革是"以审判为中心"的应有之义，但对庭审进行实质化的改革并不意味着所有的刑事案件都必须要经历刑事普通程序，而应当结合案件的具体情况，进行"该繁则繁、该简则简"的繁简分流。[2]可以划定"一年以下为微罪，一至五年为轻罪，五年以上为重罪"的实体标准，同时以证人"微轻罪案件可不出庭、重罪案件原则上要出庭"为程序标准。在具体的运行过程中，对于轻罪和微罪案件，案件事实已经清楚，证据已经固定充分，且被告人自愿放弃当庭质证权利的，可以不要求证人出庭，对于被告人主动认罪认罚的，也要与"认罪认罚从宽"的改革结合，予以相应宽大的处理；而对于重罪案件，要严格贯彻刑事诉讼法的规定，针对案件的具体情况，该强制出庭的要强制，该保护出庭的要保护，证人有必要出庭的，若非法定的情况，不允许以宣读书面证人证言代替之，对于庭审中的质证环节，应当合理利用交叉询问的规则，提高证人出庭后的有效质证率。我国认罪认罚从宽制度试点对于被告人认罪认罚、对指控的罪名无异议且放弃庭审质证权的，应当允许其获得迅速裁决的程序性利益和判决上从宽的实体性利益，而对于被告人并不认罪认罚，或是一些重大、疑难、复杂抑或是影响较

---

〔1〕 朱孝清："认罪认罚从宽制度中的几个理论问题"，载《法学杂志》2017 年第 9 期。

〔2〕 樊崇义、李思远："认罪认罚从宽制度的理论反思与改革前瞻"，载《华东政法大学学报》2017 年第 4 期。

大的案件，应当执行完善的审判程序，加强庭审中的对抗与质证。因此，借助认罪认罚从宽制度的试点，在一些"当繁则繁"的案件中，应当强化庭审的质证与辩论，完善以反询问为核心的交叉询问规则，应当明确划分主询问与反询问，应当强化控辩双方询问的交叉性，还应当合理看待交叉询问中诱导性询问的方式。

综上所述，在刑事诉讼的各种程序中，审判活动都处于中心地位。不能因"以审判为中心"在不同程序中有不同的表现形式、庭审实质化在不同程序中作分层次的要求，而怀疑办理认罪认罚案件的诉讼程序没有坚持"以审判为中心"。

2. 认罪认罚从宽与审判中心、庭审实质化的功能协同

尽管从外部形式看，不容否认的是，以庭审实质化为核心内容的以审判为中心的诉讼制度，在一定程度上与认罪认罚从宽制度下简化审判程序和方式之间确实存在着不相协调甚至相互冲突、矛盾的问题。然而，从实质功能看，认罪认罚从宽制度是以审判为中心的诉讼制度改革以及庭审实质化的重大配套改革措施。

"以审判为中心"的诉讼制度改革，与完善认罪认罚从宽制度两大改革主张之间似乎存在冲突，但是，两者在追求公正的内在价值方面是一致的。认罪认罚从宽制度从制度上保障了"以审判为中心"改革的可行性，而审判中心主义又是认罪认罚从宽制度存在的正当性基础。[1]对此，时任最高人民法院审判委员会专职委员、第二巡回法庭庭长胡云腾在重庆调研刑事案件认罪认罚从宽制度试点工作时指出，认罪认罚从宽制度试点，是落实党的十八届四中全会改革部署的重大举措，是推进以审判为中心诉讼制度改革的重要保障。核心内容是对认罪认罚案件"区别对待""分流处理"，实体上从宽量刑，推动宽严相济具体化、制度化；程序上从简处理，区分适用速裁、简易或普通程序，实现繁简分流规范化、全程化。要针对认罪认罚案件的特点，结合案件难易、刑罚轻重、诉讼阶段等情况，细化落实值班律师法律帮助，探索完善法庭审理规程，健全刑事速裁程序运行机制，推动诉讼全程简化提

---

[1] 刘岑岑："'以审判为中心'背景下的认罪认罚从宽制度解读与完善"，载《学习与探索》2017 年第 1 期。

速，探索有中国特色的轻罪诉讼体系。[1]

以审判为中心的诉讼制度与认罪认罚从宽制度实质上是刑事诉讼中对办案机关及办案人员办理案件的应然要求与实然需要的关系。[2]对办理案件的应然要求，是指任何被追诉人在刑事诉讼中都有获得公正审判的诉讼权利；公正审判是一项诉讼权利而不是诉讼义务，那么被追诉人根据自己的案情也有权自愿放弃，选择采用简化的诉讼程序和审判方式，并在法定范围内获得"好处"，而这就是办理案件的实然需要。因此，认罪认罚从宽制度与"以审判为中心"的诉讼制度并不是天然对立、相互排斥的，而是相辅相成、互相促进的。在以审判为中心的诉讼制度中，实质上包含了认罪认罚从宽制度。前者是对所有案件及被告人获得公正审判的保障，任何人都有获得公正审判的权利，据此要求对其案件进行实质性审判，以保障其依法享有各项诉讼权利；后者则是被告人自愿选择并对前者自愿放弃的结果。在此情形下，只要确保被告人的选择、放弃确系自愿，对他的案件就可以不必进行实质化审判，而采用简化、简易的程序审判。

（三）推动程序繁简分流机制的深化

诉讼公正与诉讼效率同为刑事诉讼所追求的价值目标，但二者也存在相应的对立性，如何妥善地处理公正与效率之间的关系，一直以来都是两难问题。认罪认罚从宽制度的试点工作，无疑显露其对诉讼效率的倾斜，但仍应坚守公正价值。程序分流是提高诉讼效率和实现真正的司法公正的基本方向，认罪认罚从宽制度是目前最具综合性、整合性的案件分流措施与程序繁简分流的平台。

1. 诉讼程序繁简分流的要领

以司法公正为价值取向，程序日趋复杂化，是现代刑事诉讼发展的唯一模式。但是，随着犯罪率日益上升、诉讼案件日渐增多，导致了对诉讼效率的追求，程序分流机制由此开始不断发展起来。比如，意大利近几十年来的刑事诉讼程序改革，最大的亮点就是构建了以正当法律程序为主，特别分流

---

〔1〕 罗书臻："胡云腾在认罪认罚从宽制度试点工作座谈会上要求及时总结试点经验 大力推进试点工作"，载《人民法院报》2017 年 7 月 18 日，第 1 版。

〔2〕 顾永忠："关于'完善认罪认罚从宽制度'的几个理论问题"，载《当代法学》2016 年第 6 期。

程序为辅的刑事司法体系。[1]

狭义上的程序分流（diversion），又称"非刑事程序化"，是指对特定的构成犯罪的案件，在侦查或起诉环节中即作终止诉讼的处理，并施以非刑罚性的处罚，而不再提交法庭审判的制度和做法。狭义的程序分流一般采取以下几种形式：警告、轻罪处分、缓诉、不起诉等方式。广义上的"程序分流"，不仅包括上述狭义上的程序分流，还包括在审判阶段适用较之普通程序更加简易的程序而对案件进行审理。其中，后者的适用对象一般为轻罪案件或被告人认罪的案件。[2]因此，广义上的程序分流，贯穿于刑事诉讼的整个过程。

实际上，1996年《刑事诉讼法》规定的简易程序，已是对程序分流的体现，而后对程序分流的探索也从未停止。2003年，最高人民法院、最高人民检察院、司法部《关于适用普通程序审理"被告人认罪案件"的若干意见（试行）》规定，人民检察院认为被告人认罪的案件符合有关条件，在提起公诉时可以书面建议人民法院适用普通程序简易审。2006年12月28日，最高人民检察院出台《关于依法快速办理轻微刑事案件的意见》。2007年2月，最高人民检察院出台《宽严相济刑事司法政策意见》，强调对于未成年人、偶犯、初犯、过失犯，防卫过当、避险过当等情况，可诉可不诉的不诉，鼓励通过运用酌定不起诉制度在审前分流刑事案件，缓解司法资源的压力。但是，我国审查起诉制度更多地表现为案件的输入通道，而非案件输入的调节阀，审查起诉程序的分流功能甚微；案件分流机制单一，起诉裁量空间有限；酌定不起诉适用率极低，制约起诉裁量权分流案件功能的发挥；公诉方式不够多元化，不能充分引导案件审判的繁简分流；量刑建议制度处于起步阶段，尚未立法化、制度化。

2012年，第十一届全国人民代表大会第五次会议通过了修改《刑事诉讼法》的决定，扩大认罪案件适用简易程序的范围，专门增加公诉案件和解程序。但是，对于侦查和公诉环节如何把握认罪案件，特别是如何确定认罪的含义以及如何完善认罪后当事人的权利保障机制，不够明确和具体。[3]由此

---

〔1〕 元轶："程序分流视角下的意大利刑事诉讼改革"，载《比较法研究》2011年第5期。

〔2〕 张小玲："刑事诉讼中的'程序分流'"，载《政法论坛》2003年第2期。

〔3〕 胡东林、范小云："认罪轻微刑事案件程序分流模式构建"，载《中国刑事法杂志》2012年第9期。

可见，我国目前进行程序分流的机制还不够健全，具体制度亦不尽完备。尤其是在审查起诉阶段，公诉环节程序分流机制的建立是以起诉便宜主义为前提，赋予检察官不起诉裁量权。

为此，我国启动了刑事速裁程序试点改革。2014 年 6 月，全国人民代表大会常务委员会通过《关于授权最高人民法院、最高人民检察院在部分地区开展刑事案件速裁程序试点工作的决定》，正式开启试点工作，明确对事实清楚，证据充分，被告人自愿认罪，当事人对适用法律没有争议的危险驾驶、交通肇事、盗窃、诈骗、抢夺、伤害、寻衅滋事等情节较轻，依法可能判处一年以下有期徒刑、拘役、管制的案件，或者依法单处罚金的案件，进一步简化刑事诉讼法规定的相关诉讼程序。2014 年 8 月，最高人民法院、最高人民检察院、公安部、司法部出台了《关于在部分地区开展刑事案件速裁程序试点工作的办法》，共计 18 个条文，为试点工作提供了具体的操作指引。可以说，刑事速裁程序是程序分流的集中体现，以程序分流原理为理论根据的轻微刑事案件速裁程序机制应运而生。[1]刑事案件的速裁程序，是刑罚宽缓化发展的必然产物，也有利于提高司法效率。刑法在实体上将犯罪划分为不同的层次，刑事诉讼法就相应地对其适用繁简程度不同的诉讼程序。轻罪与轻微犯罪的明确划分，体现了简易程序与刑事速裁程序的分流。[2]

最高人民法院《关于进一步推进案件繁简分流优化司法资源配置的若干意见》（法发〔2016〕21 号）对程序分流作出了相关解释。其中，有三点涉及刑事诉讼中的程序分流：（1）遵循司法规律推进繁简分流。科学调配和高效运用审判资源，依法快速审理简单案件，严格规范审理复杂案件，实现简案快审、繁案精审。根据案件事实、法律适用、社会影响等因素，选择适用适当的审理程序，规范完善不同程序之间的转换衔接，实现该繁则繁、当简则简、繁简得当，努力以较小的司法成本，最终取得较好的法律效果。（2）推进立案环节案件的甄别分流。地方各级人民法院根据法律规定，科学制定简单案件与复杂案件的区分标准和分流规则，采取随机分案为主、指定分案为辅的方式，确保简单案件由人民法庭、速裁团队及时审理，系列性、群体性

---

〔1〕 吴敦、周召："轻微刑事案件速裁机制初探——以程序分流与程序构建为主线"，载《法律适用》2014 年第 8 期。

〔2〕 王永茜："刑事案件速裁程序的刑法基础"，载《北京理工大学学报（社会科学版）》2016 年第 5 期。

或关联性案件原则上由同一审判组织审理。对于繁简程度难以及时准确判断的案件，立案、审判及审判管理部门应当及时会商沟通，实现分案工作的有序高效。（3）探索认罪认罚案件的庭审方式改革。对于被告人认罪认罚的案件，应当探索简化庭审程序，与不认罪认罚案件进行分流。同时，应当听取被告人的最后陈述。对适用刑事速裁程序审理的案件，可不再进行法庭调查、法庭辩论；适用刑事简易程序审理的案件，不受法庭调查、法庭辩论等庭审程序限制。显然，认罪认罚从宽案件是程序分流的主要支点与途径。

2. 认罪认罚案件的程序分流意义

第十五届国际刑法大会决议指出："对严重犯罪不得适用简易程序以及不加法律限制地对被告人自由裁量的程序。就其他犯罪而言，立法者应确定程序的要求，并采用确保被告人与司法机关合作的自愿性质的措施，如辩护人对被告人的有效援助。建议对轻微犯罪案件进行此类诉讼，以加速刑事诉讼的进展，更好地保护被告人的权益。"[1]由此可见，国际社会对认罪认罚案件与不认罪认罚案件，在实体上与程序上是区别对待的，从宽处理与程序简化是具体体现。我国刑事司法体系的构建始终坚持以公正作为最终追求，然而，对公正过度追求可能耗费大量司法资源致使诉讼效率下降，却也不能取得预期的公正效果。缺乏效率的公正难以满足社会发展的需要，这种"公正"从根本上是对程序公正的背离。提高诉讼效率已成为当代各国刑事司法领域的主流导向，结合案件特点创设与之相适应的简易处理程序促进案件繁简分流是通行做法。[2]认罪认罚从宽本质上是权力主导下的程序简化处理的另一种新的加速机制，是为缓解"案多人少"状况而对我国传统刑事诉讼模式的局部改造，提高效率是认罪认罚从宽制度的核心追求。[3]

刑事审判程序繁简分流，是推进以审判为中心的诉讼制度改革的重要配套机制。[4]将被告人认罪作为程序繁简分流的主要依据，其正当性来源于被告人对获得正式审判权的自愿放弃。同时，审前分流的主要目标是控制进入审判程序的案件总量。犯罪嫌疑人、被告人是否自愿认罪将作为程序分流的

---

〔1〕《国际刑法大会决议》，赵秉志等译，中国法制出版社 2011 年版，第 123 页。

〔2〕 陈卫东："认罪认罚从宽制度研究"，载《中国法学》2016 年第 2 期。

〔3〕 秦宗文："认罪认罚从宽制度的效率实质及其实现机制"，载《华东政法大学学报》2017 年第 4 期。

〔4〕 刘静坤："刑事审判程序繁简分流与公正审判"，载《法律适用》2016 年第 6 期。

实质要件，决定着案件的走向以及适用什么样的程序。认罪认罚案件的程序分流应当包括两个层面的分流，既包括诉与不诉的案件分流，也包括审判程序的繁简分流。[1]

推行认罪认罚从宽制度的改革试点工作，紧紧围绕刑事司法实践之需求，着眼于合理优化司法资源的迫切需要，积极推动诉讼程序多元化程序构建，使认罪的案件进入快速"绿色通道"，不认罪案件精雕细琢。依据案件复杂程度设置与之相适应的处理程序，推动案件繁简分流，解决案多人少的矛盾。设置被追诉人认罪认罚从宽处理制度，以此为纲统筹协调速裁程序、简易程序和普通程序的适用，建构分别适用于审前阶段、审判阶段的不同诉讼机制，以是否认罪、认罚为判断标准，拓宽简单轻微刑事案件、较为重大刑事案件处理形式的多元方式，在尊重被追诉人、被害人等主体的意愿表达与利益需求的基础上，广泛调动特定主体参与纠纷并快速解决、充分惩戒罪行、最大程度上积极地修复损害结果，从而发挥诉讼程序多样化、制度运行精细化的优势以应对实务案件的繁冗复杂，降低诉讼过程中不必要的效果减损，进而谋求司法资源配置效果最大化。

刑事诉讼应当以公正为前提，在一定程度内，相对地侧重追求效率不是不可以，但不能过度或片面，必须严守公正的底线。严格地讲，从程序分流的角度看，其目标就是对效率作更高的要求，但对公正的立场不变，继而，程序分流下的不同诉讼程序，对正义与效率的关系有形式上的不同认识，否则，程序分流必然是空洞的。总体来看，"以审判为中心"的诉讼制度改革侧重于疑难复杂案件的"公正"维度，而刑事速裁程序和认罪认罚从宽制度侧重于简单案件的"效率"维度。但也有观点认为应当坚持公平优先、兼顾效率的思路。[2]其实，关于公正与效率的关系不能停留于宏观与抽象，而是应当回归具体的案件与诉讼程序，既然是程序分流作为改革的动因，那么对诉讼效率的适度侧重也是必然的。这是不同诉讼价值在不同案件类型上的具体选择。只有科学调配和高效运用审判资源，依法快速审理简单案件，严格规范审理复杂案件，实现简案快审、繁案精审。而且，在以审判为中心的刑事

---

〔1〕 吴宏耀："论认罪认罚从宽制度"，载《人民检察》2017 年第 5 期。

〔2〕 何佳君："公正与效率：我国司法改革进程中的价值取向问题研究——以刑事认罪认罚从宽制度改革为例"，载《东南大学学报（哲学社会科学版）》2018 年第 3 期。

诉讼制度改革背景下，应同时强化认罪认罚从宽制度与不起诉制度、一审普通程序、简易程序、刑事案件速裁程序以及刑事和解程序的衔接机制，[1]只有在这样融合协调的大背景下，才能实现繁简分流的制度构建目的。但是，如果认罪认罚从宽制度被认为是实现程序效率化的核心机制，[2]则是不恰当的。

四、刑事协商理念的演进：由诉讼对抗到诉讼合作的转型与践行

环顾全球，认罪协商制度是域外的重要发展趋势，辩诉交易更是风靡全球。认罪认罚从宽制度是我国正在试点的有特色的刑事协商机制，是我国吸收诉讼合作理念的典范之作，推动由诉讼对抗到诉讼合作的司法包容理念变迁。

（一）刑事协商理念的发展与启示

被追诉者自愿认罪是客观情况，继而，基于自愿平等而建立起的认罪协商机制，反映了控辩双方的真实现状与需要，刑事认罪协商机制的持续发展无疑是最好的注脚。而这与正在试点的认罪认罚从宽制度有着深厚的渊源。

1. 域外刑事协商理念的考察

在域外，刑事协商理念的发展，可以通过刑事诉讼模式这一核心命题的争论获得较为直观的认识。关于域外的刑事诉讼模式，主要有：（1）犯罪控制模式与正当程序模式。1964 年，哈伯特·L. 帕克（1925—1972）在《宾夕法尼亚大学法学评论》上发表《刑事诉讼的两种模式》（Two Models of the Criminal Process），后来被收录于其关于刑事法律及政策相关思考的作品集《刑事制裁的界限》中。帕克首次创造性地提出和论析犯罪控制与正当程序两种诉讼模式，认为二者的区别在于价值取向与事实认定机制。犯罪控制模式追求抑制犯罪的整体社会效果，关注速度、效率，其运作偏向于行政"流水线"式的管理。正当程序模式，则追求个人权利的保护，诉讼程序类似于以限制国家权力为目标的"障碍跑"。[3]尽管不能完全依照帕克的犯罪控制模

---

[1]　李本森、曹东："认罪认罚从宽制度中的程序性问题"，载《人民检察》2017 年第 18 期。

[2]　左卫民："认罪认罚何以从宽：误区与正解——反思效率优先的改革主张"，载《法学研究》2017 年第 3 期。

[3]　[美] 哈伯特·L. 帕克：《刑事制裁的界限》，梁根林译，法律出版社 2008 年版，第 1 页。

式与正当程序模式来理解中国刑事诉讼，但个人权利与国家权力这两对相似的范畴或者说自由与安全的冲突也贯穿于中国刑事诉讼的理论、立法与司法中。[1]（2）被害人权利的惩罚性模式与被害人权利的非惩罚性模式。一项被害人研究指出，帕克的犯罪控制模式假定刑法可以控制犯罪而忽视如下事实：大部分被害人并未向警察举报犯罪，惩罚对于控制犯罪固然是必需的，然而在整体控制方面却收效甚微，相反，还会因为对加害者的非难和蔑视而使情况变得更糟。帕克的关于犯罪控制模式与正当程序模式相冲突的假说首先遇到美国经验，继之以加拿大经验的挑战，这些经验表明：正当程序革命并非与日益增长的罪犯数量所表明的犯罪控制的加强不相一致或相互矛盾的。[2]在此基础上，新的模式理论是建立在对被害人权利的不同界定之上的。被害人权利的惩罚性模式承认刑罚报应性的、意味深长的重要性，以及被害人权利应与被告人权利一并加以考虑的需要，而被害人权利的非惩罚性模式则力图使由于强调犯罪预防和恢复正义而导致的被害与惩罚的痛苦最小化，上述两种模式都承诺既可以控制犯罪又能够尊重被害人，但是前者仅仅关注刑事司法体制和惩罚的执行，而后者则影响社会进步与融合的诸多领域。此种模式学说之构建为讨论刑事诉讼的实际运作、刑事司法的价值取向以及人们思考与讨论刑事司法的角度和方式提供了一种可资利用的分析工具。[3]（3）家庭模式。1970年，耶鲁大学格里费斯教授在《耶鲁法律杂志》上发表文章批评帕克的理论，格氏认为，帕克的两个模式殊途同归，实际上是一个模式——争斗模式。格氏认为，与争斗模式相对应的合理模式应为家庭模式。格氏指出，家庭模式则像理想的家庭那样，是以利害调整的可能性和爱的理念为前提的：在家庭内部也会对孩子的行为进行惩罚，但这种惩罚不是对孩子的敌视，而是对孩子的爱护。格氏认为，如果适用其家庭模式，只要对法官持信赖的态度，辩护人与检察官不同的诉讼活动就不会演化为争斗，而会成为对法院公正裁判的合作活动，这将使被控者的权利、尊严、人格

---

〔1〕 左卫民：“冲突与竞合：刑事诉讼的模式分析——读帕克教授的《刑事制裁的界限》”，载《政法论坛》2017年第5期。

〔2〕 ［加］肯特·罗奇：“刑事诉讼的四种模式”，陈虎译，载陈兴良主编：《刑事法评论》（第23卷），北京大学出版社2008年版，第235页。

〔3〕 ［加］肯特·罗奇：“刑事诉讼的四种模式”，陈虎译，载陈兴良主编：《刑事法评论》（第23卷），北京大学出版社2008年版，第233页。

受到最大的尊重，同时，刑事程序本身所应有的教育功能也将会得到最有效的发挥。[1]格氏是第一位深刻批评帕克观点内在矛盾的学者，倡导权利与权力的合作、妥协；格氏的诉讼模式强调权利与权力的合作、妥协，并不认同两者的争斗。合作型刑事诉讼模式的产生，是与现代国家的发展样态相适应的，因此有必要对格里费斯的家庭模式重新加以探讨，以应对刑事程序的改革。[2]

同时，对于当代刑事协商理念的认识，也可以从对抗式诉讼制度得以窥见。例如，美国学者兰博约教授的《对抗式刑事审判的起源》揭示，对抗式刑事审判的形成更多地是各种主体在特定的历史背景下对刑事审判合力作用的结果，而非理性建构的立法产物，历史性的偶然因素在其中所起的作用不可忽视。[3]英美对抗式的刑事审判模式一直是我国法律界着力引介、学习的对象，但各界对其理解与认识却或多或少地存在问题。兰博约教授的反思无疑具有值得参照的意义，也对我国今后的刑事诉讼模式及其制度改革有着积极的启示意义。[4]

2. 国内刑事协商理念的进展

近十年来，我国刑事协商理念获得迅速的发展，并且是通过一系列试点探索予以固化的。进而，有中国特色的刑事认罪协商机制日渐成型。

择要而言：（1）刑事合作理念。刑事和解制度的出现与发展是一掠清风。这一新型司法程序满足冲突双方的利益需求，使得公安司法机关可以获得一系列诉讼收益，并有助于社会关系的修复和社会的和谐。刑事和解制度的出现，提出一种有别于传统对抗性司法的"私力合作模式"，将被告人—被害人关系置于刑事诉讼的中心，打破刑事诉讼与民事诉讼、犯罪与侵权的界限，对传统刑事诉讼理论造成较大的冲击。长远地看，刑事和解将成为一种独立于

---

[1] John Griffiths, "Ideology in Criminal Procedure or a Third 'Model' of the Criminal Process", *Yale Law Journal*, Vol. 79, 1970, No. 3.

[2] 梁欣："刑事诉讼家庭模式的再评价——从对抗到合作"，载《国家检察官学院学报》2005年第6期。

[3] [美] 约翰·兰博约：《对抗式刑事审判的起源》，王志强译，复旦大学出版社2010年版，第12页。

[4] 左卫民："对抗式刑事审判：谱系与启示——读兰博约教授的《对抗式刑事审判的起源》"，载《清华法学》2016年第5期。

正式刑事程序之外的特别程序。[1] 以无罪推定、程序正义为标志的传统刑事诉讼理论，建立在国家与被告人具有相互对立的诉讼立场的基础上，是典型的"对抗性司法"。在被告人自愿认罪的情况下，这种对抗性司法不具有存在的基础，国家与被告人具有进行诉讼合作的可能。在此前提下，国家追诉机构与被告人经过协商、妥协而进行的诉讼合作，具有"协商性公力合作"的特征；被害人与被告人经过协商达成和解协议，则属于一种"私力合作模式"。据刑事诉讼中的对抗与合作的状态，进而提出一种新的诉讼模式理论，也即一种"合作性司法"的理念取代了传统的"对抗性司法"，而成为一种独立的刑事诉讼模式。相较于对抗性司法模式而言，合作性司法已经初步形成了一种相对独立的理论框架，那就是实用主义的利益观、建立在诉讼合作基础上的司法正义观，以及独立于实体正义和程序正义的第三种法律价值观。[2] 进言之，"合作性司法"模式的独特理念可以包含三个方面：一是建立在趋利避害基础上的实用主义哲学；二是建立在诉讼合作基础上的司法正义观念；三是独立于正当程序和控制犯罪之外的第三种价值理念。诸如"关爱""教育""效率"以及"社会和谐"等"第三种法律价值"。刑事司法制度不仅仅要实现正义的要求，而且还要兼顾其他方面的法律价值。这就是合作性司法带给我们的最大启示。作为独立于对抗性司法的诉讼形态，合作性司法应当具有独立于对抗性司法的哲学。社会关系的修复和社会和谐的达成，应当是对抗性司法所无法包容的法律理念，也是只有通过合作性司法才可以实现的价值目标。[3] (2) 对抗式诉讼模式的评判。对抗式诉讼模式奉行程序法治原则，尊重当事人利益，平衡各方利益，诉讼模式公开、透明，为律师提供广阔的空间，易于发现真相。其理论基础是真实发现理论，公平理论，权利保障理论，公信力理论等。对抗式诉讼模式有利有弊，其相对于其他诉讼模式来说，具有巨大的比较优势。并且，从其建立的理论基础来看，对抗式诉讼模式更符合当下刑事诉讼理论的新发展。处于变动中的中国刑事诉讼

---

[1] 陈瑞华："刑事诉讼的私力合作模式——刑事和解在中国的兴起"，载《中国法学》2006年第5期。

[2] 陈瑞华："司法过程中的对抗与合作——一种新的刑事诉讼模式理论"，载《法学研究》2007年第3期。

[3] 陈瑞华："司法过程中的对抗与合作——一种新的刑事诉讼模式理论"，载《法学研究》2007年第3期。

改革应趋利避害，在完善既存制度的同时，建立司法审查、证据开示等新制度，以保障对抗式诉讼模式的有效运行。[1]在刑事诉讼中，对抗式诉讼模式以控辩双方的诉讼对抗和法官的中立听证为基本特征，又称当事人主义诉讼模式。一般来说，当事人主义大致包括三项内涵：一为当事人对等主义，指原告（检察官）和被告在诉讼中处于对等的地位；二为当事人进行主义，指诉讼以当事人的主张、证据为中心，法院仅基于当事人的诉求径行裁判，对应欧陆国家的调查原则；三为当事人处分主义，指当事人可以自由处分诉讼中的请求，刑事诉讼中的"有罪答辩"就是其典型例证。[2]（3）对抗式刑事诉讼模式的未来图景。我国目前的刑事诉讼模式乃是一种过渡式、转型式的诉讼形态，同时也是一种国家本位主义的诉讼模式上。未来中国刑事诉讼模式的应然类型的塑造必将遵循以下变动与成型轨迹：一是本土主义。未来中国刑事诉讼模式的应然类型必将建基于本土制度环境与本土制度需求。二是现实主义。中国刑事诉讼模式的应然类型必将受制于现实制度条件与现实制度资源。也要求未来的刑事诉讼制度改革采用"问题导向"，着力解决现实中的普遍性问题，而不以实现理想价值、达到特定标准作为基准。三是合作主义。未来中国刑事诉讼模式必将是各种话语主体和改革主体合力推动的结果。四是演进与建构主义。未来中国刑事诉讼模式必将兼容建构理性与演进理性。五是创造主义。未来中国刑事诉讼模式必将是体现新中国特色的"中国创造"。[3]例如，传统的"对抗制/非对抗制"是一种二元对立的刑事诉讼模式理论，容易造成刑事诉讼中检察官与律师伦理定位上的不当，并且与现实有所脱节。未来应当采用灵活的"对抗/合作"关系的新视角对检察官和律师的角色进行考察，两者往往既存在对抗，也存在合作。控辩双方应当突破"角色伦理"的束缚，达成伦理共识，实现理性对抗和良性合作。[4]（4）当事人主义与职权主义是当今刑事诉讼法学界公认的两大诉讼模式。实际上，两者均奉行诉讼两造平等对抗的诉讼理念，都只是对抗式诉讼模式之下的子模式。

---

〔1〕　陈卫东、张月满："对抗式诉讼模式研究"，载《中国法学》2009年第5期。

〔2〕　[日]土本武司：《日本刑事诉讼法要义》，董璠舆、宋英辉译，五南图书出版公司1997年版，第12页。

〔3〕　左卫民："中国刑事诉讼模式的本土构建"，载《法学研究》2009年第2期。

〔4〕　甄贞、卢少锋："控辩对抗、底线伦理及合作规制——基于诉讼模式的伦理反思"，载《河南社会科学》2014年第6期。

与对抗式诉讼模式相对应的是合作式诉讼模式。英美法系的辩诉交易、我国大陆地区的刑事和解和我国台湾地区的认罪协商也印证了合作式诉讼的现实存在。我国刑事诉讼模式正朝着现代化方向发生重大转型，既有发生在不同诉讼模式之间的从对抗式诉讼向合作式诉讼的转型；也有同一诉讼模式内部的子模式之间的转型，在对抗式诉讼之中，正在发生着职权主义向当事人主义的现代化转型；在合作式诉讼之中，私力性合作模式、公力性合作模式和社会性合作模式呈现出相互融合的趋势。[1]合作式诉讼，是指刑事诉讼中的程序主体在充分考虑各自利益诉求的合理性和可接受性的基础上进行一定的妥协、协商和合作，形成纠纷解决共识的诉讼。合作式诉讼以合作为基本结构要素，参与的程序主体和合作形式更加广泛，刑事案件处理结果呈现轻刑化和多样化。[2]对抗与合作应当共同成为刑事诉讼的指导理念，刑事诉讼所追求的正义应当呈现多元的面孔，对诉讼主体之间的法律关系应予合理地调整，对于刑事诉讼子制度应予重新认知和适当调整。[3]

3. 对抗式到合作式的诉讼模式渐进转型

实行认罪认罚从宽制度，可以在不降低办案质量的同时有效节约司法资源，在彰显司法宽容的同时，也更好地保障人权、减少社会对抗。[4]

总体而言，认罪认罚从宽制度充分体现了当代刑法的恢复性刑事责任之旨趣。[5]《试点办法》的施行，标志着具有中国特色的认罪协商制度改革正式展开。认罪认罚从宽制度最大的创新之处在于体现协商性司法的特点，即被告人认罪后与检察机关达成协议，法院根据协议依法从轻量刑。由于被告人已经认罪认罚，激烈的控辩对抗已不复存在，因此协商性司法便具有适用空间。从根本上看，协商性司法允许被追诉人与国家公权力机关展开协商与合作，体现的是一种基于契约精神的正义。它突破传统的对抗式司法模式，使控辩双方的关系从对抗转为合作，以达到诉讼利益的互惠，同时也有助于

---

〔1〕 谭世贵："论刑事诉讼模式及其中国转型"，载《法制与社会发展》2016年第3期。

〔2〕 谭世贵："论刑事诉讼模式及其中国转型"，载《法制与社会发展》2016年第3期。

〔3〕 谭世贵："论刑事诉讼模式及其中国转型"，载《法制与社会发展》2016年第3期。

〔4〕 孟建柱："增强政治责任感　提高工作预见性　为党的十九大胜利召开营造安全稳定的社会环境——学习贯彻习近平总书记关于政法工作的重要指示"，载《法制日报》2017年2月16日，第1版。

〔5〕 代娟、王远伟、李建军："检察环节认罪认罚从宽制度的难题克免"，载《中国检察官》2017年第6期。

尽快修复被犯罪破坏的社会关系。应当说，认罪认罚从宽制度的核心即是具有中国特色的认罪协商程序。从世界刑事司法制度的实践来看，我国认罪认罚从宽制度的建立顺应协商性司法在世界范围内的发展趋势。协商性司法理念的最典型代表即为美国的辩诉交易制度。[1]

探索形成非对抗的诉讼格局，是认罪认罚从宽制度的另一重要价值。诉讼的直接目的在于解决纠纷，而纠纷引发的诉讼通常是对抗式的。传统刑事诉讼的控辩双方往往针锋相对，对罪名、罪数、刑罚等一系列问题展开激烈辩论。虽然这有利于正义的实现以及被告人权利的保障，但这种交锋需要占用较多的司法资源，且易产生被追诉人与国家、与被害人的对立，不利于社会的稳定，也不利于被害人合法权益的保护。而提倡犯罪嫌疑人在审前阶段即主动供述并选择与控方协商达成认罪认罚协议，将在很大程度上改变过去传统诉讼的对抗局面。在认罪认罚从宽制度中，由于被追诉人认罪、控方与其协商协议，控辩双方形成了刑事诉讼的非对抗格局。一方面，这种格局使得刑事诉讼的部分环节得以简化或者省略，促使国家不再将较多的资源耗费在庭审的控辩过程中，必将有效提升诉讼效率；另一方面，通过此种方式形成的刑事判决能够获得被告人及其家属的认同，减少刑事案件的信访申诉发生概率，从而有利于恢复被犯罪破坏的社会关系，同时有利于服刑人员的教育改造与生活再社会化。

4. 认罪认罚从宽制度中的诉讼合作

我国控辩关系处在一种紧张且不平等的对抗中，认罪认罚从宽制度给控辩关系提出了新的要求，即从不平等的对抗转为协商合作。因此，可以认为，认罪认罚从宽制度开启了被告人与司法机关的合作问题。认罪认罚从宽制度也涉及控、辩、审三方关系，即刑事诉讼模式定位问题，法院主要扮演审查的角色，控辩关系成为主体内容。随着认罪协商、轻罪和解以及一系列"轻、简、快"程序的普遍化，特别是认罪认罚从宽制度试点工作的启动，我国刑事诉讼转向新型的诉讼模式——合作式诉讼，控辩关系已经走向第四种样态，即以合作为主、对抗为辅。在第四种样态中，控辩双方往往先寻求平等合作，

---

[1] 叶青、吴思远："认罪认罚从宽制度的逻辑展开"，载《国家检察官学院学报》2017年第1期。

合作不能实现，则再进入对抗模式。[1]但也有观点认为，认罪认罚从宽制度在司法实践中的适用比例偏低，作为一个新兴的时代产物，本身还未成熟亟待进一步完善。而且，刑事诉讼法是国家与公民之间最直接的对话，即使存在部分协商因素，也无法从根本上改变对抗这一特征，但效率的价值追求与和谐的目标要求又决定了对抗离不开合作。两者更像是一对共生共存的矛盾，对抗是主要矛盾。我国短时间内无法实现"合作"主导刑事司法活动。[2]从国际社会的发展趋势看，诉讼合作是基本的走向，是不可逆转的，因为它代表了当代刑事诉讼文明的走向。同时，虽然我国职权主义观念根深蒂固，在短时间内无法予以根除，但是经过两次修订，我国刑事诉讼法不断吸收当事人主义诉讼模式的内容，注重庭审的实质化，强化控辩双方的质证对抗。这为诉讼合作因子的壮大与制度形成奠定了基础。

此外，需要说明的是，认罪认罚从宽制度中的诉讼合作理念及其内容，也对侦诉、诉辩、诉审关系都产生了不同程度的影响，如诉审关系中的诉的一方的地位得到显著的提升，侦诉关系中的诉引导侦查非常明显。这些在不同环节中出现的变化，不仅要求办案机关在应对认罪认罚案件时要"另行处理"，也要求传统办案方式及时作出改变，同时也不能因为新的变化而削弱三者之间的正确关系。

（二）多元刑事诉讼体系的现实需要

由诉讼对抗到诉讼合作是国际潮流，认罪认罚从宽制度是这一转变的重要形式和载体。相应地，诉讼结构模式的变化，也必然推动刑事诉讼程序类型及其结构的变动。在刑事案件日益多样化、复杂化的今天，单一的刑事特别程序不可能成为案件审理的唯一程序，定分止争的方式和程序也不可能被同一化。认罪认罚从宽协商诉讼程序的出现，进一步丰富了诉讼程序的类型与刑事诉讼的体系。

1. 多层次诉讼体系的提出

最高人民法院、最高人民检察院《关于刑事案件速裁程序试点情况的中期报告》指出，2014 年 8 月 26 日，两高牵头召开刑事案件速裁程序试点工作

---

〔1〕 冀祥德："走向中国控辩关系的第四种样态：控辩合作"，2017 年全国刑事辩护论坛，2017年 11 月 4 日。

〔2〕 王统："基于合作式诉讼的认罪认罚从宽制度探析"，载《新疆社会科学》2018 年第 4 期。

中期评估论证会，中央政法各部门总结汇报试点情况，听取刑事法学专家评价论证。与会人员一致认为，对简单、轻微刑事案件探索专门的快速办理程序，形成普通程序、简易程序、速裁程序相互衔接的多层次、多元化诉讼体系，实现诉讼程序与案件难易、刑罚轻重相适应，符合我国司法实践需要和刑事诉讼制度发展规律。

2016 年 9 月，最高人民检察院发布《"十三五"时期检察工作发展规划纲要》。该纲要指出，适应普通程序、简易程序、速裁程序相互衔接的多层次诉讼体系需要，形成简易案件效率导向、疑难案件精准导向、敏感案件效果导向的公诉模式，做到"简案快办""繁案精办"。合理简化简易程序案件公诉人庭前准备工作，会同公安机关、人民法院健全简易程序案件"三集中"办案模式，在有条件的地方推行远程视频提讯、远程视频出庭。完善认罪认罚从宽制度，探索被告人认罪与不认罪案件相区别的出庭支持公诉模式。

2. 多元诉讼体系的意义

对刑事案件区分罪行严重程度、被告人认罪与否案件疑难复杂程度，适用不同程序审理，既有利于提高司法效率，也有利于合理配置司法资源，更有利于保护当事人的合法权益。虽然我国刑事诉讼法规定了简易程序，但对一些轻微刑事案件，仍然存在办案效率不高、程序不简的情况，导致审前羁押时间过长，甚至出现刑期"倒挂"的问题。易言之，在人多案少的情况下，应当加快形成"简案快办"和"繁案精办"的工作模式。[1]对于重大复杂案件、被告人不认罪的案件，应当投入更多的司法资源，加强证据审查，做好充分的公诉准备；对于简单轻微案件、被告人认罪案件，可以简化、加快相关公诉程序，以节约司法资源。

建立有关认罪认罚的程序处理机制，将形成崭新的刑事诉讼格局，即以认罪程序与不认罪程序作为第一层次划分，以认罪程序下简易程序、速裁程序、和解程序作为第二层次划分。由此，各个刑事诉讼程序之间将有序衔接，充分发挥诉讼程序多元化的优势，实现司法资源配置的最优化，形成符合我国司法实践需要和刑事诉讼发展规律的多层次诉讼程序体系。[2]

---

〔1〕 庄永廉："如何建立健全与多层次诉讼体系相适应的公诉模式"，载《人民检察》2017 年第 1 期。

〔2〕 叶青、吴思远："认罪认罚从宽制度的逻辑展开"，载《国家检察官学院学报》2017 年第 1 期。

3. 现有诉讼程序的关系

目前，我国的简化诉讼程序体系包括狭义的简易程序和速裁程序、认罪认罚从宽制度。这三大程序设置的目的在于提高诉讼效率，优化司法资源配置，以有效应对刑事案件增多和实行"以审判为中心"导致司法损耗增加的问题，但其在价值取向上存在差别。如果说普通程序的价值取向是公正，那么简易程序的价值取向是兼顾公正与效率，速裁程序的价值取向更偏向于效率，而认罪认罚从宽制度更强调保障犯罪嫌疑人、被告人的自主选择权。[1]速裁程序试点是认罪认罚从宽制度的先行先试，认罪认罚从宽制度是在速裁程序试点基础上对适用范围的进一步深化，包括案件范围、刑期范围等。认罪认罚从宽制度与速裁程序、简易程序是相互联系的。[2]但是，认罪认罚从宽协商诉讼程序与前二者仍有实质差异。

健全普通程序、简易程序、速裁程序及认罪认罚从宽制度等多层次诉讼体系，确保简易案件效率导向、疑难案件精准导向、敏感案件效果导向的公诉模式有效运行，为适应多层次诉讼体系的需要，公诉工作需要加强审查把关和审前分流，发挥好在审前程序中的主导作用，发挥好庭审中指控和证明犯罪的主体作用。[3]

4. 轻罪诉讼体系的发展

就认罪认罚从宽诉讼程序的未来发展方向而言，可以初步将其纳入我国的轻罪诉讼体系。这是因为这场由上而下提出的轻罪诉讼体系改革正在迫近。

关于轻罪诉讼体系，目前主要停留在官方表态这个层次上，具体而言：(1) 最高人民法院、最高人民检察院《关于刑事案件速裁程序试点情况的中期报告》（2015 年 10 月）指出，两高牵头召开刑事案件速裁程序试点工作中期评估论证会，中央政法各部门总结汇报试点情况，听取刑事法学专家评价论证。与会人员一致认为，对简单、轻微刑事案件探索专门的快速办理程序，形成普通程序、简易程序、速裁程序相互衔接的多层次、多元化诉讼体系，

---

〔1〕 庄永廉："如何建立健全与多层次诉讼体系相适应的公诉模式"，载《人民检察》2017 年第 1 期。

〔2〕 庄永廉："如何建立健全与多层次诉讼体系相适应的公诉模式"，载《人民检察》2017 年第 1 期。

〔3〕 庄永廉："如何建立健全与多层次诉讼体系相适应的公诉模式"，载《人民检察》2017 年第 1 期。

实现诉讼程序与案件难易、刑罚轻重相适应，符合我国司法实践需要和刑事诉讼制度发展规律。（2）2016年9月，最高人民检察院发布的《"十三五"时期检察工作发展规划纲要》指出，适应普通程序、简易程序、刑事速裁程序相互衔接的多层次诉讼体系需要，形成简易案件效率导向、疑难案件精准导向、敏感案件效果导向的公诉模式，做到"简案快办""繁案精办"。合理简化简易程序案件公诉人庭前准备工作，会同公安机关、人民法院健全简易程序案件"三集中"办案模式，在有条件的地方推行远程视频提讯、远程视频出庭。完善认罪认罚从宽制度，探索被告人认罪与不认罪案件相区别的出庭支持公诉模式。（3）最高人民法院、最高人民检察院、公安部、国家安全部、司法部《关于推进以审判为中心的刑事诉讼制度改革的意见》（2016年10月）第21项要求，推进案件繁简分流，优化司法资源配置。完善刑事案件速裁程序和认罪认罚从宽制度，对案件事实清楚、证据确实充分的轻微刑事案件，或者犯罪嫌疑人、被告人自愿认罪认罚的案件，可以适用速裁程序、简易程序或者普通程序简化审理。（4）2017年7月10日，在全国司法体制改革推进会上，时任中央政法委书记孟建柱在会上强调，要深入推进庭审实质化改革，提高庭审过程中控辩实质对抗性，切实保障律师辩护权利，让法庭通过充分的聆听、严谨的论证，作出客观公正的裁判。要深入推进认罪认罚从宽制度试点，不断完善速裁程序运行机制，努力构建具有中国特色的轻罪诉讼体系，实现公正与效率的统一。[1]（5）2017年7月11日，时任最高人民检察院党组书记、检察长曹建明在大检察官研讨班上强调，要深入推进认罪认罚从宽制度试点，推动构建具有中国特色的轻罪诉讼体系。[2]（6）2017年7月17日，时任最高人民法院审判委员会专职委员、第二巡回法庭庭长胡云腾在重庆调研刑事案件认罪认罚从宽制度试点工作时指出，要针对认罪认罚案件的特点，结合案件难易、刑罚轻重、诉讼阶段等情况，细化落实值班律师法律帮助，探索完善法庭审理规程，健全速裁程序运行机制，推动诉讼全程简

---

〔1〕 李阳："主动拥抱新一轮科技革命 全面深化司法体制改革 努力创造更高水平的社会主义司法文明"，载《人民法院报》2017年7月12日，第1版。

〔2〕 王治国等："曹建明：推动构建中国特色轻罪诉讼体系"，载《检察日报》2017年7月13日，第3版。

化提速，探索有中国特色的轻罪诉讼体系。[1](8) 2018 年 1 月 23 日，中央政法委书记郭声琨在中央政法工作会议上表示，深化刑事诉讼制度改革，要根据刑罚轻重、认罪与否等情况，完善刑事案件分流机制，推进简案快审、繁案精审，继续推进认罪认罚从宽制度试点，对被告人认罪认罚的刑事案件，适用速裁程序、简易程序办理，让正义尽快实现。2018 年 9 月试点到期后，要及时总结试点经验，推动刑事诉讼法等有关法律修改，构建起中国特色轻罪诉讼制度体系。[2]

尽管轻罪诉讼体系的提出仍处于官方阶段，而且也未推向实际的探索环节，然而，在多元诉讼程序体系的大趋势下，轻罪诉讼体系的提出，与认罪认罚从宽制度的试点有着不可切断的紧密联系与功能互补。简单而言：（1）犯罪分层理论在诉讼程序上具有积极意义，例如，在法国就表现为管辖法院不同、预审程序的规定不同、陪审要求不同、直接传讯的规定不同、审理程序不同、判决的效力不同。[3]从比较法来看，世界主要国家刑事诉讼法均基于犯罪事实难易、罪行大小、刑罚轻重、被告人是否认罪等因素的考虑，除设置普通程序（标准程序）外，同时设置若干特别程序（简化程序）。刑法在实体上将犯罪划分为不同的层次，刑事诉讼法就相应地对其适用繁简程度不同的诉讼程序。轻罪与重罪的明确划分，体现简易程序与普通程序的分流；轻罪与轻微犯罪的明确划分，体现简易程序与速裁程序的分流。在简易程序与速裁程序同时适用的轻微犯罪中，应优先适用速裁程序；在综合全案情况不宜采用速裁程序时，再考虑变更适用相对较重的简易程序，这确立了速裁程序与简易程序的正向顺位关系。[4]（2）随着宽严相济刑事政策的进一步贯彻落实，我国司法改革的步伐也将逐步加快，建立完善轻罪认罪案件程序也日益迫切。对不同案件适用不同程序不仅是刑罚个别化的要求，也是实现公平正义的保证。司法部门建议进一步加大轻罪认罪案件处理程序改革的力度，主

---

〔1〕 韩绪光：“胡云腾：及时总结试点经验大力推进试点工作”，载最高人民法院网，http://www.court.gov.cn/xunhui2/xiangqing-84622.html，最后访问时间：2018 年 3 月 12 日。

〔2〕 王亦君：“中央政法工作会议提出：推进刑事案件庭审实质化引导民商事纠纷以非诉方式解决”，载中青在线，http://news.cyol.com/yuanchuang/2018-01/23/content_ 16893249.htm，最后访问时间：2018 年 3 月 13 日。

〔3〕 卢建平、叶良芳：“重罪轻罪的划分及其意义”，载《法学杂志》2005 年第 5 期。

〔4〕 王永茜：“刑事案件速裁程序的刑法基础”，载《北京理工大学学报（社会科学版）》2016 年第 5 期。

要包括：建立详尽的认罪减刑规则，扩大相对不起诉案件的范围，将轻微刑事案件纳入相对不起诉的范围；赋予犯罪嫌疑人、被告人及其辩护人启动认罪程序的权利。赋予检察机关量刑建议权，确保被告人的知悉权，简化判决文书。[1]宽严相济刑事政策的意义不仅体现在实体处理方面，还体现在程序方面。轻罪认罪案件诉讼程序与宽严相济刑事政策的关系密切。在我国刑法中没有轻罪和重罪的划分，但是，在刑事诉讼法中却使用轻微刑事案件的术语。我国轻罪认罪案件的处理程序尚处在初步建设时期，很不规范，而司法实践中，又特别需要对此类案件进行分流。[2]在宽严相济基本刑事政策视域下，有必要进一步确立有关轻罪的具体刑事政策。轻罪刑事政策的基本内涵应以宽为主，以严为辅，严以济宽，将"轻罪更轻"确立为轻罪刑事政策核心内容。[3]（3）劳动教养制度废止后，将由刑法接纳原来被视为轻微犯罪的那一部分劳动教养内容，同时将与其同等强度的其他剥夺人身自由的强制措施一并纳入刑法并建立轻罪制度十分必要。[4]以后劳教时代的改革为契机，在刑事程序上应构建一个多元化的繁简分流体系，具体是构建司法化、正当化的保安处分程序。[5]（4）2014 年，速裁程序试点的启动，使我国刑事诉讼法形成"普通程序——简易程序——速裁程序"的三级"递简"格局。从积极方面来看，多层次格局，首先符合诉讼程序相称性和多样化原理的具体要求，立足类型思维，构建出适应不同案件类型特点的相应程序，必将提升刑事一体化水平。例如，针对认罪案件诉讼程序模式，区分重罪与轻罪适用不同程序的"多元程序模式"，相比于不区分重罪与轻罪均适用同一种认罪诉讼程序的"单一程序模式"，更符合司法规律，更能发挥程序法保障实施实体法的效能。其次，多层次格局契合宽严相济刑事政策的功能扩展趋势。根据刑法修正案的内容，从整体上考虑实体法上的犯罪分层（根据犯罪的严重程度或刑罚轻重划分重罪、轻罪和轻微罪）与程序法上由普通程序、简易程序与速裁机制等构成的多层次诉讼体系的匹配。[6]

---

〔1〕喻建立："推动轻罪认罪案件处理程序构建"，载《人民检察》2009 年第 2 期。

〔2〕喻建立："推动轻罪认罪案件处理程序构建"，载《人民检察》2009 年第 2 期。

〔3〕郑丽萍："轻罪刑事政策的独立品格与基本释义"，载《法学评论》2013 年第 2 期。

〔4〕高勇、于逸生："论中国轻罪制度建构的必要性"，载《北方法学》2017 年第 3 期。

〔5〕汪海燕、付奇艺："后劳教时代的改革径路——以程序与实体的交互影响为视角"，载《法学杂志》2015 年第 7 期。

〔6〕邵新："刑事一体化语境下的繁简分流"，载《法治研究》2017 年第 6 期。

目前，轻罪诉讼体系的司法改革究竟如何展开等问题尚不可知，关于其内涵、目标、价值、程序制度等均处于空白状态。尽管如此，轻罪诉讼体系的提出，为认罪认罚从宽制度试点期限到期后，如何进一步整合认罪认罚从宽制度的试点成果、经验，并同时推动我国认罪协商机制的深度发展，具有非常积极的前瞻性探索意义。譬如，有观点认为，认罪认罚从宽诉讼程序是认罪认罚案件与不认罪认罚案件分流后的产物，在认罪诉讼简化程序体系中有别于简易程序、和解程序与刑事速裁程序，是我国混合式诉讼程序体系中的独立部分。[1]这种看法已经开始逐渐成为理论界的倾向性意见。总的来说，基于刑事一体化的理念，所谓轻罪诉讼体系，大体而言，是从实体法中犯罪分层理论的角度出发，在区分重罪（死刑案件）、轻罪与轻微罪等层次的基础上，与轻罪（包括轻微罪）案件相适应的刑事诉讼程序体系，并与重罪（死刑）案件的刑事诉讼程序相呼应，是更富有发展性的刑事诉讼程序的体系类型。借此，更有利于建立体系更合理、功能更流畅的混合式诉讼体系。

---

〔1〕卞建林、陶加培："刑事诉讼法学：推动刑事程序法治繁荣发展"，载《检察日报》2019年1月5日，第3版。

第二章

认罪认罚的规范理解与适用释明

《试点决定》正式拉开认罪认罚从宽制度的改革序幕。但在试点阶段，当前的改革面临诸多困难，摆在首位的就是"认罪认罚的内涵不明"与"从宽的标准没有规定"[1]。例如，有观点认为，认罪认罚从宽制度，是指在犯罪嫌疑人、被告人自愿承认被追诉的罪行，自愿接受应得的处罚、积极退赃退赔时，可以对其进行从宽处理的制度。[2]该观点扼要地阐述认罪认罚的成立条件、主要内涵以及从宽的法律后果等，但认罪是否包括具体罪名、认罚是否包括具体刑罚种类及其幅度、如何具体从宽及其标准等不明。在此基础上，认罪认罚从宽制度的内部结构与功能安排仍不明确。例如，有观点认为，认罪是前提，认罚是关键，从宽是结果，三者密切联系、互为条件、互相促进。[3]该观点逻辑上厘清了认罪认罚从宽制度的内部关系，但试点期间如何具体实现、现实阻碍、合理修正与改进升级等问题仍需解决。只有从法理层面厘清认罪认罚从宽制度的本体要旨及其内在的逻辑关系、功能安排等基本问题，才能对该制度有准确的认识和把握，才能更好地推动该制度的试点探索工作。

诚如最高人民法院、最高人民检察院《关于在部分地区开展刑事案件认罪认罚从宽制度试点工作情况的中期报告》（2017 年）所指出的，认罪认罚从宽制度试点工作还存在一些问题和困难。有的试点地区思想认识不够到位，将"认罚"与赔偿被害人经济损失简单等同起来，或将"从宽"绝对化、简单化，对案件具体情节区分不够。应深刻理解中央推动认罪认罚从宽制度改

---

〔1〕 樊崇义："'认罪认罚从宽'改革的五大困境与六大问题"，载京都律师事务所，http://www.king-capital.com/phone/details11_12164.html，最后访问时间：2017 年 1 月 8 日。

〔2〕 陈光中、唐彬彬："深化司法改革与刑事诉讼法修改的若干重点问题探讨"，载《比较法研究》2016 年第 6 期。

〔3〕 谭世贵："完善认罪认罚从宽制度的思考"，载《中国社会科学报》2016 年 7 月 6 日，第 5 版。

革的重大意义，准确把握认罪、认罚以及从宽的具体标准。[1]这指出了问题的所在。在全面展开试点后，焦点都转向"操作"层面，忽视在"本体层面"追根溯源。只有科学界定和把握认罪认罚从宽制度的基本内涵，才能确保试点工作不偏离正确的方向。

与此同时，认罪认罚从宽制度不单纯是刑事程序法问题，也与刑事实体法紧密关联。尽管认罪认罚从宽制度首先主要立足于刑事诉讼程序制度的改革，却也以实体法为基础并以实现实体法的改良为逻辑起点，最终汇聚为全面的一体化、综合性刑事司法改革。对此，有观点认为，认罪认罚从宽制度是自上而下的体系化变革，在和缓宽容、繁简分流的刑事司法制度的前提下，既对刑事实体法有冲击和影响，也对刑事诉讼程序多元化有更高要求。[2]在《试点决定》《试点方案》《试点办法》的基础上，应当对认罪认罚从宽制度的本体意蕴进行实体性与程序性的双重阐释，不能只看到程序的一面而忽视实体内容。在界定认罪认罚从宽制度时，应当充分贯彻刑事一体化思维，既要从实体法厘定认罪、认罚与从宽的内容及其功能关系，也要理清程序法层面的对应内容。

《刑事诉讼法》（2018年修正）第15条规定："犯罪嫌疑人、被告人自愿如实供述自己的罪行，承认指控的犯罪事实，愿意接受处罚的，可以依法从宽处理。"该条对认罪、认罚及其与从宽之间的关系作出了规定。同时，《刑事诉讼法》（2018年修正）还对不同诉讼阶段处置认罪认罚问题，认罪认罚案件适用刑事速裁程序、从宽等问题，都分别作出了规定，为认罪认罚的理解与适用提供了规范依据。尽管如此，对于认罪认罚的基本内涵、认罪与认罚的关系、认罪认罚是否为独立的量刑情节、认罪认罚与坦白之间的关系等问题，实践中仍然有不同的认识，对"认罪"和"认罚"的内容仍存在歧义。从条文表述看，"认罪"包括"自愿如实供述自己的罪行""承认指控的犯罪事实"。而"自己的罪行"，是否包括被指控的罪行、未被司法机关发现而未被指控的罪行以及"对指控的犯罪事实没有异议"等并不明确。同时，"认罚"是指"愿意接受处罚"，但"处罚"是否包括"刑罚处罚""行政处

---

[1] 周强："关于在部分地区开展刑事案件认罪认罚从宽制度试点工作情况的中期报告——2017年12月23日在第十二届全国人民代表大会常务委员会第三十一次会议上"，载《人民法院报》2017年12月24日，第1版。

[2] 陈卫东："认罪认罚从宽制度研究"，载《中国法学》2016年第2期。

罚"以及刑期长短、刑罚具体的执行方式等也不清楚。[1]当前，应当通过展开实体法与程序法的双层考察，获得完整、独立且自成体系的制度范畴。

一、认罪的基本要义与判断体系

有观点认为，认罪是承认指控犯罪事实确实存在且系其所为，相当于英文 admission 包含的内容。在司法技术层面，认罪的理解难度很大，如认罪的协商性、自愿性及其具体判断等。[2]应该说，该观点有其合理性，既抽象地描述认罪的基本要领，也指明如何理解认罪在实践中面临的许多疑难问题。

（一）认罪的实体法内涵

认罪与实体法的关系尤为紧密，对认罪的理解不宜过于简单化，应当深度拓展认罪的所有内涵，全面澄清认罪在实体法中的各个方面及其具体内容、形式等。

1. 认罪的时间或诉讼阶段

从《刑法》关于自首的规定看，时间对自动投案与自首的判定影响甚大。对于犯罪嫌疑人、被告人认罪而言，时间也非常重要。既决定认罪是否有效成立，也决定悔罪的程度、认罚的真实有效性以及从宽的具体幅度等。例如，有观点认为，不应对犯罪嫌疑人、被告人自愿认罪的时间作出更严苛的规定。然而，如果被告人认罪时间过迟，可能实质影响诉讼进程，进而与程序分流与提高诉讼效率的初衷相悖，如被告人在法院已经于普通程序开庭审理时当庭表示认罪或庭审结束后表示认罪。因此，认罪认罚的时间应截至一审开庭前。[3]从逻辑上看，从案件发生到刑事执行阶段结束是完整的司法过程，期间自愿认罪的都应有效，而不应仅限于犯罪嫌疑人到案后至法院作出有效判决前这个主要的时间阶段，但时间越靠后也导致认罪的悔罪性与从宽幅度同时递减。

在实践中，犯罪嫌疑人或被告人认罪的时间节点往往集中在审查起诉、

---

〔1〕　樊崇义："2018 年《刑事诉讼法》修改重点与展望"，载《国家检察官学院学报》2019 年第 1 期。

〔2〕　张建伟："认罪认罚从宽处理：内涵解读与技术分析"，载《法律适用》2016 年第 11 期。

〔3〕　韩红："认罪认罚从宽制度的内涵与边界——兼与刑事速裁程序比较"，载《学术交流》2017 年第 8 期。

审判阶段（或者说是公安机关移送审查起诉之后）。这是因为审查起诉阶段存在量刑协商环节，而审判阶段需要对认罪自愿性进行实质审查并作出判决。不过，在侦查阶段，被追诉人也可选择自愿认罪，尽管公安机关并不能启动认罪协商活动，但如实记录和移交认罪供述，也直接影响认罪认罚从宽制度的运行。

2. 认罪的主体

相比于职权主义下的诉讼模式，在认罪认罚从宽制度中，犯罪嫌疑人、被告人作为独立的诉讼主体其地位被进一步提升，并对构建新型的控辩协商关系起到重要的作用。[1]在此背景下，认罪主体成为整个制度运行的前提之一，对于准确辨别真实认罪的犯罪嫌疑人、被告人至关重要，简言之：（1）认罪主体只能是具体实施犯罪的行为人。通常而言，具体实施犯罪的行为人应当在案发后及时自动到案认罪，而且必须亲自到案。在实践中，以电话、短信、邮件、信件以及正在认罪的路上等间接方式出现的，是否属于适格的认罪主体并无定论。对此，应当由相应的司法机关事后予以审查，查证确认是由具体实施犯罪的人真正认罪的，可以进行下一步的程序，否则，直接进入不认罪认罚程序。通过验明正身的方式，可以有效避免实践中出现"顶包认罪""避重就轻"等恶劣事件的发生，从而守住司法正义的底线要求。此外，在共同犯罪案件中，无论是主犯、从犯、教唆犯还是胁从犯，仅能单独作出认罪，而不能替他人作出认罪，因为认罪是具有高度专属性的意志自由行为。（2）未成年人。未成年人犯罪案件是否可以适用认罪认罚从宽制度存在争议，毕竟未成年人的认识能力、辨认能力有限。但为了保护未成年罪犯和帮助其尽快重返社会，监护人、司法工作人员、合适成年人、社会辅助人员应共同努力、鼓励未成年罪犯自愿、明智地作出认罪，并得到法定代理人、辩护人的同意或无异议的，适用认罪认罚从宽制度。《试点办法》第2条第2款也持类似立场。《刑事诉讼法》（2018年修正）第174条的规定也持肯定的立场。（3）聋哑人与患有精神疾病的人。患有精神疾病的人，确实不能正确理解认罪认罚的含义，不能正确作出真实意思表示的，认罪无效；但处在间歇期，可以作出正常行为的，自愿认罪可以有效。醉酒或吸毒状态的人因自控能力下降，应待其彻底清醒、意识无误时，自愿认罪的才有效。《试点办法》第2

---

〔1〕 樊崇义、李思远："认罪认罚从宽程序中的三个问题"，载《人民检察》2016年第8期。

条第 1 款也持该立场。(4) 单位或法人。《刑法》肯定单位自首、立功制度，但认罪认罚从宽制度是否包括单位或法人尚无明确规定，《试点办法》也并未作出规定，但不乏肯定的看法。[1]从刑法的基本原理与认罪认罚从宽制度的本意看，单位可以作为认罪认罚的适格主体，毕竟法人和自然人作为犯罪主体在本质上并无差异。[2]对法人犯罪适用认罪认罚从宽制度，可以降低侦查难度、提高司法效率。

3. 认罪的基本内容

认罪不宜仅概括性地认为是"自愿如实供述自己的罪行，对指控的犯罪事实没有异议"。例如，有观点认为，认罪认罚从宽制度语境下"认罪"的内涵应包括：承认指控的犯罪事实，既包括承认行为，又包括承认行为的犯罪性质；承认指控的罪名以及影响量刑轻重的其他法律性判断，如未遂、主犯等；对上述情形的认可，无论是在事实层面还是在法律层面，犯罪嫌疑人、被告人的认可都是自愿作出的。[3]而且，根据《刑事诉讼法》(2018 年修正)第 15 条的规定，立法机关倾向性地认为，"认罪"包含如下含义：一是自愿如实供述；二是承认指控的犯罪事实；三是认可自己的行为构成犯罪。[4]另有观点认为，"认罪"包括：一是必须出于犯罪嫌疑人、被告人自愿。"自愿"是指主体基于自由意志，在没有受到外界强迫、威胁、欺骗、引诱以及刑讯逼供、威胁等非法方法下的自主语言表达或思维表现，但也并非绝对的自愿，而是法律意义上的自愿，强调犯罪嫌疑人、被告人在权衡利弊后基于其意愿而主动供述。二是必须"如实供述自己的罪行"，这是对认罪的实质要求。应当依照自首、坦白的法律规定及司法解释进行把握。"认罪"实质上是认事，承认主要的犯罪事实，可以对指控的个别细节有异议或对行为"性质"有辩解。"认罪"可以是自首、坦白，也可以是当庭认罪以及其他表现形式。不同的认罪形式，既反映了犯罪人对犯罪的不同态度和主观恶性程度，也因

---

[1] 桂梦美："刑事诉讼中认罪认罚从宽制度本体描述与理论参照"，载《河南社会科学》2016年第 9 期。

[2] 孙道萃："单位犯罪成立范围'法定'原则的逻辑证伪与立法超越——以'《刑法》第 30条的解释'为切入点"，载《江苏大学学报（社会科学版）》2017 年第 1 期。

[3] 董坤："认罪认罚从宽制度下'认罪'问题的实践分析"，载《内蒙古社会科学（汉文版）》2017 年第 5 期。

[4] 万春、王佳："中国特色刑事诉讼制度的重要完善——从检察机关视角学习理解修改后的《刑事诉讼法》"，载《中国检察官》2018 年第 12 期。

认罪的阶段、程度、价值各异而对从宽及其幅度有不同的影响。[1]由此可见，无论是试点期间还是《刑事诉讼法》（2018 年修正）确认后，对认罪的实质内容及其要素仍有争议。

基于此，应当界定认罪的具体内容，并澄清当前的一些争议观点。具体而言：（1）认罪的实质。关于认罪的实质，理论上有不同的看法。有观点认为，认罪，是"自愿如实供述自己的罪行"，可以简称为"认事"。认罪的实质或核心要素是客观供述所犯罪行，认罪即认事或承认犯罪事实，除此之外，不应给认罪附加任何冗余的内容。[2]这种观点将"认罪"概括为"认事"是中肯的，但是否包括对法律适用的认可尚未明确，进而也涉及广义的认罪与狭义的认罪、实体法上的认罪与程序法上的认罪的区分问题。另有观点认为，在不同的诉讼程序语境下，认罪的含义也有所变化。通常而言，认罪不只要求被告人承认被指控的犯罪事实，还可能要求被告人必须承认指控的罪名，不过，也因诉讼程序类型不同而有层级性。对于可能适用刑事速裁程序审理的案件，被追诉人"认罪"应当是对被指控事实的全部承认并承认指控的罪名。对于可能适用简易程序、普通程序审理的案件，被追诉人"认罪"只需对被指控的基本犯罪事实无异议即可，但对于是否承认指控的罪名不作过多限制。[3]这种观点作出了更细致的区分，在实践中更具操作性。此外，还有观点认为，可以将"司法机关尚未掌握足以认定犯罪的证据时，如实供述自己的罪行"的称为积极认罪；将"在司法机关已经掌握足以认定犯罪的证据时，对指控的犯罪事实没有异议"的称为消极认罪。要适用认罪认罚从宽制度，对积极认罪的被追诉人而言，他还需要对于司法机关收集证据完毕之后所指控的犯罪事实也没有异议才可以；对消极认罪的被追诉人而言，也需要如实供述自己所犯罪行，供司法机关进行证据印证才可以。[4]这种区分体现认罪时的"悔罪心态与程度"，对认罚与从宽具有一定的差异影响。无论何种看法，都强调了对"案件犯罪事实"的认可，但尚需区别对待。（2）主要的

---

〔1〕 杨立新："认罪认罚从宽制度理解与适用"，载《国家检察官学院学报》2019 年第 1 期。

〔2〕 黄京平："认罪认罚从宽制度的若干实体法问题"，载《中国法学》2017 年第 5 期。

〔3〕 赵恒："认罪及其自愿性审查：内涵辨析、规范评价与制度保障"，载《华东政法大学学报》2017 年第 4 期。

〔4〕 冯志恒："从'认罪'、'认罚'、'从宽'的关系看制度内涵"，载《认罪认罚从宽制度的理论与实践——第十三届国家高级检察官论坛论文集》，2017 年 6 月 13 日。

犯罪事实。认罪的内容不是概况性的，而应是具体性的，首先表现为对主要犯罪事实的认同。简言之：一是主要犯罪事实。犯罪案件纷繁复杂，刑事诉讼从认识论上看是对历史真相的还原，并被赋予了法律意义。[1]对犯罪事实的绝对复原或重述并不实际，也非认罪的本意所在，对主要犯罪事实的承认往往可以被视为认罪。但是，如果不承认的犯罪事实，严重影响整个案件的处理或涉及是否构成犯罪的，则不能视为对主要犯罪事实的"自愿承认"，不宜作为认罪处理。二是共同犯罪情形。认罪的内容应该是自己实施的共同犯罪事实，并且需要如实供述所知道的共犯事实；首要分子、主犯还需要如实供述其组织、领导、指挥、策划、主要参与的犯罪事实。三是多个同种或不同种犯罪的情形。多个同种犯罪且不属于连续犯的，不数罪并罚的，承认的部分犯罪属于认罪，不承认的部分犯罪应被排除在外；属于多个不同种犯罪的，承认的部分犯罪属于认罪，不承认的部分犯罪也应被排除在外。(3) 犯罪的性质。有观点认为，在审前阶段，被告人概括承认犯罪只是一种常态，但不意味着认罪的成立必须以概括承认犯罪为基本条件。控辩协商中的"对指控的犯罪事实没有异议"，于被告人而言，多数情况下，不只是对所犯罪行作客观供述，而且包括对所供述事实的犯罪性质主观上有概括性认识。并且，被告人主观的概括性认识，仅是对客观供述事实的可能法律后果的审前认知，而不是对所供述事实必然被裁判有罪的审前预判。但多数情况下既承认事实又承认有罪的情形，并不排除少数情况下或个别情况下被告人承认事实却否认有罪。对承认事实、否认有罪的情形能否认定为"认罪"，是办理认罪认罚案件所遇到的最为尖锐、分歧极大的问题之一。被告人只承认事实、但否认事实应定性为犯罪的情形，成立认罪，否认有罪，不应作为否定认罪成立的事由。理由为：一是被告人承认事实，但对行为基本性质辩解，否认有罪，原因或许很多，其中的重要原因之一，就是因为个别情节轻微、情节显著轻微的案件原本就存在最终被判定为无罪的可能性。二是承认事实即如实供述自己罪行的价值，高于承认有罪包括概括承认犯罪和承认具体犯罪的价值。三是对承认事实、否认有罪的情形，应否判定为"认罪"的问题，与被告人行使辩护权的程度有所关联。被告人对行为性质的辩解，表现形式多样，属于被告人主观方面的内容，与客观要件无关，不影响"如实供述自己的罪行"

---

〔1〕　樊崇义：《刑事诉讼法哲理思维》，中国人民公安大学出版社 2010 年版，第 43~50 页。

的成立；被告人对行为性质的辩解，是依法行使辩护权的体现，被告人供述的事实是否构成犯罪，不以被告人的认识、判断、辩解为转移，而由司法机关依法认定在认罪认罚从宽制度中，如实供述的真实性和完整性，是认罪成立的充分必要条件；犯罪嫌疑人、被告人对案件非关键细节存有异议，对行为性质的辩解，包括在如实供述基础上的无罪辩解，都不影响认罪的成立。[1]对此，应当认为，认罪不仅是对犯罪事实的客观属性（社会危害性）的一般性认可，也是对其犯罪性质的实质认同。主要包括：一是犯罪的轻重。认罪原则上要求认识到所实施犯罪的性质轻重。比如，危险驾驶罪与故意伤害罪存在明显的轻重之别，行为人至少应当有概括性的认识。犯罪的轻重作为认罪的内容有其合理性与必要性，可以反映认罪的彻底性与真实性。但是，实践中有一些特殊情形，比如，对同一行为，犯罪嫌疑人或被告人仅愿意承认被指控较轻的犯罪而非较重的犯罪。对此，首先应考察认罪是否存在轻重罪之间的"交易"可能性，如果根本不涉及犯罪轻重的"辩诉交易"内容，避重就轻则不是完整的认罪。不过，从控辩协商的中国语境看，如果重罪的证据确实存在一定的缺陷或不足，或者难以建立完整的证据体系和达到相应的证明标准，从司法效率和有效打击犯罪的角度看，在确保认罪的真实性、自愿性等要求之际，将对轻罪的承认视为"认罪"仍有探索的余地，可以更好地兼顾公正与效率价值。二是刑事违法性的认识。即使承认实施危害社会的犯罪行为，但如果没有同时认识到自己实施的行为是犯罪，也非完整的认罪。认罪应当是犯罪主体对自己实施的危害行为是犯罪的这一法律性质的认可，[2]认罪要求犯罪嫌疑人或被告人认识到自身错误。将刑事违法性的认识作为认罪的要素，也意在强调认罪认罚从宽制度不完全是美国的辩诉交易制度，从宽不完全是协商一致的结果，仍需要遵循定罪量刑的基本原则、证据要求及证明标准等。但不乏观点认为，实施的事实行为的性质不在认罪的范围内。[3]该观点可能使得认罪范围可能过于宽泛，弱化认罪的悔罪性、真实性、完整性以及有效性等。但是，出现刑法的法律认识错误等情形除外。三是承认危害事实但不承认是犯罪的特殊情形。仅承认危害事实、但不承认构成犯罪或

---

〔1〕 黄京平："认罪认罚从宽制度的若干实体法问题"，载《中国法学》2017年第5期。

〔2〕 朱孝清："认罪认罚从宽制度的几个问题"，载《法治研究》2016年第5期。

〔3〕 祁建建："'认罪认罚从宽制度中的律师'研讨会综述"，载《中国司法》2016年第7期。

被指控罪名的，是否属于认罪尚需研究。从认罪的本质看，为了确保认罪具有内容的完整性，认罪不仅包括承认危害事实，也应当明智地认识到实施犯罪的本质特征。从实践做法看，也主要不视其为认罪的一种特殊情形。[1]应该说，不作为认罪的处理更合理。（4）法律适用。从定罪机制看，犯罪事实与法律适用是最为紧密的两个定罪对象因素，[2]承认犯罪事实往往在逻辑上意味着对法律适用的认可，二者不可分离。对法律适用的认可，原则上包括认罪和认罚两个方面，认罪所对应的法律适用内容包括：一是法律适用的原则性认可。认罪不限于对被指控的犯罪事实的"认可"，还包括对法律适用的认可。因为认罪认罚是一体的，对法律适用不认可，则难以实质判断并确认"认罪"的真实性以及后期"认罚"的自愿性。因而，将法律适用作为认罪的内容更妥。二是对指控罪名的认可。认罪是否包括对指控罪名的认可存有争议，如果将罪名作为认罪的内容之一，无疑将法律适用纳入到认罪的内容，二者是逻辑对应关系。然而，有观点认为，认罪并不当然包含对罪名的认同，罪名的认定归根结底属于法律适用问题；供认犯罪事实的，而不认同被指控罪名的，仍是认罪。[3]该看法割裂了对犯罪事实的认可与对罪名的认可之间的逻辑关联的属性，犯罪事实与法律适用在刑事一体化语境中是定罪的完整板块。有观点认为，"指控的犯罪事实"，即控方指控的犯罪事实，完整意义至少包括认定的犯罪事实和对该事实的定性判断。在控辩协商中，"对指控的犯罪事实没有异议"，主要体现在具结书上，至多仅以概括承认犯罪为限，不应要求被告人承认具体犯罪。概括承认犯罪与承认具体犯罪相比较，前者更具有原则性与灵活性结合的特征，也更符合以审判为中心的刑事诉讼制度改革目标。而且，依据刑事法律、司法解释和规范文件规定以及《试点办法》的相关规定和实践经验操作，承认指控的主要犯罪事实，仅对个别细节提出异议的，或者对犯罪事实没有异议，仅对罪名认定提出异议的，都不影响"如实供述"的认定，也不影响认罪的成立。[4]三是具体的罪名。究竟是否

---

〔1〕　山东省高级人民法院刑三庭课题组："关于完善刑事诉讼中认罪认罚从宽制度的调研报告"，载《山东审判》2016 年第 3 期。

〔2〕　孙道萃："我国定罪理论体系构造的设想"，载《内蒙古社会科学（汉文版）》2016 年第 1 期。

〔3〕　魏晓娜："完善认罪认罚从宽制度：中国语境下的关键词展开"，载《法学研究》2016 年第 4 期。

〔4〕　黄京平："认罪认罚从宽制度的若干实体法问题"，载《中国法学》2017 年第 5 期。

要求犯罪嫌疑人、被告人对概括性或具体性罪名予以认可，其实也有争论。要求对具体罪名表示认可的，在理想状态上具有可取性；在具体操作层面，由于行为人的法律水平和认识能力差异很大，甚至很多人并不能完全明确行为性质与具体罪名的规定等，[1]所以一律要求对具体罪名的认可并不现实；对具体罪名一律都表示认可，也违背控辩"协商"的精神，使得控辩双方无法平等对抗、理性合作，合理辩解与有效辩护的制度保障可能落空，甚至可能引发司法不公问题。

4. 认罪的有效性

认罪是否成立，在判断思维和方法上应当破除单向思维，不能仅仅根据犯罪嫌疑人、被告人的口头供述，还需要根据科学的认定规则确保认罪的有效性。

关于认罪的有效性，应当包括以下内容：（1）主动性或明智性。认罪必须是犯罪嫌疑人、被告人主动为之，如果出于被胁迫或强制等其他外部压力作出认罪的，则不能视为自动认罪；否则，不仅无法兑现认罪认罚从宽制度的初衷，也无法满足从宽处罚的前提条件。关于主动性的理解，可以从积极投案、主动交代、如实供述、自首、立功等方面予以认定，也可以从主动认罚予以佐证。而且，不宜绝对地理解自动性。家人劝助、组织教导、担心承担刑事责任、希望改过自新等目的或动机引导下的认罪都属于具有合法化的自动性情形，如此可以更好地契合宽严相济刑事政策制度化、规范化的立意。（2）真实性。按照罪责自负的原则，认罪的内容必须是犯罪嫌疑人、被告人自己实施的具体犯罪，或者是与其他人共同实施的犯罪，以及按照单位意志实施的犯罪。认罪的对象如果是其他人实施的犯罪，则属于"顶包"，严重损害认罪认罚从宽制度的司法公正性，必须严格禁止。如果因被欺骗、引诱、教唆等外部不当干扰作出认罪并认罚的，则违背真实性要求。因此，认罪必须是承认真实发生的自己实施的罪行，否则无效。有观点认为，真实性是认罪是否有效的最重要判断要素。[2]该观点有其合理性，但真实性的判断也依赖其他相关规则的配合。（3）悔罪性。犯罪嫌疑人、被告人认罪的，在本质

---

〔1〕 祁建建："'认罪认罚从宽制度中的律师'研讨会综述"，载《中国司法》2016年第7期。

〔2〕 王瑞君："'认罪从宽'实体法视角的解读及司法适用研究"，载《政治与法律》2016年第5期。

上往往体现为行为人积极悔罪，悔罪是自然的情感延伸和态度使然。甚至有观点认为，认罪的规范内涵在实质上是"悔过"。[1]另有观点认为，悔罪应当是认罪认罚从宽制度适用的一个前提性因素，但是必须以认罪为前提，以认罚为载体，通过认罚的态度和各项行动综合判断悔罪的效果来决定认罪认罚制度的适用与否，认罪不能简单地等同于悔罪，也不能将认罪扩张解释为认罪悔过。[2]例如，杭州市检察机关把是否悔罪作为适用认罪认罚从宽制度的前提，并探索建立可操作性、可量化的评价指标。[3]应该说，从规范、情感与法律效果看，认罪与悔过之间具有高度概然的正相关性。所谓积极悔罪，是指行为人主动认清犯罪事实、认知犯罪的危害性以及主动接受应当受到刑事制裁的必要性与正当性，并希望通过承认罪行来得到被害人的谅解、主动修复社会关系，是其人身危险性降低的表征。在辽宁省试点的首案中，在认罪认罚的基础上，与被害人家属达成协议，赔偿被害人亲属全部经济损失，得到了被害人家属的谅解。[4]由此可见，被害人谅解是非常重要的末端检验要素。有观点认为，认罪必须基于悔罪而自愿地作出，而非基于从宽目的，以此强化改造的功能。[5]然而，该观点可能过于极端，可能背离人性、司法现实等情况。对悔罪的理解应当立足于宽严相济刑事政策的宽—面与认罪认罚从宽制度的程序分流目标，以最大程度地释放"认罪"的制度效应。（4）彻底性。对已经实施的具体犯罪行为的承认，揭示出人身危险性或社会危险性的降低，也显示积极悔过和努力纠错的决心与态度。这是认罪的彻底性。但也不宜作极端理解：一是不能认为彻底性意味着永远放弃今后可能实施其他犯罪的可能性。因为该要求既不能被证明，也不现实。易言之，尽管应当认真审查被追诉人是否构成认罪以及是否满足自愿性要求，但并不要求被追诉人必须作出痛改前非、绝不再犯等表示。被追诉人的未来行为虽有一定可预期性，但不具有绝对确定性。如果法律要求在法官审查认罪时达到确信被追

---

〔1〕　魏东、李红："认罪认罚从宽制度的检讨与完善"，载《法治研究》2017 年第 1 期。

〔2〕　董坤："认罪认罚从宽制度下'认罪'问题的实践分析"，载《内蒙古社会科学（汉文版）》2017 年第 5 期。

〔3〕　徐盈雁、范跃红："四成以上案件适用认罪认罚从宽"，载《检察日报》2017 年 7 月 8 日，第 1 版。

〔4〕　高润："辽宁首例适用'认罪认罚从宽制度'案宣判"，载法制网，http://www.legaldaily.com.cn/locality/content/2017-01/12/content_ 6953561. htm？node=37232，最后访问时间：2017 年 2 月 6 日。

〔5〕　祁建建："'认罪认罚从宽制度中的律师'研讨会综述"，载《中国司法》2016 年第 7 期。

诉人未来不再犯罪的条件，恐强人所难且有违客观规律，而且也导致法院裁判困境并增加法官承受过重潜在司法责任的风险。二是不能认为彻底性要求是指犯罪嫌疑人、被告人对于被指控的犯罪事实无权进行合理的辩解，这样会使辩护权被严重削弱。对于翻供的问题，被追诉人的认罪是自愿的，那他也应当可以自由地撤回有罪供述和认罪选择，这是认罪自愿性的应然之义，任何个人和机关单位都不得进行不当阻碍。实务中既有被追诉人一开始不认罪后来认罪的情形，也有被追诉人一开始认罪后来不认罪的变化。出现翻供情况的，办案机关需要及时与被追诉人进行沟通，告知其撤回有罪供述的法定后果，并对其撤回予以核实、确认。同时，被追诉人在翻供之前可有权获得援助律师或者受聘律师的帮助。被追诉人如果多次翻供、反复在认罪和不认罪之间转换，无论最终是否选择认罪，法官在定罪处罚时可以考虑被追诉人的该行为是否与其社会危险性有关。三是彻底性不意味着犯罪嫌疑人、被告人无权进行控辩协商。反而，应当保障其认罪后可以进行量刑协商的基本权利。

5. 认罪的自愿性

《刑事诉讼法》（2018 年修正）第 52 条规定，"不得强迫任何人证实自己有罪"。作为新增加的内容，有助于夯实无罪推定的制度基础。在此基础上，认罪不是发生在强迫、胁迫、威胁以及引诱等违法或不合理的情况下的，而是犯罪嫌疑人、被告人自愿认罪，并以如实供述和自愿承担刑事责任的意思表示为主要内容。试点期间绝不能为了追求认罪认罚从宽的制度效果，以剥夺认罪所依赖的自愿性基础为代价，反而，应确保有罪的人完全出于自愿表示认罪。究其内因，"认罪认罚从宽制度是一项旨在鼓励、引导、保障确实有罪的犯罪嫌疑人、被告人自愿认罪认罚，因而获得从宽处理和处罚的法律制度"。[1]在适用认罪认罚从宽制度时，认罪的自愿性和明智性应当作为底线原则予以坚守。[2]强调认罪的自愿性，也对认罚的自愿性具有相当的正向引导作用，对从宽处罚是否最终能够获得各方一致接受具有前提性意义。因此，自愿性是贯穿前后的一项无法逾越的基本要求。

---

〔1〕 顾永忠："关于'完善认罪认罚从宽制度'的几个理论问题"，载《当代法学》2016 年第 6 期。

〔2〕 卞建林等："中国刑事诉讼法学研究会 2016 年年会综述"，载《中国司法》2016 年第 10 期。

认罪的自愿性主要包括：（1）自愿承担刑事责任的意思表示。是否自愿认罪，最直接的外观就是自愿承认实施的犯罪行为，并有表示愿意承担刑事责任的举动。这一举动作为外部的意思表示形式，可以表明认罪的态度、决心以及积极悔罪的服罪心态。易言之，被追诉人了解并理解认罪、认罚后的法律后果，被追诉人经过思考（可获得帮助）、衡量后，在内心作出主动承认犯罪事实、接受相应制裁的自由选择（前期可与特定机关协商、沟通）。（2）自愿性的判断。应当从认罪主体的年龄、精神状态等一系列因素来判断行为人是否可以自由地作出决定。根据《试点方案》的精神，判断是否属于自愿认罪，首先要看犯罪嫌疑人或被告人是否处在明智的状态，是否可以独立判断并作出真实的意思表示。[1]如果不是明智状态，而是受到不公正的待遇或外部压力而认罪的，就不是主动自愿的认罪。按照《试点办法》第7条、第8条、第10条、第19条、第20条等规定，公安司法机关应当严格审查验证是否符合自愿性的条件，辩护律师也应当全程对自愿性进行协助审查并提出意见或说明。对此，有观点认为，律师的实质参与并提供适时帮助是非常重要且基础的形式要件。[2]大体而言，司法机关应当审慎地进行实质判断，在确信被追诉人属于明知法律后果并自主决定作出认罪选择之际，还要适当考虑被追诉人作出该选择的时间节点、意志变化等因素的影响，并将审查成立认罪与实现刑罚目的联系起来，以此确保被追诉人既承认了犯罪事实，还是真实悔罪的。（3）认罪的撤回或认罪的可逆转性。认罪认罚的自愿性作为一项最基本的前提和适用原则，应当赋予犯罪嫌疑人、被告人撤回的权利。如果先行予以认罪的，但又选择不认罪并撤回认罪的，是其自愿性的进一步体现，也表明自愿性在程序阶段得到了相应的保障。撤回认罪的，是行为人合法行使诉讼权利，尤其是辩护权利的集中体现，不应作为加重处罚的理由，一般应当在侦查及审查起诉后决定转为普通审判程序。当然，对认罪的撤回，公安司法机关也应当进行必要的审查，查证属于不应当构成犯罪的、案件事实不清、证据不足等情形的，应允许撤回；但非一律同意，纵容认罪的恣意也违背司法效率的初衷。（4）依法被告知的权利。为了确保认罪是自愿的，应

---

〔1〕　熊秋红："认罪认罚从宽的理论审视与制度完善"，载《法学》2016年第10期。

〔2〕　赵恒："认罪及其自愿性审查：内涵辨析、规范评价与制度保障"，载《华东政法大学学报》2017年第4期。

当确保犯罪嫌疑人、被告人享有依法被告知的权利。按照《试点办法》第 8 条等的规定，既包括告知其具有认罪认罚并获得从宽的权利，也包括告知其法律后果、救济方式等。只有实现信息对称，被告人充分认识到认罪认罚从宽制度的本质及其法律意义，才能从源头上确保自愿性，避免程序反转，提高诉讼效率和减少当事人的"诉累"。

6. 认罪的协商性

认罪认罚从宽制度植入了认罪认罚与从宽之间的协商机制。通过协商实现控辩的理性对话，并将控辩协商的内容延伸至审判阶段，以降低诉讼对抗、加速程序分流和实现庭审实质化。这决定认罪活动的性质及其法律后果具有协商属性。

认罪的协商性，至少需要包括以下几点：（1）协商机制的必要性与有益性。认罪认罚从宽不同于认罪从宽，在认罪认罚是一体性的基础上，认罪认罚与从宽之间存在协商机制。无论是自动还是基于政策、教育等认罪认罚的，认罪是认罚的前提；认罚作为一种发展的状态，与法院审判阶段的认罚结果并不必然完全对应或一致；由于最终由法院确定是否从宽及其幅度，检察机关在认罪认罚上发挥协商的作用；[1]国家追诉力量达成一致，是认罪认罚与从宽之间可以建立起实质联系，并启动法院审判及实质确认的关键，罪刑的有效协商主要集中在法院的审判阶段。最高人民法院院长周强就《试点决定（草案）》作的说明中指出，人民检察院应就指控罪名及从宽处罚建议等事项听取犯罪嫌疑人及其辩护人或者值班律师的意见。换言之，检察机关是在与犯罪嫌疑人、被告人及其辩护人平等协商的基础上，对定罪量刑问题共同达成一致，希望实现效率与公正的最大公约数，进而增强法院判决的可接受性和避免反悔、上诉等问题。因而，试点中应当建立健全公安司法机关同被追诉人协商的制度。[2]但有观点认为，不存在认罪协商及其程序的问题，仅允许检察官与犯罪嫌疑人及其辩护律师协商量刑问题，以维护刑事司法的公正性与严肃性。[3]认罪认罚与从宽之间必然存在协商机制，单纯对量刑协商，无疑会重回"认罪从宽"的政策旧路，并非认罪认罚从宽制度的本意，但依

---

〔1〕 朱孝清："认罪认罚从宽制度的几个问题"，载《法治研究》2016 年第 5 期。
〔2〕 陈光中、马康："认罪认罚从宽制度若干重要问题探讨"，载《法学》2016 年第 8 期。
〔3〕 谭世贵："实体法与程序法双重视角下的认罪认罚从宽制度研究"，载《法学杂志》2016 年第 8 期。

赖于试点探索期间建立健全符合国情的中国特色协商机制。（2）协商的平等性、公正性。认罪认罚从宽尽管不是美国的辩诉交易，但协商作为控辩双方发生关联的实质"媒介"客观存在。认罪认罚的"协商性"，说明控辩双方围绕犯罪嫌疑人是否构成犯罪及具体处罚进行平等对话，确保认罪的自愿性与有效性。控辩协商的主要内容是自愿认罪认罚与允诺从宽处罚的建议之间的合法"对价"，侦查人员、检察官和犯罪嫌疑人及其辩护律师就量刑或从宽问题进行协商并达成协议；审判阶段表现为法院对控辩双方协商内容——量刑建议及其结书的实质审查和原则性采纳，在确保司法公正的基础上，最终由法院审核确认是否从宽及其幅度，并可以依职权作出必要的纠正或调整。（3）悔罪心理与被害人的谅解的逻辑对应性。尽管被害人不能直接主导认罪认罚从宽制度的运行，但有权参与协商机制。协商是否真实有效，可以从悔罪心理与被害人的谅解是否一致予以检验。具体地说：一是在理解认罪的协商性时，往往可以将犯罪嫌疑人、被告人的积极悔罪心理作为逻辑前提，[1]否则，认罪可能是不"真实"的。而且，并非基于悔罪心理而形成的认罪，也无法使其真正形成"认罚"的态度，从宽处理的意义被极大削弱。二是被害人的谅解及其意见。原则上讲，认罪往往与被害人的谅解同时发生，认罪后往往能得到被害人的谅解，从而实现社会关系的修复，否则，会明显折损认罪带来的积极意义。但是，如果被害人不予以谅解且要求严惩的，而犯罪嫌疑人、被告人又认罪的，是否可以适用认罪认罚从宽则存有争议。对此，被害人的意见并不具有最终的制约性或决定性，是否达成和解、是否作出赔偿等，只能在考虑量刑从宽时有所区别，而不应否定认罪的有效性并阻止启动认罪认罚案件的处理程序。毕竟认罪的协商性主要在控辩双方之间展开，被害人可以参与但不宜直接干预。

（二）认罪的程序法内涵

认罪首先集中体现在实体法上，也在程序法上有所反映，并有其独立内容。只有从程序法层面进行正确的理解，才能整体上框定"认罪"的完整含义。

---

[1]　"上海静安检察院办理首例适用刑事案件认罪认罚从宽制度案件"，载上海政法综治网，http://gov.eastday.com/node2/zzb/shzfzz2013/zfsd/jc/u1ai1162444.html，最后访问时间：2017年2月23日。

1. 如实供述与合理辩解

认罪，从程序法的诉讼阶段及其进程上看，首先是指到案后如实供述犯罪事实，但也包括合理辩解的内容。概言之：（1）到案后如实供述的常态表现。认罪在逻辑上必然表现为如实供述自己的罪行，在侦查机关讯问时，认罪态度与如实供述是逻辑对应关系。在审查起诉阶段及审判阶段，如实供述而不随意或反复翻供也是一以贯之的要求。（2）合理辩解的认定及其影响。认罪和合理的辩解并非绝对互斥。《刑法》规定，对行为性质作出辩解的，不影响自首的认定。现行有效的司法解释及相关文件，明确规定了"如实供述"的范围包括主要犯罪事实和身份情况，主要犯罪事实又包括定罪事实和量刑事实，并以是否足以影响定罪量刑作为基本判断标准，严格区分如实供述主要犯罪事实与如实供述身份情况的不同认定标准。据此，"如实供述"与"没有异议"是没有实质区别的。从根本上看，依据前述规范确定的认定标准，供述的犯罪事实与指控的犯罪事实，是根据统一的司法标准判定的，两者实质相同。[1]为了充分保障犯罪嫌疑人、被告人的诉讼权利与使其获得有效辩护，应确保犯罪嫌疑人、被告人行使辩解的权利和律师为其辩护的权利；否则，容易引发冤假错案，对司法公信力产生负面影响。

2. 客观上存在有罪事实与达到法定的有罪证明标准

有犯罪事实，是认罪在程序上的事实基础，并需要达到法定的证明标准。它包括两部分内容：（1）客观上有犯罪事实存在。在程序上，认罪还直观地表现为有犯罪事实或犯罪事实的客观存在，从而使侦查机关查明犯罪事实的任务相对简化，也使侦查程序可以进入终结阶段。在审查起诉阶段，意味着起诉的法定条件非常明晰，只要认罪是真实自愿的，无需再反复进行实质审查。除了作出撤销案件或不起诉两种情形外，基本上顺利进入审判阶段的案件由法院最终依法作出从宽处理。（2）达到法定的有罪证明标准。认罪是否具有法律效力仍需由司法机关加以确认，达到法定的证明标准是重要内容。而且，程序上的认罪现象是动态变化的，不同的刑事诉讼阶段的诉讼任务和目标不同，与之相应的证据体系与证明标准也不相同[2]。比如，在审判阶段，对认罪的犯罪事实的审查仍然需要达到最高的心证要求（排除合理怀

[1] 黄京平："认罪认罚从宽制度的若干实体法问题"，载《中国法学》2017 年第 5 期。
[2] 樊崇义："刑事证据规则立法建议报告"，载《中外法学》2016 年第 2 期。

疑）。但非正式程序的审查在实际中可能低于经过正式审判程序所能达到的心证程度，实践中可能出现"隐性降低"情形。[1]

3. 刑事责任的形成与实现

一旦自愿认罪，在法律后果上，意味着刑事责任的存在以及追究程序的启动，即（1）自我答责。认罪是犯罪嫌疑人、被告人主动承认罪行和认识到是自己实施了犯罪的主观心态，在程序上是自我答责的动态表现。自我答责，是指犯罪嫌疑人、被告人自愿承担相应的刑事责任，并愿意接受相应的刑事程序所带来的诉讼耗累与最终的刑事制裁结果。由此，认罪往往也表现为认罚的状态。（2）追究刑事责任程序的实质启动。认罪可以作为追究刑事责任的重要基础，认罪和启动刑事归责往往是一致的。[2]但实体法中的刑事责任并不能自动实现，犯罪嫌疑人、被告人自愿认罪的，则实质上启动追究刑事责任的程序。

4. 独立的认罪审查程序

认罪是认罚的前提和从宽的基础。从程序上看，为了确保认罪的程序合法性与正当性，并确保认罪认罚从宽的流畅性，应当设置独立的认罪审查程序。

具体地讲：（1）独立的认罪程序。在认罪认罚从宽制度的基础上，可以将案件整体上分为认罪案件和不认罪案件，并实现程序繁简分流的效果。对于认罪案件，并不能单方面根据犯罪嫌疑人或被告人的表现直接确认，应设立相应的程序单独解决认罪问题，并决定具体的适用程序。有观点认为，独立的认罪程序应当置于审查起诉阶段，意味着犯罪嫌疑人在明知认罪后果的前提下自愿承认检察机关所指控的犯罪事实。[3]显然，审查起诉阶段设置独立的认罪程序可以确保认罪的自愿性、真实性，强化认罪的严肃性、仪式性，为法院审查认罪的自愿性做好审前准备。但不妨前移到侦查阶段，既符合认罪发生的时间属性，也延长了程序分流的起点。（2）认罪自愿性的诉讼证明。犯罪嫌疑人、被告人认罪的自愿性、明智性及其有效性，是实体法上极其重

---

〔1〕 史立梅："美国有罪答辩的事实基础制度对我国的启示"，载《国家检察官学院学报》2017年第1期。

〔2〕 孙道萃：《罪责刑关系论》，法律出版社2015年版，第183~188页。

〔3〕 叶青、吴思远："认罪认罚从宽制度的逻辑展开"，载《国家检察官学院学报》2017年第1期。

要的内容,是程序法上需要被证明的诉讼对象。但证明其真实存在确有一定难度。一方面,认罪是主观心态,难以完全探知其真伪;另一方面,对于一些惯犯屡犯认罪后却又不改正的、表示认罪但在供述时存在侥幸心理等复杂的特殊状况,是否属于认罪确实不易认定。有观点认为,属于模棱两可的情形,可以偏向按照认罪处理。[1]这涉及认罪自愿性的证明问题,应当遵循客观真实与法律真实的有效统一原则,并根据所处诉讼阶段予以确认。(3) 程序回转。犯罪嫌疑人、被告人撤回认罪的,认罪认罚从宽程序被迫终止。为了充分保护公正和维护犯罪嫌疑人、被告人的诉讼权利,应当设置程序回转机制,重新按照简易程序或普通程序审理。而且,先前的有罪供述不能直接作为程序回转后证明有罪的证明材料;通过有罪供述获得的其他物证材料、书证材料,也不能被直接使用,应当重新审查并经过质证决定是否使用。对此,侦查阶段、审查起诉阶段以及审判阶段应当逐一审查。不过,最高人民检察院有关负责人表示,之前认罪认罚事后又反悔的,这是被告人的权利。如果在反悔以后,在确实明确了自己到底享有哪些诉讼权利,明确了认罪认罚的后果以后,又重新作出认罪认罚供述的,仍继续适用认罪认罚从宽制度。如果被告人反悔以后,不再认罪认罚,就进入普通程序处理。同样,在认罪认罚案件判决后,被告人认为其受到了错误的引导,或者基于错误认识而认罪认罚的,也可以提出上诉。被告人同意进行量刑协商,就意味着被告人要放弃"不得自证其罪"的权利,"应当赋予被告人对量刑协议反悔的权利,被告人反悔后,其在审查起诉阶段的有罪答辩应排除使用,但其在侦查阶段的有罪供述仍应可以作为证据使用"。[2]明确作出认罪认罚表示、签署《认罪认罚具结书》的犯罪嫌疑人、被告人,在提起公诉前、在审判阶段均可以作出反悔表示,一旦反悔,原有的认罪认罚具结归于无效。同时明确,对于反悔的犯罪嫌疑人、被告人,可以再次作出认罪认罚的具结。[3]

---

〔1〕 王瑞君:"'认罪从宽'实体法视角的解读及司法适用研究",载《政治与法律》2016 年第 5 期。

〔2〕 许聪、何晓慧:"从刑事速裁到认罪认罚从宽——福建法院刑事诉讼改革调查(上)",载《人民法院报》2017 年 7 月 7 日,第 1 版。

〔3〕 杜萌:"刑事案件认罪认罚从宽制度试点成效几何",载《法制日报》2017 年 7 月 1 日,第 1 版。

5. 签署具结书的诉讼固化意义

按照《试点办法》的规定，签署具结书具有非常重要的固化意义。新型控辩协商机制下的认罪，最终须以被告人签署的具结书固定。这种规定，意味着认罪的自愿性得以确认，同时也意味着认罪行为的法律效果得以形成并固化。同时，签署具结书，也是对后续的认罚的"认可"，并左右"从宽"的实现效果。对此，《刑事诉讼法》（2018 年修正）第 174 条予以了固化：犯罪嫌疑人自愿认罪，同意量刑建议和程序适用的，应当在辩护人或者值班律师在场的情况下签署认罪认罚具结书。这就通过立法确定了签署具结书的重要意义与法律效果。

二、认罚的基本内容与识别要素

认罚是立法和司法层面的创新概念，是缺乏立法依据的范畴。概括地讲，认罚的一般内容或核心内容，首先是对判处的刑罚或刑种、刑罚的轻重等问题，控辩双方协商一致。[1]尽管相比于认罪问题，从司法技术层面理解"认罚"的争议和难度有所降低，但不同诉讼阶段的含义需逐步具体化、明确化。特别是在《刑事诉讼法》（2018 年修正）明确规定后，关于认罚的内涵已有新的讨论。最高司法机关的意见倾向性地指出，关于"认罚"，立法使用的是"愿意接受处罚的"，即自愿接受认罪带来的刑罚结果，最直接的表现形式是同意检察机关的量刑建议，签署具结书。[2]另有观点认为，《刑事诉讼法》（2018 年修正）将"认罚"界定为愿意接受处罚，相较《试点办法》第 1 条所规定的"同意量刑建议"，更有助于消弭认罪认罚从宽制度不适用于侦查阶段的误解，有助于鼓励真正的犯罪嫌疑人尽早认罪，减少对抗，充分发挥认罪认罚制度在审前程序的分流作用。"认罚"是认罪认罚从宽制度改革新创设的概念，具体表现为愿意接受刑罚处罚、主动退赃退赔、积极赔偿被害人损失、预交罚金等。根据最新规定，不同诉讼阶段"认罚"的表现形式不同。在侦查阶段，体现为犯罪嫌疑人"愿意接受处罚"的意思表示；在审查起诉阶段，体现为"同意量刑建议，签署具结书"，但特殊情况除外；在审判阶

---

〔1〕 黄京平："认罪认罚从宽制度的若干实体法问题"，载《中国法学》2017 年第 5 期。

〔2〕 万春、王佳："中国特色刑事诉讼制度的重要完善——从检察机关视角学习理解修改后的《刑事诉讼法》"，载《中国检察官》2018 年第 12 期。

段，体现为对"量刑建议"无异议，承认具结书系在获得法律帮助下自愿签署。在实践中，犯罪嫌疑人、被告人虽表示愿意接受处罚，但又转移财产，不退赃退赔、不积极赔偿被害人的，不能认定为"认罚"。认罪认罚从宽制度将"认罚"与"认罪"共同作为从宽处理的基础因素，为初犯、偶犯积极弥补损失、及时恢复被犯罪所破坏的社会关系、减少社会对抗、发挥惩戒与教育以及矫正等作用，具有非常积极的意义。[1]

（一）认罚的实体内涵

在认罪认罚从宽制度中，认罚是认罪的承接范畴，首先是对认罪后的法律适用表示认可或无异议。不过，当前的看法也争执不一。例如，有观点认为，"认罚"在文义上应当被限缩理解，它只是犯罪嫌疑人、被告人对"可能判处之刑罚"的认同。而在具体功能上，"认罚"既是刑事速裁程序与认罪认罚从宽制度的启动条件，也是犯罪嫌疑人、被告人悔罪意愿的具体表现。认罚包括法定形式与酌定形式两种类型：一是法定形式的认罚是刑事速裁程序与认罪认罚从宽制度启动的条件之一，犯罪嫌疑人、被告人认同公诉机关量刑建议并签署具结书的行为。二是酌定形式的认罚是犯罪嫌疑人、被告人通过退缴赃款赃物、赔偿损失、赔礼道歉、恢复原状、寻求与被害人达成和解等方式，所表达的一种悔罪意愿。[2]这种观点有其道理，但遵循实体法与程序法分野的立场更为妥当。

1. 认罚的协商性

认罚的协商性是其首要特征，是指对检察机关量刑意见的协商性认同与自愿认可，也是认罪认罚从宽制度中控辩协商机制的具体体现。

它包括以下三部分内容：（1）认罚的协商性。在实体上，认罚，顾名思义，是指接受应当承担的刑罚。"接受"不等于单方面或毫无差别的认同，否则，控辩双方力量仍然处在极不对等的状态，直接影响认罚的自愿性，也无法激活犯罪人主动认罚的"积极性"。认罪认罚从宽的特殊性在于，在认罪与

---

〔1〕 杨立新："认罪认罚从宽制度理解与适用"，载《国家检察官学院学报》2019年第1期。

〔2〕 孔令勇："教义分析与案例解说：读解刑事诉讼中的'认罪'、'认罚'与'从宽'"，载《法制与社会发展》2018年第1期。

从宽之间建立起理性协商的通道，不再是国家单方面的"馈赠"，[1]而是犯罪嫌疑人、被告人基于平等的地位参与协商并自愿接受与体认。为了客观反映认罚的平等性、有效对抗性，应当注重认罚的协商性，最终促成协商完毕；没有协商机制，可能丧失认罚的激励动力与平等对抗，难以鼓励犯罪嫌疑人、被告人主动参与。但是，认罚不等于犯罪嫌疑人或被告人毫无差别地一律接受法律适用的结果，对于检察机关的量刑建议，犯罪嫌疑人、被告人可以在审查起诉阶段与审判阶段发表意见，辩护律师可以提出辩护意见。（2）认罚不具有剥夺被告人表达量刑异议的效力。认罚的协商性，是建立在认罪自愿的前提下，而且，认罚的协商性与认罪认罚与从宽之间的协商性紧密联系在一起，甚至是认罪认罚从宽制度中的量刑协商的关键内容。因此，自愿认罚的，不等于毫无条件地接受检察机关的量刑主导地位及其量刑意见，而是可以独立地提出意见，通过平等自愿协商的机制，实现量刑上的"共识"与达成。（3）独立的量刑协商程序。因为认罪认罚往往是一体的，所以在独立的认罪程序的基础上，应建立相关联的量刑协商程序予以呼应。认罪认罚从宽制度的协商机制最直观地体现在量刑协商方面，具体是指被告人承认被指控的罪行并同意控方的量刑建议，应当允许检察官和犯罪嫌疑人及其辩护律师就量刑进行协商并达成协议，然后提请法院审核确认。设置独立的量刑协商程序，不仅是控辩协商机制的集中体现，也直接影响从宽处理的科学性与从宽效果的可接受性。

2. 认罚的自愿性与真挚性

与认罪的自愿性、有效性相一致，认罚也应当是自愿与真挚的。因此，（1）认罚必须是自愿作出。在认罪后，基于意志自由而非外力的不当干扰，对可能判处的刑罚种类、法定刑幅度、量刑情节的适用以及刑罚执行方式的认可，其实质是自愿承担刑事责任，是对认罪与认罚之间的逻辑一致性的反映。（2）认罚的真挚性。自愿作出认罚的，往往表明犯罪嫌疑人、被告人真挚地将自己置于国家的刑事追诉状态和承担审判的诉讼对象角色，并表明最终愿意接受人民法院的审判。犯罪嫌疑人、被告人基于"理性经济人"的考量，在作出自愿认罚时，并非完全或绝对出自积极悔罪等理由，而是为了获

---

〔1〕 魏晓娜："完善认罪认罚从宽制度：中国语境下的关键词展开"，载《法学研究》2016 年第 4 期。

得从宽的"优惠"才选择的。对于此种情形是否违背认罚的自愿性问题，可以参照认罪的彻底性的判断规则，自愿性、真挚性不等于绝对的彻底性，试点中应侧重"宽和"。（3）认罚对从宽的非绝对有效性。基于认罚的自愿性与真挚性、协商性，被追诉者认罚的，仅是自愿认罪认罚的组成部分，自愿的认罚不具有使被告人获得从宽处罚的绝对效力。

3. 认罚的具体要素

认罚是对法律适用无异议，法律适用包括定罪量刑两大问题，其中，量刑是认罚的焦点。认罚并非是概括性的，而应是具体性的，应澄清认罚的具体要素。

认罚的具体内容，主要是从量刑角度来展开的：（1）强制措施。认罪认罚从宽制度的适用不能以剥夺行为人的诉讼权利为代价，也不宜以行为人提出强制措施异议认定其不认罪认罚。[1]（2）刑罚种类及法定刑。从罪刑关系看，认罚中的"罚"，首先是对可能需要承担的刑罚种类及其法定刑予以同意。刑罚种类包括主刑与附加刑、轻刑与重刑、监禁刑与非监禁刑，法定刑包括法定刑幅度以及可能被最终判处的宣告刑。而且，对非刑罚处罚措施的认同也不例外，主要包括《刑法》第 37 条规定的非刑罚处罚措施、刑法修正案新增的第 37 条所规定的禁止令措施以及第 201 条第 4 款逃税罪规定的"补缴应纳税款，缴纳滞纳金"等特殊情形。（3）量刑情节及其适用。认罚涉及刑罚的"当量"认定，是指对涉案的量刑情节及其具体适用持认可的态度。既具体包括是否有从轻、减轻、免除处罚的情节，也包括从重、加重处罚的情节；既包括法定的量刑情节，也包括酌定的量刑情节；既包括可以型的量刑情节，也包括应当型的量刑情节。对于免除处罚问题，有观点认为，我国刑法并列规定了法定免除处罚与酌定免除处罚的立场。[2]一定意义上讲，认罪认罚案件中的免除处罚，更多是指酌定免除处罚，此乃最高司法机关的倾向性态度。认罪认罚实体从宽的目标导向，包含适度提高酌定免除处罚率，其具体实现途径，就是检察机关作出相对不起诉决定和法院作出免予刑事处罚（定罪免刑）判决。认罪认罚实体从宽的结果，会客观提高酌定免除处罚

---

〔1〕 何明田、芝春燕："刑事—体化下的认罪认罚从宽制度难题解决"，载《中国检察官》2017年第 11 期。

〔2〕 黄京平："刑事和解的政策性运行到法制化运行——以当事人和解的轻伤害案件为样本的分析"，载《中国法学》2013 年第 3 期。

率。但酌定免除处罚案件的增多，不应过度倚重相对不起诉的方式，而应适量提升免予刑事处罚的比重。办理认罪认罚案件，检察机关应当适量提出免予刑事处罚的量刑建议，法院应适度提高免予刑事处罚适用率。提高免予刑事处罚适用率，需要有罪名覆盖程度适当、向社会完全公开的操作细则作为基本条件。[1]（4）刑罚执行方式。刑罚是完整的范畴，认罚也包括对可能判处的刑罚执行方式的认可，如是否判处缓刑，表示认可或同意。而且，对于刑事执行阶段，是否可以减刑、假释等，在原则上也表示认可。

（二）认罚的程序内涵

认罚也是程序性概念，在程序上表现为不同层次的含义或表现形式。

1. 不同诉讼阶段的表现

在不同诉讼阶段，认罚的内容也有不同表现。在侦查、起诉与审判三个阶段，其内涵分别为：（1）侦查阶段。在侦查阶段，基于认罪和认罚的一体性，认罚在侦查阶段主要表现为自愿接受被指控涉嫌的罪名和可能需要承担的刑事处罚。（2）起诉阶段。在审查起诉阶段，认罚不应当是犯罪嫌疑人单方面的行为，而是检察机关与犯罪嫌疑人及其辩护律师之间的"协商"对话，核心是认同量刑建议。而且，为了确保检察机关的量刑建议权具有司法公信力，维持协商的信息对称、公平性，应当赋予检察机关协商时所提出的量刑建议具一定的法定效力与地位，使其对审判阶段的法官量刑具有相应的指导性或引导性作用；否则，检察机关承诺的有利于被告人的量刑建议可能会"打白条"，背离试点探索的初衷。（3）审判阶段。在审判阶段，认罚表现为对"从宽处理"的认同，对法院判决及其宣告刑的认同。因此，认罚更集中地表现为"对法律适用并无异议"。如果不接受法院判处的刑罚并提出上诉的，就不是真正的"认罚"。

2. 常见认罚的情形

根据过往的相关实践经验，认罚也有一些常见的表现形式。从试点看，以下几个方面值得关注：（1）广义与狭义的区分。有观点认为，狭义的认罚，是指犯罪嫌疑人、被告人同意量刑建议，签署具结书，即对检察机关建议判处的刑罚种类、幅度（包括刑期幅度或确定的刑期）及刑罚执行方式没有异

---

[1] 黄京平："认罪认罚从宽制度的若干实体法问题"，载《中国法学》2017 年第 5 期。

议。广义的认罚，就是以狭义认罚为基础的民事赔偿和解。其中的民事赔偿和解，就是犯罪嫌疑人、被告人与被害方（被害人或者其代理人）就涉案民事赔偿等事项达成和解协议。[1]（2）积极退赔退赃。根据《关于全面深化人民法院改革的意见——人民法院第四个五年改革纲要（2014—2018）》（法发〔2015〕3号）第13条规定，完善刑事诉讼中认罪认罚从宽制度。明确被告人自愿认罪、自愿接受处罚、积极退赃退赔案件的诉讼程序、处罚标准和处理方式，构建被告人认罪案件和不认罪案件的分流机制。据此，积极退赃退赔属于典型的认罪认罚从宽的适用情形，也成为认罚中最常见的情形。理由为：积极悔罪并且具有退赔退赃的，可以构成完整的认罪与认罚的一致性逻辑；不过，为了杜绝"花钱买刑"现象，退赔退赃不必然是认罚，也非一律需要从宽处理。与此同时，有观点认为，退赔退赃是认罪后表示认罚的必要条件；[2]另有观点认为，认罚包括行为人接受和认可认罪带来的后果及对被害人及其家属的补偿两个方面。[3]从实践看，积极退赔退赃作为必要条件，不利于全面理解认罚，也限制认罚的非物质性表现形式，甚至可能压缩认罪认罚从宽制度的适用范围。此外，积极赔偿损失的，也可以参照积极退赔退赃处理。（3）非物质性（财产性）形式。常见的认罚情形不仅包括物质方式，也包括非物质方式。承认错误、赔礼道歉、社区义工等非物质性方式，也同样可以体现认罚的主观心态。这在早期的刑事和解案件实践中早已是共识。（4）案结事了的结果。认罚作为与认罪息息相关的行为，并与从宽的结果高度相关。自愿认罚的，往往意味着被追诉者对案件的处理予以了认可，同时这种结果或状态也往往获得被害人一方的同意。由此，促成了"案结事了"的结果。

3. 认罚自愿性的审查

在程序上，与认罪自愿性审查程序一样，认罚自愿性审查也至关重要。它的内容包括：（1）认罚的真实有效性。与认罪的真实性、有效性相同，认罚也必须具有真挚性。在试点期间，应当对表面上"认罚"的情形加以区别。时任最高人民检察院副检察长孙谦在2016年11月召开的检察机关刑事案件

---

〔1〕 黄京平："认罪认罚从宽制度的若干实体法问题"，载《中国法学》2017年第5期。

〔2〕 陈卫东："认罪认罚从宽制度研究"，载《中国法学》2016年第2期。

〔3〕 施静春、孙本雄："认罪认罚从宽的内涵及表现研究"，载《云南民族大学学报（哲学社会科学版）》2018年第2期。

认罪认罚从宽试点工作部署会议上指出，表面上认罚却背地里串供、毁灭证明或者隐匿、转移财产的，不赔偿损失的，不是真实有效的认罚，不适用认罪认罚从宽制度。（2）同意检察机关的量刑建议并签署具结书的查证。根据《试点方案》的规定，同意检察机关的量刑建议并签署具结书，是控辩双方对认罚的合意及其正式确认，也是认罚在程序推进中的集中表现形式，还是自愿认罚的最重要佐证方式。对于检察机关、审判机关而言，都应以此作为根本的衡量标准。（3）认罚的反悔权。犯罪嫌疑人、被告人自愿接受刑罚，并不意味着无法反悔并撤回认罚，更不意味着由于犯罪嫌疑人、被告人已经认罚而丧失得到救济的权利。[1]在审查是否自愿认罚时，犯罪嫌疑人、被告人行使反悔权的，尽管会导致程序的终止，但可以进一步确保认罚的真实自愿性，以防止强迫下的认罚，也与自愿认罪保持前后的一致性。一旦撤回认罚的，一般也意味着认罪是无效的。认罪认罚从宽程序被迫终止，由检察机关审查起诉并决定是否提起公诉。法院在此基础上不能继续适用认罪认罚从宽程序，间接地也被赋予了程序选择权。

三、认罪认罚的性质及其从宽的理路

在试点期间，对认罪认罚的规范属性及其与从宽的逻辑关系存在不同的看法。《刑事诉讼法》（2018 年修正）明确规定了认罪认罚从宽制度，但认罪认罚的性质及其与从宽之间的逻辑关系，不仅并未被彻底解决，反而引发了新的问题。基于此，有必要深入研究。

（一）认罚与认罪的逻辑关系

认罪认罚从宽制度改革的基本政策目标，是由认罪功能与认罚功能相互协调实现的。从逻辑上看，认罪的具体功能与认罚的具体功能，是各有侧重的。[2]认罪的功能突出表现为，降低证据证明的难度，提高证实犯罪的效率，节约刑事司法资源；而广义认罚的功能主要在于，保障被害方的合法权益，实现案结事了的效果，以有助于办案机关克服"重视刑事追究、轻视民事赔偿"的负面习惯，消除懈怠职守的现象，引导辩护律师切实履职，促成退赃退赔、赔偿损失和刑事和解。只是对于认罪与认罚的关系，理论上有不同的

---

〔1〕 陈卫东、胡晴晴："刑事速裁程序改革中的三重关系"，载《法律适用》2016 年第 10 期。
〔2〕 黄京平："认罪认罚从宽制度的若干实体法问题"，载《中国法学》2017 年第 5 期。

观点，直接影响了对认罪认罚的判断。

目前，主要有以下看法：（1）一致论。在主张"认罚"对"认罪"具有确认效力的前提下，认罪与认罚的内在一致性得到充分显示。有观点认为，"认罚"依附于"认罪"，一般与"认罪"组合使用。认罪后往往认罚，认罚也表明认罪。[1]从认罪认罚从宽制度的出台背景、功能预期以及改革旨趣看，认罪与认罚应当是实体与程序高度一体且同步的，否则，与认罪从宽的政策难有实质差异。易言之，认罪与认罚彼此并列且紧密联系，认罪认罚是从宽的前提，但从宽不是认罪认罚的必然结果；作为从宽前提的认罪与认罚，必须并列存在，而非选择关系，只认罪不认罚或者只认罚不认罪都不能适用从宽。[2]而且，认罪认罚的一体化是理想的逻辑模型与实践样态，与不认罪认罚的案件实现二元化的程序分流效果。最后，采用"同步认定"的标准，能够防止犯罪嫌疑人、被告人单纯为逃避处罚而表示认罪的侥幸心理，更加符合认罪认罚制度的立法目的，实现认罪认罚制度的价值。[3]比如，杭州市在试点时坚持认罪认罚的统一性。根据"'认罚'是决定是否从宽以及如何从宽应当考虑的重要因素"的精神，杭州市检察机关对只"认罪"不"认罚"的案件，不适用认罪认罚从宽制度。对"认罚"的把握，也不只是看是否同意检察机关的量刑建议、签署具结书，而是注意审查是否有表面"认罚"，而私下串供、毁灭证据或隐匿、转移财产，不赔偿等情形，并禁止适用认罪认罚从宽制度。[4]但是，也可能出现认罪不认罚或不认罪却认罚的情形，主张认罪认罚必须完全一致并不现实，时空的合理间隔并不违背案件的事实规律，从宽处理可以事后实现区别对待效果。此外，认罪认罚作为整体在不同程序阶段均可以出现，与从宽可以分离。（2）分离论。有观点认为，应当将认罪认罚从宽调整为认罪从宽，剔除认罪认罚被强制捆绑的一致性要求，防止认罚被认罪这一前提、从宽这一法律结果所绑架，以符合我国实践中的成熟做

---

〔1〕 付奇艺："认罪认罚从宽程序的体系完善与结构优化——从'以审判为中心'切入"，载《中国政法大学学报》2016年第6期。

〔2〕 何明田、芝春燕："刑事一体化下的认罪认罚从宽制度难题解决"，载《中国检察官》2017年第11期。

〔3〕 韩红："认罪认罚从宽制度的内涵与边界——兼与刑事速裁程序比较"，载《学术交流》2017年第8期。

〔4〕 徐盈雁、范跃红："四成以上案件适用认罪认罚从宽"，载《检察日报》2017年7月8日，第1版。

法；并避免认罪认罚的自愿性、明智性受到折损，确保认罪从宽的案件适用范围有相当的实践基数。[1]但一律分离，可能重回认罪从宽的司法经验，不仅会割裂认罪和认罚一致的客观规律，也忽略认罪认罚与从宽之间的协商机制，并使认罪认罚从宽的制度化、规范化努力受阻。（3）相对论。从实体法上，认罪和认罚必然是前后连贯的一体关系。但从程序法看，认罪和认罚有差异，具有不完全依附于"认罪"的独立含义。[2]在轻微刑事案件或大部分轻罪案件中，认罪和认罚的一致性可能非常高；但在部分轻罪或重罪案件中，犯罪嫌疑人、被告人认罪的动因正是对量刑"协商"的期望，因此认罪和认罚的绝对一致性容易出现裂缝。如果制度设计与探索实践将认罪和认罚强制地捆绑在一起，在客观上容易压缩探索案件的适用范围。相对而言，相对论更可取，更符合认罪认罚在实践中原则性与例外性的并存样态。

在试点中，对认罪与认罚的关系持何种态度，对认罪不认罚与不认罪认罚的情形如何处理有很大的影响。认罪一般作为量刑情节并予以从宽处罚。因此，即使认罪却不认罚的，仍可以根据实际情况作出从宽处罚，但不适用认罪认罚从宽制度及其程序。至于不认罪却认罚，如果坚持一致论，单纯认罚无法予以从宽处理；如果坚持相对论，主张认罚具有独立意义的，则可以予以从宽处理，且从宽幅度应当明显小于认罪认罚的情形。对此，试点探索过程中应通过指导性案例等方式予以阐释，并明确对于单纯认罚的情形如何从宽及其从宽的幅度。

（二）认罪与自首、准自首、坦白的关系

在试点期间，认罪与自首制度的关系问题，是实践中的一个争议点。究竟是同等对待还是予以区分，实践中存在不同的看法。这一问题延续至《刑事诉讼法》（2018 年修正）的后时代。对此，应当科学界定这些相关概念之间的关系，正确指导法律适用。

1. 试点期间的争议与理解

《刑法》第 67 条第 1 款规定了"自首"，是指犯罪以后自动投案，如实供述自己罪行的行为。对于自首的犯罪分子，可以从轻或者减轻处罚。其中，

---

〔1〕　陈瑞华："'认罪认罚从宽'改革的理论反思——基于刑事速裁程序运行经验的考察"，载《当代法学》2016 年第 4 期。

〔2〕　朱孝清："认罪认罚从宽制度的几个问题"，载《法治研究》2016 年第 5 期。

犯罪较轻的，可以免除处罚。第 2 款规定了"准自首"，即被采取强制措施的犯罪嫌疑人、被告人和正在服刑的罪犯，如实供述司法机关还未掌握的本人其他罪行的，以自首论。第 3 款规定的"坦白"是由《刑法修正案（八）》增设的，是指犯罪嫌疑人虽不具有前两款规定的自首情节，但是如实供述自己罪行的，可以从轻处罚；因其如实供述自己罪行，避免特别严重后果发生的，可以减轻处罚。由于《刑法》从实体上规定了自首制度，它的核心内容也是认罪问题，这就使认罪与坦白、自首之间的关系问题成为试点中的一个新难题。

有观点认为，认罪具有形式的多样性，无论"自首""坦白""主动交代"，还是"如实供述罪行""承认所犯罪行""悔罪"，均是认罪在我国刑事法中的具体形式。[1]这种粗略的界定并非毫无道理，但忽略了认罪认罚从宽中"认罪"的特殊性，毕竟"认罪"作为制度一部分，需要结合整个制度进行考察。诚如有观点所指出，认罪认罚从宽制度中的量刑协商与"坦白从宽"存在本质区别，前者是犯罪嫌疑人、被告人作为诉讼主体的理性程序选择，后者更多是对认罪的政策性引导。当然，实践中"认罪认罚"更多地仍局限于犯罪嫌疑人、被告人通过坦白等方式换取宽大处理的传统认识，而认罪认罚从宽制度中的"认罪认罚"是犯罪嫌疑人、被告人作为诉讼主体参与诉讼程序的理性选择。尤其是在尚未全面确立沉默权的前提下，需要更新对于"认罪认罚"的认识，并明确其理论基础，避免异化为"以口供为中心"而强行要求或诱导犯罪嫌疑人、被告人"认罪认罚"。[2]另有观点认为，从理论解析来看，认罪认罚从宽制度在法律性质上系法定量刑情节。从自首坦白到认罪认罚，是量刑情节从单一性向综合性的立法考量；是犯罪人的刑法地位从对象性到主体性的法律设定；是刑法目的理论从犯罪惩治预防到强化刑罚效果认同的恢复性司法治理的演进。[3]这种看法不妥，不仅脱离了认罪认罚从宽制度中"认罪"首先是实体法的内容的定位，将其单纯作为量刑因素

---

〔1〕 孔令勇："教义分析与案例解说：读解刑事诉讼中的'认罪'、'认罚'与'从宽'"，载《法制与社会发展》2018 年第 1 期。

〔2〕 唐亚南："认罪认罚从宽制度的若干问题——专访中国政法大学诉讼法学研究院院长卞建林"，载新浪司法，http://news.sina.com.cn/sf/news/fzrd/2017-11-29/doc-ifyphkhk8547764.shtml，最后访问时间：2017 年 12 月 21 日。

〔3〕 陈其琨："对象与主体之间：行为人自首坦白与认罪认罚关系探究"，载《学术探索》2018 年第 1 期。

无疑也与认罪认罚从宽中的"认罚"发生重合，影响认罪与认罚的合理界分。

自首制度与"认罪"相比，二者的关系为：（1）在差异方面。一是法域不同，自首和坦白是刑法制度，限于实体法层面。自愿认罪首先是程序性内容，同时也与实体法相关，是综合性的概念。二是对自愿性的要求不同。刑法中的自首和坦白并无强制性的"自愿性审查"问题，但认罪认罚从宽制度必须有强制性的自愿性审查机制。三是功能导向不同。自首所关注的是行为人在犯罪后主动归案、如实供述，在时间节点上更侧重侦查阶段公安机关及时有效地将被追诉人置于国家公权力之下，便于后期侦查工作、审查起诉的开展。认罪强调在审查起诉阶段控方与被追诉人协商、沟通并达成协议，法院在此基础上予以审查并认可、作出裁判。被追诉人即使有自首情节，后期也可能选择不认罪认罚，原因可能是不认可追诉机关提出的指控事实或者追诉机关提出的"从宽"不尽其意等。（2）在共性方面。一是认罪行为是相同的内容，都包括对所实施的危害行为的承认。二是都存在宽缓处理的结果，都比拒不认罪和无罪辩护的处理更轻。三是可以共生。坦白强调被追诉人在审前阶段应当如实供述。但结合实务具体情况判断，存在被追诉人不认罪但构成坦白的可能。对行为性质的辩解不影响坦白的成立，行为人对其是否构成犯罪的辩解，实际上是行为人对自己行为性质的辩解。不自愿认罪，不能否定其如实供述自己犯罪事实的正面价值，亦不影响坦白的认定。

2. 立法确认后的新问题

《刑事诉讼法》（2018年修正）虽然对认罪认罚从宽制度予以立法化，但对认罪的内涵，尤其是与《刑法》中的自首制度的关系，尚未予以明确。

在新情况下，关于认罪与自首制度的关系，有观点认为，从规范形式看，认罪认罚和自首是两项分别由实体决和程序法确立的、独立的刑事法制度，彼此不可互相代替。也即（1）认罪认罚和自首的规范内容与表征现象不同，对量刑的从宽影响不同。一是认罪认罚的征表现象为，犯罪嫌疑人、被告人在诉讼过程中，对司法机关、监察机关对其犯罪行为将要作出的原本评价（包括侦查、留置阶段侦查机关或监察机关的起诉意见；检察机关对犯罪的指控及量刑建议；审判机关的基本定罪处罚结论）表示认可、接受。有关机关在基本定罪处罚结论的基础上，对刑罚部分作进一步从宽处理。二是自首的征表现象是，犯罪分子在犯罪事实尚未被发现或虽然已被发现，但司法机关尚未对其采取相应措施时，主动投案，如实供述罪行。有关机关将行为人投案和如实供述罪行作为从宽处罚的情节。（2）虽然认罪认罚和自首的主体都是行为人，都要求犯罪嫌疑人、被告人如实供述犯罪事实，但认罪认罚从宽的核心是司法机关、监察机关对涉案行为的评价及拟处理结论，强调进入诉讼程序后，行为人对司法机关、监察机关评价行为的认可态度，即行为人的认罪态度及可改造程度；自首的核心是行为人实施的犯罪事实，强调自首行为的客观效率，强调行为人主动投案、如实交代犯罪事实的行为，节约了国家司法成本，使司法机关及时有效地实现惩罚犯罪、保护人民的刑法目的。行为人是否认罪、悔罪，不影响自首的成立，完全可以单纯出于获得从宽处罚的动机，而主动向司法机关投案并如实交代犯罪事实，即便不认罪、悔罪，也节约司法成本。因此，行为人自首后，可以选择是否认罪认罚；无论行为人是否存在自首情节，都存在认罪认罚的余地。不能因为行为人自首后表示不认罪认罚，而否定自首的成立；也不能以认罪认罚取代自首或把认罪认罚视作自首。对于既主动投案如实供述罪行又认罪认罚的，应该适用两项从宽处罚制度。[1]

诚然，《刑法》规定的自首制度，与《刑事诉讼法》（2018 年修正）规定的认罪认罚从宽制度，既有相似，也有不同，显然不能同等对待。从法律效果上看，两者都具有从宽处理的内容，但从宽的基础、依据有差异，而其背后是制度构造差异使然。但是，完全割裂自首制度与认罪认罚的关系，也并不合适。从实质内容上看，实体法中的自首与认罪认罚的实体内容，基本上是一致的；但在程序层面，认罪认罚的内容比自首制度更丰富，甚至可以认为自首制度的程序内容是"缺失"的。在此基础上，需要认真对待自首、认罪认罚在"从宽处理"上的功能差异：一是在程序层面，认罪认罚与自首大部分情况是重叠的，但也可能存在独立的情况，在从宽上不完全遵循"禁止重复评价"，也可能出现独立的"并罚"情况；二是在实体层面，自首制度中的自首、准自首、坦白与认罪、认罪认罚的内容，原则上是相对应的，但也可能存在不同的情形。这需要进一步深究。

（三）认罪认罚的从宽属性

《刑事诉讼法》（2018 年修正）明确规定了认罪认罚从宽制度后，对于认

---

[1] 肖中华："认罪认罚从宽适用三题"，载《检察日报》2019 年 2 月 2 日，第 3 版。

罪认罚与自首、坦白的关系问题，实践中有了新的看法。对此，需要从理论上予以明确阐明。

目前，理论界与实务部门对认罪认罚是否为独立的量刑情节，持不同的看法。当前，有一种观点认为，认罪认罚应当是自首、坦白、当庭认罪之外新独立的一种量刑情节。但认罪认罚作为独立的量刑情节，必然引发一系列连锁反应。

具体而言：（1）否定论。从程序角度看，认罪认罚是专有名词，只有同时具备"认罪"和"认罚"两个情节，才能从宽处理。从实体角度看，认罪认罚包含认罪、认罚的一系列情节，不是新的独立的量刑情节。认罪情节与自首、坦白、当庭认罪有重合，认罚情节与退赃退赔、积极赔偿被害人损失有重合。在实体的从宽处理上，不应重复评价重合情节。但在认罪认罚案件中，《最高人民法院关于常见犯罪的量刑指导意见》没有规定的情节，如预交罚金可以作为认罚的表现形式。认罪认罚的犯罪嫌疑人、被告人选择适用速裁程序，可以为国家节约司法资源。但是否作为独立的情节给予从宽以及具体的从宽的幅度，试点地区做法不一。为此，应将《最高人民法院关于常见犯罪的量刑指导意见》与认罪认罚从宽试点所探索的"阶梯式量刑"有机衔接，既有效解决量刑情节重合的问题，也能够充分发挥认罪认罚从宽制度特有的激励作用。[1]（2）肯定论。在"2018年刑事诉讼法颁行"高端论坛上，最高人民法院法律政策研究室周加海认为，关于认罪认罚及其"从宽处理"的理解：一是倾向认为认罪认罚是一个新的独立的量刑情节，与自首、坦白、认罪不重合。这样才可能在政策上起到鼓励犯罪嫌疑人、被告人认罪认罚的效果。二是从宽不应被理解为包括减轻刑罚，否则会使整个刑罚制度体系发生混乱。自首是自动投案，如实供述罪行，一般只能是从轻、减轻处罚；坦白是被动归案后，主动供认罪行，根据刑法规定，一般只能从轻处罚。认罪认罚可以减轻处罚的话，可能会出现罪责刑不均衡的问题。[2]另有观点认为，认罪认罚从宽作为我国一项重要的诉讼制度和程序，认罪认罚不能径直表现为量刑从宽，而应当依照认罪认罚从宽程序的规定，依法进行审理和从宽处

---

〔1〕 杨立新："认罪认罚从宽制度理解与适用"，载《国家检察官学院学报》2019年第1期。

〔2〕 蒋安杰："'2018刑事诉讼法颁行'的一次高端对话"，载《法制日报》2018年11月21日，第13版。

罚，理由为：一是认罪认罚从宽和自首、坦白之间，在量刑方面虽有重合和联系，但认罪认罚从宽应当是自首、坦白、认罪之外一个新的独立的量刑情节。在自首、坦白、从轻或减轻的基础上，应再给予适当从宽处罚，才能真正地体现激励犯罪嫌疑人、被告人认罪认罚的积极性的诉讼立法本意，才能真正促使其悔罪。二是认罪认罚从宽的本意和内涵，不仅有实体效果，更重要的效果是其程序价值。其程序法意义以法律正当程序原理为根基，促使犯罪嫌疑人、被告人认罪服判，心服口服，把实体公正与程序正义紧密地结合在一起，构成一个完整完美的司法民主程序。三是通过对案件进行认罪认罚从宽处理，以达到 60%～70% 以上的刑事犯罪案件的认罪服判，社会效果更显现，上访告状大幅度减少，上诉率、申诉率大幅度下降，一些地区甚至为零。因此，独立适用认罪认罚从宽程序有其显著的社会意义。四是认罪认罚从宽制度是实体规范和程序保障一体构建的综合性法律制度，是对坦白从宽刑事政策的制度化和深化的发展，将坦白从宽的法律规定、政策要求加以系统化、制度化，从实体处理和程序适用两个方面共同强化认罪认罚的法律途径和法律效果，更好地落实坦白从宽，全面贯彻宽严相济刑事政策，进而构建认罪认罚案件的分流程序和处理机制，以实现公正和效率的相统一。同时，应转变过去对自首、坦白的处理方法和程序，不能仅停留于"从轻或减轻"处罚，"从宽"还包括程序环节的充分体现，用程序正义确保实体正义，以达公正与效率的高度统一。[1]

肯定论与否定论都有其合理性。肯定论使认罪认罚作为独立的量刑情节，凸显其程序意义和司法价值，但必然引发《刑法》对自首制度规定的合理性与科学性的质疑，也倒逼立法修改，更可能使这种做法超越罪刑法定原则的藩篱。否定论秉持《刑法》规定的合法性基础，审慎对待将认罪认罚作为一项独立的量刑情节，但也忽视了认罪认罚的程序意义及其独立性。对于肯定论与否定论的冲突，最终还需要通过立法的方式予以明确，当前可以通过司法解释或指导性案例制度予以释明。当然，从法理上看，需要解决的问题在于：一是认罪认罚从宽制度与自首制度的关系，究竟自首制度是认罪认罚从宽制度在实体法层面的直接体现，还是二者有明显的差异，有待进一步明确。二是自首制度是否具有程序法的意义，是否可以对接认罪认罚从宽制度的程

---

〔1〕 樊崇义："认罪认罚从宽与自首坦白"，载《人民法治》2019 年第 1 期。

序内涵，还是说，认罪认罚从宽制度与自首制度是完全不同的两个范畴。三是自首制度与认罪认罚从宽制度的冲突究竟为何，在量刑意义上是重合还是独立存在，也即在从宽处理上是引以"重复评价"还是可以"单独并行评价"，以及对被告人而言是否有利的结论。只有解决上述三个问题，才能理清当前的争论。

第三章

从宽制度的基本内涵与实现

一、问题的提出

《试点方案》正式开启了试点工作的历史进程。孟建柱同志曾指出，认罪认罚从宽制度是我国宽严相济刑事政策的制度化，既包括实体上从宽处理，也包括程序上从简处理。[1]这一表态充分肯定了认罪认罚从宽制度的综合性，凸显其实体法与程序法的兼容并蓄特征。《试点决定》进而规定，符合条件的，"可以依法从宽处理"，并授权最高人民法院、最高人民检察院会同有关部门根据本决定，对"从宽幅度"作出具体规定。《试点决定》高度重视认罪认罚从宽制度的"末端"问题，将"从宽"视为试点终端的关键成败之举。同时，《试点办法》对从宽问题作出规定，第4条第1款、第2款分别规定应当遵循宽严相济刑事政策、罪责刑相适应原则，其他条文也分散地规定了"从宽"问题，为试点探索提供了相应的依据。《试点办法》更具体地规定了"从宽"的试点原则与规则，具有指导意义。

然而，在试点期间，如何有效运用政策、法律规定凸显实体从宽、程序从宽的并重及其融合，准确实现"从宽"的有效性与科学性，是亟待解决的司法公正难题。[2]毕竟不同案件的情况不一，而"从宽"涉及的内容非常多，从宽的统一性至关重要，否则，试点的初衷可能落空。从试点的情况来看，认罪认罚从宽制度可能侧重于程序从宽而弱化实体从宽及其依据问题、从宽中蕴涵的控辩协商是否存在交易、实体法与程序法应如何改革衔接等深

---

〔1〕 孟建柱："坚持改革创新为全面建成小康社会提供有力司法保障——学习贯彻习近平同志关于全面深化司法体制改革和加强政法队伍建设重要指示精神"，载《人民日报》2016年3月9日，第7版。

〔2〕 魏晓娜："完善认罪认罚从宽制度：中国语境下的关键词展开"，载《法学研究》2016年第4期。

层次问题也随之暴露。[1]

同时，从语义上看，"从宽处理"的表述与常用的"从宽处罚"尚有区别，但如何在实践中予以有效区分仍是难题。例如，有观点认为，对于认罪认罚而言，从宽处理与从宽处罚的意义有别。从宽处理是政策性用语，其含义丰富，包括实体法与程序法中的各种措施与做法。[2]由此可以推断，从宽处理如果作为刑事程序法律术语，就是从宽处罚的上位概念。从宽处理以刑法和刑事诉讼法的相关规定为基础，兼具实体法意义和程序法意义，是一种总括性法律术语或概括性刑事法律术语。"从宽处理"的法定表述，不仅显示了将政策性用语直接作为法律术语的明显痕迹，也使这种特定属性具有明确从宽的政策属性、法律依据以及适用范围的特定性。事实上，以《试点办法》为特别的规定依据，对犯罪嫌疑人、被告人自愿认罪认罚的，依法适用具体从宽处理措施，是这类特殊"从宽"的标志性特征。此外，亦有观点指出，理解从宽的幅度应当坚持"面"与"点"，前者侧重国家从宽的可能幅度，框定国家公权力与被追诉方协商的合法范围；后者侧重从宽的最高限度，不同诉讼节点的从宽比例及其限度。这种差异化也划定不同主体的协商"红线"，逾越则无效或违法。[3]这充分说明"从宽"的重要性与内容的复杂性，无论在实体法还是程序法层面，都涉及非常多的内容。换句话说，"从宽"绝非单纯的"量刑从宽"问题，而涉及诸多因素，应全盘推进和优化，尤其应立足制度背景，结合试点探索，准确厘定"从宽"制度。

在试点的中期，时任最高人民法院审判委员会专职委员、第二巡回法庭庭长胡云腾在重庆调研刑事案件认罪认罚从宽制度试点工作时指出，要推动认罪认罚从宽制度具体化、合理化、科学化，根据被告人认罪认罚的诉讼阶段、适用程序、悔罪程度等情况，明确规范从宽的范围及幅度，推进认罪认罚案件量刑规范化。[4]同时，根据最高人民法院、最高人民检察院《关于在部分地区开展刑事案件认罪认罚从宽制度试点工作情况的中期报告》的内容显示，在试点中，检察机关对认罪认罚案件依法提出从宽量刑建议，其中，

---

[1] 左为民："认罪认罚何以从宽：误区与正解"，载《法学研究》2017年第3期。
[2] 黄京平："认罪认罚从宽制度的若干实体法问题"，载《中国法学》2017年第5期。
[3] 周新："论从宽的幅度"，载《法学杂志》2018年第1期。
[4] 罗书臻："胡云腾在认罪认罚从宽制度试点工作座谈会上要求及时总结试点经验 大力推进试点工作"，载《人民法院报》2017年7月18日，第1版。

建议量刑幅度的占 70.6%，建议确定刑期的占 29.4%，法院对量刑建议的采纳率为 92.1%。认罪认罚案件的犯罪嫌疑人、被告人被取保候审、监视居住的占 42.2%，不起诉处理的占 4.5%，免予刑事处罚的占 0.3%，判处 3 年有期徒刑以下刑罚的占 96.2%，其中判处有期徒刑缓刑、拘役缓刑的占 33.6%，判处管制、单处附加刑的占 2.7%，非羁押强制措施和非监禁刑适用比例进一步提高。但是，试点工作还存在一些问题和困难，如将"认罚"与赔偿被害人经济损失简单等同起来，或将"从宽"绝对化、简单化，对案件具体情节区分不够。[1]这大体上反映了试点中对待"从宽处理"的基本现状，但也掩盖了不少的问题和争议。为了从宽处理的规范与科学，应当在现有试点的基础上，总结经验与教训，进一步完善认罪认罚从宽制度中的"从宽"实现机制。

《刑事诉讼法》（2018 年修正）进一步将《试点办法》的规定以及试点探索中形成的经验性做法等予以立法固化，为明确"从宽处理"的实体内涵与程序内涵等提供依据。当然，这并不意味着《刑事诉讼法》（2018 年修正）已经完全解决了所有的问题。同时，一些试点过程中形成的有益做法，即使这次并未被明文规定，也不妨碍其司法意义和适用价值。

二、从宽的理论基础与事实依据

从宽并非单纯基于认罪认罚而必然出现的结果，其背后有更复杂、深层次以及综合性的依据与基础，这是从宽机制的正当性基础。只有阐明从宽的理论基础和事实依据，从宽才具有合法性、规范性以及实效性。

（一）理论基础

犯罪嫌疑人、被告人自愿作出认罪认罚的，可以享受从宽处理，这是由诸多基础理论共同决定的，也是从宽处理具有的相应的正当性与必要性基础。

1. 宽严相济刑事政策

"坦白从宽、抗拒从严"是耳熟能详的中国式"政策话语"，一方面，随着"沉默权"的引入，"不得强迫自证其罪"与该口号的冲突不断被公开化，对无罪推定原则也产生了负面影响；另一方面，作为一种"义务本位"诉讼

---

〔1〕 周强："关于在部分地区开展刑事案件认罪认罚从宽制度试点工作情况的中期报告——2017 年 12 月 23 日在第十二届全国人民代表大会常务委员会第三十一次会议上"，载《人民法院报》2017 年 12 月 24 日，第 1 版。

模式的具体产物，面对国家追诉机关的调查讯问，犯罪嫌疑人负有服从和配合的义务，以协助国家机关查明事实真相，对被告人供述的自愿性以及被告人的无罪辩护权具有否定作用。[1]尽管如此，从政策逻辑的初衷看，"坦白从宽、抗拒从严"的刑事政策可以从正反两面有效激励作案人如实供述，有助于节约破案成本、提高诉讼效率。[2]然而，"坦白从宽、牢底坐穿"的实践效果无疑增大制度存留的争议性。

2005年，全国政法工作会议提出宽严相济的刑事政策，指出宽严相济是我国在维护社会治安的长期实践中形成的基本刑事政策。宽严相济的刑事政策是惩办与宽大相结合刑事政策（"镇压与宽大相结合""惩办与宽大相结合"）的继承和发展，也是对"严打"政策进行理性反思的成果[3]。宽严相济是基本刑事政策，同时也是刑事司法政策。[4]宽严相济刑事政策的核心内容是区别对待，该严则严、当宽则宽、严中有宽、宽中有严、宽严有度、宽严审时、罚当其罪。在此背景下，对认罪认罚案件与不认罪认罚案件，在实践中有必要进行分流和区别对待。对于认罪认罚案件，实体上与程序上都应当进行必要的差异化处理，进而，从宽处理名正言顺，彰显了宽严相济刑事政策的"宽"一面。

与此同时，宽严相济刑事政策所倡导的区别对待精神，其实与宪法、行政法中的"比例原则"不谋而合。例如，有观点认为，认罪认罚从宽制度实体法层面依据的是宽严相济刑事政策，在程序方面则应更侧重比例原则的运用，对于实体从宽与程序从宽，也要坚持比例原则，特别是要完善审前阶段的审查程序，转移审判阶段的重心至认罪认罚的自愿性，以及建立强制辩护制度。[5]对于从宽而言，既是因认罪认罚而区别于不认罪认罚的"优惠结果"，也是与自愿认罪认罚完全"对称"的合法结果，如此，认罪认罚与从宽的协商关系才具有正当性与合法性。

---

〔1〕　陈瑞华："义务本位主义的刑事诉讼模式——论'坦白从宽、抗拒从严'政策的程序效应"，载《清华法学》2008年第1期。

〔2〕　董坤："'坦白从宽、抗拒从严'的经济学分析"，载《中国人民公安大学学报（社会科学版）》2011年第1期。

〔3〕　马克昌："宽严相济刑事政策的演进"，载《法学家》2008年第5期。

〔4〕　马克昌："论宽严相济刑事政策的定位"，载《中国法学》2007年第4期。

〔5〕　陈岚、郭航："比例原则视野下认罪认罚从宽制度的完善"，载《内蒙古社会科学（汉文版）》2018年第2期。

2. 罪责刑均衡理念

行为构成犯罪，应当承担刑事责任，需要接受刑罚处罚，这是我国刑事司法的基本流程与规律。[1]在定罪量刑的司法流程中，只有先解决定罪问题，才能确定刑事责任，并启动"末端"的量刑问题。而且，相比于量刑规范化面临的技术难题，定罪问题往往异常复杂，因为需要在事实、规范和价值之间寻找法律最妥当的结合点，并且需要在实体法与程序法之间寻找证明上的一致。显然，如果被追诉者选择认罪认罚，无疑从内部化解定罪难题，极大地减轻控方的工作和提高司法效率。因此，从定罪量刑的司法流程看，对于认罪认罚案件，理应得到相应的"优惠"，最无争议的是量刑"从宽"，而对罪责是否"从宽"表现出较大的分歧。

无论对"从宽"的内涵具有多大的争议，但作出认罪认罚的，理应从宽是罪责刑均衡理念的必然结论，是刑法公正与司法正义的必然体现。实际上，在我国司法实践中，被追诉者坦白或自首的，早已是不成文的酌定量刑情节，只是各地在个案上把握不一，[2]运行效果有时不尽如人意；而且，1997 年《刑法》将狭义的自首予以法定化，随着《刑法修正案（八）》将坦白制度法定化，已经对实体法中的"认罪（认罚）"制度作出相对较为完善的规定。因而，从法律公正价值的立场看，被追诉者作出认罪认罚的，应对其作出实体与程序从宽。

3. 刑事一体化理念

认罪认罚从宽制度中的"从宽"，不仅包括程序从宽，也包括实体从宽。有观点指出，认罪认罚从宽制度，整合和超越了刑法与刑事诉讼法中的相关规定和制度，是一系列具体法律制度、诉讼程序组成的兼具实体性与程序性的法律制度。[3]因而，在看待"从宽处理"问题时，应遵循刑事一体化理念，切不可舍弃任一方面以至于有失偏颇，特别要警惕完全或基本从程序法上解读认罪认罚从宽制度的倾向。在试点的认识上，不排除将从宽的重点放在程序简化而弱化司法公正的误区。

---

〔1〕 孙道萃：《罪责刑关系论》，法律出版社 2015 年版，第 39 页。

〔2〕 贺小军："认罪态度对量刑的影响实证研究——以 A 省 B 市为例"，载《政治与法律》2015 年第 12 期。

〔3〕 顾永忠："关于'完善认罪认罚从宽制度'的几个理论问题"，载《当代法学》2016 年第 6 期。

在此基础上，在看待认罪认罚从宽中"从宽"的内涵时，即使明确兼具实体含义和程序含义，仍需要解决其内部的结构与功能。例如，"实体从宽"的正当性基础是被追诉人真诚认罪悔罪，特殊预防可以有所降低；"程序从简"的正当性基础是有罪供述降低了案件证明难度，相对简化的程序可以达到法定证明标准。[1]又如，实体从宽与程序从宽是否必须存在前后的次序关系或逻辑的一致性，也即实体范围决定程序范围，或反之，实体从宽与程序从宽各自可以存在具体内容的差异，特别是程序从宽有其诸多独立内容；是否存在实体层面的"罪责免除（减轻）"问题，也即认罪认罚从宽协商机制是否存在以及如何运行、定罪协商是否可行等。显然，在解决这些问题时，需要立足于刑事一体化理念，打通刑事法学科之间的界限，整合刑事法学科资源，充分考虑其他相关的诸多变量，并置身于国家政治需要、经济发展、社会形势之下，努力寻求"最大公约数"。

4. 刑事诉讼的基本原理

最高人民法院《关于进一步推进案件繁简分流优化司法资源配置的若干意见》（法发〔2016〕21号）第13条规定，探索认罪认罚案件庭审方式改革。对于被告人认罪认罚的案件，探索简化庭审程序，但是应当听取被告人的最后陈述。适用刑事速裁程序审理的，可以不再进行法庭调查、法庭辩论；适用刑事简易程序审理的，不受法庭调查、法庭辩论等庭审程序限制。对此，《试点决定》明确指出，为进一步落实宽严相济刑事政策，完善刑事诉讼程序，合理配置司法资源，提高办理刑事案件的质量与效率，正式启动认罪认罚从宽制度的试点工作。

而且，诉讼主体地位的变化与司法合作也在其中。可以看到的是，刑事和解制度触发了一种有别于传统对抗性司法的"私力合作模式"，将被告人—被害人关系置于刑事诉讼的中心，打破了刑事诉讼与民事诉讼、犯罪与侵权的界限，对传统刑事诉讼理论造成了较大的冲击。[2]传统刑事诉讼理论建立在国家与被告人具有相互对立的诉讼立场的基础之上。在被告人自愿认罪的情况下，这种对抗性司法不具有存在的基础，国家与被告人具有进行诉讼合

---

〔1〕　卞建林、谢澍："职权主义诉讼模式中的认罪认罚从宽——以中德刑事司法理论与实践为线索"，载《比较法研究》2018年第3期。

〔2〕　陈瑞华："刑事诉讼的私力合作模式——刑事和解在中国的兴起"，载《中国法学》2006年第5期。

作的可能。在此前提下，国家追诉机构与被告人经过协商、妥协而进行的诉讼合作，具有"协商性公力合作"的特征；被害人与被告人经过协商达成和解协议，则属于一种"私力合作模式"。相对于对抗性司法模式而言，合作性司法已经初步形成了一种相对独立的理论框架。〔1〕在此基础上，正在试点中的认罪认罚从宽制度充分体现了合作性刑事司法理念这一世界性发展趋势。例如，有观点认为，分别为"节约资源说""人身危险性降低说""节约资源且危险性降低并存说"和"赎罪说"。应采用"权利放弃对价说"阐释认罪认罚从宽制度的正当性来源，以被追诉人自愿放弃若干权利作为国家简化乃至省略程序环节以及施予从宽处罚的合法化理由，将弃权行为可能带来的若干类效益与从宽处理体系的类型、幅度联系起来。〔2〕

最后，司法权具有可裁量性。对于司法权的可裁量性而言，在审查起诉阶段体现为起诉法定主义与起诉便宜主义的妥协，而在审判阶段则主要是法院针对轻微刑事案件中被告人社会危险性的综合考量作出的从宽处罚，特别是免除处罚。〔3〕易言之，既然自愿认罪认罚的，那么，司法权的裁量性就可以发挥相应的作用。对被告人在实体上、程序上作出从宽处理，体现了司法权积极回应新问题的能力。

（二）事实依据

"可以从宽"不完全根植于刑事政策与刑事法原理的需要，还应以客观事实为依据，只要客观上存在"从宽的事实基础和表现"，才能最终启动从宽处理。

1. 自愿认罪认罚

相对于不认罪认罚案件的"依法处理"，认罪认罚是决定"可以从宽"的首要事实因素。认罪认罚作为前提，必须符合法定条件和要求，并非任何认罪认罚的案件，都"可以从宽"。因而，在试点期间，准确界定和把握认罪认罚尤为关键。

在理解认罪认罚问题上，需要把握以下几点：一是实体性与程序性的交

〔1〕 陈瑞华："司法过程中的对抗与合作——一种新的刑事诉讼模式理论"，载《法学研究》2007年第3期。

〔2〕 赵恒："论从宽的正当性基础"，载《政治与法律》2017年第11期。

〔3〕 赵恒："论从宽的理论基础与体系类型"，载《宁夏社会科学》2017年第2期。

融。认罪认罚不仅在实体法中，以自首、坦白等为常态的表现形式，或者表现为积极赔偿、赔礼道歉等形式；也随着刑事诉讼阶段的推进，而呈现为动态的变化状态，从立案到执行整个诉讼过程，都存在一定的差异。二是自愿性及其程序规则。认罪认罚绝非被追诉者单方面的主张，必须符合法定的条件，其中，自愿性是最重要和基础的条件。只有自愿认罪认罚，才能确保认罪认罚的真挚性、真实性、有效性。而且，在认罪认罚从宽程序中，自愿性审查是自始至终的基本前提，只有每个诉讼阶段逐一确保认罪认罚的自愿性前提，才能最终确保"从宽"的合法性与有效性。三是认罪认罚的内在关系原则上是一致的。从理论模型看，认罪认罚同时发生是最理想的状态，也是最完美的试点样本。最高人民检察院副检察长孙谦认为，认罪认罚从宽制度，不仅需要被告人认罪，还需要认罚。其中，认罚直接体现悔罪态度和悔罪表现，是适用认罪认罚从宽制度的前提条件。而随着改革试点的推进，认罚成为在决定从宽及其幅度时，应当考虑的重要因素。[1]然而，实践中可能出现一些特殊情形，比如认罪不认罚、认罚不认罪、部分认罪或部分认罚，均需要试点机关作出相应的解答，否则，从宽的边界、幅度会遭遇"特殊情况"而"难产"。

此外，犯罪嫌疑人、被告人自愿"认罪认罚"，是其作为诉讼主体参与诉讼程序的理性选择，但绝非放弃或处分诉讼标的及权利，毕竟司法机关的审查与判断仍需严格进行。这一点需要加以明确。

2. 被害人态度

在认罪认罚案件中，被害人的态度对是否"从宽"具有相当的影响力。一方面，被害人的权益保护是试点的基本内容，绝不能以牺牲正义的方式来实现诉讼效率和程序分流。另一方面，从刑事和解探索、刑事速裁程序的试点经验看，被害人态度处在相当重要的位置，对刑事协商的发动、完成具有相应的影响力。其中，《试点办法》第7条规定："办理认罪认罚案件，应当听取被害人及其代理人意见，并将犯罪嫌疑人、被告人是否与被害人达成和解协议或者赔偿被害人损失，取得被害人谅解，作为量刑的重要考虑因素。"从第7条的规定可以看出，被害人谅解是被害人态度的集中表现，也决定被

---

〔1〕 许聪、何晓慧："从刑事速裁到认罪认罚从宽——福建法院刑事诉讼改革调查（上）"，载《人民法院报》2017年7月7日，第1版。

害人对认罪认罚的认可态度、控辩之间量刑协商及其结论的认可程度等。但是，被害人态度不应具有直接作用，不能直接启动程序或终止程序，亦不能主导量刑协商的进程，否则，将事与愿违。

3. 认罪认罚从宽协商机制

从"末端"的实现机制来看，认罪认罚从宽制度的"可以从宽处理"，与以往的"从宽处理"有一定的差异。其中，最大的不同在于随着被追诉者地位的提升，控辩之间的量刑协商机制不仅事实上成立，也成为左右"从宽"走向的关键因素之一。

然而，认罪协商机制在我国的发展，一直处在"不痛不痒"的状态，认罪协商的适用范围、内容、主体、期限、程序，认罪协商的救济措施，认罪协商的保障与监督措施，以及协商后诉讼权利的丧失、被害人的同意、指定辩护人问题、法官角色、协议的撤销等内容都相对模糊，建立健全有中国特色的认罪协商机制不仅意义突出，而且具有迫切的现实需要。[1]认罪认罚从宽制度中的量刑协商机制，首先并不是完全独立的刑事协商机制，又不同于过往的认罪协商探索机制，如刑事和解等。因而，认罪认罚从宽协商机制是新事物，应当是《试点办法》具体确立的一种新的刑事协商机制。而且，从认罪认罚从宽制度探索的难点看，认罪认罚从宽协商机制便是其一，不仅关系到该制度的完善程度，也牵扯到"从宽处理"的合法性与有效性。

认罪认罚从宽制度对刑事诉讼模式的多元化探索具有开创性价值，但它不同于美国辩诉交易制度，是由认罪、认罚和从宽三个方面组成的，且顺序不能颠倒。[2]从宽处理是认罪认罚的法律后果，准确适用从宽这一法律效果是保证这项制度顺畅运行和达到预定目标的终端环节。认罪认罚从宽制度中的"从宽"是内涵丰富的新概念，既应当从实体法与程序法两个角度加以认识，也应当通过有效的途径予以实现。当前，从宽的规范化、法定化尤为重要。

---

〔1〕 陈国庆："试论构建中国式的认罪协商制度"，载《环球法律评论》2006 年第 5 期；冀祥德："借鉴域外经验，建立控辩协商制度——兼与陈国庆先生商榷"，载《环球法律评论》2007 年第 4 期；谭世贵："构建中国认罪协商制度研究"，载《浙江工商大学学报》2010 年第 2 期。

〔2〕 陈庆安、潘庸鲁："认罪认罚从宽制度试点期间的问题与应对"，载《河南师范大学学报（哲学社会科学版）》2018 年第 5 期。

三、实体从宽的内涵及其实现

实体从宽是从宽的首要内容，应逐一梳理其具体内容，并有效促使其在试点期间得以实现。比如，有观点认为，公安机关在侦查阶段对刑事案件并无实体处理权。认罪认罚从宽制度仅在审查起诉、审判和执行阶段具有实体从宽效力。[1]但也不尽然，如《试点办法》第9条赋予公安机关撤销特殊案件的权限。同时，这些试点过程中的争议，部分因《刑事诉讼法》（2018年修正）而得以解决，但部分仍需进一步讨论。

（一）定罪从宽

定罪从宽是实体从宽中较有争议且相关理论探讨并不充分的部分。然而，在认罪认罚从宽制度中，应注重澄清和解决定罪从宽及其司法边界等基础问题。

1. 罪名轻重

罪名是刑法对某一危害行为构成犯罪后的正式确认以及称谓，是定罪活动的关键词，也是是否构成犯罪、刑事责任有无及其轻重的"法定载体"。在自愿认罪认罚的前提下，"罪名"及其轻重的"协商"，无疑是从宽的重头戏。对此，理论上的看法为：（1）罪名从宽的限定。有观点认为，一般而言，认罪认罚从宽制度与国外辩诉交易制度明显不同，不得通过罪名变化作为办理案件的交换条件。即使犯罪嫌疑人、被告人选择认罪认罚，也不得在协议过程中降格指控，将重罪协商成轻罪，或协商减少指控改变罪数。这是我国探索认罪认罚制度的一个基本底线。[2]亦有观点指出，为了防止认罪认罚对从宽的影响，成为控方挟持被追诉人的工具，根本上破坏罪与刑的内在平衡，应对检察官的自由裁量权进行限制。具体体现为禁止对定罪问题进行协商，即禁止控辩双方对犯罪行为的性质、罪名、罪数等问题进行协商，不允许检察官为了降低被告人的刑罚幅度而降格指控罪名。[3]但是，也有观点认为，认罪认罚从宽处理程序隐伏着确立中国式辩诉交易的可能性，司法实践中对

---

〔1〕　陈光中、马康："认罪认罚从宽制度若干重要问题探讨"，载《法学》2016年第8期。

〔2〕　陈卫东："认罪认罚从宽制度研究"，载《中国法学》2016年第2期。

〔3〕　白宇："认罪认罚从宽制度与刑事案件分流体系构建"，载《甘肃政法学院学报》2017年第1期。

于认罪协商也有一定的需求，办理贪腐案件尤其如此。[1]显然，从实然的角度看，定罪协商仍缺乏明确的依据，理论上可能引发的后续反应成为其难以被接纳的重要原因。从应然的角度看，基于我国刑事协商机制的探索基础与现实需要，定罪协商并非毫无益处。（2）无论理论上对定罪协商问题作何界定，客观而言，实践中也存在一些特殊情形，直接或间接涉及认罪协商问题。如被追诉者的同一个行为涉嫌构成轻重两个罪名，被追诉者仅承认轻罪而不承认重罪，而且重罪的证据体系和证明标准与法定要求相比，存在一定的瑕疵，此时如果不接受客观上的轻重罪协商，则直接导致无法追诉并放纵犯罪。此外，被追诉者的多个相同行为触犯相同的罪名、仅承认其中部分行为而非全部行为，被追诉者的多个不同行为触犯不同的罪名、仅承认轻罪而不承认重罪等情形，是否可以通过定罪协商实现有效制裁，也值得探讨。因此，从实践出发，完全否定罪名轻重的"协商"并作为定罪从宽的内在要求并不必然妥当。（3）尤其应当明确的是，罪名轻重是否可以作为定罪从宽的内容，首先取决于对犯罪性质、犯罪轻重与法律适用的承认的具体理解。如果认为认罪认罚，同时应当对犯罪性质、犯罪轻重以及相应的法律适用持认可态度的，则罪名轻重就可以成为协商的部分内容，否则，认同是单方面的接受，而非双方的平等协商结果。其次，从认罪认罚从宽之间的特殊协商机制来看，既包括量刑协商，也不必然排除罪名协商。如果量刑协商建立在罪名认识不一的背景下，认罪认罚从宽制度的运行也容易出现程序反转问题。因此，从定罪协商与量刑协商的辩证关系看，定罪协商不宜被彻底排除。

2. 罪数从宽

从定罪量刑的司法活动看，罪数是定罪需要解决的重要内容。在实践中，被追诉者可能实施多个危害行为，作出认罪认罚的，必然涉及罪数问题，罪数从宽也是亟待解决的难题。从罪数形态理论看：一是实质的一罪，包括继续犯、想象竞合犯、结果加重犯；二是法定的一罪，包括结合犯、集合犯；三是处断的一罪，包括连续犯、牵连犯和吸收犯；四是包括异种数罪与同种数罪、实质数罪与想象数罪、并罚数罪与非并罚数罪、判决宣告以前的数罪与

---

[1] 张建伟："认罪认罚从宽处理：中国式辩诉交易?"，载《探索与争鸣》2017年第1期。

刑罚执行期间的数罪等数罪类型。[1]从刑法教义学原理看，被追诉者认罪认罚的，罪数问题会出现以下特定情况：（1）如果属于实质的一罪、法定的一罪这两种情形，在"从宽"问题上，因为最终都按照"一罪"处理，并不存在数罪并罚问题，但存在是否从一重罪处断的问题。因而，不选择"从一重罪"且禁止数罪并罚，在实质上属于"罪数从宽"范畴，进而也属于对罪数的从宽。（2）如果属于处断的一罪，由于实质上可能是数罪，但刑法在实际处理上仅按照一罪来处理，而且，一般不实行数罪并罚，但必然遵循从一重罪（从重）处理。据此，被追诉者认罪认罚的，应数罪并罚而不数罪并罚，应从一重（从重）而适当宽缓处罚的，都属于"罪数从宽"的情形。（3）如果属于数个行为并构成数罪的，对于不同情形的数罪类型，由于处断的原则不一，导致从宽的变通幅度在实践中有所不同，是否属于罪数从宽也需具体分析。比如，对于同种数罪与异种数罪而言，一般对同种数罪是否数罪并罚有争议，异种数罪往往选择数罪并罚。进而，数罪并罚原则的适用蕴含"可能从宽"的空间，也成为在认罪认罚时如何"从宽"与"可以从宽"的努力方向。

3. 但书的适用

《刑法》第13条规定："但是情节显著轻微危害不大的，不认为是犯罪。"犯罪嫌疑人、被告人认罪认罚，符合情节显著轻微、危害不大的，是否可以"不认为是犯罪"。首先，关于但书规定的本意，传统理论认为，对于但书究竟是解决罪与非罪的界限，还是解决论处与不论处的界限，从1979年《刑法》与1997年《刑法》完全相同的这一规定看，该条的任务是从原则上划分罪与非罪的界限，而不是划分论处与不论处的界限。[2]对于认罪认罚的，如果适用但书规定，意味着不构成犯罪或不作为犯罪对待，实质上也就不是犯罪，不需要承担刑事责任，因而，赦免罪责，这是最彻底的定罪协商情形。然而，需要明确的是，尽管认罪认罚从宽制度极大地提升了被追诉者的地位，并允许控辩之间对量刑进行协商，但由于量刑协商的有限性与被害人权益的保障以及司法正义等因素的存在，在试点期间适用但书规定应遵循相当审慎

---

〔1〕 高铭暄、马克昌主编：《刑法学》，北京大学出版社、高等教育出版社2016年版，第184~199页。

〔2〕 高铭暄：《中华人民共和国刑法的孕育诞生和发展完善》，北京大学出版社2012年版，第21页、第184页。

的启用原则。

4. 定罪从宽与赦免的可能性

除但书规定外，根据《试点办法》的规定，是否存在赦免的空间，也成为讨论定罪从宽的必要环节，主要包括：(1)《试点办法》第9条规定，犯罪嫌疑人自愿如实供述涉嫌犯罪的事实，有重大立功或者案件涉及国家重大利益，需要撤销案件的，办理案件的公安机关应当层报公安部，由公安部提请最高人民检察院批准。但是，《刑事诉讼法》(2018年修正) 第162条规定，公安机关侦查终结的案件，应当做到犯罪事实清楚，证据确实、充分。第163条规定，在侦查过程中，发现不应对犯罪嫌疑人追究刑事责任的，应当撤销案件。对比后可以发现，《试点办法》第9条规定的撤销案件情形，突破了《刑事诉讼法》(2018年修正) 第162条的规定。[1]换言之，第9条其实是将"需要追究刑事责任的案件予以撤销"，实质上涉及罪责的免除问题，与赦免制度的法律效果有着惊人的相似之处。(2)《试点办法》第13条规定，犯罪嫌疑人自愿如实供述涉嫌犯罪的事实，有重大立功或者案件涉及国家重大利益的，经最高人民检察院批准，人民检察院可以作出不起诉决定，也可以对涉嫌数罪中的一项或者多项提起公诉。具有法律规定不起诉情形的，依照法律规定办理。但是，根据《刑事诉讼法》(2018年修正) 第175条第4款的规定，对于二次补充侦查的案件，人民检察院仍然认为证据不足，不符合起诉条件的，应当作出不起诉的决定。同时，第176条第1款规定，人民检察院认为犯罪嫌疑人的犯罪事实已经查清，证据确实、充分，依法应当追究刑事责任的，应当作出起诉决定。第177条第1款规定，犯罪嫌疑人没有犯罪事实，或者本法第16条规定的情形之一的，人民检察院应当作出不起诉决定。第177条第2款规定，对于犯罪情节轻微，依照刑法规定不需要判处刑罚或者免除刑罚的，人民检察院可以作出不起诉决定。对比后可以发现，《试点办法》第13条的规定，属于《刑事诉讼法》(2018年修正) 第176条规定的应当作出起诉决定的情形，突破了第175条第4款，第177条第1款、第2款规定的情形。[2]从不起诉决定的实质看，是指"不需要追究刑事责任"，

---

〔1〕 陈光中："认罪认罚从宽制度实施问题研究"，载《法律适用》2016年第11期。
〔2〕 陈卫东："认罪认罚从宽制度试点中的几个问题"，载《国家检察官学院学报》2017年第1期。

客观上可以理解为对罪责的免除，与刑法中赦免的法律效果相一致。

（二）归责从宽

刑事归责是刑法实体运作中的独立部分，是定罪与量刑之间的衔接部分，其主要任务是明确罪责的有无及其责任，从而从刑法责任层面确认犯罪后的责任与应处以的刑罚。[1]在认罪认罚从宽制度中，从宽也包括归责这部分。

1. 人身危险性或社会危险性的降低

按照古典学派的主张，社会危害性是犯罪的本质特征，社会危害性往往由客观危害与主观恶性组成；同时，按照新派的看法，人身危险性及其程度应当成为衡量罪责及刑罚的重要因素。[2]在新旧两派相互融合之际，特别是受安塞尔的新社会防卫论的影响，人身危险性已经成为定罪量刑的重要因素，我国刑法理论亦是如此。相比于不认罪认罚的情形，认罪认罚充分显示被追诉者的人身危险性或社会危险性降低的客观事实，而这正是归责从宽的重要事实基础。毕竟自愿作出认罪认罚的，往往意味着被追诉者认识到自己的行为性质，往往主动悔过悔罪，并积极通过民事赔偿等方式恢复被破坏的社会关系并期待被害人谅解，说明其再犯的危险性明显降低，可以对其作出从宽对待。需要说明的是，被追诉者自愿作出认罪认罚的，从程序法的角度看，也说明其社会危险性的降低，对侦查活动的副作用明显降低，反而，对刑事诉讼的正常进行有积极意义，也因此具备程序从宽的理据，可以采取如不羁押或判处缓刑等非羁押、非监禁的刑事处罚措施。

2. 罪责的协商性

在不认罪认罚案件中，基于刑法禁止"私了"的精神，刑事责任具有法定性，这也是罪刑法定原则的要求。而且，检察机关行使公诉权力，被追诉者的罪责具有法定性、强制性，是由国家授权司法机关并代表被害人予以追诉和实现的，罪责问题不存在任何私人之间的协商性，在我国也不存在被追诉者与国家"讨价还价"的余地。但是，在认罪认罚案件中，被追诉者的诉讼地位得以明显提高，基于自愿认罪认罚的前提条件，根据《试点办法》的规定，对量刑问题可以与检察机关进行协商，从而打破了原有的刑罚惯例。

---

〔1〕　孙道萃："罪责关系的当代命运"，载《云南社会科学》2016年第2期。
〔2〕　陈兴良：《刑法哲学》，中国人民大学出版社2015年版，第175页。

但是，对于定罪的协商问题，包括《试点决定》《试点办法》等均未明确授权或作出规定，试点探索各方也都在观望状态。尽管如此，《试点办法》第9条、第13条的规定仍在一定程度上传递出罪责的可协商性精神，是对原有刑事责任原则的合理突破。但是，从宽处理规范的制定和适用，应当以满足罪责刑相适应原则为基本前提，防止实务中可能出现的"花钱买刑""雇人顶包"等损害司法权威的情形发生。

3. 罪责的减免

定罪层面的从宽是一切从宽的源头和依据。从宽的重点是"宽缓"，对于罪责层面而言，也意味着罪责的减与免可以合理地存在。根据刑法原理及规定，刑事责任的减免是刑事责任实现过程中的常态现象。[1]其中，《刑法》第37条明确规定，对于犯罪情节轻微不需要判处刑罚的，可以免予刑事处罚。尽管如此，认罪认罚导致的罪责减免有其特殊性，具体在于：一是原有的探索往往主要表现为基于认罪而出现的罪责减免情形，认罪认罚的同步性并不多见，进而，也加大了减免的力度；二是基于认罪认罚而作出的从宽，在罪责减免上多了一层"协商"的成分，而不单纯是国家主导下的"一元"裁判模式。易言之，罪责减免不仅限于《刑法》或《刑事诉讼法》规定的法定情形，认罪认罚作为《试点办法》确定的新情形，也可以作为罪责减免的依据，并且必须以协商为前提。

（三）量刑从宽

在实体法层面，刑罚的确定是整个刑法学体系运行的"末端"。[2]定罪从宽、归责从宽是相互协同的两部分，对量刑从宽具有"前置"作用。对于认罪认罚从宽制度而言，实体层面的量刑从宽具有衔接程序法的独立意义。《试点办法》作出了较为充分的规定。而《刑事诉讼法》在修订时将第172条改为176条，并规定检察机关应当就主刑、附加刑、是否适用缓刑等提出具体的量刑建议。这些是探讨的前提。

1. 是否包括减轻处罚

有观点认为，从宽处理应当是从轻处罚而非减轻处罚，因为刑法对减轻

---

〔1〕　高铭暄主编：《刑法专论》，高等教育出版社2006年版，第475页。

〔2〕　高铭暄："论四要件犯罪构成理论的合理性暨对中国刑法学体系的坚持"，载《中国法学》2009年第2期。

处罚的情形已经予以法定化。[1]《刑法》第 63 条规定："犯罪分子具有本法规定的减轻处罚情节的，应当在法定刑以下判处刑罚；本法规定有数个量刑幅度的，应当在法定量刑幅度的下一个量刑幅度内判处刑罚。犯罪分子虽然不具有本法规定的减轻处罚情节，但是根据案件的特殊情况，经最高人民法院核准，也可以在法定刑以下判处刑罚。"从中可见，减轻处罚情形由刑法明文规定，认罪认罚并非法定的减轻处罚情节。但也有观点认为，应增加"应当从轻、减轻处罚"条款的具体适用情形。[2]既然是试点探索，应当充分考虑认罪认罚案件的特殊性，在从宽时考虑减轻处罚并无不当，这反而是实践中可能遇到的情形，也未突破试点的禁止性规定。此外，《刑法》第 63 条第 2 款规定，犯罪分子虽然不具有本法规定的减轻处罚情节，但是根据案件的特殊情况，经最高人民法院核准，也可以在法定刑以下判处刑罚。对于认罪认罚的，在从宽时是否可以适用特别减刑制度，对此回答应该是肯定的。因为既然《试点办法》都规定了公安机关的特殊案件撤案权限和检察机关的特殊案件不起诉权限，对于特别减刑制度的适用则更不在话下。

2. 是否包括免除处罚

《试点办法》第 1 条规定"可以依法从宽处理"，从宽在量刑层面上，是否包括免除处罚仍有一定的争议。理由为，如果认罪认罚的，可以在从宽上表现为"免除处罚"，在实践中难免形成"认罪认罚不是犯罪"的认识误区，甚至可能助长部分被追诉者为了免除处罚而迎合"认罪认罚"或过于功利地进行民事赔偿等以获得被害人的谅解。但是，被追诉者认罪认罚的，而且属于轻微罪或轻罪案件，并未造成严重危害结果的，应敢于依法作出免除处罚的决定。这本就属于"从宽"的内涵，与"不认为是犯罪"的处置有差异。

3. 从宽的幅度

对于从轻或减轻的幅度，理论上的主张和试点中的做法不一。当前，应当明确从宽处理幅度的层级性，针对不同案件类型、不同时间节点、不同认罪认罚的具体方式（如自首、立功、退赃退赔等）来设置认罪认罚的从宽幅度，体现不同层级的差异性。在理论上，有些检察机关会按照在同类案件正

---

[1]　山东省高级人民法院刑三庭课题组："关于完善刑事诉讼中认罪认罚从宽制度的调研报告"，载《山东审判》2016 年第 3 期。

[2]　陈卫东："认罪认罚从宽制度研究"，载《中国法学》2016 年第 3 期。

常量刑的基础上减少 10%～20%；〔1〕可以在正常量刑幅度的基础上作出更为宽大的减轻，如将减刑的最高幅度增加到 50%；尤其对有积极退赃、积极退赔、达成刑事和解的案件，更应较大幅度地予以减轻，以体现罪责刑相适应原则的基本要求。〔2〕

同时，实践中的做法不一。例如，将认罚作为单独的从轻量刑情节考虑，减少 10%以下量刑；将认罚与认罪情节一起合并考虑，可以减少基准刑的30%以下；〔3〕认罪阶段越靠前，从宽幅度越大，犯罪嫌疑人在侦查阶段认罪的，最多可减少基准刑的 30%。〔4〕在可以"从宽"的因素上，主要包括犯罪嫌疑人、被告人具有自愿认罪、真诚悔罪、遵守规定、赔偿损失、取得谅解等从宽情节，并根据认罪认罚时机和表现，依法决定从宽幅度，通常给予30%以下量刑幅度从宽。〔5〕

目前，试点中成效较好的做法有：（1）厦门市集美区人民法院探索"321"量刑机制，严格贯彻"认罪阶段不同，减少的刑罚量不同，认罪越早，从宽幅度越大"的标准，在侦查阶段认罪减少基准刑的 30%，在审查起诉阶段认罪减少基准刑的 20%，在审理阶段认罪减少基准刑的 10%。在认罪后翻供的，不得从宽处罚。对于在一审判决之前又能认罪的，则以其最后认罪的阶段来考虑从宽的幅度。投案自首的最多可以减少基准刑的 40%。〔6〕（2）辽宁省高级人民法院会同省检察院、公安厅、国家安全厅、司法厅 4 个部门联合出台量刑规范化细则，将认罪认罚从宽制度纳入量刑规范化。将被告人是否与被害人达成和解协议或者赔偿被害人损失、取得被害人谅解，作为依法在法定量刑幅度内从宽处理的重要考虑因素。被告人虽未能与被害人或其近

---

〔1〕 邱育钦等："首例'认罪协商'案件获法院判决"，载《石狮日报》2016 年 4 月 9 日，第 2 版。

〔2〕 陈瑞华："'认罪认罚从宽'改革的理论反思——基于刑事速裁程序运行经验的考察"，载《当代法学》2016 年第 4 期。

〔3〕 山东省高级人民法院刑三庭课题组："关于完善刑事诉讼中认罪认罚从宽制度的调研报告"，载《山东审判》2016 年第 3 期。

〔4〕 余建华、王泽烽："杭州富阳认罪认罚从宽试点见成效"，载《人民法院报》2017 年 5 月 8 日，第 4 版。

〔5〕 沈吟、严静："杭州推进刑事案件认罪认罚从宽制度试点"，载《浙江日报》2017 年 8 月 16 日，第 8 版。

〔6〕 许聪、何晓慧："从刑事速裁到认罪认罚从宽——福建法院刑事诉讼改革调查（上）"，载《人民法院报》2017 年 7 月 7 日，第 1 版。

亲属达成调解协议或和解协议，但表示认罪认罚并部分或全部赔偿经济损失的，可以酌情从宽处罚。在确定从宽幅度上，要根据被告人认罪的不同阶段、对于侦破案件所起的作用、认罚的实际履行情况等因素确定从宽的幅度。对于《最高人民法院关于常见犯罪的量刑指导意见》中规定的罪名，可以将认罪认罚作为犯罪事实以外的一个单独量刑情节，减少基准刑的 10%~30%，但减少的刑罚量不能超过 2 年；对未作规定的罪名从宽幅度亦应低于本地区同类案件的刑罚，对可能判处 3 年以下有期徒刑刑罚的案件，从宽幅度不能超过 1 年，对可能判处 3 年以上有期徒刑刑罚的案件，从宽幅度不能超过 2 年。[1]
(3)杭州市中级人民法院出台的《刑事案件认罪认罚从宽制度试点工作量刑指引》(2017 年 8 月 9 日)，明确了认罪认罚案件中"从宽"的幅度。"认罪认罚"的，按照"好""较好""一般"等级进行评价，公安机关应当结合犯罪嫌疑人在案件侦办、羁押期间遵守监规、取保候审期间遵守规定、立功等表现，对犯罪嫌疑人的认罪认罚整体表现进行等级评定。根据量刑指引，最高可依法减少基准刑的 30%。在侦查阶段认罪认罚的，都可以通过上述等级予以评定；在审查起诉阶段认罪认罚的，评定为"一般"或者"较好"；在审理阶段认罪认罚的，通常评定为"一般"。越早认罪认罚，从宽处罚的幅度越大。[2](4)重庆市《关于开展刑事案件认罪认罚从宽制度试点工作的实施细则》规定，在审查起诉阶段，同意检察机关量刑建议，并签署具结书的，法定刑在 3 年以下有期徒刑(含 3 年有期徒刑)的，可以减少基准刑的 20%~40%；法定刑在 3 年以上有期徒刑的，可以减少基准刑的 20%以下。在审判阶段，同意检察机关的量刑建议，并签署具结书的，可以减少基准刑的 10%以下。被告人在侦查阶段就愿意认罪认罚的，从宽处罚的幅度应高于在审查起诉或审判阶段认罪认罚的幅度。以上这些探索各具特色，但也说明"从宽幅度"作为技术层面的问题，尚需在规范化、统一化上下足功夫。[3]

　　此外，如果存在有数个从宽量刑情节的，应当结合案件中可以适用从宽

---

〔1〕刘宝权、王建舟："沈阳刑案认罪认罚从宽试点成效显著"，载《人民法院报》2017 年 4 月 8 日，第 4 版。

〔2〕平安君、赵芳洲："'认罪认罚从宽'有了杭州模式"，载《杭州日报》2018 年 2 月 10 日，第 4 版。

〔3〕刘洋："重庆细化刑案认罪认罚从宽制度"，载《人民法院报》2017 年 12 月 11 日，第 1 版。

规定的各类情形，坚持"同向相加、逆向相减"的方法。同时，应提高可能获得最大从宽的幅度，以便不突破法治底线。[1]应该说，这种看法是可取的。

4. "可以"与"应当"的区分

《试点办法》第 1 条规定，犯罪嫌疑人、被告人认罪认罚的，可以依法从宽处理。其中，"可以"从字面上看，意味着介于可以或不可以之间而非"应当"。显然，"可以"具有一定的裁量性，不如"应当"有内在的强制性。对于认罪认罚从宽制度而言，"可以"或"应当"处罚可谓利弊均有：（1）"可以"赋予检察机关较大的协商空间和主动权，也为人民法院最终行使终局性的裁决权提供必要的余地，但对鼓励被追诉者主动自愿认罪认罚的动机而言是一种无形的削弱，缩小了控辩协商中辩方的协商幅度。（2）"应当"完全契合激励被追诉者主动积极认罪认罚的规律，但也可能走向僭越底线正义的"从宽"，在实践中诱发罪责刑不均衡的现象。对此，理论上的看法也不一致。有观点认为，为了充分激活该制度的从宽效应，并与扩大适用范围相匹配，可以确立"应当型"的从宽处罚精神。[2]该看法尤其可取，毕竟"从宽"的法定化是认罪认罚从宽制度法定化的核心内容，也是其从试验性司法到试验性立法以及正式立法的必然趋势。（3）是否"可以不从宽"存在争议。逻辑上，基于"可以从宽"规定，似乎存在一种即使认罪认罚也可以不从宽的可能性。比如，有试点地区坚持一项原则：在刑罚适用上，除非犯罪性质恶劣、犯罪手段残忍、危害后果严重，犯罪嫌疑人认罪认罚不足以从轻处罚的以外，一般都应当在刑罚上予以从轻处理。[3]但是，这种看法存在一定的危险，如果认罪认罚却可能最终不从宽，无疑使认罪认罚从宽制度陷入僵局，难以激励被追诉者主动认罪认罚，也使具结书缺乏公信力。因而，"可能最终不从宽"的做法应被禁止，否则，认罪认罚从宽制度在实践中难以真正运行起来。只是，如果完全禁止"认罪认罚后可能不从宽"，也是对司法裁判权的不当干预。

5. 刑事制裁措施的选择

量刑从宽不仅包括刑罚裁量本身，也包括具体的刑罚处罚种类及其幅度。

---

〔1〕 陈卫东："认罪认罚从宽制度研究"，载《中国法学》2016 年第 2 期。

〔2〕 高德友："认罪认罚从宽制度若干问题探讨"，载《河南社会科学》2016 年第 10 期。

〔3〕 许世兰、陈思："认罪认罚从宽制度的基层实践及思考"，载《认罪认罚从宽制度的理论与实践——第十三届国家高级检察官论坛论文集》，2017 年 6 月 13 日。

而且，这是试点与适法过程中，控辩双方尤为在意的内容。

主要包括：（1）刑种类型及其幅度。不同的犯罪，往往配置不同的法定刑，主刑和附加刑均不同，具体刑种的幅度也有差异。对此，刑种类型及其幅度的"选择"是否属于从宽的内容，理论上存在一定的争议。有观点认为，可以考虑赋予检察机关改变刑罚种类的裁量权，如将死刑立即执行改为死刑缓期 2 年执行，将死刑改为无期徒刑，将无期徒刑改为有期徒刑，将有期徒刑的实刑改为缓刑等。[1]从实体法看，该观点其实涉及两个方面：一是应肯定减轻处罚是"从宽"的内容；二是不同刑种或同一刑种之间的轻重，是量刑协商的内容之一。（2）刑罚裁量方式。根据《刑法》的规定，有自首、立功、累犯以及缓刑等刑罚裁量制度。这里以缓刑为例予以分析。有观点认为，依法适用缓刑，是实体从宽处罚的重要措施之一。控辩双方量刑协商的内容，包含是否适用缓刑，并应当借鉴禁止令适用等内容，才能更有效地运行。[2]因此，优先采取缓刑以及社区矫正这种刑罚暂缓执行方式，也属于从宽的表现。例如，假借当面交易"骗"走了他人 4.5 万余元首饰，盗窃"数额巨大"以往要判处有期徒刑，被告人周某通过最新试点的认罪认罚从宽制度，被判处缓刑。[3]又如，重视被告人判前行为的评估模式，对于破坏森林资源的，补种可以从轻处罚。河南省新密市法院等创新被告人判前行为评估模式，比如针对破坏森林资源案件，被告人判决前签署复耕补种协议，主动恢复环境，就可以作为评估被告人真诚认罪认罚的标准，作为判处缓刑的评估依据。[4]（3）非刑罚处罚措施。根据《刑法》第 37 条的规定，即使免除刑罚处罚的，也可以根据案件的不同情况，予以训诫或者责令具结悔过、赔礼道歉、赔偿损失，或者由主管部门予以行政处罚或者行政处分。显然，依法作出非刑罚处罚措施是"从宽"的重要内容，也是维护司法公正的重要举措。（4）预防性刑事制裁措施。《刑法修正案（八）》对管制制度增加了禁止令的规定，《刑法修正案（九）》增加第 37 条之一并确立执业禁止制度。目前，理论上对禁

---

〔1〕　陈瑞华："'认罪认罚从宽'改革的理论反思——基于刑事速裁程序运行经验的考察"，载《当代法学》2016 年第 4 期。

〔2〕　黄京平："认罪认罚从宽制度的若干实体法问题"，载《中国法学》2017 年第 5 期。

〔3〕　黄琼："越秀区法院审理宣判广州首例适用认罪认罚从宽制度案例"，载搜狐网，http://www.sohu.com/a/122403740_115401，最后访问时间：2017 年 6 月 14 日。

〔4〕　段伟朵："郑州中院通报刑事案件认罪认罚从宽试点工作"，载《郑州日报》2017 年 12 月 9 日，第 A I 07 版。

止令、执业禁止的法律性质有不同认识，主要包括刑罚处罚说、保安处分说、刑罚执行措施说等不同看法。但无论如何，也属于刑事制裁范围之内，亦是"从宽"的内容。(5) 前科消灭制度与犯罪记录封存制度。《刑法》第 100 条规定了前科报告制度。《刑法修正案（八）》增加第 100 条第 2 款，对犯罪的时候不满 18 周岁、被判处 5 年以下有期徒刑刑罚的罪犯规定免除前科报告义务。2012 年《刑事诉讼法》第 275 条根据《刑法》第 100 条第 2 款的精神，进一步规定对未成年罪犯建立起相关犯罪记录封存制度。无论是前科报告免除义务，还是犯罪记录封存制度，对认罪认罚的罪犯而言都是有助于"重返社会"的举措，因而，也是刑罚处遇在从宽这个层面上的一种新"优惠"，可以作为"从宽"的具体内容。例如，上海市办理的全市首例未成年人适用认罪认罚从宽制度案中，承办人还会同律师一起对未成年罪犯进行思想教育，告知其检察院对未成年人轻罪实行犯罪记录封存制度。[1]

6. 刑罚执行方式的适用

从宽也在刑罚执行阶段有所体现，行刑的从宽主要通过减刑、假释等方式来实现。比如，有观点认为，在从宽体系中明确行刑的从宽，特别是法院在作出裁判时，可以探索内含有关减刑、假释的特殊规定，也可在后期审查时专门考量服刑人员在判决前的一系列行为并以此作为决定因素。[2]比如，《沈阳市法院推进刑事案件认罪认罚从宽制度试点工作的意见（试行）》规定，"认罚"是指犯罪嫌疑人、被告人同意量刑建议，签署具结书，对检察机关建议判处的刑罚种类、幅度及刑罚执行方式没有异议。其中，刑罚执行方式赫然在列。

（四）认罪认罚与从宽协商

从实体法看，认罪认罚从宽制度打破了传统定罪、归责以及量刑的诸多"惯习"。这是因为存在刑事协商机制。尽管《刑法》并无规定，但从《试点办法》的规定看，事实上确立认罪认罚从宽协商机制，对程序操作具有前提意义。

---

〔1〕 苏双丽："上海静安：办理全市首例未成年人适用认罪认罚从宽制度案"，载正义网，http://www.jcrb.com/procuratorate/jcpd/201704/t20170417_1743387.html，最后访问时间：2017 年 12 月 20 日。

〔2〕 赵恒："论从宽的理论基础与体系类型"，载《宁夏社会科学》2017 年第 2 期。

1. 基于认罪认罚的从宽协商

尽管从逻辑上应当公开肯定认罪认罚从宽协商机制，但立法上仍无任何动静，而且，我国刑事协商理论研究也相对薄弱，这都影响了认罪认罚从宽协商机制的存在及其运行。简言之：（1）我国刑事协商理念的基础相对薄弱。虽然从 2001 年发生辩护交易首案至今，已经尝试过包括刑事和解、刑事速裁程序在内的一系列相关实践，[1]但我国至今尚未形成完整的刑事协商理论与系统的立法规定，认罪认罚从宽协商机制的理论根据相对薄弱。[2]（2）认罪认罚从宽协商是新创举。在我国刑事司法实践中，认罪作为一种罪后表现，是犯罪嫌疑人表示悔过的举动，一直被视为从宽的量刑情节。其中，早期是作为酌定从宽情节，后来通过立法确认自首制度的方式将其变成法定从宽情节。但是，在认罪从宽的实践操作中，从宽是依法规定，并由国家单方面确立的，被追诉者并无肯定或否定的权利，而只有接受的"义务"。相比之下，在认罪认罚从宽制度中，犯罪嫌疑人、被告人作出认罪认罚的，可以与检察机关进行量刑协商，可以对检察机关的量刑意见提出意见，只有控辩双方协商达成一致，检察机关提出的量刑意见才具有可接受性，被追诉者才会签署具结书。从中可见，认罪认罚与从宽之间客观上存在"协商机制"，并且对认罪认罚从宽制度的运行具有举足轻重的作用。（3）认罪认罚从宽协商机制的现实挑战。认罪认罚从宽协商作为新事物，也存在一定的不足。一是没有将定罪协商问题纳入试点范畴，主要以量刑协商为主，在一定程度上隔离了认罪协商机制的完整性。二是从《试点办法》的规定看，认罪认罚是一体的，但实践中可能存在认罪认罚不一致的情形，相应地，协商机制的差异性规定尚为空白。三是认罪认罚从宽协商机制虽客观存在，但《试点办法》的规定明显不够，实践中如何具体操作与实现均有待进一步确认。甚至可以说，认罪认罚从宽协商制度是试点期间最需要固化的部分。此外，目前把认罪认罚从宽制度理解为或等同于认罪认罚协商从宽制度的不在少数，其实这是一种认识偏差。认罪认罚从宽制度包括控辩双方在一定条件下通过协商使犯罪嫌疑人、被告人达成认罪认罚结果的情况，还应当包括犯罪嫌疑人、被告人自

---

〔1〕　邓楚开、杨献国："构建中国式认罪协商制度的实践探索——浙江省绍兴市基层检察机关认罪轻案程序改革实证分析"，载《中国刑事法杂志》2009 年第 12 期。

〔2〕　陈国庆："试论构建中国式的认罪协商制度"，载《环球法律评论》2006 年第 5 期；谭世贵："构建中国认罪协商制度研究"，载《浙江工商大学学报》2010 年第 2 期。

己主动认罪认罚的情况。[1]

2. 认罪认罚从宽协商的内容

关于认罪认罚从宽协商机制这一新事物，目前理论上并无定论，实践中也正在摸索。大体而言：（1）协商主体。协商主体首先主要是被追诉者与检察机关的公诉部门，二者是主要主体，后者是主导力量。同时，审判机关、侦查机关也基于职权参与其中，与公诉部门形成相互配合、相互制约的关系。此外，辩护律师、被害人应被允许积极参与其中，辩护律师在为被追诉者提供辩护时，应依法提供法律帮助和确保有效辩护，但不能取代被追诉者的决定权，除非后者的决定明显违背现行法律。最后，被害人的参与应当有一定限度，虽可以独立发表意见，却不能直接干预、中止或终止控辩量刑协商进程。（2）协商原则。在控辩协商过程中，应坚持平等协商。理由为：一是犯罪嫌疑人、被告人认罪认罚是必然的前提，而认罪认罚必须出于自愿，进而，决定控辩协商是自愿的，而非强制性的。二是在认罪认罚从宽制度中，被追诉者不再是纯粹的审判对象，而是可以依法参与量刑协商的主体，其诉讼地位得到极大的提升，对控辩双方的力量对比具有明显的调整作用。三是被追诉者认罪认罚的，意味着其放弃完整的诉讼权利体系，在量刑协商过程中其实处于更脆弱不堪的地位，如果不坚持平等协商，则可能引发量刑协商的不公正问题，违背试点探索的基本底线。（3）协商内容。目前，《试点办法》对量刑协商作出明确规定，这也是认罪认罚从宽协商的真正内容。[2]但定罪协商不在其列，尽管如此，从理论上看，定罪协商有其必要性与合理性。原因在于：一是被追诉者自愿认罪认罚的，不等于定罪问题全部得到解决或毫无争议，也不能认为已经达到"案件事实清楚、证据确实充分，达到排除合理怀疑"的证明标准。二是即使作出认罪认罚的，被追诉者也可以撤回，定罪问题仍会重新回到原有轨道，定罪协商也成为扭转司法程序反复的重要补充。因此，在不断健全量刑协商机制的前提下，应通过试验性司法的模式，探索定罪协商机制的可行性与操作性。（4）量刑协商的探索。在以量刑协商为主要内容的控辩协商探索中，应着重解决量刑协商的启动与终止条件、量

---

[1] 庄永廉："检察环节认罪认罚从宽制度的适用与程序完善"，载《人民检察》2016 年第 9 期。

[2] 陈金金："中国式认罪协商制度中可协商内容的构建"，载《人民法治》2017 年第 1 期。

刑建议的具体性与可协商性、辩护律师的辩护内容，以及被害人的参与方式与范围、量刑意见的强制性效力、被追诉者与公诉部门撤回量刑协商内容及其法律后果、签署具结书的前提与意义等主要问题。

四、程序从宽的内涵及其实现

毋庸置疑的是，程序从宽首先被公认为认罪认罚从宽制度中"从宽"的内容，也借此实现程序繁简分流、提高诉讼效率的作用。但也不乏一些观点认为，"从宽"不应包括程序的从简从快，庭审程序的简化应当不属于"从宽"的内容，程序简化是相对于普通程序而言的。[1]但此看法显然不妥。关于程序从宽的理解，应置于整个刑事诉讼阶段，以关键节点为逻辑基础，全面展开程序从宽的内涵。实际上，《刑事诉讼法》（2018 年修正）在刑事诉讼阶段以及速裁程序部分也均作出了相应的规定。

（一）程序从宽的基本内容

程序从宽具有整体性而非个别性，程序从宽贯穿整个刑事诉讼阶段。其中，在主要的诉讼阶段，程序从宽的基本内容均有所体现。

1. 适用案件范围的"无禁区"

从《试点决定》第 16 条、第 18 条看，认罪认罚从宽案件主要适用于轻微罪和大部分轻罪。对于轻微罪和轻罪案件，被追诉者作出认罪认罚的，对其作出从宽处理，完全契合程序繁简分流的改革目标。例如，在借鉴简易审模式的基础上，建邺区人民检察院针对现场查获的危险驾驶案件探索"一步到庭"的办案模式。[2]其次，对于重罪案件，特别是死刑案件，是否可以适用认罪认罚从宽制度，存在较大的争议。比如，有观点认为，对于死刑案件，同时又认罪认罚的，是否可以从宽并判处死缓的问题非常复杂和敏感，需要结合具体案情加以判断。可以由最高人民法院通过司法解释或者颁布指导性案例，确定相应标准，指导司法实践。[3]目前，理论界对重罪案件，特别是

---

〔1〕　陈海锋："认罪认罚从宽制度中的程序性问题探析"，载《政治与法律》2018 年第 4 期。

〔2〕　雒呈瑞、徐晓红、顾健："南京市建邺区检察院尝试认罪认罚从宽制度改革"，载《江苏法制报》2017 年 7 月 25 日，第 1 版。

〔3〕　陈卫东："认罪认罚从宽制度试点中的几个问题"，载《国家检察官学院学报》2017 年第 1 期。

死刑案件适用认罪认罚从宽制度持极其慎重的态度。不过，现在已经有试点城市在探索对死刑案件适用认罪认罚从宽制度。比如，上海市第二中级人民法院首次在上海地区对死刑案件适用了认罪认罚从宽制度，公开宣判一起故意杀人案，依法对被告人丁某以故意杀人罪判处死刑，缓期 2 年执行，剥夺政治权利终身；[1]再如，广州市中级人民法院对一起故意杀人案件，适用认罪认罚从宽制度。[2]最后，从试点的动态看，认罪认罚从宽制度的适用范围将不断扩大，进而扩充"可以从宽"的案件范围。比如，沈阳市中级人民法院认为，经过两年试点的刑事速裁程序已经纳入认罪认罚从宽制度，并扩大了速裁程序的适用范围，在案件类型及量刑界限上都有所突破，即对于可能判处 3 年以下有期徒刑刑罚的案件，都可以适用速裁程序；对于可能判处 3 年以上有期徒刑刑罚的案件，可以依法适用简易程序。[3]又如，截至 2017 年 6 月底，杭州市两级检察院办理的 7429 件公诉案件中，适用认罪认罚从宽制度的案件有 3163 件，开展率达 42.6%。[4]

2. 适用强制措施的从宽

《试点办法》第 6 条规定，人民法院、人民检察院、公安机关应当将犯罪嫌疑人、被告人认罪认罚作为其是否具有社会危害性的重要考虑因素，对于没有社会危险性的犯罪嫌疑人、被告人，应当取保候审、监视居住。对于认罪认罚的情形，因被追诉者的社会危害性与社会危险性纷纷降低，在适用强制措施时，应坚持比例原则，尽量不采取羁押措施，而首先适用非羁押措施。强制措施系属于对犯罪嫌疑人人身自由的限制措施，羁押措施的强制程度相比于非羁押措施更高，对认罪认罚的犯罪嫌疑人、被告人采取非羁押措施属于从宽。

实际上，在认罪认罚从宽制度的试点过程中，强制措施的从宽适用得到了很好的贯彻。举例而言：（1）青岛市两级检察院、法院形成《刑事案件认

---

[1]　余东明、杜鹏："上海中院首判认罪认罚从宽案"，载《法制日报》2017 年 1 月 21 日，第 3 版。

[2]　杨晓梅："院长主审，检察长主诉广东广州中院全力推进认罪认罚从宽试点工作"，载《人民法院报》2017 年 5 月 19 日，第 1 版。

[3]　曲宏："沈阳试点刑事案件认罪认罚从宽制度"，载《辽宁日报》2017 年 3 月 23 日，第 9 版。

[4]　徐盈雁、范跃红："四成以上案件适用认罪认罚从宽"，载《检察日报》2017 年 7 月 8 日，第 1 版。

罪认罚从宽制度试点工作办法》，全面贯彻宽严相济刑事政策，在审查逮捕阶段将犯罪嫌疑人认罪认罚作为其是否具有社会危险性的重要考量因素，优先适用取保候审、监视居住，减少审前羁押。[1][2] 2017 年，《重庆市检察机关认罪认罚从宽制度试点工作实施细则》出台并规定，认罪认罚可以作为社会危险性降低或者消除的重要依据，在强制措施适用上优先考虑非羁押性措施，对于可能判处 3 年以下有期徒刑刑罚，没有社会危险性的犯罪嫌疑人，要求公安机关一般不提请批准逮捕，也一般不应批准逮捕。[2][3] 《济南市人民检察院关于在审查逮捕中适用认罪认罚从宽制度的工作细则（试行）》规定，检察院在办理审查逮捕案件时，对犯罪嫌疑人如实供述罪行，对提请逮捕的犯罪事实没有异议，自愿接受处罚的，作为认定其是否具有社会危险性和是否适用逮捕强制措施的重要考虑因素，并依法予以从快办理。对于适用认罪认罚从宽制度作出不予逮捕决定的案件，检察院应当建议公安机关尽快侦查终结，及时移送审查起诉。[3][4] 北京市朝阳区人民检察院积极探索轻缓化强制措施的适用。探索轻微刑事案件逮捕的必要性，明确犯罪嫌疑人认罪认罚案件逮捕措施的适用标准，针对逮捕后犯罪嫌疑人认罪认罚的案件及时开展羁押必要性审查。着力提高非监禁刑适用比例，解决羁押率偏高问题，落实轻微案件轻刑化。[4]（5）最高人民法院指出，在试点中，加强羁押必要性审查，将认罪认罚作为判断犯罪嫌疑人、被告人社会危险性的重要考虑因素，对没有社会危险性的采取取保候审、监视居住强制措施，提高非羁押强制措施适用率。推动建立社会调查前置程序，对可能判处管制、适用缓刑的案件，由检察机关委托社区矫正机构开展社会调查工作，为案件快办快结创造条件。各地社区矫正机构认真做好接收矫正工作，促进审判执行顺畅对接。[5]

〔1〕 戴谦、王海声："青岛试点认罪认罚从宽制度，促办案质量效率效果三提升"，载《青岛日报》2017 年 6 月 9 日，第 2 版。

〔2〕 李立峰、蒲昌迅："重庆：认罪认罚改革成效显著"，载《检察日报》2018 年 2 月 14 日，第 2 版。

〔3〕 孙运双："审查逮捕过程，适用认罪认罚从宽制度"，载《山东法制报》2017 年 5 月 17 日，第 3 版。

〔4〕 朴萌："刑事案件认罪认罚从宽制度试点成效几何"，载《法制日报》2017 年 7 月 1 日，第 1 版。

〔5〕 周强："关于在部分地区开展刑事案件认罪认罚从宽制度试点工作情况的中期报告——2017 年 12 月 23 日在第十二届全国人民代表大会常务委员会第三十一次会议上"，载《人民法院报》2017 年 12 月 24 日，第 1 版。

随着《刑事诉讼法》2018 年修正将第 79 条改为第 81 条，并规定将"认罪认罚情况"作为批准、决定逮捕时考察是否可能发生社会危险性的因素，可以预见的是，在认罪认罚案件中，羁押率有可能得到一定的降低，同时增加非羁押措施的适用。

3. 辩护权的更充分保障

相比于不认罪认罚案件，在认罪认罚案件中，一方面，被追诉者客观上放弃了相当一部分的诉讼权利，尤其是辩护权，因而，需要更高的法律帮助和有效辩护，也无形中加大了律师参与和提供有效辩护的现实需要。另一方面，在认罪认罚从宽的程序运行中，辩护律师广泛参与的内容非常丰富，如认罪认罚自愿性的确认、认罪认罚的从宽协商等，都需要辩护律师的参与，否则，程序将难以顺利推进。因而，有观点认为，认罪认罚从宽制度不是刑事辩护走向衰退的危机，而是契机，因为它能够进一步提升辩护律师的地位和作用。[1]不过，现实情况是，我国基层的辩护率普遍不高，严重影响认罪认罚从宽制度的有效辩护问题；而且，指定辩护的范围相对有限，无法对接强制辩护制度。

从现有的试点情况看，各地都比较重视律师的有效辩护问题，也形成了一定的有益经验，尤以值班律师制度的探索为重点。例如，有地方探索确立法律帮助制度，实行值班律师制度，有效平衡控辩力量。[2]又如，重庆市人民检察院第五分院制定《认罪认罚从宽制度工作实施意见》，规定承办检察官应向被告人及其辩护人告知适用认罪认罚从宽制度的相关规定和诉讼权利，听取他们的意见。[3]再如，杭州市萧山区人民法院联合公检司等部门出台试点工作方案和实施细则，建立法律援助值班律师制度和认罪认罚案件律师库，由执业两年以上并有刑事办案经验的律师为犯罪嫌疑人、被告人提供帮助，保护当事人的合法权益。[4]另有试点地方，如上海市虹口区法律援助中心根

---

〔1〕 陈卫东："认罪认罚从宽制度试点中的几个问题"，载《国家检察官学院学报》2017 年第 1 期。

〔2〕 詹旋江、魏子焰："福清法院试点认罪认罚从宽制度"，载《人民法院报》2017 年 4 月 17 日，第 1 版。

〔3〕 吴晓锋："重庆五分检：首例适用'认罪认罚从宽制度'案件获判"，载新华网，http://news. xinhuanet. com/2017-04/01/c_ 1120741031. htm，最后访问时间：2017 年 4 月 23 日。

〔4〕 余建华、徐治平："杭州萧山适用认罪认罚从宽制度审理首批案件"，载《人民法院报》2017 年 4 月 5 日，第 4 版。

据区检察院的相关通知，及时安排援助律师为认罪认罚的犯罪嫌疑人、被告人提供法律咨询、见证具结书的签署、申请变更强制措施等法律帮助，如果认罪认罚的犯罪嫌疑人、被告人符合法律援助条件的，中心将及时为其提供法律援助。援助律师在场见证了犯罪嫌疑人、被告人的具结书签署全过程。[1]湖北省武汉市江岸区设立法律援助工作站，协调司法局每天安排律师在看守所向犯罪嫌疑人提供法律援助，保障被告人获得有效的法律帮助，律师全程见证了讯问过程并在认罪认罚具结书上签字。[2]

4. 特殊案件的撤销权限

在普通案件中，侦查机关作出撤销案件的决定，以不存在犯罪事实和不需要承担刑事责任为前提。在认罪认罚的前提下，因为客观上存在"有罪事实"，理论上也需要承担相应的刑事责任，因而，公安机关依照规定不能作出撤销案件的决定。但是，《试点办法》第9条规定："犯罪嫌疑人自愿如实供述涉嫌犯罪的事实，有重大立功或者案件涉及国家重大利益，需要撤销案件的，办理案件的公安机关应当层报公安部，由公安部提请最高人民检察院批准。"然而，《刑事诉讼法》（2018年修正）第163条规定，在侦查过程中，发现不应对犯罪嫌疑人追究刑事责任的，应当撤销案件。显然，《试点办法》第9条突破公安机关撤销案件的法定条件，[3]是特定的从宽情形；而且，撤销案件具有免除罪责的特殊功能，因此，从从宽处理的角度看，《试点办法》第9条规定的特殊案件撤销是史无前例的"从宽"之举。

5. 不起诉制度的裁量权限扩大

在审查起诉阶段，对犯罪嫌疑人作出不起诉决定，是对被追诉者极大的"法定从宽"，但前提是符合作出各种不起诉决定的法定条件。（1）《刑事诉讼法》（2018年修正）规定的不起诉。第177条第1款规定了法定不起诉的条件，第2款规定了酌定不起诉的条件。第175条第4款对经过二次补充侦查仍证据不足的情形，规定应当作出不起诉的决定。有观点认为，从宽应当包

---

〔1〕 "虹口区召开刑事案件认罪认罚从宽制度试点工作值班律师培训会"，载上海市人民政府网，http://www.shanghai.gov.cn/nw2/nw2314/nw2315/nw15343/u21aw1221989.html，最后访问时间：2017年4月26日。

〔2〕 周晶晶、李绍红、郝硕："武汉江岸区检察院扎实推进认罪认罚从宽制度试点工作"，载正义网，http://www.jcrb.com/procuratorate/jcpd/201706/t20170619_1767329.html，最后访问时间：2017年6月20日。

〔3〕 陈光中："认罪认罚从宽制度实施问题研究"，载《法律适用》2016年第11期。

括审查起诉阶段的酌定不起诉决定，在严格罪刑法定原则和法治意义的前提下，可以被认为不定罪（未经法院审判定罪）。[1]此外，第 282 条针对未成年犯罪嫌疑人规定了附条件不起诉制度。（2）特殊案件的不起诉。《试点办法》第 13 条规定："犯罪嫌疑人自愿如实供述涉嫌犯罪的事实，有重大立功或者案件涉及国家重大利益的，经最高人民检察院批准，人民检察院可以作出不起诉决定，也可以对涉嫌数罪中的一项或者多项提起公诉。具有法律规定不起诉情形的，依照法律规定办理。"但是，根据第 175 条、第 176 条、第 177 条对不起诉制度的规定，以及第 282 对附条件不起诉的规定，《试点办法》第 13 条明显突破我国不起诉制度的相关规定，与公安机关撤销特殊案件的权限一样，都是特殊的"从宽"；[2]并且，遵循极其严格的实体与程序适用条件，也限于极其特殊的个案情形。在试点中，北京市朝阳区人民检察院主动扩大相对不起诉的适用比例。充分利用检察机关的不起诉裁量权，对于犯罪情节轻微的案件，实行相对不起诉；结合朝阳区人民检察院《刑事案件相对不起诉适用规范》规定，将及时终结诉讼程序作为从宽的方式之一。[3]

南京市江宁区人民检察院在这方面的探索有特别之处。[4]例如，在李某某危险驾驶案中，2016 年 3 月 16 日 22 时许，犯罪嫌疑人李某某酒后找代驾人员开车至小区内物业公司大楼旁路边，因价格问题与代驾人员发生纠纷，遂自行将其轿车开至小区地下停车库自己的车位后，被民警查获，经检测李某某的血液酒精含量为 144.3mg/100ml，已构成醉酒驾驶。办案过程中公安机关以犯罪嫌疑人李某某醉酒驾驶机动车构成危险驾驶罪向江宁区人民检察院移送审查起诉。公安机关认为犯罪嫌疑人认罪认罚，建议适用速裁程序快速办理。在侦查阶段和审查起诉阶段，犯罪嫌疑人均表示认罪认罚并签字具结。江宁区人民检察院在办案过程中，严格坚持审查标准，经审查后发现本案存在以下问题：犯罪嫌疑人李某某因价格问题与代驾人员发生纠纷，在小区内自行驾车开至地下停车场自己车库后，回到家中，又喝两瓶啤酒，3 小时后才

---

〔1〕 魏东、李红："认罪认罚从宽制度的检讨与完善"，载《法治研究》2017 年第 1 期。

〔2〕 陈卫东："认罪认罚从宽制度试点中的几个问题"，载《国家检察官学院学报》2017 年第 1 期。

〔3〕 杜萌："刑事案件认罪认罚从宽制度试点成效几何"，载《法制日报》2017 年 7 月 1 日，第 1 版。

〔4〕 徐晓红、房琦："南京江宁：认罪认罚从宽试点工作提高办案质效"，载《检察日报》2017 年 11 月 23 日，第 2 版。

被公安机关抓获，此时进行酒精浓度检测，测出的血液酒精含量为 144.3mg/100ml，不能够作为李某某在事发时的血液酒精含量证据。江宁区人民检察院将本案退回江宁区公安分局补充侦查。2016 年 5 月 8 日，公安机关重新移送审查起诉。2017 年 6 月 27 日，江宁区人民检察院认为，江宁区公安分局补充侦查后，上述问题仍未能查清，因事实不清、证据不足，最终决定对犯罪嫌疑人李某某作存疑不起诉处理。

6. 程序的全程简化

程序简化是程序从宽的首要体现，是提高诉讼效率的重要方式，是真正实现庭审实质化的内容。一般而言，程序简化可以概括为普通审理程序的简化，简易程序的相对简化。对此，《试点办法》第 15 条规定，人民法院审理认罪认罚案件，应当告知被告人享有的诉讼权利和认罪认罚可能导致的法律后果，审查认罪认罚的自愿性和认罪认罚具结书内容的真实性、合法性。这确定了庭审的重心，显然与普通案件差异较大。《试点办法》第 16 条规定，认罪认罚案件适用刑事速裁程序的，可以适用速裁程序，由审判员独任审判，送达期限不受刑事诉讼法规定的限制，不进行法庭调查、法庭辩论，当庭宣判，但在判决宣告前应当听取被告人的最后陈述。《试点办法》第 18 条规定，被告人认罪认罚的，依法适用简易程序审判，在判决宣告前应当听取被告人的最后陈述，一般应当当庭宣判。概言之，自愿认罪认罚确保了底线争议并使被追诉者合意放弃传统的公正审判模式，基于控辩双方通过量刑协商方式达成量刑建议，认罪认罚从宽程序的审判对象发生相应的变化，而今的重点是认罪认罚的自愿性、程序选择的自主性、指控事实的真实性以及量刑建议的妥当性，进而凸显追求诉讼效率的目标。[1]

在试点期间，各地做法也不尽相同。举例而言：（1）上海市青浦区人民检察院简化文书制作，速裁案件无需制作审查报告，直接以起诉书替代审查报告呈报审批，量刑建议书直接在起诉书中表述；简化审批流程，员额检察官自行决定对案件是否适用认罪认罚从宽制度速裁程序及简易程序，自行决定案件实体性审查内容，自行决定量刑建议内容，不再按传统的三级审批模式层报审批。一个上午可以升 8 个庭，源自"对于适用认罪认罚速裁程序的

---

〔1〕 闵春雷："认罪认罚从宽中的程序简化"，载《苏州大学学报（哲学社会科学版）》2017 年第 2 期。

案件，该院一般会集中提起公诉，区法院会集中安排庭审。公诉人只要简要宣读起诉书，说明指控事实、证据、定性、罪名和量刑建议，法官重点核实被告人签署认罪认罚具结书的自愿性、真实性，省略了法庭调查和辩论环节，简化了庭审程序。速裁程序大大缩短了庭审时间，提高了办案效率"。[1]（2）北京市朝阳区人民检察院构建"三流程简化"制度：一是建立简化讯问流程制度。对于认定没有疑问的批捕案件取消讯问，充分利用远程视频讯问系统，听取犯罪嫌疑人意见。二是进一步简化法律文书制作流程。统一制作《犯罪嫌疑人权利义务告知书》《认罪认罚告知书》《法律帮助告知书》，将"三书"合一，告知时仅需签署一份文书即可；将审查逮捕与审查起诉的结案报告统一为捕诉一体案件审查报告，改变以往结案报告格式；为常见罪名制作表格填空式报告模板，承办人根据案件仅需填写不同证明对象下的证据列表即可；起诉书与量刑建议书两书合一；针对适用速裁程序的案件，把量刑建议添加进起诉书，不再单独制作量刑建议，起诉书简化证据罗列，提高制作效率；简化相对不起诉的上会报告，在上会报告中通过画"√"的方式对法定和酌定量刑情节进行标注。三是建立案件集中简化审理机制。依据《试点办法》，合理调配出庭公诉人，经与公安机关、法院协商，建立速裁程序案件集中移送、集中开庭机制。[2]（3）杭州市余杭区人民法院对符合条件的案件，适用速裁程序进行审理，每个案件的审理时间会控制在 10 分钟之内，由独任法官审判，庭审不再进行法庭调查、法庭辩论等环节。公诉人向法庭概述指控的犯罪事实、罪名和量刑建议，经过庭审，法官采纳检察机关的量刑建议，当庭就能作出判决。法庭开庭审理了 6 起刑事案件，不到一个小时。[3]（4）北京市海淀区人民法院通过创新适用 48 小时全流程速裁程序，仅用不到两天的时间，就审结一起情节简单的轻微刑事案件。[4]但是，程序简化不能走向极端，不能为了简化而过度简化，程序简易是相对的，应以实体法为依据，防止实际上变成书面审理或庭审基本上流于形式。这违背程序正义原则。

---

〔1〕 陈琼珂："一场官司庭审只用 5 分钟：认罪认罚从宽制度提高庭审效率的同时会让犯罪分子钻空子吗？"，载《解放日报》2017 年 6 月 16 日。

〔2〕 杜萌："刑事案件认罪认罚从宽制度试点成效几何"，载《法制日报》2017 年 7 月 1 日，第 1 版。

〔3〕 沈维等："每个案件不到 10 分钟就作出判决"，载《杭州日报》2017 年 4 月 21 日，第 A6 版。

〔4〕 蔡长春："简案快审落实认罪认罚从宽制度"，载《法制日报》2017 年 5 月 23 日，第 1 版。

正是基于这些探索经验，《刑事诉讼法》（2018 年修正）主要从三个方面予以确认：一是在总则中予以宏观的规定。二是对侦查阶段、审查起诉阶段的简化问题作出规定。三是增设刑事速裁程序，对审判阶段的程序简化作出明确的规定。当然，在内容上，《刑事诉讼法》（2018 年修正）仍存在一定的保守性，对试点中的部分问题和做法未能进行有效回应。

（二）控辩量刑协商

犯罪嫌疑人、被告人参与控辩协商，不仅在很大程度上决定从宽处理的结果，也是程序从宽中最具代表性的内容，还是认罪认罚从宽协商机制的核心内涵。

1. 量刑意见的协商

量刑意见的协商是整个控辩之间展开量刑协商的重中之重。刑事协商应以自愿、平等为基本原则，协商的双方可以进行对话、互动并提出异议。《试点办法》第 21 条规定，被告人、辩护人对量刑建议提出异议的，人民法院可以建议人民检察院调整量刑建议，人民检察院不同意调整量刑建议或者调整量刑建议后被告人、辩护人仍有异议的，人民法院应当依法作出判决。由此可见，量刑意见的协商主体首先是公诉部门与被追诉者，但人民法院、公安机关以及被害人也是重要的主体。被追诉者以平等的地位与公诉部门协商量刑，并共同达成一致的量刑意见，足见"从宽"的本质及其力度。在量刑协商过程中，有地方检察机关积极与人民法院沟通，保障本地区同一时间同一类型案件量刑建议的均衡性。[1]

2. 签署具结书的撤回

按照《试点办法》第 1 条的规定，"签署具结书"是可以从宽的"最后条件"，因为此举充分说明犯罪嫌疑人、被告人自愿认罪认罚，并接受与检察机关量刑协商的结果。而且，犯罪嫌疑人、被告人签署具结书，对公诉机关提起公诉具有决定作用，既包括是否提起公诉，也包括具体的量刑意见，进而对审判机关的"从宽"处理也具有相当的决定效果。但是，签署具结书不等于是签了"卖身契约"，被追诉者可以事后予以撤回。撤回签署的具结书，

---

〔1〕　周晶晶、李绍红、郝硕："武汉江岸区检察院扎实推进认罪认罚从宽制度试点工作"，载正义网，http://www.jcrb.com/procuratorate/jcpd/201706/t20170619_ 1767329.html，最后访问时间：2017 年 6 月 20 日。

既是平等协商原则的具体体现，也是被追诉者撤回认罪认罚后的必然结果，还具有被追诉者行使辩护权和依法享有审判权的内容，因而，也可以视为"从宽"。但是，撤回签署的具结书也应杜绝随意性，应符合特定的条件，否则，过度纵容被追诉者滥用撤回权，也容易破坏认罪认罚从宽制度的运行平稳性与可靠性，不利于提高诉讼效率。在具体事由上，《试点办法》第20条规定，被告人不构成犯罪或者不应当追究刑事责任的、被告人违背意愿认罪认罚的、被告人否认指控的犯罪事实的、起诉指控的罪名与审理认定的罪名不一致的、其他可能影响公正审判的，人民法院不能按照检察机关提出的量刑意见作出判决。那么，如果出现这些情形时，被追诉者应该被赋予撤回的权利，从而使检察机关提出的量刑意见无效，也使原本不合法、不真实的控辩协商最终归于无效。这几种情况具有一定的参照性。

3. 量刑意见的强制效力

一般而言，从被追诉者主动自愿认罪认罚的激励机制看，通过控辩协商并由检察机关提出的量刑建议，应当具有一定的强制效力，检察机关应当主动遵守，人民法院一般也应认同，被害人的异议原则上不具有实质影响力；否则，认罪认罚从宽协商机制的不确定性因素将成为制度运行的阻力。为此，《试点办法》第20条规定，对于认罪认罚案件，人民法院依法作出判决时，一般应当采纳人民检察院指控的罪名和量刑建议，但具有被告人不构成犯罪或者不应当追究刑事责任的、被告人违背意愿认罪认罚的、被告人否认指控的犯罪事实的、起诉指控的罪名与审理认定的罪名不一致或其他可能影响公正审判的情形除外。而且，有观点认为，应将被告人认罪认罚设定为法定的量刑情节，以增强认罪认罚的可预测性。[1]比如，《沈阳市法院推进刑事案件认罪认罚从宽制度试点工作的意见（试行）》明确了人民法院认为人民检察院的量刑建议明显不当时的处理程序。人民法院经审理认为，人民检察院的量刑建议明显不当，人民法院可以建议人民检察院调整量刑建议，并通知被告人及辩护人。除被告人不同意调整后的量刑建议情形外，人民法院均应当适用认罪认罚从宽制度依法判决。[2]

---

[1] 叶青、吴思远："认罪认罚从宽制度的逻辑展开"，载《国家检察官学院学报》2017年第1期。

[2] 刘宝权、王建舟："沈阳刑案认罪认罚从宽试点成效显著"，载《人民法院报》2017年4月8日，第4版。

五、从宽制度的进一步完善

从宽的规范化、统一化是确保认罪认罚从宽制度不偏离司法公正轨道的基本底线。应在《刑事诉讼法》（2018 年修正）的相关规定的基础上，持续推动从宽的制度化建设。

（一）制度建设及配套机制的拓展

从宽的制度化是试点的基本要求，也是认罪认罚从宽制度升级的支点。《刑事诉讼法》（2018 年修正）已经实现了这一使命。但同时应在以下方面予以完善：（1）从宽的制度基础。目前，"从宽"的形式已经从原先以量刑从宽为主的实体性从宽模式，发展为实体性与程序性从宽模式二元并存的状态。"开放性"已经成为现阶段从宽模式的关键词。随着新型诉讼程序与制度的试点，司法实践中一些"问题"与"需求"的不断出现将使得"从宽"的功能被不断挖掘，而"从宽"的形式也将随之"开放发展"，未来可能还会有更多的"从宽"形式出现在刑事诉讼程序之中。[1]为此，从宽比例的设定应当坚持一般原则与个案评估的思路，是否给予从宽以及具体从宽的类型、比例应当与认罪制度适用带来的收益结合起来，在划定一个基本范畴的同时考虑个案中被追诉人选择认罪、认罚对节约资源、时间等成本以及其他收益的具体情况，确定一个相对合理的从宽方案。[2]（2）量刑裁量权的行使与制约。从宽类型及其比例的设置之所以应当与法定主体裁量权结合起来，是因为需要照顾两个层面的关系：一是审前阶段控方与辩方的互动关系，即在形成合理期待与实现刑罚功能之间寻求平衡关系，过于狭窄或者过低的从宽幅度既不利于调动被追诉人主动认罪自愿性，又过度地限制了控方为获得有罪供述可行使的手段，但是过大的从宽幅度有可能违背罪责刑相适应原则，对被追诉人供述施加不当压力。二是审判权与检察权之间的权力互动关系。为了平衡审判权与检察权的互动关系，针对审前协商与决定的司法审查应当是提升法院审判效力的突破口。司法审查的对象应当围绕审前诸活动的合法性以及量刑建议中刑罚内容的合法性和正当性展开。这种涉及从宽减损比例及其结

---

〔1〕 孔令勇："教义分析与案例解说：读解刑事诉讼中的'认罪'、'认罚'与'从宽'"，载《法制与社会发展》2018 年第 1 期。

〔2〕 赵恒："论从宽处理的三种模式"，载《现代法学》2017 年第 5 期。

果的司法审查要求是对域外立法和实践教训的反思，也是维护供述选择自愿性与遏制刑罚不公的关键保障举措。（3）量刑规范化改革。《最高人民法院关于常见犯罪的量刑指导意见》（2017年，以下简称《量刑指导意见》）分别对自首、一般立功、重大立功、坦白、当庭认罪、积极赔偿但未取得被害人谅解、积极赔偿并取得被害人谅解、没有赔偿但取得被害人谅解、刑事和解等常见情形的适用作出规定，并设定了相应的量刑情节的调节比例。应该说，《量刑指导意见》是认罪认罚从宽制度中"从宽"适用的重要指导方针和具体依据。但《量刑指导意见》并未单独对认罪认罚如何从宽作出特别规定，使"参照"的做法仍具有相当的司法不确定性，甚至在裁量权限偏大的情况下有可能引发量刑不公的问题。在试点探索期间，可以将《量刑指导意见》作为参照指标，对不同阶段、不同时段、不同主体等作出的认罪认罚，应如何从宽及其相应的调节比例作出规定，从而确保"从宽"不脱离司法公正的边界。随着认罪制度改革的深入开展，精细化的量刑规范及其适用需要由专门机构来制定和完善。在量刑规范化改革进程中，曾经有主张设立相对独立的量刑改革机构的声音，但由于缺乏机构运行的立法和司法实践需求，也就缺乏了独立量刑改革机构运行的基础条件。例如，英国量刑委员会与美国量刑指南委员会等机构的成立，在解决量刑专业化、科学化、精细化难题方面发挥了作用。独立量刑机构的核心工作包括：一是针对不同情节制定符合案件类型的量刑指导意见；二是通过协调法院内外部审查特别是上级审查的法定效力来弥补量刑指南的僵硬化不足。在认罪认罚从宽制度试点工作期间，改革重心集中在认罪、认罚的制度设计等问题，从宽在一定程度上相对滞后，有关从轻、减轻处罚规定集中在《试点办法》第22条，但显然是不够的。尽管目前无法完全基于认罪认罚从宽制度的试点，而加速推进独立量刑机构的设立这一构想，但持续推动量刑规范化改革的意义却十分突出。例如，试点中对从宽的标准缺乏统一要求，为此，应当先行制作统一的量刑指引，明确从宽的上下限、具体标准以及幅度等，这无疑有显著的司法意义。在检察机关内部，针对量刑协商问题，可以单独就认罪认罚从宽案件，探索建立科学的量刑建议考核机制，作为业务考核的一项指标，强化内部监督。

（二）立法完善建言

与此同时，也要注重从宽的法定化工作。认罪认罚从宽制度是宽严相济刑事政策的制度化产物，也是对认罪认罚从宽这一既有做法的重大超越。按照《试点决定》的要求，为期两年的试点探索不能停留在"试验性司法"，而应通过总结经验的方式提升为法定化的诉讼制度与刑法规定。例如，有观点认为，厘清从宽的效力和具体幅度。一是明确从宽的效力，确立从宽激励机制，给予认罪被告人更为明确、优惠的量刑折扣。二是确立从宽幅度的阶段性差异。在侦查、起诉、审判等不同阶段，认罪认罚的价值有重大区别，应依据认罪认罚不同的时间节点，规定在不同阶段认罪可以取得不同的折扣幅度。三是确立从宽幅度的程序性差异。既要明确在普通、简易、速裁等不同程序中，从宽幅度应有所不同；也要明确不同程序中，"从宽"幅度应是基准刑的10%～15%。[1]因而，认罪认罚从宽制度的法定化是后试点探索中的重要内容。《刑事诉讼法》（2018年修正）在很大程度上已经优化了从宽的程序立法工作，但实体法上的调整仍需跟上。

在总则方面，主要包括：（1）概括地规定认罪认罚从宽。认罪认罚也是实体性制度，因而，需要在刑法典中得以明确，否则，涉嫌违背罪刑法定原则。但是，认罪认罚从宽是一项综合性制度，既不便于直接置于现有条文之内，也不便单独另设新条文，使立法处在一个两难的境地。然而，应当注意的是，从从宽的实体内容看，《刑法》第13条应当是最理想的寄居之处。因为第13条规定了犯罪的概念，并规定了犯罪的三个基本特征，因而，是总则中最具基础性、概括性的条文。从立法技术上看，不妨增加第13条之一，对认罪认罚从宽制度作出规定，并以此从实体法上确立我国特有的认罪认罚从宽协商机制，为今后我国相关理论建构奠定规范基础。（2）修改量刑根据，明确认罪认罚的量刑意义。《刑法》第61条规定了量刑根据，包括"犯罪的事实、犯罪的性质、情节和对于社会危害的程度"。从解释论上看，认罪认罚可以作为罪后情节，首先体现了人身危险性的降低。因而，《刑法》第61条并不能充分包容，需要作出明确规定。实际上，理论上对《刑法》第61条的修改早已有之，认罪认罚作为其中一项有待增加的情形，可以被一并纳入考虑范围。（3）增加认罚作为独立的量刑情节，与认罪获得相同的法律地位，相互决定从宽的基础。（4）对量刑规范化予以法定化，一并解决从宽处理的

---

〔1〕　刘广三、李艳霞："论认罪认罚从宽制度的立法完善——以实证研究为视角"，载《山东大学学报（哲学社会科学版）》2017年第4期。

精细化问题。《刑法》第 62 条规定了从重、从轻处罚，第 63 条规定了减轻处罚。据此，为从宽的实体处理提供了相应的依据，更对量刑从宽具有直接的影响。不过，从目前的试点情况看，从宽处罚的标准不一，极大地影响了司法公正，不利于量刑规范化。鉴于我国已经全面开展量刑规范化改革，实践中已经积累了大量经验，可以考虑在总则"量刑"这一节中，系统地将量刑规范化的基本内容予以法定化，也对认罪认罚从宽的处理作出相应的规定，彻底解决末端从宽机制的模糊问题。

在分则方面，综观《刑法》分则的规定，其实已经在个别罪名上涉及认罪认罚从宽制度。例如，《刑法》第 383 条第 3 款规定，在提起公诉前如实供述自己罪行、真诚悔罪、积极退赃，避免、减少损害结果发生的，可以从宽处罚。又如，《刑法》第 390 条规定，行贿人在被追诉前主动交代行贿行为的，或者同时属于犯罪较轻、对侦破重大案件起关键作用、有重大立功表现的，可以从宽处罚。在此基础上，根据《试点办法》第 1 条有关适用条件、第 2 条关于适用范围等规定，如果需要对某些罪名的认罪认罚从宽现象作出特殊规定的，应当通过刑法修正案的方式增加，可以在不违背刑法原理的前提下，对总则规定作出一定的修正。

第四章

认罪认罚从宽诉讼协商机制

一、刑事协商的最新探索

刑事领域的认罪协商体现了诉讼合作理念，我国对认罪协商理念的认同不断深化，认罪认罚从宽制度是最新的典范之作。而且，《刑事诉讼法》（2018年修正）还对认罪认罚从宽协商这一刑事协商试点做法予以立法化。但这场探索仍存在整体不足等问题。

（一）认罪认罚从宽制度中的刑事协商理念

可以认为，认罪认罚从宽制度是我国刑事认罪协商探索的最前沿问题和最新举措。认罪认罚从宽协商机制，也是认罪认罚从宽制度的基本亮点与试点重点。

1. 试点文件的解读

《试点方案》对认罪认罚从宽案件中的控辩协商作出战略部署。《试点决定》明确规定，"对犯罪嫌疑人、刑事被告人自愿如实供述自己的罪行，对指控的犯罪事实没有异议，同意人民检察院量刑建议并签署具结书的案件，可以依法从宽处理"。在宏观上确立了控辩双方协商的合法性及其主要内容。《试点办法》第1条规定："犯罪嫌疑人、被告人自愿如实供述自己的罪行，对指控的犯罪事实没有异议，同意量刑建议，签署具结书的，可以依法从宽处理。"这再次确认了控辩协商机制的重要性及其主要内容。从《试点方案》《试点决定》《试点办法》的相关规定看，被告人自愿认罪认罚后，与检察机关达成认罪认罚从宽协议，法院根据协议依法从轻量刑是认罪认罚从宽制度的重大创新，也成为认罪认罚从宽制度的核心内容。[1]可以说，这些规定与

---

〔1〕 叶青、吴思远："认罪认罚从宽制度的逻辑展开"，载《国家检察官学院学报》2017 年第 1期。

实践中的做法都在客观上不断固化着认罪认罚从宽（控辩）协商机制，并成为我国刑事协商理念的最新探索载体。

在此基础上，《刑事诉讼法》（2018 年修正）主要作出如下规定：一是在总则部分对基于认罪认罚从宽的做法，作为一项基本刑事诉讼制度予以规定。二是将第 170 条修改为第 173 条，规定检察机关在审查起诉阶段，对于认罪认罚的，应当履行权利义务告知、听取意见等职责。三是增加第 174 条，规定对认罪认罚并达成从宽量刑一致意见的案件，应当签署认罪认罚具结书。四是将第 172 条改为第 176 条，在其第 2 款规定量刑协商的主要内容与事项。五是增加第 182 条，对特殊的认罪认罚案件作出撤销决定、不起诉决定等予以规定。六是增加速裁程序作为单独一章。这些新的规定无疑更进一步确立了认罪认罚从宽协商机制的有益探索成果。

2. 认罪认罚从宽协商机制的确立

按照《试点规定》及其进展，认罪认罚从宽制度内在地确立了一种新型的控辩协商机制，其中，尤其是检察机关应当听取犯罪嫌疑人及其辩护人或值班律师意见、犯罪嫌疑人自愿认罪认罚并签署具结书等做法最为明显，充分体现控辩双方"共同商量以便取得一致意见"的当代协商性司法精神，以及控辩双方围绕案件的处理进行互动协商的诉讼过程性特质，而犯罪嫌疑人自愿签署认罪认罚具结书则是控辩协商的最终成果。[1]展开而论：（1）按照传统刑事诉讼原理以及我国《刑事诉讼法》的基本规定，检察机关是否以及如何听取意见，通常不需要与辩方主动沟通或积极促进控辩双方平等对话。然而，在认罪认罚案件中，强制要求检察机关听取意见，是为了使控辩双方在案件的处理上通过协商取得一致意见，减轻定罪环节的任务、工作量。（2）检察机关必须听取辩方的意见，体现控辩之间的平等对话这一特质。对于认罪认罚的案件，检察机关不能单方面自行处理，必须通过听取辩方的意见，来促成控辩双方平等对话，共同协商案件的处理意见，以实现诉讼效率的提升。更为重要的是，在平等协商的过程中，辩方有权提出自己的意见和要求。（3）检察机关主动听取辩方意见，并非是一种形式要求，而是为了使认罪认罚案件的处理结果更具有双方的可接受性，可以统合正义与效率之间的关系，但同时禁止不合理的辩方意见，以防止检察机关无所适从，甚至突

---

〔1〕 朱孝清："认罪认罚从宽制度中的几个理论问题"，载《法学杂志》2017 年第 9 期。

破正义的底线要求。（4）自愿签署具结书是最重要的成果载体形式。既反映检察机关对认罪认罚案件的基本处理意见，又体现了犯罪嫌疑人对该处理意见的自愿认可，因而实际上是控辩双方就案件的处理在协商的基础上所达成的一种协议。具结书一经签署，对控辩双方产生一定的约束力。除非发生足以影响案件处理的情形，否则，控方应按具结的处理意见处理案件，辩方应按具结书的态度接受处理，如此才能提高诉讼效率。

认罪认罚从宽制度所承载的刑事协商机制，突出体现在它与控辩协商机制之间是相互依存、不可分割的辩证关系，[1]同时也是认罪认罚从宽制度在运行中的最关键部分。而且，对于认罪认罚从宽制度而言，控辩之间的量刑协商机制有诸多积极意义：有利于体现犯罪嫌疑人的诉讼主体地位和控辩平等，调动犯罪嫌疑人认罪认罚、改过自新的积极性；有利于犯罪嫌疑人"亲历"从宽的实现过程及其内容等，可以帮助其形成稳定的刑罚预期，避免反悔与程序反转等问题的出现；有利于社会关系的恢复，鼓励犯罪嫌疑人在控辩协商的过程中，积极向被害人赔礼道歉、赔偿损失，减少对抗，促进社会和谐稳定；在一定程度上赋予犯罪嫌疑人、被告人"自主地"决定自己未来的"选择权"，使其独立地设定认罪认罚与从宽之间的关系，帮助其自愿放弃对抗，转而采取合作，推动司法协作的进行。

除此之外，更重要的是，控辩协商机制是"认罚"具体化的载体，是"从宽"的实现通道：（1）是否真正自愿认罚，单纯从口头表述上无法获得有效的证实。对此，通过协商的方式，犯罪嫌疑人、被告人对基于自愿认罪而提出的量刑意见予以认可，是最为真实有效的"认罚"方式。（2）相比于不认罪认罚案件，由于并无控辩协商的问题，因此，由检察机关单方面提出的量刑建议，犯罪嫌疑人、被告人往往不认可或予以排斥，也不服从法院的判决。控辩协商机制的存在，以自愿认罪认罚为前提，同时其本身也是确认是否真实自愿认罪认罚的重要方式。（3）控辩协商机制作为一个平台，也为从宽的法律后果提供司法意义上的"可视化"特征，巩固了自愿认罪认罚激励机制的存在基础，也确保"从宽"的结果是双方自愿达成的且具有高度可接受性的结论。（4）控辩协商机制是检察机关提高量刑从宽协商质量，提出量刑建议以及程序从简的合理化之现实需要，利益关系方的广泛参与是确保

---

〔1〕 朱孝清："认罪认罚从宽制度中的几个理论问题"，载《法学杂志》2017 年第 9 期。

程序正义的基础。

（二）刑事认罪协商机制的未竟探索

从刑事诉讼程序创新的角度来看，为了衔接认罪认罚从宽制度的探索适用，需要构建中国式的认罪协商理念及其诉讼程序。但是，理论层面的共识和技术层面的准备不足是难点和薄弱环节。例如，基于底线正义的要求，有观点认为，应以被告人认罪的"自愿性"和"明智性"为底线；防止"强迫认罪"，以免造成冤假错案；避免"以钱买刑"，引发新的司法腐败；适当扩大不起诉的适用，应警惕免予起诉被滥用的重演。[1]这指出了认罪协商机制的内部控制与外部监督机制尚不成熟。又如，在控辩协商的内容方面，有观点认为，仅从协商内容上看，认罪认罚从宽制度与美国辩诉交易不同，后者包括罪名交易、罪数交易和量刑交易三个方面。当前，认罪认罚从宽制度的"协商"只限于量刑范围，罪名、罪数协商并不在法定序列。[2]这说明我国现行的认罪协商机制在内容上具有一定的限制性。还如，在量刑协商的司法诚信上，有观点认为，认罪认罚从宽制度的构建及其运行，离不开司法诚信理念的建立和支撑，为避免认罪认罚从宽制度在司法实践中发生异化或难以起到预期的效果，应重视以司法诚信理念作为国家机关工作人员的行为准则约束其诉讼行为。[3]这说明了我国现有的认罪协商制度仍存在一定的制度风险，也即对协商结果的认可度与接受度存在不确定的风险。同时，还有观点认为，从某试点城市和全国各地的认罪认罚从宽制度改革试点情况可以发现，认罪认罚协商机制并没有成为该项制度试点实践的主要方向。[4]这无疑直击试点中的痛点，也即未能从认罪认罚从宽协商机制这一核心开展试点工作。

根据《刑事诉讼法》（2018 年修正）、《试点办法》等的规定，认罪认罚从宽协商实质上是指量刑协商，量刑协商的核心是检察院与被告人围绕从宽处罚所达成的合意，[5]检察院向法院提交的载有建议从宽处罚内容的量刑建

---

〔1〕 胡铭："认罪协商程序：模式、问题与底线"，载《法学》2017 年第 1 期。

〔2〕 顾永忠："关于'完善认罪认罚从宽制度'的几个理论问题"，载《当代法学》2016 年第 6 期。

〔3〕 刘泊宁："司法诚信视野下的认罪认罚从宽制度"，载《政法论坛》2018 年第 3 期。

〔4〕 王飞："论认罪认罚协商机制的构建——对认罪认罚从宽制度试点中的问题的检讨与反思"，载《政治与法律》2018 年第 9 期。

〔5〕 陈金金："中国式认罪协商制度中可协商内容的构建"，载《人民法治》2017 年第 1 期。

议书与具结书是协商机制的具体落实载体。控辩协商阶段是认罪认罚从宽制度中双方合意的关键阶段，检察机关提出的量刑建议更是法官最终形成司法裁判的重要依据。控辩协商是控辩双方在审查起诉阶段由双方共同进行的合意过程，审判机关并不能提前介入和参与。然而，一旦外部监督不力，容易滋生诸如司法不公、权钱交易、滥用协商权力等腐败问题。对于控辩双方而言，应通过司法诚信理念，设立严格的规范，指导和监督检察人员真诚地进行协商是有必要的。

应该说，上述关于量刑协商的不同对策有其合理性与积极意义。然而，一方面，由于未妥善解决证据制度、有罪供述的自愿性、强制辩护等相关问题，客观上决定认罪认罚从宽（控辩）协商并非域外的辩诉交易制度，[1]对于定罪协商是否在预定范围多有争议，而围绕量刑展开的控辩协商的经验亦有欠缺。另一方面，尽管各地全力推进探索，但控辩协商程序仍进展相对缓慢。在被追诉人认罪认罚案件中，控辩协商机制的建立与运行，仍是摆在司法改革决策者面前的重大课题，包括如何明确双方协商内容、从宽幅度及其界限、保障被追诉人及辩护人诉讼权利、界定协商协议的法定效力及对法院审判的影响等问题，均有待深入探讨。[2]鉴于此，应当结合试点进展，建立健全认罪认罚从宽协商理念及其运行机制。

二、认罪认罚从宽协商机制的主体结构

协商，顾名思义，是利益相关者之间的理性对话，通过程序化的方式解决纠纷和化解冲突。认罪认罚从宽协商机制，是以认罪认罚为前提的协商，并主要表现为控辩之间的协商，但也涉及其他司法机关、当事人及其司法辅助人员。

（一）基本主体

无论是按照《试点办法》的规定与具体做法，还是按照《刑事诉讼法》（2018 年修正）的规定，在正在单独发展的认罪认罚从宽协商机制中，犯罪嫌疑人、被告人作为被追诉者与公诉部门，是协商机制的基本（启动）主体。

---

〔1〕　张建伟："认罪认罚从宽处理：内涵解读与技术分析"，载《法律适用》2016 年第 11 期。

〔2〕　陈卫东："'以审判为中心'与审前程序改革"，载《法学》2016 年第 12 期。

1. 犯罪嫌疑人、被告人是启动者与协商者

在传统的纠问式刑事诉讼构造中，犯罪嫌疑人、被告人长期属于诉讼的客体或对象，诉讼地位不容乐观。尽管我国现行刑事诉讼法赋予被追诉者广泛的诉讼权利，但作为被追究刑事责任的对象，其与控诉机关处于激烈的对抗状态，更遑论协商的可能。然而，认罪认罚从宽制度则赋予被追诉者明显升高的诉讼地位，其与公诉机关就量刑问题展开的平等协商，是这场控辩关系变动的核心内容，也充分见证了犯罪嫌疑人、被告人的协商地位。《试点办法》第 1 条规定，犯罪嫌疑人、被告人自愿认罪认罚的，不仅是程序启动的首要前提，也是控辩协商启动的基础。因而，被追诉者是控辩协商的首要启动者。公诉部门可以建议被追诉者自愿作出认罪认罚，但不宜直接启动协商机制，否则，在实践中容易严重破坏认罪认罚从宽制度的自愿性这一基石。而且，《试点办法》第 10 条规定，在审查起诉过程中，人民检察院应就认罪认罚的法律效果，从宽处理、从宽程序的适用等事项，听取犯罪嫌疑人及其辩护人或者值班律师的意见，记录在案并附卷。从中可知，犯罪嫌疑人是控辩协商的启动者与首要参与者，是与公诉部门平等协商的唯一法定主体。在平等协商原则下，可以确保控辩力量的均衡性，防止认罪认罚引发的力量悬殊演变为司法不公。否则，由公诉部门完全主导和垄断，则可能引发认罪认罚的不自愿性以及量刑协商的不公正性、结果的强制性等问题。

2. 公诉部门是主导者与决定者

犯罪嫌疑人、被告人作为协商机制的首要主体无需赘言，同时，公诉部门是认罪认罚从宽程序中的控方代表与量刑建议的具体作出者，具有重要的地位。[1]另有观点指出，结合我国的国情，《试点决定》和《试点办法》其实明确了以检察机关为主导的从宽模式。检察官在认罪认罚从宽制度的程序启动、实体认定等方面享有主动权，当事人一方仅有启动的建议权，决定权仍在检察官手中。这些看法都共同指出检察机关（公诉部门）在认罪认罚从宽制度中的主导地位。

实际上，按照《刑事诉讼法》（2018 年修正）的相关规定，可以清晰地

---

〔1〕 李思远、周颖："以审判为中心视阈下刑事案件繁简分流及其体系构建——以认罪认罚从宽制度为研究对象"，载《公安学刊——浙江警察学院学报》2017 年第 1 期。

确认，在认罪认罚从宽程序中，相比于侦查机关、审判机关的作用和地位，公诉机关明显处于主导地位，[1]直接左右程序的进展与结局：一是认罪认罚从宽制度的逻辑构造是基于自愿认罪认罚的从宽处理程序，自愿认罪认罚解决定罪问题，减轻控方的证明任务，使控辩之间的量刑从宽协商变为主要的场域。比如，《试点办法》第11条规定，人民检察院向人民法院提起公诉的，应当在起诉书中写明被告人认罪认罚情况，提出相对明确、具体的量刑建议，并同时移送被告人的认罪认罚具结书等材料。从中可见，公诉机关是协商程序的决定者，对从宽处理的具体化承担相应的主体责任。二是基于审查起诉阶段具有承上启下的诉讼作用，检察机关既可以对侦查机关进行审查，也对审判机关形成一定的前置效应。比如，《试点办法》第12条规定，对适用速裁程序的案件，人民检察院一般应当在受理后10日内作出是否提起公诉的决定；对可能判处的有期徒刑超过1年的，可以延长至15日。进而，公诉部门在妥善地处理控辩之间的量刑协商问题后，有权决定是否适用刑事速裁程序。因而，公诉部门是控辩协商机制得以启动的主导者，对控辩协商机制的运行具有决定地位。三是检察机关不仅是法定的起诉部门，也是法律监督的专门机构，因此，检察机关的监督部门对公诉部门主导的认罪认罚从宽协商过程及结果，应当依法进行监督，防止出现司法不公现象。

（二）协同主体

在认罪认罚从宽机制中，审判机关与侦查机关是协商机制的重要协同主体。有观点认为，侦查机关和人民法院不参与协商过程。[2]这是静态的狭隘看法，应立足动态进行整体的考察。

1. 审判机关是确认者与审查者

尽管控辩协商的主体是被追诉者与公诉机关，但在以审判为中心的改革背景下，为了确保程序正义与司法审判权，认罪协商程序主体应当包括法院。其作用在于：（1）对依法分流并进入审判程序的认罪认罚案件，认罪协商的事实基础、自愿性等是法院严格审查的主要对象，是法院作出正式判决的唯

---

〔1〕 顾永忠、韩笑："检察机关贯彻认罪认罚从宽具有'地缘优势'"，载《检察日报》2019年1月20日，第3版。

〔2〕 黄伯青、王明森："认罪认罚从宽的实践演绎与路径探寻"，载《法律适用》2017年第19期。

一依据。《试点办法》第 15 条规定，人民法院审理认罪认罚案件，应当告知被告人享有的诉讼权利和认罪认罚可能导致的法律后果，审查认罪认罚的自愿性和认罪认罚具结书内容的真实性、合法性。因而，对于控辩之间的协商活动，审判机关首先扮演确认者的角色，对控辩协商的依法确认或认可体现了司法权的审查作用。进而，既充分说明公诉部门的主导地位，也反映程序从简、庭审实质化的诉讼构造，最终服务于提高诉讼效率与程序分流目标。(2) 审判机关与检察机关是相互配合、相互制约的关系。通过行使审判权，审判机关对公诉部门主导的控辩协商进行实质审查。主要包括：一是审查控辩协商的前提和基础是否合法存在。比如，《试点办法》第 20 条规定的五种排除情形，都属于违背认罪认罚从宽制度的适用条件的情形，主要涉及认罪认罚自愿性、定罪事实清楚、证据确实充分等方面。二是依法确保量刑协商的公正性。《试点办法》第 21 条规定，人民法院经审理认为，人民检察院的量刑建议明显不当，或被告人、辩护人对量刑建议提出异议的，人民法院可以建议人民检察院调整量刑建议，人民检察院不同意调整量刑建议或调整量刑建议后被告人、辩护人仍有异议的，人民法院应当依法作出判决。(3) 在独立行使审判权的前提下，人民法院法官以"合法性"为主要根据，应当加强对"控辩协商"的过程以及结果的中立性审查。按照《试点办法》的规定，认罪认罚从宽制度已经对法庭调查、辩论程序进行了省略，对被告人质证权、辩护权客观上造成了减损，也必然削弱审判权对公诉权的制约，这些都在一定程度上削弱了法庭裁判的正当性。在此情况下，为了确保控辩协商程序不违背司法公正的要求，在推进认罪认罚从宽审理程序的简化过程中，应当将法庭审理的重心从对案件事实、证据的调查、法律的适用，转向对控辩双方"合意"与被告人认罪认罚的"自愿性"的合法性审查。相应地，法庭裁判的根据应从"证据证明的事实"转向"控辩双方合意的事实"，提升认罪认罚从宽协商程序的裁判正当性与结果的有效性。这就是由诉讼对抗到诉讼合作的理念变迁之结果。但有观点认为，认罪认罚从宽的协商主体可仿效德国刑事协商制度的规定，从控辩双方改为控辩审三方，审判阶段提出并同意协商的主体应该是审判长或独任法官，法官不得仅处于被动接受并审查协商的地位。法官不得因被告人认罪认罚而完全免除证据调查义务，仍须审查被告人供述的真实性。控辩审三方协商主体的存在与协商的发起、成立及监督并行不悖，可以相互协调而又相互制约。[1]这种看法有其道理，只是在我国的刑事司法体制下，基于认罪认罚从宽制度的初衷以及现实需要，如果由法院来主导量刑协商，不仅不利于提高诉讼效率，尤其是诉前效率，而且降低了诉前分流的效果，也迟滞了犯罪嫌疑人自愿认罪认罚的真实性、有效性所应具有的"优惠待遇"，与实践可能背道而驰。

2. 侦查机关是特殊审查者

侦查机关适用认罪认罚从宽制度具有特殊性，具体表现为：（1）侦查机关的适用资格。有观点认为，侦查阶段适用认罪认罚从宽制度的，与侦查阶段的全面调查取证职能相冲突，甚至诱发非自愿性认罪认罚等。[2]显然，该观点看到了侦查机关参与实施后，对侦查职能、侦查活动的中立性产生了新的影响。还有观点认为，在侦查阶段，由于检察机关此时没有受理案件，无法出具量刑建议，被告人对认罚无法表示意见，因此不能启动该制度。[3]该看法从认罪认罚从宽协商这一关键要素出发，指出了侦查机关对此缺乏"处分权限"的问题，也就导致参与的实际意义大打折扣。但是，上述的看法不足取，侦查机关最早面对自愿认罪认罚情形，必须启用但不能实质处置协商问题。这是因为即使认罪认罚从宽作为一项刑事政策不可以在侦查阶段适用，也不意味着不鼓励犯罪嫌疑人在侦查阶段作有罪自白。[4]显然，后者更符合现实，毕竟犯罪嫌疑人在侦查阶段有权自愿作出认罪认罚，侦查机关不能加以限制。实际上，《试点办法》第8条规定，在侦查过程中，侦查机关应当告知犯罪嫌疑人享有的诉讼权利和认罪认罚可能导致的法律后果，听取犯罪嫌疑人及其辩护人或者值班律师的意见，犯罪嫌疑人自愿认罪认罚的，记录在案并附卷。犯罪嫌疑人向看守所工作人员或辩护人、值班律师表示愿意认罪认罚的，有关人员应当及时书面告知办案单位。对拟移送审查起诉的案件，侦查机关应当在起诉意见书中写明犯罪嫌疑人自愿认罪认罚的情况。这显然赋予了侦查机关适用认罪认罚从宽制度的权力，但相比于其他司法机关有一定的特殊性。（2）侦查机关参与认罪认罚从宽协商的相对性。《试点办法》对侦查机关是否可以与犯罪嫌疑人进行协商并无明确规定。从诉讼原理看，

---

〔1〕　周维明："德国刑事协商制度的最新发展与启示"，载《法律适用》2018年第13期。

〔2〕　陈卫东："认罪认罚从宽制度研究"，载《中国法学》2016年第2期。

〔3〕　王平："认罪认罚从宽制度的实践思考"，载《人民法院报》2017年2月12日，第8版。

〔4〕　胡铭："认罪协商程序：模式、问题与底线"，载《法学》2017年第1期。

侦查机关行使侦查权，可以对案件作出诸如不立案、撤销案件等实体性的决定，如果可以与犯罪嫌疑人进行认罪认罚协商，则必然涉及定罪量刑两个层面，单纯协商量刑问题在逻辑上不成立，但也必然侵犯审查起诉权（量刑建议权）和审判权。因而，除非我国的认罪认罚从宽制度是美国的辩诉交易，否则，侦查机关一般不能作为协商的主体。这也是《试点办法》不明确作出规定的缘由。但是，《试点办法》第9条规定，犯罪嫌疑人自愿如实供述涉嫌犯罪的事实，有重大立功或者案件涉及国家重大利益，需要撤销案件的，办理案件的公安机关应当层报公安部，由公安部提请最高人民检察院批准。根据《刑事诉讼法》关于公安机关撤销案件的规定看，第9条的规定已经突破现行法律，属于对有罪案件作出撤销的特殊情形。据此，不能完全否定侦查机关与犯罪嫌疑人之间存在协商的成分，其在处理效果上也与辩诉交易制度有些相似。此外，域外也不乏由侦查机关参与或主导的包括定罪在内的控辩协商机制。例如，为了最大限度地提高诉讼效率，法国于2014年创设警察刑事交易制度。刑事交易的主导权在司法警察，司法警官享有启动刑事交易的权力，确立交易的方案；共和国检察官仅享有批准权，不得干预交易的流程和细节，不得主动对刑事交易的方案进行调整；司法警官可单独决定适用押金制度，以确保交易方案得以有效履行。检察官仅负责"批准"。警察刑事交易制度在提高效率上具有得天独厚的优势，主要体现在启动阶段提前至侦查阶段，可有效地为各政法机关减负。我国可以审慎地看待警察刑事交易制度，尝试将其作为"认罪认罚从宽"的一种重要程序机制。[1]（3）案件的不确定性风险不影响侦查机关的参与。如果说控辩协商只能适用于事实清楚，证据确实、充分的案件，显然侦查阶段的绝大部分案件，至少在侦查终结之前都不符合该条件，也意味着基本上将公安机关排除在控辩协商的主体范围之外。但在实践层面，犯罪嫌疑人在侦查阶段的供述（认罪）不仅是指控其犯罪的直接证据，而且还为公安机关获取其他证据，做到案件事实清楚，证据确实、充分提供了重要的线索和可能。在暴力、威胁、引诱、欺骗等非法审讯手段被禁止之后，协商或许是获取犯罪嫌疑人供述最为重要的手段之一。因此，公安机关与犯罪嫌疑人之间的协商无疑具有目的正当性。此外，根据《试点

---

〔1〕 施鹏鹏："警察刑事交易制度研究——法国模式及其中国化改造"，载《法学杂志》2017年第2期。

办法》第 9 条的规定，如果犯罪嫌疑人自愿如实供述涉嫌犯罪的事实，有重大立功或者案件涉及国家重大利益的，办理案件的公安机关层报公安部，经最高人民检察院批准后可以撤销案件，在某种程度上也意味着公安机关可以与犯罪嫌疑人进行协商。[1]

（三）参与主体

在认罪认罚从宽协商机制中，辩护律师与被害人是重要的参与主体。辩护律师参与是对被追诉者主体地位提升的具体反映和强化，被害人参与是程序正义的要求。缺乏二者的参与，控辩关系难言科学、平等，协商结果难言正当、有效。

1. 辩护律师是辅助主体

在认罪认罚的前提下，被追诉者的诉讼地位虽有所提升，却因放弃部分法定诉讼权利而处在明显偏弱的辩护境地，对律师辩护也同时提出更高的要求，及时有效的法律帮助与辩护对维持司法公正的意义显著。有观点认为，为保障被告人明智而自愿地选择认罪协商，应充分发挥律师在协商中的积极作用，[2]明确律师是控辩协商的法定参与主体。[3]充分确保辩护律师的参与，有助于维护被追诉者的合法权益和维护司法公正。但是，我国《刑事诉讼法》对侦查阶段规定的法律帮助与其他诉讼阶段的律师辩护不同；而且，刑事速裁程序试点期间开始试行的法律援助值班律师制度也延续到了认罪认罚从宽的试点，因而，在认罪认罚从宽制度的运行中，律师辩护问题主要包括以下几个方面：（1）侦查阶段的辩护问题。按照《刑事诉讼法》的规定，侦查阶段的辩护律师只能提供法律帮助，但无法全面阅卷、调查取证，辩护效果在一定程度上受到限制，并在认罪认罚从宽案件中这一限制影响可能会进一步扩大。是否可以作出变通处理并强化侦查阶段的有效辩护，试点期间应当予以正面回应。（2）值班律师制度的探索。因袭刑事速裁程序试点期间的值班律师制度，认罪认罚从宽试点纷纷予以采用。但是，值班律师目前主要提供一些咨询性、辅助性的法律帮助，无法与辩护律师发挥同样的辩护作

---

〔1〕　刘方权："认罪认罚从宽制度的建设路径——基于刑事速裁程序试点经验的研究"，载《中国刑事法杂志》2017 年第 3 期。

〔2〕　胡铭："认罪协商程序：模式、问题与底线"，载《法学》2017 年第 1 期。

〔3〕　顾永忠、肖沛权："'完善认罪认罚从宽制度'的亲历观察与思考、建议——基于福清市等地刑事速裁程序中认罪认罚从宽制度的调研"，载《法治研究》2017 年第 1 期。

用。在试点期间，需要解决值班律师的法律地位，以合理的方式确立其辩护律师的身份，增强辩护能力。实际上，当前关于值班律师的定位，理论上也有不少争议。例如，目前认罪认罚案件中值班律师的见证人化是其功能异化的体现，会导致值班律师的权利被极大地限缩，有效辩护难以实现；值班律师沦为公权力的合作者，破坏了被追诉人对值班律师的信任。[1]因此，从应然角度看，认罪认罚案件中确立值班律师制度，其目的是实现有效辩护的功能，但这又引发了一个制度性难题，即值班律师的身份与定位。如果不是辩护律师，其实也难以实现有效辩护。基于此，有观点认为，认罪认罚程序中值班律师本质上不同于辩护律师，其角色应定位为量刑协商过程的监督者。[2]这显然是根据现状作出的一种判断，间接否定了值班律师与辩护律师的"同一性"。同时也有观点认为，在认罪认罚案件中，值班律师的职责应当是围绕犯罪嫌疑人、被告人是否了解认罪认罚的内涵及其法律后果，认罪认罚案件是否具有事实依据，犯罪嫌疑人、被告人是否自愿认罪认罚以及如何进行量刑协商等问题提供辩护。[3]这种确定值班律师职能的做法，在目前无法对值班律师的身份作出立法规定之际，是更为务实的做法，也是其辅助角色的"体现"。（3）指定辩护律师。根据《刑事诉讼法》的规定，对特定群体实施指定的辩护制度，通过具有法律强制性的辩护，来确保抗辩对抗的平等性。然而，《试点办法》对作出认罪认罚的犯罪嫌疑人、被告人的强制性指定辩护的规定并不充分，今后应考虑加强。（4）是否设置强制辩护制度值得关注。在域外，不乏对认罪案件设置强制辩护制度，以弥补认罪认罚导致的不对等状况。在认罪认罚从宽制度中，对自愿认罪认罚的被追诉者提供强制辩护制度的支撑，可以极大地提高有效辩护水平。但强制辩护成本偏高，甚至可能迟缓诉讼效率的实现及其程度。

2. 被害人是参与主体、代理人是辅助主体

在认罪认罚的前提下，由于被追诉者主动放弃相应的诉讼权利，基于平等对抗的原则，被追诉者的地位得到提升，但无形中可能削弱被害人的诉讼

---

[1] 杨波："论认罪认罚案件中值班律师制度的功能定位"，载《浙江工商大学学报》2018年第3期。

[2] 任建安："认罪认罚程序中值班律师的角色定位"，载《沈阳大学学报（社会科学版）》2018年第3期。

[3] 张泽涛："值班律师制度的源流、现状及其分歧澄清"，载《法学评论》2018年第3期。

地位。而且，被追诉者也往往选择积极赔偿等行为以获得被害人的谅解，使被害人与加害人之间的直接对立或冲突关系得到明显的缓和，参与的合意度更高。由此，被害人应当作为认罪认罚从宽协商过程的协同主体，发挥辅助协商机制的作用，参与协商的程度应保持在合理范围内。有观点认为，应当允许被害人参与认罪协商。但考虑到被害人在刑事诉讼程序中的相对地位，其参与程度应当是有限的，具体形式以享有知情权、发表意见权、建议权等为宜。同时，检察机关在制定量刑建议时应当将被告人对被害人及其家属的赔偿情况充分考虑在内。[1]这种看法是可取的。毕竟不能剥夺被害人的参与权，但如果参与幅度过大，协商的过程很可能会蜕变成纯粹的民事赔偿过程，进而牺牲国家对犯罪的有效追诉和被告人的权利保障等作用。[2]因此，如果被害人参与协商机制的尺幅和范围把握不好，会走向两个极端：一是被害人与加害人双方进行实质性的"私了"，进而冲击罪刑法定原则，冲击法制的统一性，完全背离了认罪认罚从宽制度的初衷；二是会引发部分被害人"漫天要价"，破坏协商机制的正常进行，构成对司法公正的不良干扰。

三、认罪认罚从宽协商的基本原理

根据《试点办法》的规定，认罪认罚从宽控辩协商的主要内容是量刑协商，应建构量刑协商机制。至于是否包括定罪协商问题，理论上仍存在较大的争议。

（一）平等、自愿协商原则

认罪认罚从宽协商机制的运行应当遵循基本原则，确保协商依法推进。

1. 控辩协商的平等原则

有观点认为，在认罪认罚从宽制度中，由于制度设计等因素，应当注意检察官的"价格"垄断与"价格"歧视等问题，也即可能出现控方处于实际上的垄断地位，导致量刑协商成为单方面的行为，缺乏实质的协商内容。[3]根据《试点办法》的规定，对于控辩双方而言，罪名的法定刑轻重由立法条

---

〔1〕　叶青、吴思远："认罪认罚从宽制度的逻辑展开"，载《国家检察官学院学报》2017年第1期。

〔2〕　胡铭："认罪协商程序：模式、问题与底线"，载《法学》2017年第1期。

〔3〕　刘磊："'认罪契约'的适用限度——'认罪认罚从宽'速裁程序试点改革的再思考"，载《江苏社会科学》2018年第1期。

文决定，具体的被告人不具有实质的刑罚议价能力，被追诉者无权挑选办案人员，办案人员往往开出的是最终的"不二价"，被告人通常只能选择全部或绝大部分接受，客观上引发量刑建议的"量刑歧视"问题。然而，就公平协商的原理而言，在交易双方地位不对等的情况下，是对司法公正的最大威胁，只有从制度设计上降低信息成本、交易成本并保证交易过程的自愿性，才能促使交易公平性获得社会认同。这就要求双方能够真正地平等协商，控辩之间的平等关系与信息对称，有助于被告人自愿作出决定。

从权利平等的角度来看，检察机关和犯罪嫌疑人都有权提出协商，也都有权终结协商过程。而且，从《试点办法》看，可以实质启动协商的前提是检察机关和辩护人（值班律师）都充分地阅卷和调查，检察机关也已经听取被害人的意见。在协商的过程中，应当先由检察机关对犯罪嫌疑人宣读指控的犯罪事实、罪名以及相关的证据材料。犯罪嫌疑人和辩护人（值班律师）无异议的，检察机关可以基于全案的犯罪事实和证据材料提出具体而明确的量刑意见，并应当告知量刑从宽的幅度。犯罪嫌疑人和辩护人（值班律师）对犯罪事实或证据材料有异议的，检察机关应当记录在案，并予以说明和解释相应的法律后果。犯罪嫌疑人和辩护人（值班律师）也可提出对量刑的期望，由控辩双方在法定幅度内进行协商。控辩双方协商一致的，检察机关应当记录在案，并由犯罪嫌疑人签署具结悔过书。对于有条件的地方，应当对整个协商的过程进行录音录像，强化合法性。

不过，目前，控辩协商呈现出一定的不良趋向，也即在相对封闭的条件下，控诉方基本掌控协商的话语权，被告方明显处于被动和劣势地位，被告人的从宽预期难以确定。[1]试点实践表明，协商机制运行中存在着控辩失衡的现象，"协商"这一核心要素流于形式。为了防止认罪认罚从宽制度出现司法权力的压迫，实现控辩的合意性，必须确保量刑协商的过程符合交往性辩论的基本条件，也即量刑是双方共同作出的理性选择。控辩双方为平等参与主体，机会与能力相当，信息对称，协商的规则公平，经过充分论辩或商谈，最终形成关于个案处理的共识。

---

〔1〕 曾亚："认罪认罚从宽制度中的控辩平衡问题研究"，载《中国刑事法杂志》2018 年第 3 期。

2. 自愿协商原则的展开

自愿认罪认罚是启动和推动认罪认罚从宽诉讼程序的基本前提条件，在控辩协商机制中，自愿认罪是前提，控辩协商的过程同时也是对"自愿认罚"的确认和固化，同时也是对"从宽"这一协商对象与结果的实现。

自愿协商原则，在《试点办法》要求检察机关就量刑建议等事项听取犯罪嫌疑人意见并签署具结书上体现得尤为明显。[1]概言之：（1）"认罚"的必然要求。"认罚"表现为自愿接受认罪带来的刑罚后果，并积极退赃退赔；同时，"认罚"还要最终表现为接受法院判处的刑罚，不接受法院判处的刑罚并提出上诉的，不是真正的"认罚"。"认罚"需要犯罪嫌疑人、被告人与办案职能部门经历一个互动的过程。"认罚"的内容是随着诉讼程序的推进而逐步具体、明晰的，在侦查和审查起诉环节，表现为自愿接受入罪带来的刑罚后果；在起诉时，表现为同意检察机关的量刑建议；在审判后，表现为服从法院的判决。基于此，检察机关在听取犯罪嫌疑人及其辩护人或值班律师意见并取得同意的基础上，向法院提出量刑建议是必然的。（2）犯罪嫌疑人认罪认罚自愿性和真实性的程序保障。将检察机关就量刑建议等事项听取犯罪嫌疑人的意见、犯罪嫌疑人签署具结书等规定为办理认罪认罚案件的必经程序，并要求律师参与此过程，有利于从诉讼程序上保证犯罪嫌疑人认罪认罚的自愿性和所具结内容的真实性。同时，它是保障控辩平等原则在审查起诉环节得到落实、保证量刑建议公正性的重要措施。（3）具结书的性质是自愿协商的"规范成果"。根据《试点办法》的规定，犯罪嫌疑人、被告人自愿如实供述罪行，接受量刑建议后，应当签署"具结书"，而非表述为"协商协议"。而且，从理论与实践做法看，犯罪嫌疑人、被告人原则上是可以主动撤销认罪认罚的，法院应当注重审查被告人是否有违背意愿认罪认罚或否认指控犯罪事实的情形。这其实充分体现了自愿协商的精神。不过，有观点认为，应当改"具结书"为"协商协议"，强调其协商性和自愿性，并明确犯罪嫌疑人、被告人在庭审结束前可以将其撤销，进而退出认罪认罚从宽程序，转为普通程序审理。[2]这种看法其实与理论上的主流看法不冲突，与实践中的

---

〔1〕 朱孝清："认罪认罚从宽制度中的几个理论问题"，载《法学杂志》2017年第9期。

〔2〕 卞建林、谢澍："认罪认罚从宽与台湾地区刑事协商之比较研究"，载《法学杂志》2018年第5期。

做法也是一致的。如果单纯调整表述为"协商协议",其实意义不大,关键还要回到"自愿协商"的本质上来。

同时,关于犯罪嫌疑人、被告人基于认罪认罚而自愿选择诉讼程序的问题,其实也与平等协商原则紧密相关。例如,美国辩诉交易对量刑进行讨价还价,容易产生交易的感观,降低刑罚的严肃性。可以借鉴大陆法系的协商程序,在被告人主动要求或是同意进行控辩协商后,检察机关向被告人开示案件相关证据,并提出量刑建议,被告人选择接受量刑则适用该制度;不接受的,根据具体情况,适用普通程序或是认罪案件简易程序,被告人无权反复对量刑建议提出意见。如此一来,被告人对量刑建议仅有选择是否同意的权利,保证了量刑的严肃性,防止被告人为追求更低的量刑而与司法机关纠缠不清。[1]这种看法有其不足,协商是对等的,应当允许被告人在辩护律师的帮助下,对量刑问题主动提出有关看法,也可以对检察机关提出的量刑意见发表看法,在合法的范围内,实现从宽的效果。

(二)量刑协商的本体要素

在认罪认罚从宽案件中,控辩之间围绕量刑展开的协商,绝非一个简单的过程,而是一个极其复杂的工程,旨在更好地兼顾公正与效率之间的关系。

1. 试点现状与分析

根据最高人民法院、最高人民检察院《关于在部分地区开展刑事案件认罪认罚从宽制度试点工作情况的中期报告》统计,在试点中,检察机关对认罪认罚案件依法提出的从宽量刑建议中,建议量刑幅度的占 70.6%,建议确定刑期的占 29.4%,法院对量刑建议的采纳率为 92.1%。认罪认罚案件中犯罪嫌疑人、被告人被取保候审、监视居住的占 42.2%,不起诉处理的占 4.5%;免予刑事处罚的占 0.3%,判处 3 年以下有期徒刑刑罚的占 96.2%,其中判处有期徒刑缓刑、拘役缓刑的占 33.6%,判处管制、单处附加刑的占 2.7%,非羁押强制措施和非监禁刑适用比例进一步提高。[2]同时,制定类案量刑标准,探索智能辅助量刑系统,完善量刑建议机制,提升量刑建议和刑

---

〔1〕 王平:"认罪认罚从宽制度的实践思考",载《人民法院报》2017 年 2 月 12 日,第 8 版。

〔2〕 周强:"关于在部分地区开展刑事案件认罪认罚从宽制度试点工作情况的中期报告——2017 年 12 月 23 日在第十二届全国人民代表大会常务委员会第三十一次会议上",载《人民法院报》2017 年 12 月 24 日,第 1 版。

罚裁量水平。进一步加强对认罪认罚从宽制度试点中法官、检察官自由裁量权的依法监督，坚决防止发生徇私枉法、滥用职权等违法情形，确保公正廉洁司法。〔1〕这充分说明了认罪认罚从宽协商机制的客观存在，而且也表明了其是试点中的重要环节。协商机制的运行是否顺畅与良好，在很大程度上决定了认罪认罚从宽制度的常态运行及其效果。

在此基础上，最高人民法院、最高人民检察院《关于在部分地区开展刑事案件认罪认罚从宽制度试点工作情况的中期报告》也指出，进一步要求正确处理检察机关量刑建议与人民法院刑罚裁量的关系，探索完善认罪认罚案件的量刑标准，为检察机关更准确提出量刑建议、法院更准确裁量刑罚创造条件。〔2〕坚持以审判为中心，严格规范侦查阶段撤销案件和审查起诉阶段不起诉程序，同时明确规定人民法院对认罪认罚案件作出判决时，一般应当采纳人民检察院指控的罪名和量刑建议。严密防范刑讯逼供、暴力取证以及权钱交易、放纵罪犯等滥用职权、徇私枉法的行为。加强法律文书释法说理，加大案件流程公开和文书网上公开力度，以阳光司法确保公正司法。主动接受监督，认真听取律师意见，确保具结书签署时律师在场见证。同时，进一步加强对认罪认罚从宽制度试点中法官、检察官自由裁量权的依法监督，坚决防止发生徇私枉法、滥用职权等违法情形，确保公正廉洁司法。〔3〕这明确了在推动认罪认罚从宽协商机制进一步发展和完善的问题上，需要主要解决的难点与工作。

2. 量刑协商的法理构造

量刑协商是对量刑权行使的法定方式的"变通"，属于刑罚裁量的本意，是检察机关量刑建议权的具体体现，并以认罪认罚这一基本的量刑情节为前提。其主要内容包括：（1）刑罚裁量的基本属性使然。相比于定罪问题的法

---

〔1〕 周强："关于在部分地区开展刑事案件认罪认罚从宽制度试点工作情况的中期报告——2017年12月23日在第十二届全国人民代表大会常务委员会第三十一次会议上"，载《人民法院报》2017年12月24日，第1版。

〔2〕 周强："关于在部分地区开展刑事案件认罪认罚从宽制度试点工作情况的中期报告——2017年12月23日在第十二届全国人民代表大会常务委员会第三十一次会议上"，载《人民法院报》2017年12月24日，第1版。

〔3〕 周强："关于在部分地区开展刑事案件认罪认罚从宽制度试点工作情况的中期报告——2017年12月23日在第十二届全国人民代表大会常务委员会第三十一次会议上"，载《人民法院报》2017年12月24日，第1版。

定性、强制性、不可私了性等特征，刑罚的确定过程正是"裁量"过程。但是，按照刑罚权中量刑权的法定行使方式，量刑属于法定机关的单方面裁量行为，被害方原则上不能参与协商，以确保国家追诉活动的专属性与权威性。尽管如此，在通过认罪认罚解决定罪问题后，定罪决定量刑或定罪是量刑前提的司法运行规律被部分修正，司法机关主导的刑罚处罚活动具有相对的非单方面性、内容可修正性等特征。在此基础上，认罪认罚从宽协商（控辩量刑协商）才具备启动的基本前提，也与《刑法》对刑罚裁量的规定相匹配，展示从法定刑到宣告刑的动态裁量过程。（2）检察机关量刑建议权的行使。根据现行法律的规定，量刑权最终应当属于审判机关。但是，检察机关可以将量刑意见作为诉讼请求，共同推动量刑规范化，并制约法官刑罚裁量。[1]根据《刑事诉讼法》的规定，我国已经设立了独立于定罪程序的量刑程序环节，检察机关也广泛行使量刑建议权。在认罪认罚从宽协商机制中，检察机关的量刑建议权是另一重要的前提。公诉部门负责审查起诉，涉及定罪和量刑两个层面，在已经依法解决定罪问题后，在提起公诉的前提下，必然要行使量刑建议权。检察机关的量刑建议权也使其在协商中处在主导地位，可以使其提出的量刑意见对审判机关具有合理的"建议作用"。（3）从宽性量刑情节的客观存在。量刑协商的基础是认罪认罚，认罪认罚首先也是具体的从宽性量刑情节。[2]但认罪认罚的情形在实践中比较复杂，具体表现为一系列的罪前、罪中以及罪后情节。因而，在认定和运用作为协商的犯罪事实基础及其具体情节时，仍需予以精细化、个别化。同时，被害人的态度等情节也是量刑协商的基础之一。比如，《试点办法》第7条规定，办理认罪认罚案件，应当听取被害人及其代理人意见，并将犯罪嫌疑人、被告人是否与被害人达成和解协议或者赔偿被害人损失、取得被害人谅解，作为量刑的重要考虑因素。

3. 量刑协商的存续时间

认罪认罚从宽量刑协商的前提是自愿认罪认罚，在此基础上，量刑协商是为了提高诉讼效率，同时也使量刑结果得到双方的认可。为了防止量刑协商过程的反复与拖累，影响诉讼效率的提高，应当对量刑协商的时间期限做一定的限制。关于协商时间，一般应当在审查起诉阶段进行量刑协商，但是

---

[1] 柯葛壮、魏韧思："量刑建议的实践困境与解决路径"，载《政治与法律》2009年第9期。

[2] 王敏远："认罪认罚从宽制度疑难问题研究"，载《中国法学》2017年第1期。

在检察机关向法院提起公诉后至法院开庭之前，被告人认罪并向法院提出要求适用控辩协商程序时，法院应当予以支持。[1]在检察机关已经起诉至法院后，被告人提出进行控辩协商要求的，由法院主持并审查协商程序，但不参与量刑协商。在庭前控辩双方达成量刑合意的，检察机关对于量刑意见的把握，应当严于审查起诉阶段的协商。

4. 刑罚种类的协商

《试点办法》第 11 条第 2 款规定，量刑建议一般应当包括主刑、附加刑，可以提出确定刑期的量刑建议。建议判处财产刑的，一般应当提出确定的数额。主要包括：（1）刑种的协商。在排除了仅配置单一主刑和附加刑的法定刑档次的罪名后，被追诉者作出认罪认罚的，量刑协商时如何选择主刑或附加刑问题应该存在协商的空间。在主刑问题上，比如，在管制与拘役两种主刑之间，选择管制便是从宽之举；又如，在有期徒刑的刑期上，选择不同刑期或幅度也有从宽的余地。在附加刑问题上，选择没收全部财产与没收部分财产，选择罚金刑或没收财产往往存在从宽的差异。这些在不同的认罪认罚案件中都属于可以协商的内容。（2）轻刑与重刑的协商。在刑种协商的基础上，是否可以在轻刑与重刑之间做出协商，试点期间有待明确，而其关键是对定罪协商问题的态度。比如，同一行为涉嫌构成不同性质的轻重罪名，在认罪认罚的基础上，选择相对较轻的罪名，是否属于量刑协商的可控范围，还是其实属于定罪从宽问题，这在理论上确实存在争议。同时，对于认罪认罚的，涉嫌罪名存在数个法定刑档次，在没有法定减轻处罚的情况下，选择下一个法定刑档次量刑，是否属于可控的轻刑重刑之间的协商，还是属于需要向最高人民法院请示核准的情形，仍需确认。对此，《刑事诉讼法》（2018年修正）第 176 条第 1 款规定，量刑时可以围绕主刑、附加刑、是否适用缓刑等问题展开。从法解释学的角度看，刑种的协商应在其列。

5. 量刑幅度的协商

《试点办法》第 11 条第 2 款规定，量刑建议可以提出相对明确的量刑幅度。主要为：（1）从轻处罚。关于从轻处罚，《刑法》第 62 条规定，犯罪分子具有本法规定的从轻处罚情节的，应在法定刑的限度以内判处刑罚。从轻处罚情节首先是指刑法总则或分则明文规定的应当从轻处罚的情形。但实践

---

〔1〕　王平："认罪认罚从宽制度的实践思考"，载《人民法院报》2017 年 2 月 12 日，第 8 版。

中可以包括酌定情形，如赔礼道歉、民事赔偿、达成和解协议等情形，对此，究竟是应当还是可以从轻处罚，可以作为从宽的内容。而且，对被告人作出从轻处罚的，量刑建议应当是幅度刑而非确定刑。关于如何把握"在法定刑的限度内处罚"的"限度"，确实存在不少分歧，目前可以参照《最高人民法院关于实施修订后的〈关于常见犯罪的量刑指导意见〉的通知》（法发〔2017〕7号）进行。（2）减轻处罚。关于减轻处罚，《刑法》第63条规定，犯罪分子具有本法规定的减轻处罚情节的，应当在法定刑以下判处刑罚；本法规定有数个量刑幅度的，应当在法定量刑幅度的下一个量刑幅度内判处刑罚。犯罪分子虽然不具有本法规定的减轻处罚情节，但是根据案件的特殊情况，经最高人民法院核准，也可以在法定刑以下判处刑罚。从中可知，减轻处罚的情形具有严格的法定性，在适用时包括法定刑以下、法定刑幅度的下一个量刑幅度两种基本情形以及最高人民法院核准的除外情形，同样适用于认罪认罚从宽案件。但是，《刑法》并未规定认罪认罚是法定的减轻处罚情节，其中，每个认罪认罚案件都请示最高人民法院核准明显不现实，进而，认罪认罚作为减轻处罚情形，务必要通过立法方式将其"法定化"，将极其严格的例外情形转变为更具操作性的减轻处罚情形。《试点办法》第22条规定，对不具有法定减轻处罚情节的认罪认罚案件，应当在法定刑的限度以内从轻判处刑罚；犯罪情节轻微不需要判处刑罚的，可以依法免予刑事处罚；确实需要在法定刑以下判处刑罚的，应当层报最高人民法院核准。这与《刑法》第63条的规定并无差异，仍未彻底解决认罪认罚作为减轻处罚情节的"法定性"问题，试点期间的探索容易受到限制。（3）免除处罚。对于量刑幅度是否包括免除处罚，存在一定的分歧，毕竟如果包括免除处罚，可能会在试点中引发被追诉者为了免除处罚而选择认罪认罚等不正常现象，或者形成"认罪认罚后便不是犯罪"的认识假象。对此，《试点办法》第10条第2款规定，检察机关应当就免除处罚这一从宽处罚的建议，听取犯罪嫌疑人及其辩护人或者值班律师的意见，记录在案并附卷。因而，免除处罚也属于量刑协商的范围，控辩双方在法律规定的情况下都可以提出或作出免除处罚的量刑意见。（4）建议从宽的量刑幅度。根据《刑法》的规定，从轻处罚和减轻处罚的从宽处罚幅度不同。根据《试点办法》的规定，究竟何种情况适用从轻处罚和减轻处罚，从宽幅度的具体条件并不明确，这不利于从宽的规范化。在量刑幅度的协商问题上，不仅存在一定的协商空间，也要求协商的幅度具有合法性与合理性。为此，应当明确从宽制度的具体运行和操作工作。例如，辽宁省高级人民法院会同省检察院、公安厅、国家安全厅、司法厅联合出台量刑规范化细则，将认罪认罚从宽制度纳入量刑规范化。这意味着犯罪嫌疑人从侦查阶段起，即可根据量刑规范化细则，基本确定认罪认罚后可能从宽减刑的幅度。明确将被告人是否与被害人达成和解协议或者赔偿被害人损失、取得被害人谅解，作为依法在法定量刑幅度内从宽处理的重要考虑因素。被告人虽未能与被害人或其近亲属达成调解协议或和解协议，但表示认罪认罚并部分或全部赔偿经济损失的，可以酌情从宽处罚。[1]此外，《刑事诉讼法》（2018 年修正）对认罪认罚从宽制度的规定，无论是在宏观制度层面，还是从微观程序角度，都未对从宽的幅度问题作出明确的规定，尚需今后进一步细化。

6. 异议与协商

如果协商始终是一帆风顺而毫无异议的，那么，量刑协商其实并不真正存在。在量刑协商过程中，异议是必要元素，确保"真正与有效的协商"。异议主要为：（1）犯罪嫌疑人、被告人及其辩护人的异议。《试点办法》第 10条第 2 款规定，在审查起诉过程中，人民检察院应当就从轻、减轻或者免除处罚等从宽处罚的建议，听取犯罪嫌疑人及其辩护人或者值班律师的意见，记录在案并附卷。显然，在听取意见的过程中，已经明确赋予犯罪嫌疑人、被告人及其辩护人提出异议的权利。提出异议本身是平等协商的基本要素，也是确保协商结果最终有效的前提。而且，《试点办法》第 21 条规定，人民法院审理认罪认罚从宽案件时，被告人、辩护人对量刑建议提出异议的，人民法院可以建议人民检察院调整量刑建议，人民检察院不同意调整量刑建议或者调整量刑建议后被告人、辩护人仍有异议的，人民法院应当依法作出判决。因而，犯罪嫌疑人、被告人及其辩护人行使异议权，可以对检察机关提出的量刑意见产生实质的影响力，可以起到修正的作用。例如，有观点认为，控辩协商的结果对控辩双方都具有约束力，原则上双方都应当遵守，被告人不可以上诉，公诉机关不可以抗诉。除特殊原因外，法院在裁判中应当认可控辩量刑协商的结果。如果在庭审中，被告人、辩护人确有证据证明原量刑

---

〔1〕 张之库、严怡娜、于巍："认罪认罚从宽制度纳入量刑规范化"，载《人民法院报》2017 年11 月 11 日，第 1 版。

协商存在不当的，检察机关可以与被告人、辩护人进行新的量刑协商，也可以由法院依法裁判。对于只要检察机关或者被告人一方不予认可的量刑协商，该案件就不再适用认罪认罚从宽制度。[1]这其实就是对"异议"的肯定，也是对"异议"应当具有的"排斥效果"的肯定，协商是对等协商而非垄断下的"迁就"，异议的存在是最好的"检验剂"。（2）被害人及其法定代理人的异议。被害人及其法定代理人可以参与量刑协商已经是基本共识，只是对参与的范围、限度以及方式等存在不同的看法。《试点办法》第7条规定，办理认罪认罚案件，应当听取被害人及其代理人意见，并将犯罪嫌疑人、被告人是否与被害人达成和解协议或者赔偿被害人损失、取得被害人谅解，作为量刑的重要考虑因素。在听取意见之际，也赋予被害人及其法定代理人提出异议的权利。但是，被害人及其法定代理人提出异议的效果与被追诉者提出异议的效果略有不同，并不能直接导致检察机关作出修改或人民法院依法作出裁判。

7. 法院审查与裁判

侦查阶段仅开展最为宽泛的量刑告知和初步的意见听取程序，不宜开展量刑协商程序。主要理由为：一是囿于侦查阶段辩护律师参与的有限性，如无阅卷权、讯问在场权等，其能够了解和掌握的犯罪嫌疑人涉案信息与侦查机关不对等，辩方实际上并不具有与侦查机关进行平等、深入、有效协商的能力和条件。二是侦查阶段关于犯罪事实、性质、情节、后果等查明的情况，仍需经过公诉机关审查后，甚至发回补充侦查后才能形成最终较为稳定的指控事实。量刑从宽幅度并非各个量刑情节的简单加减，需要根据案件情况综合统筹把握，以避免出现量刑畸轻畸重的情形。三是量刑建议系公诉机关的法定职权，侦查机关与辩方量刑协商结果的有效性和合法性难以得到保障，且容易出现协商结果不被公诉机关认可，导致推翻先前协商结果而重新协商的现象。[2]

按照《刑事诉讼法》（2018 年修正）的规定，即使被告人自愿认罪认罚的，存在认罪认罚从宽协商机制，控辩双方可通过协商在量刑问题上达成一

---

〔1〕 黄伯青、王明森："认罪认罚从宽的实践演绎与路径探寻"，载《法律适用》2017 年第 19 期。

〔2〕 叶青："认罪认罚从宽制度的若干程序展开"，载《法治研究》2018 年第 1 期。

致。但控辩双方展开的量刑协商并无绝对的终局效力，仍需接受法院的实质性审查，由审判机关通过履行审判权予以确认或修正，审理法官才是量刑协商是否合法有效的决定者。《试点办法》第 20 条规定，对于认罪认罚案件，人民法院依法作出判决时，一般应当采纳人民检察院指控的罪名和量刑建议，但属于被告人不构成犯罪或者不应当追究刑事责任的、被告人违背意愿认罪认罚的、被告人否认指控的犯罪事实的、起诉指控的罪名与审理认定的罪名不一致的、其他可能影响公正审判的情形等五种情形的除外。显然，控辩之间的量刑协商所达成的结果并不必然具有司法终局性效力，最终仍应由人民法院依法行使审判权，通过实质审查的方式可以依法决定确认或作出修改。但是，如果法院在采纳量刑意见时，采纳率明显偏低，则直接影响控辩协商机制的运行效果，也容易打击量刑协商的公信力与量刑结果的司法确定性，会打击自愿认罪认罚的激励机制。因此，法院在审查和裁判时，应着重审查自愿认罪认罚等问题，尊重控辩双方共同达成的量刑意见的强制性或确定性的"效力"。

8. 检察机关量刑建议权及限制

司法责任制的本质是"谁办案，谁负责"，在认罪认罚从宽制度中理应将提出和变更量刑建议的权力赋予员额检察官，由其对其量刑建议负责。这既体现出司法的亲历性，也使检察官更慎重对待变更量刑建议的权力，有利于提高司法效力。为避免检察官滥用量刑建议权，可以在制定检察官权力清单时予以规制。检察机关的量刑建议法官不予以采纳的，要说明理由。建立容错机制，加强诉讼监督。[1]

在认罪认罚从宽制度中，由于量刑建议是在提起公诉时在起诉书中提出的，如果出现被告人撤回《认罪认罚具结书》，当庭翻供、拒不认罪，人民法院建议调整量刑建议等情况，许可检察机关变更量刑建议。在认罪认罚从宽制度中赋予检察机关变更量刑建议的权力，在需要调整量刑建议情形发生时，调整变更量刑建议。

此外，应警惕认罪认罚制度在适用时，客观上可能存在"报复性"起诉的问题。因为检察机关全程主导量刑协商而导致控辩双方地位和信息不平等，

---

〔1〕 刘占勇："认罪认罚从宽制度中量刑建议问题研究"，载《中国检察官》2017 年第 6 期。

有存在"报复"拒绝认罪的被告人的危险。[1]

9. 量刑协商的规范化

量刑建议是量刑协商的核心。2016 年底，广州市越秀区法院、检察院、公安局、司法局四家共同发布了《越秀区刑事案件认罪认罚从宽制度操作规程》，要求检察院出具的量刑建议必须明确主刑、附加刑和刑罚执行方式，原则上必须确定主刑和财产刑，这有利于增强被告人对判决结果的合理预期，既让被告人服判，也便于法官对被告人准确量刑和裁判。针对实践中部分检察官和法律援助律师欠缺量刑经验的问题，越秀区人民法院还起草了《越秀区认罪认罚案件量刑指引》，全面介绍规范化量刑的操作规范，总结了过去 3 年该院常见罪名的量刑经验，采取分段式量刑从宽激励机制，对在刑事诉讼不同阶段认罪的犯罪嫌疑人、被告人，给予 10%～30% 不等的从宽幅度，以鼓励犯罪行为人及早认罪，节约司法资源。[2]

2017 年 11 月，辽宁省高级人民法院会同省检察院、公安厅、国家安全厅、司法厅等部门联合出台量刑规范化细则，将认罪认罚从宽制度纳入量刑规范化。细则明确规定，犯罪嫌疑人从侦查阶段起，即可根据量刑规范化细则，基本确定认罪认罚后可能从宽减刑的幅度。办理适用认罪认罚从宽处罚制度的案件，应当听取被害人及其代理人意见，并将被告人是否与被害人达成和解协议或者赔偿被害人损失、取得被害人谅解，作为依法在法定量刑幅度内从宽处理的重要考虑因素。被告人虽未能与被害人或其近亲属达成调解

---

[1] 赵旭光："'认罪认罚从宽'应警惕报复性起诉——美国辩诉交易中的报复性起诉对我国的借鉴"，载《法律科学（西北政法大学学报）》2018 年第 2 期。目前，尚不存在建立司法审查制度的条件，但可以从启动协商的时间以及限制起诉裁量出发，从程序上制约。同时，在辩诉交易实践中，逐渐产生"报复性起诉"，针对这种违反正当法律程序条款的恶意起诉，发展出"报复性起诉抗辩"，具有一定的启发性。具体来说，一是时间。检察院启动认罪认罚可以在检察机关提起公诉之后，即起诉书副本送达被告人之后。这样人民法院即可获知关于被告人的认罪认罚起诉的罪名与量刑建议，就可以自然参与认罪认罚的程序监督。二是起诉罪名与量刑建议。如果被告人拒绝认罪认罚，检察机关即正常起诉；如果被告人认罪认罚，即进入认罪协商程序，由控辩双方达成一致，被告人签署具结书，检察机关向人民法院说明认罪认罚情况，撤回原来的公诉书，按照协商后的内容提起公诉。人民法院启动罪状答辩程序，对被告人认罪认罚的自愿性进行审查。据此，被告人对认罪认罚的"收益"和拒绝认罪认罚的"不利"心知肚明，无需担心拒绝认罪会带来更不利的起诉。人民法院亦可提前介入程序中，起到监督的作用。

[2] 杨晓梅："强化人权保障规范量刑协商——广州越秀区法院推进认罪认罚从宽制度改革纪实"，载《人民法院报》2017 年 12 月 8 日，第 4 版。

协议或和解协议，但表示认罪认罚并部分或全部赔偿经济损失的，可以酌情从宽处罚。在从宽幅度上，根据被告人认罪的不同阶段、对于侦破案件所起的作用、认罚的实际履行情况等因素确定从宽的幅度。对于《最高人民法院关于常见犯罪的量刑指导意见》中规定的罪名，可以将认罪认罚作为犯罪事实以外的一个单独量刑情节，减少基准刑的 10%~30%，但减少的刑罚量不能超过 2 年；对未作规定的罪名从宽幅度亦应低于本地区同类案件的刑罚，对可能判处 3 年以下有期徒刑刑罚案件，从宽幅度不能超过 1 年，对可能判处 3 年以上有期徒刑刑罚案件，从宽幅度不能超过 2 年。[1]

（三）定罪协商的辨析

美国辩诉交易与我国认罪认罚从宽制度的重要差异之一在于罪名的协商性。[2]《试点办法》确实没有明确规定认罪认罚后可以围绕定罪展开协商的内容，目前各地试点也避而不谈，从而使认罪认罚的定罪协商问题处于搁置状态。

1. 理论分歧

关于试点中的认罪认罚从宽制度与美国辩诉交易的关系，目前基本上明确区分二者，因而，对定罪协商问题也保持极为慎重的态度，但也不尽然妥当。当前的争论主要为：（1）完全否定说。应对检察官的自由裁量权进行限制。禁止对定罪问题进行协商，即禁止控辩双方对犯罪行为的性质、罪名、罪数等问题进行协商，不允许检察官为了降低被告人的刑罚幅度而降格指控罪名。[3]究其理由，我国检察机关不只是公诉机关，还是法律监督机关。在罪名和罪数上，公诉部门不能与犯罪嫌疑人、被告人及其律师进行协商。（2）有限肯定说。一般情况下，应当严格限制控辩协商的边界，将协商内容限定在量刑等相关问题上。但对于不起诉案件，尤其是酌定不起诉案件，控辩双方有依法协商的空间。即便犯罪嫌疑人认罪，辩护人向公诉人提出的不起诉意见被采纳，检察机关作出不起诉决定的，也是控辩协商的结果。对于

---

〔1〕 张之库、严怡娜、丁巍："认罪认罚从宽制度纳入量刑规范化"，载《人民法院报》2017 年 11 月 11 日，第 1 版。

〔2〕 樊崇义、徐歌旋："认罪认罚从宽制度与辩诉交易制度的异同及其启示"，载《中州学刊》2017 年第 3 期。

〔3〕 白宇："认罪认罚从宽制度与刑事案件分流体系构建"，载《甘肃政法学院学报》2017 年第 1 期。

个别因法条竞合定性有疑问的案件，被告人对于较轻的罪名认罪认罚，以换取从宽处罚，是有利于被告且不违反法律规定的控辩协商。[1]（3）基本肯定说。从《试点办法》的条文表述来看，检察机关在协商中仅能"告知"诉讼权利和法律后果、"听取"意见，对于是否能就定罪、量刑进行讨论则语焉不详，亦不排除协商空间。而且，从撤销案件和不起诉两种特殊情况看，协商的范围不仅限于量刑，而是已经拓展到定罪（罪名、罪数等）。[2]（4）控辩协商幅度有限。在审查起诉阶段，抛开法定从宽处罚的情节，虽然嫌疑人有机会通过认罪、悔罪行为获得从宽处罚，但是控辩协商的因素与空间还是比较有限。犯罪嫌疑人、被告人对量刑建议一般只能被动地选择接受或不接受，控辩协商的空间不大，类似辩诉交易之类的讨价还价并不现实。一是侦检机关在"案件事实清楚，证据确实、充分"的情况下协商的必要性不大；二是在法律及司法解释规定的框架内，量刑浮动的幅度本身也比较有限，控辩协商的空间不大；三是在错案责任倒查问责制和办案质量终身负责制的办案压力下，司法人员参与协商的动力也不足。根据认罪认罚从宽制度的不同样态运行的司法实践经验，基于实质真实、罪刑法定及罪责刑相适应的原则，在坚持司法底线正义的基础之上，控辩协商的空间还是比较有限的，控辩双方既不能就指控的罪名和罪数进行协商，也不能将那些事实不清、证据不足的案件纳入协商范围。不过，在检察机关提起公诉或提出量刑建议之前，犯罪嫌疑人或其辩护律师可以与检察官进行必要的沟通，通过相应工作的配合，在检察官裁量过程中发挥一定的积极作用。[3]

对此，一方面，在启动试点的初期，考虑过往的刑事和解、刑事速裁程序等试验性司法活动，均对定罪协商保持慎重的态度；而且，《试点办法》并无明确规定，《刑法》亦无相关规定，确实不宜冒进，普遍推进认罪认罚的定罪协商问题。例如，在职权主义语境中，德国式辩诉交易是法庭主导下的认罪供述与量刑协商合意，而不包含指控交易和罪状交易。[4]这点也是应当注

---

〔1〕 魏东、李红："认罪认罚从宽制度的检讨与完善"，载《法治研究》2017年第1期。

〔2〕 刘岑岑："'以审判为中心'背景下的认罪认罚从宽制度解读与完善"，载《学习与探索》2017年第1期。

〔3〕 宋善铭："认罪认罚从宽制度典型样态运行的实证分析——以浙江省实践为例"，载《河北法学》2017年第10期。

〔4〕 印波："以宪法之名回归法律文本：德国量刑协商及近期的联邦宪法判例始末"，载《法律科学（西北政法大学学报）》2017年第5期。

意的，至少说明目前对认罪认罚从宽协商内容的限制有其必要性与相应的考量。另一方面，完全否定定罪协商的现实性与必然性亦不妥，定罪协商与量刑协商并非完全相互独立的两个部分。而且，从长远看，我国形成和确立类似于美国辩诉交易的协商制度并非遥不可及。[1]与其让客观存在的定罪协商机制处在"暗箱"状态，不如直接暴露在司法公开的阳光下进行科学操作。

2.《试点办法》第9条与第13条规定的研判

尽管目前对定罪协商持否定立场的较多，相应的理由也有其合理性，但是，《试点办法》第9条、第13条规定的特殊案件撤销、特殊案件的不起诉决定，都属于对现行法律的绝对突破，实质上隐藏定罪协商的意蕴。对此，《刑事诉讼法》（2018年修正）在第二编第三章增加第182条规定："犯罪嫌疑人自愿如实供述涉嫌犯罪的事实，有重大立功或者案件涉及国家重大利益的，经最高人民检察院核准，公安机关可以撤销案件，人民检察院可以作出不起诉决定，也可以对涉嫌数罪中的一项或者多项不起诉。根据前款规定不起诉或者撤销案件的，人民检察院、公安机关应当及时对查封、扣押、冻结的财物及其孳息作出处理。"这从立法上作出了规定，在解除了"违法性"的隐忧之际，也加深了定罪协商问题讨论的依据和内容。

在看待认罪认罚从宽协商是否包括定罪协商问题时，应当具体分析，不宜"一刀切"。具体而言：（1）特殊案件的撤销。《试点办法》第9条规定，犯罪嫌疑人自愿如实供述涉嫌犯罪的事实，有重大立功或者案件涉及国家重大利益，需要撤销案件的，办理案件的公安机关应当层报公安部，由公安部提请最高人民检察院批准。按照《刑事诉讼法》（2018年修正）第163条的规定，撤销案件限于不需要承担刑事责任的情形。对有犯罪事实的、需要承担刑事责任的，因认罪认罚且有重大立功或者案件涉及国家重大利益，作出撤销案件的，与现行规定不符。反而，此举客观上免除罪责，也具有赦免的法律效果，实质上属于定罪协商问题。否则，在需要承担刑事责任的客观情形下，公安机关无权处置，除非存在定罪协商机制，并用于鼓励犯罪嫌疑人如实供述、积极立功和维护国家重大利益。（2）特殊案件的不起诉。《试点办法》第13条规定，犯罪嫌疑人自愿如实供述涉嫌犯罪的事实，有重大立功或者案件涉及国家重大利益的，经最高人民检察院批准，人民检察院可以作出

---

[1] 张建伟："认罪认罚从宽处理：中国式辩诉交易？"，载《探索与争鸣》2017年第1期。

不起诉决定，也可以对涉嫌数罪中的一项或者多项提起公诉。具有法律规定不起诉情形的，依照法律规定办理。按照《刑事诉讼法》（2018 年修正）第177 条的规定，《试点办法》第 13 条规定的情形并不符合现行法律规定的不起诉情形，也属于特殊的试点做法，实质效果与《试点办法》第 9 条基本相同，具有免除罪责与赦免的法律效果，其实也不排除定罪协商机制的作用。（3）特殊处理与制度的例外。《试点办法》第 9 条、第 13 条规定的情形，均明显突破现行法律规定，而其合法性来自《试点决定》与《试点办法》规定的试验性司法。而且，对于这两类特殊的案件，客观上存在需要追究刑事责任的情形，只是基于犯罪嫌疑人如实供述、具有重大立功或案件涉及国家重大利益等情形，可以不依法追究。显然，无论是特殊案件的撤销，还是特殊案件的不起诉，其法律效果都蕴含协商因子，定罪协商机制也在其中，否则，有相应的犯罪事实、证据以及相应的罪责，是不能凭空免除罪责的。因此，《试点办法》第 9 条、第 13 条规定的处理结果，显然不是侦查机关、检察机关依法行使职权的单方面行为，不排除定罪协商的存在。

但是，《试点办法》第 9 条、第 13 条关于撤销案件、不起诉的规定，却为罪名与罪数的协商提供了制度可能。具体而言：（1）撤销案件作为侦查终结后的案件处理方式之一，不仅从程序上终止对犯罪嫌疑人的追诉，而且根据刑事诉讼法的相关规定，撤销案件意味着犯罪嫌疑人的行为缺乏犯罪构成要件不构成犯罪；或者具备《刑事诉讼法》（2018 年修正）第 16 条规定的六种情形之一，而不应对其追究刑事责任。《试点办法》第 9 条以"犯罪嫌疑人自愿如实供述涉嫌犯罪的事实，有重大立功或者案件涉及国家重大利益"作为撤销案件的实体条件，显然已经突破了现行刑事诉讼法有关撤销案件的规定，从而潜藏着在认罪认罚从宽案件处理过程中，不仅存在着罪名协商，而且存在着罪与非罪的协商可能。更值得注意的是，这种协商是在侦查阶段，发生在犯罪嫌疑人与公安机关之间的，而这一点同样为理论研究者所反对。（2）对于犯罪嫌疑人而言，不起诉则宣告了行为在法律上无罪。《试点办法》在《刑事诉讼法》（2018 年修正）规定的法定不起诉、酌定不起诉、存疑不起诉之外，创设了新的不起诉情形，或者说赋予了检察机关更大的起诉裁量权。从逻辑上而言，当赋予人民检察院"可以对涉嫌数罪中的一项或者多项提起公诉"的权力的同时，也就意味着赋予其对涉嫌数罪中的一项或者多项不提起公诉的权力。由此，完全可以推导出在认罪认罚从宽制度安排中存在着控辩双方就指控罪名、罪数进行协商的可能。[1]

3. 定罪协商的法理分析

在认罪认罚从宽制度中，定罪协商内容及其运行机制并非是一个伪命题，而是试点期间应当积极探索和正面予以回答的问题，具体理由为：（1）自愿认罪认罚并不必然全部彻底解决定罪问题。从《试点办法》看，定罪协商问题可能被认罪认罚这一重要行为所遮蔽，甚至形成"认罪认罚只要真实自愿，则定罪问题就已经得到解决"的认识误区。其实，犯罪嫌疑人、被告人自愿作出认罪认罚的，只是减轻侦查机关的侦查任务、检察机关审查起诉的工作量、审判机关对定罪的认定难度，公安司法机关仍负有查清事实的职责，并应当达到案件事实清楚、证据确实充分。在此背景下，对于自愿作出认罪认罚的，可能事实或证据存在一定的瑕疵，或者在解决轻重罪问题上存在一定的选择余地。此时，是否可以肯定认罪认罚的有效性并启动量刑协商程序，其实涉及定罪协商是否可以存在的本质问题。如果继续采用认罪认罚从宽程序，意味着这类特殊情形存在定罪协商的余地；否则，必须否定定罪协商的存在余地。（2）定罪协商与量刑协商并非绝对的分离关系。在定罪量刑的司法模式中，量刑协商的妥当解决，以定罪问题得到圆满解决为前提。相比于不认罪认罚案件，认罪认罚一般可以妥善解决定罪问题，但是，也可能遗留一些特殊情形，如相似罪名或关联罪名之间的轻重选择问题，或案件的事实和证据存在一些瑕疵却不足以脱离相应的证明标准等。如果认罪认罚的，却由于定罪上存在不确定的问题，而不适用认罪认罚从宽程序，是否合理与妥当，其实也回答了是否可以在特定条件启动定罪协商的问题。而且，从试验性司法的效果与对司法公正的潜在隐患看，对于轻罪和轻微罪而言，定罪协商对司法公正的负面作用有限，反而可能更符合提高诉讼效率的初衷。即使是重罪，也不必然完全是负面作用，如《试点办法》第9条、第13条规定的特殊案件或特殊情形。（3）定罪协商制度并不必然违反试点文件精神，是否必要与可行应通过试点予以验证。《试点方案》《试点决定》《试点办法》等文件虽未明确规定，但也并未明确排除定罪协商问题。因而，从解释论看，不宜彻底排除定罪协商的必要性与可行性。反而，定罪协商是否可行、如何

---

〔1〕　刘方权："认罪认罚从宽制度的建设路径——基于刑事速裁程序试点经验的研究"，载《中国刑事法杂志》2017年第3期。

操作等问题，都可以通过试点予以验证，通过实践获得的理性更具有可靠性与真实性。

与此同时，认罪认罚从宽协商机制是否包括定罪协商问题。这个问题其实是与域外辩诉交易制度中的定罪协商问题相比较而提出的。对此，理论上总体认为，刑事案件认罪认罚从宽制度不是"辩诉交易"，而是在控辩双方充分、平衡对抗基础上的控辩协商。[1]诚然，刑事案件认罪认罚从宽制度不能简单等同于域外的辩诉交易制度，刑事案件认罪认罚从宽制度不仅仅为了提高司法效率，还有司法需求与人权保障的考虑。尽管如此，实践中仍存在一种变相的"认罪协商"做法。例如，有观点认为，推动不认罪案件向认罪案件转变。基层检察院公诉部门承办的刑事案件中，大约有80%属于认罪案件，剩余20%属于不认罪案件。20%的不认罪案件消费公诉人80%的精力。公诉人合理使用"认罪+从宽"的杠杆，推动不认罪案件向认罪案件转变，不仅可以激发被追诉人认罪悔罪心理，达到实质的公正，还可以提高司法效率，避免司法资源消耗，彰显及时审判的程序观。[2]这其实已经在一定程度上包含了"定罪协商"的含义，只是相对间接且不正式化。质言之，以从宽优惠为前提鼓励自愿认罪认罚，从而进入简化程序，在一定程度上具有认罪协商的意蕴，但并非正式的、公认且规范的做法，仍存在一定的风险。

四、认罪认罚从宽协商机制的保障体系

控辩协商理念是认罪认罚从宽制度的创新内容，应当遵循刑事诉讼原理，通过诉讼方式予以实现，确保程序合法与程序正义的实现，并提供相应的救济机制。

（一）量刑协商的程序规范

在自愿认罪从宽的前提下，围绕量刑从宽展开的协商，成为整个制度与试点的绝对核心。为了更好地促进协商过程与结果的合法性与正当性。理论上与试点期间均有设立相对独立的量刑协商程序的呼声。

---

〔1〕 葛晓阳："认罪认罚属控辩协商而非'辩诉交易'"，载《法制日报》2016年9月3日，第3版。

〔2〕 严立华、黄祥坤："论检察机关在认罪认罚从宽制度改革中的使命担当"，载《江苏法制报》2017年12月11日，第A7版。

1. 试点现状

2016 年 12 月，广州市检察机关正式启动认罪认罚从宽制度试点工作。截至 2017 年 7 月，共适用认罪认罚从宽制度起诉 4997 件 5341 人，件数占全部起诉案件的 47.30%，且呈逐月递增态势。截至 2017 年 7 月，全市检察机关在办理认罪认罚案件中，共提出量刑建议 4505 份，被法院采纳 4313 份，采纳率为 95.74%。[1]奉贤区人民检察院适用认罪认罚从宽制度办理的案件，平均审查起诉时间比其他案件节约近 2/3，量刑建议与法院判决结果符合率达 95.6%，无一例上诉。[2]

当前，控辩双方的协商程序不规范。公诉机关与犯罪嫌疑人、被告人之间的量刑协商，缺乏具体的程序规范，没有可供参照的规则予以指引，而协商的法律效果在实践中往往出现反复甚至大相径庭的情况，制约了认罪认罚从宽制度的顺利推进。例如，上海法院系统 2017 年 1~6 月的数据显示，人民法院对检察院指控罪名和量刑建议的采纳率为 98.85%，并未实现全部采纳的试点预设。[3]

从程序本身的独立意义，特别是从认罪认罚从宽程序的特质看，设置独立的协商程序，不仅是对认罪认罚从宽协商理念的高度重视，也使其立法化、制度化，更使认罪认罚从宽协商机制有别于过往的刑事和解协商等司法探索活动。

2. 定罪与量刑的程序分离规律

在传统司法中，定罪程序是庭审中的基本环节，能够受到各方面的重视，因而围绕着定罪证据一般能够进行较为充分的举证、质证、认证和辩论活动，而相比之下，量刑程序却呈现"隐形化"特征，成为庭审中接近于消失的一个环节。围绕量刑证据进行的举证、质证、认证和辩论等活动缺失是需要引起我们重视的问题。

实际上，长期以来，刑事审判制度确立定罪与量刑一体化的程序模式，

---

〔1〕 何小敏："广州刑事案件认罪认罚从宽试点覆盖 70 多个罪名"，载大洋网，http://news.da-yoo.com/guangzhou/201708/25/150080_51707913.htm，最后访问时间：2017 年 11 月 1 日。

〔2〕 "奉贤区检察院推进认罪认罚从宽制度试点"，载上海市人民政府网，http://www.shanghai.gov.cn/nw2/nw2314/nw2315/nw15343/u21aw1262212.html，最后访问时间：2017 年 11 月 16 日。

〔3〕 黄伯青、王明森："认罪认罚从宽的实践演绎与路径探寻"，载《法律适用》2017 年第 19 期。

主流的诉讼理论是以定罪控制为中心确立起来的，重定罪轻量刑是实践中的隐性做法，导致量刑规范化不足。[1]2012 年《刑事诉讼法》增设相对独立的量刑辩护程序，使定罪与量刑相互分离，量刑程度有其独立价值，而不能依附于定罪程序。[2]同时，在简易程序、普通程序中，虽然并不能直接略过定罪与量刑阶段，但为被告人定罪问题而设计的理论制度、证据规则，也因被告人的认罪认罚而在不同程度上被简化。只是不同于美国的辩诉交易制度，在我国即使被告人作出了认罪的答辩，案件仍旧要开庭审理，同时开庭审理的焦点也逐步落到被告人的量刑程序上。但是，这种变化不是非常显著，同时也很难凸显出来。

在认罪认罚从宽的案件中，被告人的"认罪认罚"导致控辩双方在定罪的问题上排除了分歧，争议的焦点自然会转移到被告人量刑的问题上来。在刑事速裁程序中，更是可以直接省略法庭调查与法庭辩论阶段，适用了认罪认罚从宽制度进行开庭审理的案件，其焦点必将落到对被告人如何从宽上。因此，在认罪认罚从宽程序中，已经通过自愿认罪认罚先行解决定罪问题，量刑成为实体与程序的双重核心。同时，量刑成为认罪认罚协商机制的焦点，量刑协商及其结果的可接受性，决定协商程序是否符合程序正义的要求。在试点期间，司法工作人员并不重视量刑协商程序的独立性，也可能弱化量刑协商的平等性、自愿性与合法性，应强化量刑协商程序的独立性，通过独立程序的意识确立、程序规范的引导等方式，使量刑协商成为目前试点的工作重心。在设置独立的协商程序时，可以参照现行刑事诉讼法，主体格局、权力配置、权利行使、程序规则等是主体内容。虽然控辩协商主要在审查起诉阶段，但却始于侦查阶段，并最终由审判机关依法裁判，独立的认罪认罚从宽协商程序是流动性的，不限于审查起诉阶段，但以审查起诉阶段为主。

鉴于量刑程序在实际中的重要性，有法院曾针对量刑进行了专门的答辩程序的探索，即在判决作出以前专门听取控辩双方就量刑建议提出的辩论意见。但由于这种量刑答辩设置在法庭辩论的环节，其独立性并没有得以明确显现。在认罪认罚从宽试点过程中，对于被告人庭前已经认罪的案件，应当

---

〔1〕 陈瑞华："论量刑程序的独立性——一种以量刑控制为中心的程序理论"，载《中国法学》2009 年第 1 期。

〔2〕《刑事诉讼法》（2018 年修正）第 198 条第 1 款规定："法庭审理过程中，对与定罪、量刑有关的事实、证据都应当进行调查、辩论。"

着重凸显庭审中量刑的作用与功能，推动量刑程序的相对独立，速裁程序中虽然可以不再进行法庭调查与辩论，但也应当就量刑的问题听取控辩双方的意见，简易、普通程序中，则应当允许控辩双方就量刑的证据进行质证，围绕量刑事实进行辩论，这不仅有利于被告人对即将判处的刑罚产生更合理的心理预期，减少认罚后反悔现象的发生，同时也有利于加强控辩双方对量刑问题的参与，推动庭审的实质化运行。[1]

3. 控辩协商的流程

认罪认罚从宽独立协商程序的顺畅运行，取决于必要的条件和基础。有必要阐明独立协商程序的内部构造，确保程序运行的流畅性，其理论构造大体包括以下内容：（1）认罪认罚的自愿性是前提。独立的协商程序，是以定罪问题得到妥当解决为前提的。而定罪问题的解决，取决于认罪认罚是自愿作出的，符合真实性、真挚性、有效性等条件，这才具备启动的实质条件。继而，也决定控辩协商的辩方是自愿的，协商的合意基础、自治内涵得以保障。（2）存在基础的犯罪事实。即使符合自愿性条件，也需要有一定的犯罪事实基础作为前提和依据，协商必须是针对有罪的案件进行，无罪案件没有协商的余地。易言之，协商程序是以"案件事实清楚、证据确实充分"为基本依据，进而，被追诉者实施相应的犯罪事实已经无疑问，在此基础上进行协商，可以促使双方主要围绕量刑展开，简化审理程序，但又确保司法公正不受削弱。（3）相对开放的协商主体格局。协商程序的独立性，应以利益相关者的充分参与、有效对话、平等沟通等内容为前提。如果仅限于被追诉者与公诉部门，是否独立的意义并不大。只有被害人、辩护律师等主体充分参与进来，才能确保独立的协商程序实至名归。当前，认罪认罚从宽制度在追求诉讼效率之际，亟需导入诉讼民主观，构建犯罪嫌疑人主动认罪认罚前提下的新型控辩诉讼结构，司法机关特别是检察机关应主动引入相关的内外性主体，如刑事被害人以及律师、陪审员、调解员等广泛参与，真正实现有效协商。[2]（4）诉讼合意理念的树立与激活。在传统的不认罪认罚程序中，诉讼对抗是常态，控辩双方处于"你死我活"的激烈对抗状态。但是，在认罪认罚案件

---

〔1〕 樊崇义、李思远："认罪认罚从宽制度的理论反思与改革前瞻"，载《华东政法大学学报》2017年第4期。

〔2〕 吕天奇、贺英豪："法国庭前认罪协商程序之借鉴"，载《国家检察官学院学报》2017年第1期。

中，被追诉者主动通过认罪认罚来极大地减轻控方的职能和任务、被害人又往往作出谅解，这使控辩之间的协商需要急速攀升，诉讼合意随之确立，成为推动认罪认罚从宽程序进行的重要动力。对抗与合意的对立统一，才是刑事司法改革的应然图景，[1]也是指导认罪认罚从宽制度试点和完善的重要思维。立足中国司法实际，探寻符合中国经验的控辩协商，完善被追诉人认罪认罚从宽制度，便成为以审判为中心的诉讼制度改革的重要补充和必要保障。（5）繁简适当的程序与严密衔接的规则。根据《试点办法》的规定，认罪认罚从宽协商机制仍较为抽象，正在进行的试点也处于探索的初期，实践中如何操作的问题仍有待解决。为此，应当设立繁简适当的程序，包括启动主体、协商基础、异议方式、商议幅度、说理方式、确认机制等内容，并制定与其相适应的操作规范。

（二）新型控辩协商关系的建构

审查起诉阶段的控辩协商是认罪认罚从宽制度最核心的一环。认罪认罚从宽协商程序的独立运行，也取决于协商主体之间职权与权利得到良好的配置，尤其是新型控辩关系得以确立和贯彻，进而确保协商的真实与有效。

1. 犯罪嫌疑人、被告人及其辩护人的权利行使

被追诉者作为量刑协商程序的基本主体，为了确保量刑协商建立在平等基础上，进而使协商结果为各方所接受，应当被赋予以下诉讼权利：（1）对量刑意见的异议。协商是相互而非单方面的，对于公诉部门提出的量刑意见，被追诉者并非只能顺从或接受，而应当有权提出异议，并要求作出相应的调整，否则，量刑协商将变成"一言堂"。辩护律师应当根据案情，依法提出异议意见，要求公诉部门作出调整。（2）撤回接受的量刑建议。为了保证量刑协商的"合意性"，犯罪嫌疑人、被告人及其辩护人可以撤回已经接受的量刑建议，与公诉部门"讨价还价"。撤回接受的量刑建议分为两种情形：一是暂时性撤回，仍继续与检察机关协商；二是彻底撤回，不接受协商，也不接受协商程序。（3）自主决定签署具结书。协商是整个程序的关键，只有在充分协商的基础上，控辩双方才能最终对量刑从宽和程序从简达成合意。签署具结书是被追诉者最终认可量刑程序以及结果的法定合意方式。在协商过程中，

---

〔1〕 卞建林、张可："中国刑事司法改革的路径思考"，载《中国司法》2017 年第 1 期。

办案机关必须充分听取被告人、辩护人的意见，应充分保障决定的意志自由基础，应确保辩护律师在不受外界干扰下提供专业意见，且在签署时与公诉部门隔离。而且，应允许被追诉人认罪后自愿选择是否签署具结书。[1]

2. 公诉部门的职权行使

在量刑程序中，公诉部门作为主导一方，既不能搞"一言堂"，也不能片面顺从。应根据现行法律与《试点办法》的规定，依法主导量刑协商的进行，并履行以下职责：（1）撤回量刑意见。量刑协商程序具有平等特征，既然被追诉者可以撤回接受的量刑建议，那么，公诉部门也可以撤回提出的量刑意见。撤回分为相对与绝对两种情形，前者是指在协商进程中的"讨价还价"，后者是指直接终止量刑协商程序。对于后者，理由主要限于出现违反法治精神或现行规定的情形，如《试点办法》第2条规定的情形。（2）修改量刑意见。公诉部门是量刑协商程序的主导者，是量刑建议的决定者，是具结书的提交者。公诉部门可以独立修改或调整量刑意见，以此确保量刑协商不异化为辩诉交易。但是，公诉部门修改量刑意见，应当附上相应的充足理由。

3. 被害人的参与

被害人参与量刑协商程序已是共识，以避免因利益保障问题引发缠诉、上访问题。[2]但也要防止被害人"坐地要价"等极端做法。总体而言：（1）独立发表意见。尽管被害人并不能直接主导量刑协商程序启动及其推进，但作为直接的利益相关者，有权对量刑协商程序发表独立意见，从而发挥相应的监督作用，避免控辩协商成为控辩双方的"闭门会议"，诱发司法不公现象。（2）依法提出异议。被害人认为量刑协商的过程或结果不合法或不合理的，可以提出异议，但应当提供相应的理由或依据。不过，被害人提出异议的，并不能直接导致协商程序的中止或终止，司法机关应当充分考虑。对于司法机关不予考虑的，被害人可以依法行使申诉权，获得相应的诉讼救济。

（三）具结书的规范化与合法化

认罪认罚从宽协商的合意之最终达成以及其有效性，主要表现于具结书

---

〔1〕　叶青、吴思远："认罪认罚从宽制度的逻辑展开"，载《国家检察官学院学报》2017年第1期。

〔2〕　陈卫东："认罪认罚从宽制度试点中的几个问题"，载《国家检察官学院学报》2017年第1期。

的签署。因此，具结书的规范化、合法化也就成为重要的保障机制。对此，《刑事诉讼法》（2018 年修正）增加的第 174 条也对具结书的相关问题作出了规定。

1. 具结书的说理

现代刑事司法程序的简化，一般以尊重被追诉人的程序主体性和程序选择权为前提。我国之前试点的刑事速裁程序，在形式上看是程序操作的简化，本质却是基本权利的让渡或放弃。因此，被追诉人对实体争议和程序选择的具结环境，处于启动环节的中枢地位。在试点期间，基本上对被追诉人具结问题有所规定，具体涉及具结签字的阶段和效力，以及具结签字的权利告知和司法文书。

刑事速裁程序中的具结书作为一项试点经验，也移植到认罪认罚从宽制度。《试点办法》第 11 条规定，人民检察院向人民法院提起公诉的，应当在起诉书中写明被告人认罪认罚情况，提出量刑建议，并同时移送被告人的认罪认罚具结书等材料。据此，签署具结书是控辩协商结束后的具体产物。对犯罪嫌疑人而言，签署具结书是一项重要的诉讼行为，不仅宣告诉讼合意最终达成，更充分确证认罪认罚与从宽的协商关系得到正式固化。具结书作为人民法院启动相关程序的基本前提要件，按照《试点办法》的规定，人民法院往往会认可检察机关在具结书中提出的量刑意见，但也可以依法要求调整或不采纳。为了让具结书所确认的控辩协商结果与量刑意见具有相当的说服力和可信度，应强化具结书中有关量刑意见的说理部分。检察机关应充分说理，列明相关事实和证据，以充足的理由阐明所提出的量刑意见具有合法性、正当性，并对犯罪嫌疑人及其辩护人提出的意见或异议是否采纳及其理由作出相应的说明或解释。

这里，以一些试点单位的做法为例进行分析：（1）具结签字的阶段。在一些试点单位，明确了具结签字的时间和程序等问题。由于检察院在速裁程序的启动上具有承前启后的地位，L 区、S 区的《L 规则》和《S 规则》均在审查起诉环节设定具结程序。即检察院在案件受理后，或者基于公安机关或辩护方的建议，或基于自己的职权，认为案件符合速裁程序办理条件的，对嫌疑人进行讯问并告知与速裁程序相关的权利；嫌疑人承认自己所涉嫌罪行（认罪），对量刑建议无异议（认罚），对适用速裁程序没有异议的（程序选择），应签字具结。同时，H 区的《H 规则》具有很强的权力导向，在审查起诉环节未设置被追诉人具结程序，但规定该阶段的权利确认义务，表现为以检察院的审查起诉笔录记载被追诉人认罪、认罚及程序选择事项。L区的《L规则》还规定法院审理阶段的再次具结或对此前具结的变更制度，即被告人当庭提出新的具结意见，如自愿增加赔偿金额、缴纳罚金等，可暂予休庭。休庭期间检察院根据被告人与被害人之间重新达成的调解协议，提出新的精准量刑建议，被告人对此没有异议的，应再次签署自愿认罪具结书。法院恢复庭审后，由公诉人当庭阐述新的公诉意见和补充的量刑建议。除此之外，还制定专门针对速裁程序的权利告知书、起诉书和判决书。[1]（2）具结签字的效力。根据《L规则》规定，一是被追诉人具结签字意味着实体上认罪认罚。犯罪嫌疑人承认自己所犯罪行，对事实、证据、法律适用和量刑建议均没有异议，并签署具结书的，表示犯罪嫌疑人与司法机关对于案件的最终处理达成共识，前者自愿接受法律制裁，因此，具结签字具有认同最后处理结果的法律效力。二是被追诉人具结签字意味着在程序上选择速裁程序以及放弃其他程序保障机制，将导致法庭调查和法庭辩论大幅简化。三是被追诉人具结签字还意味着司法机关应提供被追诉人放弃诉讼权利所获得的对等优惠，如检察院的"量刑建议原则上就低进行底线建议"，法院"可以依法从宽处罚"。在《H规则》中，被追诉人具结签字可能导致法庭调查和法庭辩论程序的简化或省略，但无任何关于量刑从宽的规定。从条文看，被追诉人具结签字在该规则中仅产生权利放弃的效力，而不生成任何权利实惠，更遑论对等的权利实惠。在《S规则》中，被追诉人具结签字，直接导致法庭调查和法庭辩论程序被省略。被追诉人可以得到更具体的实惠，即检察院可以进行量刑建议，法院可以在量刑上减少20%的幅度。[2]

2. 量刑意见的强制效力

根据《试点办法》的规定，"签署具结书"是依法从宽处理的条件之一。这一规定使"具结"由传统司法实践中的选择性适用措施进阶为认罪认罚从宽制度中的必然适用制度。认罪认罚从宽案件中的具结书为格式文书，具有保证认罪认罚、自愿具结悔过、决定后续程序及证明案件事实四大功能。"具

---

〔1〕 林喜芬："认罪认罚从宽制度的地方样本阐释——L、S、H三个区速裁试点规则的分析"，载《东方法学》2017年第4期。

〔2〕 林喜芬："认罪认罚从宽制度的地方样本阐释——L、S、H三个区速裁试点规则的分析"，载《东方法学》2017年第4期。

结"是犯罪嫌疑人、被告人对其所实施犯罪行为的自认，具有控辩协商的性质，其对犯罪嫌疑人、被告人及检察院、法院均产生法律约束效力。[1]

2017 年 9 月，最高人民检察院公诉厅负责人在检察机关刑事案件认罪认罚从宽制度试点工作推进会上指出，试点地区检察机关适用认罪认罚从宽制度办理的案件，法院采纳量刑建议的比例近 90%。[2] 重庆市高级人民法院、市人民检察院、市公安局、市国家安全局、市司法局联合制定的《关于开展刑事案件认罪认罚从宽制度试点工作的实施细则》（2017 年 12 月）规定，在审查起诉阶段，同意检察机关量刑建议，并签署具结书的，法定刑在 3 年以下有期徒刑（含 3 年）的，可以减少基准刑的 20%~40%，法定刑在 3 年以上有期徒刑的，可以减少基准刑的 20% 以下；在审判阶段，同意检察机关量刑建议，并签署具结书的，可以减少基准刑的 10% 以下。对于被告人在侦查阶段就愿意认罪认罚的，该细则规定对其从宽处罚的幅度应高于在审查起诉或审判阶段认罪认罚的。[3]

《试点办法》第 20 条规定，对于认罪认罚案件，人民法院依法作出判决时，一般应采纳人民检察院指控的罪名和量刑建议，但被告人不构成犯罪或者不应当追究刑事责任的、被告人违背意愿认罪认罚的、被告人否认指控的犯罪事实的、起诉指控的罪名与审理认定的罪名不一致的、其他可能影响公正审判的情形除外。《试点办法》规定，法院一般应当采纳检察机关的量刑建议。这有其特殊的背景，那就是检察机关在起诉前已经要求犯罪嫌疑人、被告人签署具结书，就量刑问题诉辩双方已经协商过。但量刑建议本身不具有终局性。这就容易引起关于检察机关量刑建议剥夺法官量刑裁量权的问题，尤其是在检察机关量刑建议绝对确定的情况下，法官量刑裁量权被压缩殆尽。[4]实际上，量刑建议只有经法院采纳，才具有终局性，否则没有预先约束力，不会干扰法官裁判。归根结底，量刑建议是法院形成量刑裁决的依据和参考，但不是启动法院量刑程序的依据，也不是法院进行量刑裁判的唯一信息来

---

〔1〕 毋郁东、刘方权："认罪认罚从宽案件中的'具结'问题研究"，载《海峡法学》2017 年第 3 期。

〔2〕 李豪："轻罪案专业化快办简办提质增效"，载《法制日报》2017 年 9 月 22 日，第 3 版。

〔3〕 刘洋："重庆细化刑案认罪认罚从宽制度"，载《人民法院报》2017 年 12 月 11 日，第 1 版。

〔4〕 刘占勇："认罪认罚从宽制度中量刑建议问题研究"，载《中国检察官》2017 年第 6 期。

源。[1]

因此，即使控辩双方通过协商共同达成了量刑意见，人民法院仍可以依法要求作出调整或不认可，这使得被追诉者对通过认罪认罚获得量刑从宽的核心诉求处在不确定状态。然而，从认罪认罚从宽激励机制来看，控辩双方协商一致后达成的量刑意见，并不具有法定意义上的强制性效力，而只是法院依法审查后可以予以"原则采纳"，必然隐藏司法裁判的不确定性风险。这既可能成为被追诉者不选择自愿认罪认罚的顾虑所在，也可能降低检察机关主导量刑协商的公信力，最终不利于认罪认罚从宽协商机制的顺畅运行。因而，应赋予量刑意见相应的强制性效力，除非人民法院或其他诉讼主体提出充分的辩驳理由。

《刑事诉讼法》（2018年修正）第201条规定，对于认罪认罚案件，人民法院依法作出判决时，一般应当采纳人民检察院指控的罪名和量刑建议，但有下列情形的除外：被告人的行为不构成犯罪或者不应当追究其刑事责任的；被告人违背意愿认罪认罚的；被告人否认指控的犯罪事实的；起诉指控的罪名与审理认定的罪名不一致的；其他可能影响公正审判的情形。人民法院经审理认为量刑建议明显不当，或者被告人、辩护人对量刑建议提出异议的，人民检察院可以调整量刑建议。人民检察院不调整量刑建议或者调整量刑建议后仍然明显不当的，人民法院应当依法作出判决。该规定肯定了《试点办法》以及试点探索的积极做法与经验。要充分认识认罪认罚案件中的量刑建议是带有公信力的承诺，与非认罪认罚案件中的量刑建议有本质区别。人民法院在审查量刑建议时，应对控辩双方的合意给予尊重。[2]同时，也要对量刑协商的相对独立性、量刑意见的强制性效力以及法官的裁判权作出切合实际的权衡。正确认识"量刑建议"的性质仍属于求刑权的范畴，要把认罪认罚案件的"协商"结果与法院的庭审结果区别开来。

---

[1]　陈瑞华："论量刑建议"，载《政法论坛》2011年第2期。
[2]　杨立新："认罪认罚从宽制度理解与适用"，载《国家检察官学院学报》2019年第1期。

第五章

认罪认罚从宽协商诉讼程序适用

一、程序简化与程序正义的分合

认罪认罚从宽制度旨在实现繁简分流和提高诉讼效率，其主要途径是基于自愿认罪认罚而尽量简化诉讼程序。然而，程序的简化不仅客观上与刑事诉讼程序的"正义诉求"相左，也可能诱发程序正义沦陷的隐患。程序简化与程序正义的分流与合流问题，是认罪认罚从宽制度试点的重要内容。按照《刑事诉讼法》（2018年修正）的规定，程序简化的试点内容，仍延续到立法的具体规定中。对程序正义与司法效率的博弈问题，持续提出了诸多新的挑战。在此背景下，认罪认罚从宽协商诉讼程序的司法适用及其理论结构等问题，仍需不断推进和完善。

（一）程序简化走向历史的新高点

《刑事诉讼法》（2018年修正）规定，对于认罪认罚的案件，在程序上应当简化。而且，在程序应当简化的基础上，仍然应当保障犯罪嫌疑人、被告人依法享有的辩护权和其他诉讼权利，完善诉讼权利告知程序，保障被害人的合法权益，维护社会公共利益，强化监督制约，确保无罪的人不受刑事追究，有罪的人受到公正惩罚，确保司法公正。相比于普通诉讼程序的规定，认罪认罚从宽协商诉讼程序具有显著的"简化"特征，但"过度简化"的倾向可能在试点中出现，进而侵犯被追诉者的诉讼权利并可能增加引发程序不公的风险。

按照公正审判的基本原理，被追诉者有权享受程序正义的保护。紧密而细致的程序设计，都是为了在惩治犯罪的过程中充分保障被追诉者的诉讼权利。因而，原则上讲，刑事诉讼程序严格遵循法定要求，不能省略或跳过法定的诉讼制度、诉讼程序与诉讼规则，即使有所省略，也应坚守正义的底线。

在认罪认罚案件中，被追诉者自愿认罪认罚，往往意味着妥当解决定罪问题，也意味着主动放弃完整的公正审判权，进而，包括审判程序在内的程序从宽获得了相应的合法性。控辩之间进行量刑协商并共同达成量刑意见是程序简化的关键枢纽，可以将庭审对象简化为认罪认罚的自愿性与程序选择的自愿性、认罪认罚对应的犯罪事实的真实性与充分性、量刑意见的合理性，[1]因而，完整的普通诉讼程序确实已无必要。实际上，近些年来，简化审判前程序与法庭审理程序、压缩法庭审理时间、减少法庭审判周期、压缩办案环节、跳跃诉讼阶段等做法，成为我国简易程序改革的基本思路，更成为立足诉讼效率的司法改革的一个缩影。[2]基于此，《试点办法》第16条、第18条、第23条对认罪认罚从宽程序的简化审理作出相应规定，分别规定认罪认罚案件可以适用刑事速裁程序、简易程序以及上诉程序的简化，既具有相应的程序合法性，也凸显提高诉讼效率与促进程序繁简分流的改革旨趣。

程序从简是认罪认罚从宽制度在程序方面的基本特征，也是认罪认罚从宽制度追求诉讼效率的必然要求。但是，程序从简不能以牺牲司法正义为代价。程序正义是刑事诉讼不可逾越的底线。[3]自愿认罪认罚的行为，实质上使被追诉者放弃部分辩护权，在控辩对抗中显然处于相对更脆弱的状态。如果认罪认罚从宽协商程序的简化突破了程序正义的基本原理，无疑就是摧毁认罪认罚从宽制度的合法性与正当性的"毒瘤"，将直接侵害被追诉者的合法权益。因而，无论认罪认罚从宽程序是否具有独立性，都需要遵循程序正义原则，在充分保障人权与不消损司法公正的基础上，通过认罪认罚自愿性确认、控辩的量刑协商一致等审前程序的前期作用，以及对普通诉讼程序进行"瘦身"，合理缩略审理对象及其内容等，以减少当事人的"诉累"。在此基础上，为了避免程序从简对司法公正的破坏，应当满足一些基础性条件，应赋予犯罪嫌疑人、被告人、被害人相应的权利或配套相应的程序措施，包括认罪认罚的自愿性、辩护律师的有效帮助、必要的上诉权[4]以及认罪认罚的

〔1〕　闵春雷："认罪认罚从宽制度中的程序简化"，载《苏州大学学报（哲学社会科学版）》2017年第2期。

〔2〕　陈瑞华："认罪认罚从宽制度的若干争议问题"，载《中国法学》2017年第1期。

〔3〕　樊崇义：《刑事诉讼法哲理思维》，中国人民公安大学出版社2010年版，第134页。

〔4〕　熊秋红："认罪认罚从宽的理论审视与制度完善"，载《法学》2016年第10期。

自愿性与保障控辩主体之间自愿平等协商关系〔1〕等，最终汇成完整的认罪认罚从宽协商诉讼程序的救济体系。当前，有试点推行书面审理方式、降低证明标准、确立一审终审制等做法，〔2〕如有 3 起走私案在 90 分钟内快速审结。〔3〕此举可能是过度追求诉讼效率之举，有可能损害司法正义。此外，参与认罪认罚从宽程序的司法机关也应依法履行职责，相互配合、监督，保障程序正义。

客观地讲，提高效率是认罪认罚从宽制度的优先追求，程序简化是最直接和主要的有效措施。而且，在当前司法环境下，主要有压缩单位案件工作量与降低部分认罪认罚案件的证明标准等方式。〔4〕为了降低单位案件的工作量，则需要对各诉讼环节及相关文书材料进行简化清理，如精简文书材料与简化程序环节等。这些做法整体上是《试点办法》已经作出的规定，只是在具体做法上，需要防止过度简化，导致庭审陷入完全的形式主义。同时，对于证明标准是否降低的问题，它直接关系到控方完成证明任务的难度。从法理上看，对于认罪认罚案件的证明，既要坚持办案人员主观上应排除合理怀疑、形成确信的底线；也要在保障供述自愿性的前提下，对"证据确实、充分"的可按照案件类型区别对待。有观点认为，对可能判处有期徒刑 1 年以下刑罚适用速裁程序处理的案件，只要口供得到"确实"的证据补强，即可视为"证据确实、充分"。对于可能判处 1 年以上 3 年以下有期徒刑刑罚适用速裁程序处理的案件，口供应得到"强有力证据"的补强。强有力的证据包括证明力强、与案件事实关联性强两类。可能判处 3 年以上有期徒刑刑罚的案件，即使适用简易程序，也应坚持"证据确实、充分"的传统标准。"证据确实、充分"虽属于证明标准的客观方面，但仍依赖于办案人员的主观判断。〔5〕该看法从类型化的角度，根据罪行的轻重，对证明标准做不同的理解，其实是与程序简化保持一致后的看法，有一定的合理性。但是，也有试点城市强调，坚持从快不降低标准、从宽不放纵犯罪、从简不侵犯权利，建立诉讼当

〔1〕 马明亮："认罪认罚从宽制度的正当程序"，载《苏州大学学报（哲学社会科学版）》2017年第 2 期。

〔2〕 陈瑞华："认罪认罚从宽制度的若干争议问题"，载《中国法学》2017 年第 1 期。

〔3〕 韩宇："3 起走私案 90 分钟内快速审结"，载《法制日报》2017 年 6 月 24 日，第 3 版。

〔4〕 秦宗文："认罪认罚从宽制度的效率实质及其实现机制"，载《华东政法大学学报》2017 年第 4 期。

〔5〕 秦宗文："认罪认罚从宽制度的效率实质及其实现机制"，载《华东政法大学学报》2017 年第 4 期。

事人的权利保障机制。[1]这其实已经充分暴露了程序简化与正义保障之间的紧张关系。

此外，还有积极运用现代科技助推办案模式创新的做法，杭州、广州、大连等地探索视频提讯开庭、智能庭审记录、短信快速送达、电子卷宗流转，有效提升办案效率。[2]这些新的做法在尝试压缩办案时间之际，办案质量也有待检验。

（二）程序过度简化现象

《关于在部分地区开展刑事案件认罪认罚从宽制度试点工作情况的中期报告》指出，最高人民法院、最高人民检察院共同指导试点法院、检察院探索相适应的诉讼程序、处理机制和办案方式，确保改革精准发力、取得实效。具体地讲，严格遵循刑法、刑事诉讼法基本原则，以罪责刑相适应原则为标准，以宽严相济刑事政策为指引，对认罪认罚的犯罪嫌疑人、被告人依法从宽、从简、从快处理。实体处理上体现宽严相济刑事政策，推动坦白从宽的制度化。厦门、济南等地探索阶梯式从宽量刑机制，杭州、广州等地实行分级量刑激励，根据被告人罪行轻重、认罪态度、悔罪表现、退赃赔偿等情况，区分诉讼阶段和审判程序，确定是否从宽以及具体幅度。程序处理上落实繁简分流，准确适用速裁程序、简易程序、普通程序。北京、南京、郑州、天津等地设置专门办案组织，探索"刑拘直诉"，在拘留期限内完成侦查、起诉、审判，并实行集中移送、集中起诉、集中审理，促进侦、诉、审环节快速流转、无缝对接、全程简化。在此基础上，司法资源得到合理配置，促进刑事诉讼效率明显提升。对于认罪认罚案件，检察机关审查起诉平均用时26天，人民法院15日内审结的占83.5%。适用速裁程序审结的占68.5%，适用简易程序审结的占24.9%，适用普通程序审结的占6.6%；当庭宣判率为79.8%，其中速裁案件当庭宣判率达93.8%。通过速裁程序、简易程序、普通程序分流处理案件，司法资源配置进一步优化，办案效率进一步提升，既

---

〔1〕　秦华："把握改革方向　全面精准发力　推动认罪认罚从宽制度试点取得新成效"，载《陕西日报》2017年8月17日，第2版。

〔2〕　周强："关于在部分地区开展刑事案件认罪认罚从宽制度试点工作情况的中期报告——2017年12月23日在第十二届全国人民代表大会常务委员会第三十一次会议上"，载《人民法院报》2017年12月24日，第1版。

确保了及时有效惩治犯罪，也为构建科学的刑事诉讼体系积累了实践经验。[1]

这是当前认罪认罚从宽诉讼程序"简化"的大致缩影，但是，这些做法是否完全妥当，是否可以在确保程序简化的前提下不折损程序正义，仍值得各方高度重视。因此，应当为"程序简化"圈定相应的"正义边界"，防止其越界脱轨。

1. 全程压缩办案期限

目前，在试点中有以下做法：（1）由45天到14天的审理期限提速。2017年底，广东省深圳市人民检察院起诉的江某等157人特大合同诈骗案在深圳市中级人民法院开庭审理。经深圳市人民检察院建议，深圳市中级人民法院决定适用认罪认罚从宽制度。149名被告人自愿认罪并签署具结书。由于绝大部分被告人认罪认罚，对指控的犯罪事实、罪名、量刑建议均表示认可，大大缩短了审理的时间。[2]（2）整体简化。2017年5月以来，深圳市宝安区人民法院新收刑事速裁案件2850件，被告人认罪认罚案件1524件（含检察院启动的案件），适用该制度办理刑事案件数量占同期刑事案件总量的约41.76%，当庭宣判率达到78%，速裁案件办案周期平均为14天，简易案件办案周期平均为25天。适用速裁程序的案件采用远程视频、集中开庭的方式，并使用表格式裁判文书；简易程序案件采用远程视频，使用简化式裁判文书。[3]（3）庭审时间高度压缩。2017年11月9日上午，西安市鄠邑区人民法院刑事审判庭对一起盗窃案件的庭审用时仅15分钟，后进行宣判，被告人段某某犯盗窃罪，判处有期徒刑9个月，并处罚金人民币4000元。当日上午，法院共审理7起刑事案件，涉及盗窃罪、非法拘禁罪、故意伤害罪、贩卖毒品罪，全部当庭宣判，用时不到2小时，充分展现认罪认罚从宽制度快审快结的效果。而其前提是"11月2日公诉机关将这七案诉至法院，庭前主审法官做了大量细致的庭前准备，收案当日立即阅卷，审查案件证据，与值

---

[1] 周强："关于在部分地区开展刑事案件认罪认罚从宽制度试点工作情况的中期报告——2017年12月23日在第十二届全国人民代表大会常务委员会第三十一次会议上"，载《人民法院报》2017年12月24日，第1版。

[2] 张一琪："'认罪认罚从宽'试点效果不错"，载《人民日报（海外版）》2018年2月26日，第5版。

[3] 彭章波、王晖："广东省认罪认罚从宽制度试点情况"，载《认罪认罚从宽制度的理论与实践——第十三届国家高级检察官论坛论文集》，2017年6月13日。

班律师沟通，确定被告人是否同意适用认罪认罚从宽制度、签署具结悔过书及认罪认罚从宽制度告知书是否是其真实意思表示，听取律师对案件的意见，涉及未成年被告人的，充分听取其法定监护人、未成年人所居住社区意见，充分保障其诉权，为其指定辩护律师，不降低对证据的审查标准"。[1] （4）审结时间大幅度缩减。试点以来，济南、青岛两市法院适用认罪认罚从宽制度审理的案件在 20 天以内审结的占到 82.82%，占比进一步提升，适用速裁程序审理案件始终保持 10 天内审结。济南市章丘区人民法院在认罪认罚从宽制度试点过程中，收到移送的认罪认罚案件均当日立案；适用速裁程序审理的案件，庭审时间平均为 5 分钟，均做到当庭宣判、5 日内结案；适用简易程序审理的案件，庭审时间平均为 20 分钟，做到 15 日内结案。在一定条件下，法院可主动适用认罪认罚从宽制度，即"程序倒转"机制，使在审判阶段才表示认罪认罚的被告人，可以通过适用该制度而获得从宽处理。青岛市城阳区人民法院审结的认罪认罚案件中，有近 50% 系采取"程序倒转"的做法。[2]

2. 刑拘直诉

刑拘直诉模式，通常是指存在公安机关对被刑事拘留的犯罪嫌疑人不提请审查批准逮捕，也不变更强制措施而直接移送审查起诉的情况。[3]但各地的做法不一。以河南省郑州市为例，犯罪嫌疑人被抓获后，公安机关当天立案，3 天内将证据收集完毕并移交至检察院；检察院两天内会见犯罪嫌疑人，听取犯罪嫌疑人意见，在律师参与下，签署认罪认罚具结书；法院受理案件后，在查明事实的基础上两天内结案，从侦查、起诉、审判仅用了 7 天时间，极大地提高了诉讼效率。同时为确保被告人权益不受损害，在诉讼中为被告人指定值班律师提供法律帮助，兼顾公平与效率。[4]这里以刘某醉驾案为例，刘某到案后，如实供述了自己的罪行，自愿认罪，法院在量刑时给予从轻处罚。刘某因符合认罪认罚从宽制度条件，遂被给予从轻处罚，判处拘役 1 个

---

〔1〕 谢斌、李佳："刑事案件繁简分流认罪认罚 2 小时审结 7 案"，载三秦网，http://www.sanqin.com/2017/1110/326708.shtml，最后访问时间：2017 年 11 月 16 日。

〔2〕 "简程序重创新山东经验扎根发芽"，载《山东法制报》2017 年 11 月 3 日，第 2 版。

〔3〕 顾顺生、刘法泽："'刑拘直诉'方式不妥"，载《检察日报》2015 年 9 月 9 日，第 3 版。

〔4〕 马维博："郑州试点刑拘直诉年宽处近四千五百人"，载《法制日报》2018 年 1 月 12 日，第 3 版。

月,并处罚金 2000 元。刘某案从被交警查获到法院宣判为止,只用了 7 天时间。目前,河南省登封市法院等部分地区采用此项工作机制。[1]但这种模式容易引发案件证据收集和法院审理时的"以押定刑"等不良倾向。[2]

3. 全流程模式

2015 年 5 月,北京市海淀区刑事速裁办公区开始运行,至今一直稳步发展。据统计,已经办理速裁案件 1000 余件,实现了被告人认罪认罚简单案件的快速流转。在此期间,公检法司四机关多次对速裁程序的运转情况进行总结和会商研讨,对部分事实清楚、证据明晰的案件,可以进一步细化分流,进一步缩短流转时间。2015 年 10 月,海淀区公安分局执法办案中心投入运行,将各办案单位分散办理的刑事案件全部统一集中到执法办案中心,犯罪嫌疑人被抓获后也会立即送到执法办案中心接受讯问,讯问全程录音录像,执法规范化程度进一步提升,且在送交看守所前有最长 48 小时的羁押期限。2017 年 2 月中旬,为进一步落实刑事案件认罪认罚从宽制度,海淀区公检法司四机关在原有速裁案件运行制度基础上,海淀区公安分局在执法办案中心设立新的速裁办公区,法院、检察院分别设立速裁办公室和速裁法庭,司法局设立值班律师,定期派人值守。公检法与法律援助律师各自独立,相互配合,初步实现了 48 小时全流程流转的设计目标,大大提升了审判效率。具体操作上:(1)公安机关的侦查阶段。公安机关首先对案件进行甄选并启动速裁程序,其抓获犯罪嫌疑人后立即将犯罪嫌疑人传唤至执法办案中心,在该中心对犯罪嫌疑人进行第一次讯问,并开展其他侦查取证工作。对在 12 小时内能够完成侦查取证工作的案件,经犯罪嫌疑人同意,公安机关决定启动速裁程序办理,并通知检法司机关联动,同时法律援助律师介入程序为犯罪嫌疑人提供法律帮助。对公安机关启动速裁程序办理的案件,检察院提前介入到侦查活动中,对侦查活动进行监督,同时对案件的强制措施适用、证据搜集、罪刑法律适用等提出意见,避免重复性审查。(2)检察机关的审查起诉阶段。检察院提讯犯罪嫌疑人的主要内容是确认犯罪嫌疑人自愿认罪的真实性及程序选择的自愿性,同时在法律援助律师在场的情况下征求对量刑建议的相

---

〔1〕 段伟朵:"郑州中院通报刑事案件认罪认罚从宽试点工作",载《郑州日报》2017 年 12 月 9 日,第 A I 7 版。

〔2〕 熊波:"认罪认罚从宽改革视阈下'刑拘直诉'制度之重塑",载《北京政法职业学院学报》2017 年第 2 期。

关意见，签署认罪认罚从宽具结书。（3）人民法院的审判阶段。进入到法院审判环节后，法院对接收的案件由书记官办公室进行统一管理，安排书记官完成向被告人送达起诉书、审查案卷材料等庭前准备工作，安排值班法官对案件进行独任审判。法官开庭审查的重点在被告人获得法律帮助的情况，征求适用速裁程序的意见，适当听取被告人陈述并审查必要的证据，确认其认罪的自愿性，询问控辩双方量刑协商情况，对控辩双方协商一致的量刑建议，法官会在尊重量刑协商的基础上当庭裁判。（4）值班律师与有效辩护问题。对于适用 48 小时全流程速裁程序的案件，律师全程介入，充分保障被告人权利，尤其是公安机关在决定启动速裁程序后法律援助律师便介入侦查活动为犯罪嫌疑人提供法律帮助，在审查起诉阶段参与量刑协商，在审理阶段出庭发表辩护意见，充分发挥律师在诉讼中的作用。48 小时全流程速裁程序，充分依赖并同时充分发挥律师在诉讼中的作用，是对原有速裁制度的进一步深化，是对认罪认罚从宽制度的实践探索。它可以实现简案快审，将司法资源更多地投入到复杂案件的审理中，在保证法律效果的前提下优化资源配置，更好地保障人权。[1]

与此同时，西安市也探索形成了特有的 48 小时模式的做法。[2] 例如，在某案中，2017 年 11 月 27 日 12 时许，被告人白某在陕西省西安市碑林区某电脑城一楼购买手机壳时，趁机骗取放置在该柜台内的待售 iPhone8 Plus 手机一部。公安机关于 12 月 1 日 11 时将出差回家还未进家门的被告人白某在小区内抓获归案。公安机关在传唤被告人白某时第一时间联系了碑林区人民检察院提前介入。12 月 1 日 15 时许，公安局碑林分局、碑林区人民检察院、碑林区人民法院的办案人员迅速赶往公安局碑林分局办案指挥中心，经过了解案情达成共识，本案符合条件，立即启动"48 小时"集中办案机制。随后，两名检察官提前介入案件，了解案情、核实证据材料。白某对其实施的诈骗行为供认不讳，自愿认罪认罚并同意适用速裁程序进行审理，并在值班律师在场

---

〔1〕　蔡长春："海淀司法机关创新适用 48 小时全流程速裁程序"，载《法制日报》2017 年 5 月 24 日，第 1 版。

〔2〕　宋博、张杰："大胆探索勇于开拓——西安市碑林区人民法院认罪认罚从宽制度试点工作成效显著"，载《西部法制报》2018 年 3 月 3 日，第 3 版；金明刚等："碑林区法院刑事诉讼制度改革'三项规程'及刑事案件认罪认罚从宽制度试点工作获肯定"，载《西安日报》2017 年 10 月 11 日，第 7 版。

的情况下签署《认罪认罚具结书》《认罪认罚从宽制度告知书》等相关的法律文书。12月2日8时30分公安局碑林分局将被告人白某涉嫌诈骗一案，移送碑林区人民检察院审查起诉。碑林区人民检察院依法审查案件的全部证据材料，依法对涉嫌诈骗罪的白某进行讯问，认为本案事实清楚、证据确实充分，被告人白某的行为已触犯《刑法》第266条之规定，构成诈骗罪，决定对其提起公诉。12时许，碑林区人民检察院连同案卷及起诉书以被告人白某涉嫌诈骗罪向碑林区人民法院提起公诉。14时30分许，碑林区人民法院依法公开开庭审理了本案，并认定检察院指控的被告人白某构成诈骗罪罪名成立，判处其拘役6个月，宣告缓刑1年，并处罚金8000元。被告人白某当庭表示不上诉。至此，被告人白某从被传唤到案至检察院提起公诉再到碑林区人民法院审判，仅用时28个小时。此案系碑林区人民检察院采用"48小时"一站式集中办案机制办理的第二起案件，在值班律师全程参与，充分保障被告人诉讼权利的前提下，被告人自愿同意适用认罪认罚从宽制度及速裁程序。[1]

此外，福州市检察机关与审判机关主动作为，不断加强政法各部门的合作，建立认罪认罚案件侦、诉、审、执一体化、快速化、简便化的工作流程。以速裁刑事案件为切入点，快速启动认罪认罚从宽制度试点工作，在及时总结经验的基础上，逐步推动认罪认罚从宽制度适用的犯罪类型由危险驾驶罪等速裁案件拓展至简易程序和普通程序的案件，确保从宽制度试点循序渐进、全面覆盖。[2]

4. 北京市朝阳区人民检察院"133"模式

在认罪认罚从宽制度试点工作中，朝阳区人民检察院充分发挥既有轻刑快审、刑事和解等先行制度的经验优势，并广泛开展认罪认罚领域的相关理论研究，建立了认罪认罚从宽"133"模式，即"一体化布局""三流程简化"与"三方面从宽"，具体而言：（1）一体化布局，建立认罪认罚从宽大格局。落脚繁简分流，全面开展轻微刑事案件认罪认罚从宽制度。朝阳区人民检察院为实现繁简分流，积极谋划刑事速裁和认罪认罚从宽制度在轻微刑事案件中的适用，广泛运用不捕、不诉等手段，从简、从快、从宽办理认罪

---

〔1〕 李楠："西安市碑林区检察院'48小时'一站式集中办案机制审结骗案"，载法制网，http://www.legaldaily.com.cn/zt/content/2017-12/15/content_7421702.htm？node=83660，最后访问时间：2017年12月20日。

〔2〕 任思言："打造认罪认罚从宽制度'福州样本'"，载《福州日报》2017年12月28日。

认罚案件，切实提升了诉讼效率。同时立足区域实际，探索非法集资类犯罪认罪认罚从宽。（2）三流程简化，打造认罪认罚从宽快通道。简化流程制度，对于认定没有疑问的批捕案件取消讯问，充分利用远程视频讯问系统听取犯罪嫌疑人意见；简化法律文书制作流程，犯罪嫌疑人权利义务告知书、认罪认罚告知书和法律帮助告知书三书合一，审查逮捕与审查起诉结案报告两书合一，起诉书与量刑建议书两书合一，起诉书中也简化证据罗列，提高制作效率；促成公安机关集中移送案件、法院设立专门的速裁办案组集中开庭，建立案件集中审理机制。（3）三方面从宽，构筑立体化认罪认罚从宽制度。立足工作实际，积极探索轻缓化强制措施的适用；着眼办案实效，主动扩大相对不起诉适用比例；聚焦精确量刑，努力提升从宽幅度的可预期性，在提出量刑建议时，尽量缩小量刑幅度，并尝试精准量刑建议，提升犯罪嫌疑人对可能获得判决的可预期性和认罪认罚的积极性。[1]

5. 程序过度简化的正义隐忧

从司法公正与诉讼效率的辩证关系看，诉讼程序的简化无疑侧重于效率，但也存在破坏司法正义的隐忧。这是因为诉讼程序的严密性、严谨性，甚至繁琐性，本就是程序正义的基本内容，目的就是尽可能防止程序缺失所可能引发的不公问题。对于认罪认罚从宽案件而言，在程序简化成为必然且作为试点的重要内容之前提下，已经出现适用范围的不当扩张、认罪认罚自愿性的宽泛化、证明标准的客观降低、量刑公正性的不足等问题。[2]这种程序简化备受隐藏的正义隐忧，主要源自于"过度简化"或者"简化最终变成了庭审的形式化"。但这种异化的做法，从根本上脱离了认罪认罚从宽制度内在的正义诉求。为此，需要设置相应的机制与程序，通过对称且必要的程序机制与救济途径，方能确保正义的实现。

二、认罪认罚从宽协商诉讼程序的基本原理

从《试点办法》看，认罪认罚从宽案件的诉讼程序定位并不明确，其与以审判为中心的诉讼改革、庭审实质化的关系也不明确。特别是在认罪认

---

〔1〕 吴春妹、贾晓文："认罪认罚从宽制度的实践经验与理性"，载《中国检察官》2017年第6期。

〔2〕 马杰、田馨月："认罪认罚从宽制度程序从简的风险与防范"，载《山东审判》2017年第6期。

从宽案件的庭审环节，如何"简化"才能不失合法与公正，仍需进一步讨论。《刑事诉讼法》（2018 年修正）虽然规定了认罪认罚从宽制度、刑事速裁程序、值班律师制度等重要内容，但并未明确规定认罪认罚从宽协商诉讼程序的独立地位。这不仅未能对试点期间的认罪认罚从宽协商诉讼程序之独立建构问题作出回应，也使认罪认罚从宽制度的司法适用过度依赖刑事速裁程序，可能抑制认罪认罚从宽制度的"程序简化"意义。

（一）程序简化的理据与地位

认罪认罚从宽诉讼程序之所以可以简化，首先是因为被追诉者自愿认罪认罚。但从《试点办法》等规定看，认罪认罚从宽协商诉讼程序的独立地位并不乐观。

1. 《试点办法》规定的基本解读

《试点办法》第 16 条规定，对于基层人民法院管辖的可能判处 3 年以下有期徒刑刑罚的案件，事实清楚、证据充分，当事人对适用法律没有争议，被告人认罪认罚并同意适用速裁程序的，可以适用速裁程序。同时，第 17 条规定，被告人是盲、聋、哑人的，案件疑难、复杂，或者有重大社会影响的，共同犯罪案件中部分被告人对指控事实、罪名、量刑建议有异议的，被告人与被害人或者其代理人没有就附带民事赔偿等事项达成调解或者和解协议的，以及其他不宜适用速裁程序的情形，不适用速裁程序审理。第 18 条规定，对于基层人民法院管辖的可能判处 3 年以上有期徒刑刑罚的案件，被告人认罪认罚的，可以依法适用简易程序审理。第 19 条规定，人民法院适用速裁程序或者简易程序审查的认罪认罚案件，有被告人违背意愿认罪认罚的、被告人否认指控的犯罪事实或有其他不宜适用速裁程序或者简易程序审理的情形的，应当转为普通程序审理。

由此可见，认罪认罚从宽程序主要包括以下三种情形：一是已经试点成熟的刑事速裁程序；二是《刑事诉讼法》规定的简易程序；三是《刑事诉讼法》规定的普通诉讼程序。易言之，在审判阶段，相对于不认罪案件以及可能判处死刑案件适用的普通程序，在认罪认罚从宽的案件中，根据被告人罪刑的轻重及控辩双方的合意程度，可以分情况适用刑事速裁程序、简易程序及普通程序简化审理，从而实现多层次的简化审判程序。而且，《刑事诉讼法》（2018 年修正）第 222 条、第 226 条作了相同的规定。基于此，单就认罪认罚从宽程序的实际运行而言，基本上形成了不同层次的简化审判程序，体现了体系化的特点。[1]

认罪认罚从宽制度作为一项改革举措，程序简化作为其最本质的内容，相比于原有的简化程序，具有以下新的特点：一是制度设计的目标。认罪认罚从宽制度的程序简化安排，是为了能够优化司法资源配置，实现程序分流的功效，提高诉讼效率，以及更好地服务于"以审判为中心"的诉讼制度改革，为庭审实质化提供最基本的配套基础。二是程序简化的前提与正当性问题。现有的程序简化制度或改革，都不是以自愿认罪认罚为前提的，对认罪自愿性的重视和保障力度也不够。而且，认罪认罚从宽制度以强调被追诉人认罪自愿性为前提，注重保障被追诉人的程序选择权，使认罪认罚从宽制度的程序简化具备了天然的正当性。三是诉讼简化程序的多元性。按照《试点办法》的规定，认罪认罚从宽制度贯彻刑事诉讼的始终，程序简化同时兼顾审前程序与审判程序，同时选择性适用刑事速裁程序、简易程序、普通程序简化审等，目的是建立与不认罪案件相区别的多层次的相互衔接的程序简化体系。正是基于上述特征，认罪认罚的案件在程序简化的精神指导下，不仅可以真正实现程序上的从宽，也有助于实体上的从宽处理。

2. 诉讼程序地位的独立性与从属性

从《试点办法》的相关规定可以看出，目前的认罪认罚从宽制度，缺少自己独立的制度内容，它附体于其他程序之中，附体于原有的简易程序、速裁程序甚至于普通程序当中。由此，认罪认罚从宽程序一下子成为一个泛化的概念。

对此，有观点认为，修正《刑事诉讼法》时，应将认罪认罚从宽制度作为一个独立的程序理路进行制度设计，并形成一个新的程序格局，而不能将其概括为一个原则或制度名称，将其简单地糅合到既有的程序当中去。否则，认罪认罚的制度设计受限于既有程序的框架内容，难有实质性的制度突破，很难与其他程序和制度进行有效区分，最终使得认罪认罚被泛化或空置。[2]这就指出了认罪认罚从宽诉讼协商程序的地位不明问题，也揭示了目前借用

---

〔1〕 闵春雷："认罪认罚从宽制度中的程序简化"，载《苏州大学学报（哲学社会科学版）》2017年第2期。

〔2〕 王戬："认罪认罚从宽的程序性推进"，载《华东政法大学学报》2017年第4期。

刑事速裁程序的做法并不可行。另有观点认为，对于简易程序，应当将可能判处 3 年以下有期徒刑的案件分化出来，另设协商程序；对速裁程序应彻底简易化，原则上改为不开庭的快速处理程序，从而最终形成"普通程序——简易程序——协商程序——速裁程序"的四级"递简"格局。[1]这种探索总体上认识到了认罪认罚从宽协商诉讼程序的独立意义，只是在对该程序的定位与制度设计上仍有待商榷之处。与此同时，2017 年 7 月 11 日，时任最高人民检察院检察长曹建明在大检察官研讨班上强调，要深入推进认罪认罚从宽制度试点，推动构建具有中国特色的轻罪诉讼体系。[2]这在一定程度上暗示轻罪诉讼体系可能是认罪认罚从宽诉讼程序的未来发展方向。

根据《试点办法》的规定，目前对于认罪认罚从宽制度的程序简化，其实是套用刑事速裁程序、简易程序以及普通程序，是典型的"借用"方式，使得认罪认罚从宽制度的程序问题被"嵌入"现有的诉讼程序类型，因而也就没有独立性可言。但是，无论从该制度的特征、法理依据还是从实操需要等方面看，设立独立的认罪认罚从宽诉讼协商程序都是发展方向。遗憾的是，《刑事诉讼法》（2018 年修正）并未单独设置认罪认罚从宽协商诉讼程序，只是增设了"速裁程序"。尽管如此，认罪认罚从宽制度的独立化与速裁程序的确认，不仅有助于发挥其在程序法中的引导作用，也为日后该程序的独立化设立埋下了伏笔，更为我国诉讼结构的进一步转型蓄势，也即构建了"合作模式"图景框架。[3]

（二）法庭简化审的基本形式

在认罪认罚从宽诉讼程序中，程序简化集中在庭审环节，控辩量刑协商的存在并未实质简化审查起诉阶段的内容。按照《刑事诉讼法》（2018 年修正）的内容：一是新增加的第 162 条第 2 款规定，审查起诉阶段，基本不存在简化的问题；二是在速裁程序中，新增加的第 224 条规定，适用速裁程序审理案件，不受本章第一节规定的送达期限的限制，一般不进行法庭调查、

---

〔1〕 魏晓娜："完善认罪认罚从宽制度：中国语境下的关键词展开"，载《法学研究》2016 年第 4 期。

〔2〕 王治国等："曹建明：推动构建中国特色轻罪诉讼体系"，载《检察日报》2017 年 7 月 13 日，第 2 版。

〔3〕 樊崇义："2018 年《刑事诉讼法》修改重点与展望"，载《国家检察官学院学报》2019 年第 1 期。

法庭辩论，但在判决宣告前应当听取辩护人的意见和被告人的最后陈述意见。适用速裁程序审理案件，应当当庭宣判。该规定固化了试点的有益做法。今后，在变通地坚持以审判为中心的诉讼改革和庭审实质化内容后，根据《刑事诉讼法》（2018 年修正）的现有规定，仍需要进一步完善法庭审理方式。

1. 是否开庭审理

自刑事速裁程序试点以来，我国学界和实务界对是否应省略庭审程序即采用书面审理方式存在争议。在认罪认罚从宽制度试点后，该问题的讨论也进入新的阶段。目前，多数观点认为，认罪认罚从宽的案件也必须开庭审理。有人持适用速裁程序审理的认罪认罚案件可以书面审理的意见。但以速裁程序审理的一审认罪认罚案件，不可实行书面审理。书面审理缺乏“控辩对抗、法官居中裁判”这一基本的诉讼构造，法官缺乏最低限度的亲历性，影响庭审实质化，甚至造成庭审形式化可能引发缺乏最低限度的程序公正性，也难以查明认罪认罚的自愿性等内容，难免影响实体公正。[1]这种观点无疑始终坚持庭审应当以开庭的形式进行，而且开庭审理无疑在一定程度上贯彻了庭审实质化的要求，也有利于防止追求效率之际忽视了公正的问题。另有观点认为，速裁案件中庭审在发现真实和适法辩论方面虽有所弱化，甚至可以完全省略，但认罪认罚案件有其新的审查对象，即被告人认罪认罚的自愿性、明智性和真实性，需要通过公开公正的庭审程序予以审查、核实和固定。这是直接言词原则的根本要求。参与涉及自身权利的庭审是被告人基本的诉讼权利，仪式化的庭审不仅为法官判定认罪认罚合法有效提供心证，也是对被告人乃至社会公众的生动普法宣传和教育。因此，应当开庭审理，并审慎使用视频远程开庭、集中开庭等方式。[2]从认罪认罚从宽制度的基本内涵及其特征看，在自愿性作为新的审理对象后，坚持开庭审理是基本要求，不能突破现行《刑事诉讼法》的规定。

在刑事一体化的理论视野下，结合我国刑事诉讼法的规定，以及目前我国刑事司法的环境等因素，我国速裁程序目前并不具备书面审理的条件。[3]

---

〔1〕　朱孝清：“认罪认罚从宽制度中的几个理论问题”，载《法学杂志》2017 年第 9 期。

〔2〕　叶青：“认罪认罚从宽制度的若干程序展开”，载《法治研究》2018 年第 1 期。

〔3〕　贾志强：“‘书面审’抑或‘开庭审’：我国刑事速裁程序审理方式探究”，载《华东政法大学学报》2018 年第 4 期。

从实体维度来看，速裁程序所适用的案件尚未"轻微"到可以书面审理的程度，采用书面审理有违比例原则。在程序维度上，速裁程序审前阶段对被追诉人的权利保障还未"充分"到足以省略庭审，庭审程序在保障和核查被告人认罪认罚及程序选择的自愿性等方面仍具有重要的"把关"作用，省略庭审而非完善庭审程序，可能完全是南辕北辙之举。相应地，对于认罪认罚从宽制度而言，目前也缺乏不开庭审理的有关条件，其中，最直接的原因在于，认罪认罚的自愿性是最基本的适用条件，也是庭审的核心，是新的证明对象。如果不开庭审理，则无法对认罪认罚的自愿性进行审查和保障，这无疑会成为认罪认罚从宽制度的最大"硬伤"。

如果一审法院判决作出的量刑结果，已经超出检察机关量刑建议幅度，或者事实不清、证据不足，以及因受胁迫而作认罪认罚，并且被告人提出上诉的，二审法院可以采用书面审理的方式进行审查，必要时才提审上诉人。

2. 证人出庭

关于认罪认罚案件的证人出庭问题，相比于不认罪认罚案件而言，其重要性和迫切性完全不同，因为被告人已经自愿作出认罪认罚，证人出庭对查清案件事实和认定证据等的意义相对有限，有观点认为，在区分微罪、轻罪、重罪的前提下，可以划定"一年以下为微罪，一至五年为轻罪，五年以上为重罪"的实体标准，同时以证人"微轻罪案件可不出庭、重罪案件原则上要出庭"为程序标准。[1]从认罪认罚从宽制度的精神以及《试点办法》的有关规定看，对于轻罪和微罪案件，案件事实已经清楚，证据已经确实充分，且被告人自愿放弃当庭质证权利的，可以不要求证人出庭，对于被告人主动认罪认罚的，要与"认罪认罚从宽"的改革结合，予以相应宽大的处理；对于重罪案件，要严格贯彻刑事诉讼法的规定，针对案件的具体情况，依法决定强制出庭、证人保护，非法定情况不允许以宣读书面证人证言代替证人出庭，对于庭审中的质证环节，应当合理利用交叉询问的规则，提高证人出庭后的有效质证率。

3. 庭审精简的限度

从理论上来说，庭审举证与质证是审判的核心环节，对于案件事实的查

---

[1] 樊崇义、李思远："认罪认罚从宽制度的理论反思与改革前瞻"，载《华东政法大学学报》2017年第4期。

明以及被告人质证权的实现和保护方面，都有着重要的意义。对于被告人并不认罪认罚，或是一些重大、疑难、复杂、影响较大的案件，应当执行完善的审判程序，加强庭审中的对抗与质证。相比之下，认罪认罚从宽制度试点对于被告人认罪认罚、对被指控的罪名无异议且放弃庭审质证权的，应当允许其获得迅速裁决的程序性利益和判决上从宽的实体性利益。因此，认罪认罚从宽制度的试点，为我国庭审制度的改革提供了契机。在认罪认罚从宽制度试点中，要坚持"当繁则繁、当简则简"的试点精神，对于适用速裁程序与简易程序的，庭审应当尽量简化，质证与辩论也应当简化，否则，不利于提高诉讼效率；但是，对于重罪案件且适用普通程序的，则应对庭审的质证与辩论进行合理的优化，可以完善以反询问为核心的交叉询问规则，明确划分主询问与反询问，强化控辩双方询问的交叉性。[1]

4. 独任制

关于认罪认罚案件的独任制与合议制问题。有观点认为，从程序角度来说，多数认罪认罚案件，一审程序应当采取独任审判，被告人提出上诉后，否定之前的认罪认罚的，二审程序则以合议制方式进行审理。[2]对此，一审程序中应当根据认罪认罚案件适用的诉讼程序来决定采取独任制还是合议制；对于二审程序，则应当采取合议制形式。

5. 当庭宣判

关于当庭宣判，各地试点城市的做法不一。例如，2017年1~10月，重庆市永川区人民法院共审结刑事案件711件，判处罪犯927人，其中，审结被告人认罪认罚的刑事案件327件，占比45.99%，从宽处罚罪犯334人，占比36.07%。经被告人同意，对符合法定条件的认罪认罚案件，一律适用速裁程序集中审理，实现"快审快结"。2017年1~10月共适用速裁程序审理认罪认罚案件284件，平均审理天数为8天，当庭宣判率达到100%。[3]又如，试点以来，认罪认罚从宽制度所带来的效能逐步凸显，适用速裁程序审理的案

---

〔1〕 樊崇义、李思远："认罪认罚从宽制度的理论反思与改革前瞻"，载《华东政法大学学报》2017年第4期。

〔2〕 黄伯青、王明森："认罪认罚从宽的实践演绎与路径探寻"，载《法律适用》2017年第19期。

〔3〕 杨雪："永川区法院通报认罪认罚从宽制度试点工作"，载永川网，http://news.ycw.gov.cn/html/2017-12/05/content_ 43418218.htm，最后访问时间：2017年12月15日。

件当庭宣判率达到98%以上，审理周期平均缩短12天。[1]据统计，2017年，济南市人民法院通过深化轻微刑事案件速裁程序改革，扩大适用范围，创新庭审模式，有1243件轻微刑事案件快速办结，当庭宣判率100%，服判息诉率98.9%，取得了显著效果。[2]据最高人民法院统计，试点以来，适用速裁程序审结的案件占68.5%，适用简易程序审结的案件占24.9%，适用普通程序审结的案件占6.6%；当庭宣判率为79.8%，其中速裁案件当庭宣判率达93.8%。[3]

基于上述统计数据以及试点做法，区别对待的做法更可取，也即根据所适用的程序类型，具体决定是否当庭作出宣判。

(三) 认罪认罚从宽协商诉讼程序的基本理念

在现有的政策与规定下，基于价值追求、案件属性、程序特征等内容，认罪认罚从宽诉讼程序的基本理念，不同于不认罪认罚案件所对应的诉讼理念。

1. 诉讼程序类型的选择权

当事人和解的公诉程序，允许犯罪嫌疑人、被告人和被害人依法就法定范围内的案件进行协商并达成和解协议，享有选择适用和解程序的权利。赋予犯罪嫌疑人、被告人适用认罪认罚的程序选择权，以便规范启动程序，这是犯罪嫌疑人、被告人选择认罪认罚的自然延伸。[4]而且，在速裁、简易程序或认罪认罚程序的适用中，也应当赋予其选择权，以体现程序的正当性和统一性。关于程序选择权的内容，首先犯罪嫌疑人、被告人有权主动申请适用认罪认罚程序，也包括其对司法机关主动适用该程序的被动同意。当然，应将认罪认罚从宽制度适用的最终决定权赋予法院，将这一程序启动的主动

---

[1] 李鹏飞："98%案件当庭宣判审理周期平均缩短12天"，载《河南法制报》2017年12月11日，第4版。

[2] 袁粼："认罪又认罚 济南1445名被告人被依法从宽"，载《人民法院报》2018年2月11日，第6版。

[3] 周强："关于在部分地区开展刑事案件认罪认罚从宽制度试点工作情况的中期报告——2017年12月23日在第十二届全国人民代表大会常务委员会第三十一次会议上"，载《人民法院报》2017年12月24日，第1版。

[4] 刘广三、李艳霞："论认罪认罚从宽制度的立法完善——以实证研究为视角"，载《山东大学学报（哲学社会科学版）》2017年第4期。

权赋予检察院和犯罪嫌疑人、被告人，简化对犯罪嫌疑人、被告人的反复讯问，合理地加速诉讼进程，提升对判决的接受和认可程度。

2. 量刑协商程序的基本地位与独立性

在认罪认罚从宽的案件中，被告人的"认罪认罚"导致控辩双方在定罪的问题上排除分歧，争议的焦点自然会转移到对被告人量刑的问题上来。不同于美国的辩诉交易制度的是，我国刑事诉讼中即使被告人作出认罪的答辩，案件仍旧要开庭审理，这种情况下，开庭审理的焦点就会落到被告人的量刑程序上，可以确切地说，适用认罪认罚从宽制度进行开庭审理的案件其焦点必将落到对被告人如何从宽上。鉴于量刑程序在实际中的重要性，有法院曾探索针对量刑进行的专门答辩程序，即在判决作出以前专门听取控辩双方就量刑建议提出的辩论意见。但由于这种量刑答辩设置在法庭辩论的环节，其独立性并没有得以明确显现，因此，在下一步改革的过程中，对于被告人庭前已经认罪的案件，应当着重凸显庭审中量刑的作用与功能，推动量刑程序的相对独立，速裁程序中虽然可以不再进行法庭调查与辩论，但也应当就量刑的问题听取控辩双方的意见，简易、普通程序中，则应当允许控辩双方就量刑的证据进行质证，围绕量刑事实进行辩论，这不仅有利于被告人对即将判处的刑罚产生更合理的心理预期，减少认罚后反悔现象的产生，同时也有利于加强控辩双方对量刑问题的参与，推动庭审的实质化运行。[1]

3. 程序公开原则

通过程序公开可以提升公众对控辩协商程序的信任度。在实体方面，控辩协商的担忧大抵可以概括为两个方面：一是在控辩双方实力悬殊的情况下，协商不具备自愿性、平等性、合法性，被告人被迫接受控方提出的定罪量刑协议，从而使控辩协商沦为控方主导，协商可能流于形式；二是在一些极个别的情形中，控辩双方恶意串通，尤其在一些没有被害人的案件中，控方以国家刑罚权为寻租筹码，通过表面合法的控辩协商，掩盖检察人员与被告人之间非法的利益交换，这是以协商为幌子的虚假（违法）行为，无疑会造成对中国刑事司法公信力的巨大伤害。鉴于此，为降低各界的担忧，培育人们对控辩协商制度的信心，重要的是坚持司法公开的原则，使控辩协商的过程、

---

〔1〕　樊崇义、李思远："认罪认罚从宽制度的理论反思与改革前瞻"，载《华东政法大学学报》2017 年第 4 期。

结果能够更好地接受公众的监督，主要包括规则的公开、过程的公开、结果的公开。

4. 庭审简化而不简约

在试点期间，应当防止对庭审实质化与程序简化产生认识的偏差。尽管认罪认罚从宽制度是庭审实质化的一种配套措施，原则上并不需要真正意义上的"实质庭审"，但也不意味着完全与"庭审"脱离了实质联系。同时，认罪认罚从宽诉讼程序尽管以"程序简化"为基本特征，但程序简化不等于流于形式，直接采取书面审理，或者违背无罪推定原则采取"走过场"的事先预审等。

人民法院应当开庭审理，对重要的内容进行必要的实质审理，而不能流于形式或疏于审查。为了避免将程序简化推向极端，甚至不顾程序正义的底线，未来的认罪认罚从宽制度不仅要继续保持开庭审理的方式，而且要将法庭审理的重心放在被告人认罪认罚的自愿性上。[1]特别需要说明的是，基于认罪认罚从宽案件"嵌用"其他诉讼程序的司法模式，对于被告人认罪认罚的简易程序与普通程序，应当完善庭审质证程序，推动以交叉询问为核心的庭审质证朝实质化方向运行。[2]此外，基于"程序简化"的前提，为了提高诉讼效率，真正实现"从宽"，应当提倡当庭宣判的做法，减少被追诉者的诉讼拖累。此外，检察机关应当尝试被告人认罪与不认罪案件相区别的出庭公诉模式。对被告人认罪的案件，会同法院开展程序简化审，重点是举证、质证、辩论等环节。

被追诉者自愿作出认罪认罚，是通过放弃部分权利而满足其个体层面相对受益的理性选择，应在建立以利益主体"有效参与"并"实质影响"为核心的"正当程序"的底线正义基础上，[3]同时在信息对称、明示利弊、形式多样、法律帮助、强制措施、量刑从宽、法庭审判和裁判文书等方面提供相应的配套措施。

---

〔1〕 陈瑞华："认罪认罚从宽制度的若干争议问题"，载《中国法学》2017年第1期。

〔2〕 樊崇义："认罪认罚从宽与刑事证据的运用"，载《南海法学》2017年第1期。

〔3〕 钱文杰："论罪认罚从宽中的程序正义及其实现"，载《北京理工大学学报（社会科学版）》2018年第3期。

三、认罪认罚从宽协商诉讼程序的体系展开

根据认罪认罚案件的特点，结合《试点办法》的基本规定，以试点探索为现实背景，当前应着重完善认罪认罚从宽协商诉讼程序。例如，有观点认为，从刑事诉讼程序全流程的宏观视角，对认罪认罚从宽制度的启动程序、量刑协商程序、审理程序和审级程序等进行系统研究和机制建构。[1]该观点具有一定的启发性。从整体上看，认罪认罚从宽协商诉讼程序应当是一个独立的诉讼程序，在其体系内还包括一些具体的诉讼成立、诉讼规则等。为此，应对其展开全面的探讨。

（一）认罪认罚的自愿性审查

对被告人认罪认罚自愿性的考察和保障是认罪认罚从宽制度改革中的基础性和关键性问题。认罪认罚的自愿性是认罪认罚从宽制度的适用前提，也成为认罪认罚从宽诉讼程序所需要解决的首要问题，以确保司法正义的不缺位。《刑事诉讼法》（2018 年修正）将第 185 条调整为第 190 条，并增加第 2 款规定："被告人认罪认罚的，审判长应当告知被告人享有的诉讼权利和认罪认罚的法律规定，审查认罪认罚的自愿性和认罪认罚具结书内容的真实性、合法性。"这就将自愿性审查明确规定为审判的重点，也与不认罪认罚案件适用的普通诉讼程序存在明显的差异。

1. 自愿性的全程辨识

《试点办法》第 15 条规定："人民法院审理认罪认罚案件，应当告知被告人享有的诉讼权利和认罪认罚可能导致的法律后果，审查认罪认罚的自愿性和认罪认罚具结书内容的真实性、合法性。"由此可见，构建认罪认罚自愿性的有效审查机制，是完善认罪认罚从宽制度的原点。而且，既要区分认罪自愿性和认罪自愿性在审查时的差异，也要根据罪行性质、罪名轻重作出不同的审查标准，通过审查明智性等事实基础来确定自愿性是否成立。[2]

自愿性在认罪认罚从宽制度中处于核心地位，它是维护被告人诉讼主体地位的必然要求，也是认罪认罚从宽程序得以存续的正当基础及其防范错案

---

[1]　叶青："认罪认罚从宽制度的若干程序展开"，载《法治研究》2018 年第 1 期。

[2]　卢君、谭中平："论审判环节被告人认罪认罚'自愿性'审查机制的构建"，载《法律适用》2017 年第 5 期。

的重要途径。首先，应当承认的是，被告人认罪认罚自愿性本质上属于心理学范畴，包括认知活动和意向活动。在自愿性的认知活动方面，认知对象是被告人对自愿性指向对象的感知集合，认知能力是指被告人具备刑法意义上辨认和控制自己行为的能力，对认知范围应从正反两方面进行确定。自愿性的意向活动包括愿意向公安司法机关作出认罪的意思表示，愿意向被害人认罪、道歉和赔偿损失，愿意接受可能的诉讼程序与处理结果。应当从认知活动与意向活动两个层面建立被告人认罪认罚自愿性保障机制。[1]不过，心理学的标准在判断上过于抽象，操作性不足。更重要的是，对认罪认罚的自愿性作出界定，要结合该制度进行分析。

从认罪认罚从宽制度的试点精神看，结合认罪认罚的内容、认罪认罚的关系、认罪认罚与从宽的关联性等因素，可以认为认罪认罚的自愿性是一个丰富的概念，既包括认识上的明确性，也包括对法律性质与法律结果判定的明智性，以及基于意志自由的前提是否作出认罪认罚及自愿选择程序适用的权利。例如，有观点认为，认罪认罚自愿性通常包括认识明知性、评估理智性和选择自由性三个要素。认识的明知性需要被告人较为清晰地知悉控诉方所指控的犯罪事实及证据材料；评估的理智性要求被告人具有辨别是非、利害关系以及控制自己行为的能力，能够有效评估认罪认罚所产生的法律后果；选择的自由性要求被告人在认罪认罚的问题上可以自由选择认罪认罚抑或不认罪认罚甚至还可以保持沉默，被告人选择时应免受司法机关工作人员和其他人员的外在干涉，可以根据其自由意志抉择。[2]应该说，这种看法是可取的，也对自愿性的内容作出了更精细的分析。

与此同时，认罪是否是自愿的，应当具有可操作的审查标准，既包括被追诉人在主观上是否对自己的行为性质及认罪后果有充分了解，也包括被追诉人在客观上其诉讼阶段的权益是否受到了明显的不法侵害。[3]但是，这种讨论的可操作性也未知。可以根据试点情况明确审查的清单要素，提高判断的准确性与效率。例如，某课题组设计"如果没有犯罪事实，你是否会为了得到从宽处罚而违心认罪"的调查问题。通过抽样调查发现，认罪认罚案件

---

[1] 刘少军、王晓双："被告人认罪认罚自愿性的两个维度及其保障机制"，载《辽宁师范大学学报（社会科学版）》2018 年第 5 期。

[2] 谢登科、周凯东："被告人认罪认罚自愿性及其实现机制"，载《学术交流》2018 年第 4 期。

[3] 李洪杰："认罪自愿性的实证考察"，载《国家检察官学院学报》2017 年第 6 期。

中被告人极有可能违心认罪，主要有以下几方面的原因：一是被告人基于量刑诱惑违心认罪。二是司法机关偏离试点目标的把握，在试点中存在两方面的倾向，一种是为了实现破案率等目的而引诱或者欺骗被追诉人认罪，一种是基于司法实用主义将认罪当作讨价还价的筹码。三是被告人的辩护权不能有效落实。[1]

《刑事诉讼法》（2018 年修正）对认罪认罚的自愿性审查作出了相应的规定，贯彻于整个认罪认罚从宽案件的诉讼进程，并由一系列相关的制度、程序以及规则组成，如值班律师的参与、程序选择的自主权和反悔权。特别是在审判阶段，自愿性是庭审的主要对象，应当从基础事实、认知能力、判断能力等方面进行。

2. 相对独立的自愿性审查程序

目前，各个试点地区的做法虽有差异，但都强调自愿性审查的重要性。例如。2017 年 2 月 15 日，南京市人民检察院发布《南京市检察机关办理认罪认罚刑事案件实施细则》，要求承办人严格按照规定，向被告人详细告知认罪认罚从宽制度的相关含义、诉讼权利。[2]但是，是否存在独立的认罪认罚自愿性审查程序，仍无从得知，毕竟单纯依靠司法机关履行相应的告知义务，并不足以形成独立的审查机制。又如，福州市仓山区人民检察院试行认罪认罚从宽制度以来，建立权利告知书制度，充分发挥辩护律师和法律援助作用，切实保护犯罪嫌疑人的合法权益。但这些仍不足以确立独立的审查诉讼机制。[3]从理论上看，确立相对独立的认罪认罚自愿性审查机制至关重要，可以决定程序启动的前提是否依法存在和成立。不过，如果一律强制运行独立的审查程序，也可能耗费过多的司法资源，也并非必然有利于提升诉讼效率。因而，试点期间应积极探索，并作出理性的回应。即使无法确立完全独立的自愿性审查程序，也应当注重履行权利告知义务、保障律师参与并有效辩护等保障措施，确保认罪认罚是自愿作出的。[4]有观点认为，具体而言，被告

〔1〕 李洪杰："认罪自愿性的实证考察"，载《国家检察官学院学报》2017 年第 6 期。

〔2〕 高研："南京认罪认罚从宽制度试点肇事逃逸'判三缓四'"，载金陵热线，http://www.jlonline.com/news/2017-03-24/218073.shtml，最后访问时间：2017 年 4 月 23 日。

〔3〕 陈秀娟、林燕："仓山区人民检察院依法适用认罪认罚从宽制度"，载中国网·海峡频道，http://fj.china.com.cn/news/20170406/yuanchuang7274.html，最后访问时间：2017 年 4 月 23 日。

〔4〕 孔冠颖："认罪认罚自愿性判断标准及其保障"，载《国家检察官学院学报》2017 年第 1 期。

人独立认罪程序应当设置在审查起诉阶段，是犯罪嫌疑人在明知认罪后果的前提下自愿承认检察机关所指控的犯罪事实。[1]

在现阶段，我国认罪认罚从宽程序面临着较高的非自愿认罪风险和虚假认罪风险。导致非自愿认罪风险存在的原因包括非法侦查讯问行为的存在、律师帮助权的缺位和证据先悉权的缺陷等；导致虚假认罪风险存在的原因则包括被追诉人的主观原因、审讯策略和技术的运用、无罪判决率畸低、无效的律师帮助等。认罪认罚从宽正当性取决于认罪是否具有自愿性和真实性，为此，需要建立专门的认罪审查程序。[2]从理论上来说，在以被告人认罪为基础而作有罪判决的程序中，对被告人认罪的审查程序应当是最重要的，只有法院确认被告人认罪是出于自愿、理智、明知，且不具有虚假性，才能接受该认罪，进而定罪量刑。[3]而且，由于认罪认罚从宽制度要解决认罪认罚与从宽的协商性关系，因而，认罪认罚从宽案件审理程序的设计，宜区分被告人认罪审查程序与量刑程序两部分。前一程序主要解决被告人的认罪是否可以接受的问题，如果合议庭认为被告人认罪不具有自愿性或者存在虚假的可能，则应裁定终止该程序，案件按普通程序审理；如果合议庭认为被告人认罪符合法定条件，则应接受该认罪并进入量刑程序。对被告人认罪的审查程序应详尽地记入庭审笔录，以备上级法院审查。在认罪审查程序中，为审查认罪的自愿性，法院除询问被告人对认罪和程序选择的意见之外，还应要求辩护律师出庭就帮助被告人选择认罪程序的过程予以说明；为审查认罪的真实性，法院应审查被告人的认罪是否具有事实基础，审查方式包括讯问被告人、询问公诉人和辩护律师、查阅案卷材料等。在讯问被告人时，除了要询问其对被指控的犯罪事实和罪名的意见，还要让他用自己的语言陈述自己所实施的行为，以确认被告人对自己行为的描述是否与指控事实一致以及被告人是否存在基于事实上或者法律上的误解而认罪的情况。法庭可要求公诉人就指控被告人有罪的证据进行说明，在有辩护律师参加的案件中，还应征求辩护律师对指控证据的意见，对于双方有争议的证据，法庭可以进一步进行调查。通过上述审查程序，法庭如果认为被告人认罪存在事实基础，对被

---

〔1〕 叶青、吴思远："认罪认罚从宽制度的逻辑展开"，载《国家检察官学院学报》2017年第1期。

〔2〕 田楠："完善认罪认罚自愿性保障机制"，载《天津政法报》2017年8月15日，第3版。

〔3〕 史立梅："认罪认罚从宽程序中的潜在风险及其防范"，载《当代法学》2017年第5期。

告人构成犯罪能够达到排除合理怀疑的心证程度，同时符合自愿性的要求的，可以接受该认罪并对被告人予以定罪量刑；如果合议庭认为被告人认罪不具有自愿性或者不存在足够的事实基础，不能确信被告人有罪的，则应拒绝接受该认罪，将案件转为普通程序审理。在普通程序中，被告人在认罪程序中曾经作出的有罪供述不能作为对其不利的证据加以使用。

最高人民法院院长周强指出，在推动认罪认罚从宽制度的试点过程中，应注重审前程序的规范化运行。为确保犯罪嫌疑人自愿认罪认罚，侦查机关、人民检察院应当告知犯罪嫌疑人享有的诉讼权利和认罪认罚可能导致的法律后果，听取犯罪嫌疑人及其辩护人或者值班律师的意见。人民检察院应就指控罪名及从宽处罚建议等事项听取犯罪嫌疑人及其辩护人或者值班律师的意见。[1]从中可知，在认罪认罚从宽诉讼程序中，特别是在审前程序，检察机关的地位尤为凸显，扮演主导者的角色，引导侦查活动，直接与被追诉者进行协商，而自愿性的审查是最基本的前提。对于检察机关而言，应当对自愿性审查承担重要的审前过滤，确保控辩量刑协商的事实基础客观存在，避免"程序反转"现象的出现。

对于人民法院而言，避免庭审简化导致庭审最终流于形式，特别是基于审前程序中对认罪认罚的确认，将控辩双方可能均不持异议的定罪和量刑问题作为审查的对象，事实上剥夺被追诉者最基本的程序权利。对于认罪认罚从宽制度的诉讼程序而言，应确立一种新的审理对象，认罪认罚的自愿性是庭审的主要对象与主要内容，也是量刑协商最终有效的保障。进而言之，在认罪认罚案件的审判阶段，应建立证明被告人是否自愿认罪认罚的事实调查环节，同时专门围绕认罪认罚如何从宽处罚展开有效的辩论。调查与辩论的重点是确认被告人认罪认罚是否出于自愿，是否了解认罪认罚所带来的法律后果，并告知被告人有权撤销已经作出的认罪认罚。为了保障庭审调查与辩论的实质化与有效性，判决书应对认罪认罚情节的认定、从宽量刑的决定等主要内容进行充分陈述及说理，将相关证据材料入卷存档。

同时，在认罪认罚从宽诉讼程序中，鉴于自愿性的根本地位以及自愿性

---

〔1〕周强："关于在部分地区开展刑事案件认罪认罚从宽制度试点工作情况的中期报告——2017年12月23日在第十二届全国人民代表大会常务委员会第三十一次会议上"，载《人民法院报》2017年12月24日，第1版。

审查的重要意义，应当考虑建立专门的认罪认罚自愿性审查程序。按照《试点办法》的规定，人民法院对被告人认罪的审查环节有些过于简单，法庭难以及时发现非自愿认罪与虚假认罪等情况。为此，在涉及认罪认罚从宽案件的审理程序中，宜区分被告人认罪审查程序与量刑程序两个相对分离的阶段。前者主要审查被告人认罪的合法性，如果认为认罪不具有自愿性或者存在虚假的可能，应裁定终止程序，转为普通程序审理；否则，可以直接进入量刑从宽协商审理程序。

（二）控辩量刑协商的程序机制

相比于既有的认罪从宽做法，认罪认罚从宽的特殊性在于控辩之间可以进行量刑协商并对审判机关具有实质影响。从司法公正的角度来看，被追诉者有权撤回认罪认罚，检察机关也可以撤回提出的量刑意见，并引发程序回转处置问题。对此，《刑事诉讼法》（2018年修正）增设的第226条也规定，被告人违背意愿的认罪认罚，应重新审理，并根据案件情况决定采取简易程序或普通程序。

1. 犯罪嫌疑人、被告人撤回认罪认罚

认罪、认罚与从宽之间存在极其重要的协商环节，但从实现程序繁简分流、提高诉讼效率来看，认罪认罚意味着"案结事了"，原则上不存在被告人撤回认罪认罚；否则，将使制度运行反复折返，违背了司法效率改革的侧重点。

认罪认罚从宽制度改革试点能否顺利进行，关键在于保障认罪认罚的自愿性、合法性。在美国的辩诉交易中，以司法判例形式确立了被追诉人反悔权的重要性。在认罪认罚从宽制度中，庭审程序中的反悔问题严重关涉控辩双方的诉讼利益，[1]需要对被追诉人反悔权理论进行系统地梳理与归纳。为此，需要建立被告人反悔制度及程序回转机制，让被追诉人认罪认罚无后顾之忧。例如，对适用速裁程序的被告人在法院判决前否认指控的，及时转为普通程序。[2]同时，为防止被追诉人滥用反悔的程序权利，致使司法资源浪

---

〔1〕 洪浩、方姚："论我国刑事公诉案件中被追诉人的反悔权——以认罪认罚从宽制度自愿性保障机制为中心"，载《政法论丛》2018年第4期。

〔2〕 孟建柱："增强政治责任感 提高工作预见性 为党的十九大胜利召开营造安全稳定的社会环境——学习贯彻习近平总书记关于政法工作的重要指示"，载《法制日报》2017年2月16日，第1版。

费，应确立反悔权的约束机制。[1]换言之，我国认罪认罚从宽制度中的限制性反悔制度尚待建立。

从试点的相关文件看，是否可以反悔并撤回认罪认罚、是否需要具备一定的理由及其充分程度、是否有期限限制、合议庭拒绝被告人撤回认罪的后续救济等问题，仍处于空白状态。同时，也应看到的是，被追诉人不敢轻易"反悔"，因为此举所面临的风险是诸多方面的，也是被追诉者难以承受的。因此，认罪认罚后的撤回行为，作为一项救济手段，在认罪认罚从宽制度追求程序分流等价值目标前，也绝非毫无限制，应当在效率与正义的最大公约数范围内行使。尽管如此，从试点需要来看，赋予被告人认罪认罚撤回权是保障认罪认罚自愿性的一项救济性权利。例如，2017年2月20日，南沙自贸区法院与区检察院、公安局、司法局联合签署《关于开展刑事案件认罪认罚从宽制度试点工作实施细则》，充分尊重当事人意愿，犯罪嫌疑人、被告人有权随时终止或反悔认罪协商要求。[2]

具体而言：（1）撤回的必要性。在认罪认罚案件中，被追诉者认罪认罚，极大地解决了侦查、证明、定罪等问题，被追诉者的诉讼主体地位得到明显的提升，作为对等的"诉讼回报"，量刑意见往往具有一定的强制性效力，[3]人民法院也往往予以认可，进而成为鼓励认罪认罚的一种动力机制。在此基础上，被追诉者也可以行使撤回认罪认罚的权利。同时，基于认罪认罚的真实性、明智性要求，犯罪嫌疑人、被告人应当被赋予撤回的权利，这项权利是"保障认罪认罚自愿性的一项救济性权利"。[4]否则，直接剥夺其积极寻求救济和要求纠正错误的权利。（2）撤回的行使。是否适用认罪认罚从宽程序，应当是被追诉者自愿选择的结果。犯罪嫌疑人、被告人在充分了解法律后果的基础上自愿作出认罪认罚，继而才启动程序，但被追诉者完全

---

〔1〕　马明亮、张宏宇："认罪认罚从宽制度中被追诉人反悔问题研究"，载《中国人民公安大学学报（社会科学版）》2018年第4期。

〔2〕　董柳："广州市南沙区法院实施'认罪认罚从宽协商'制度一年来共审结案件258件276人，案件服判息诉率达99.6%"，载网易新闻，http://news.163.com/17/0328/19/CGLOO95600014AEE.html，最后访问时间：2017年4月23日。

〔3〕　陈卫东："认罪认罚从宽制度试点中的几个问题"，载《国家检察官学院学报》2017年第1期。

〔4〕　孔冠颖："认罪认罚自愿性判断标准及其保障"，载《国家检察官学院学报》2017年第1期。

可以不认罪认罚并使程序无法启动，因而，要赋予和保障被告人的程序选择权。[1]在不同的诉讼阶段，认罪认罚对诉讼程序的影响不同，因而，撤回的行使也存在相应的差异，主要为：一是侦查阶段。在侦查阶段，犯罪嫌疑人作出认罪认罚的，但事后反悔的，侦查机关原则上应当允许犯罪嫌疑人自由撤回。二是审查起诉阶段。在审查起诉阶段，原则上犯罪嫌疑人可以自由撤回，但当控辩双方已经实质进入控辩协商程序后，检察机关提出具体的意见建议，犯罪嫌疑人表示认可，并签署具结书的，是否可以撤回，需要根据实际情况处理。首先，如果无故撤回，不应准许，应认定不是自愿认罪认罚，且属于罪后态度恶劣。其次，如果出现不自愿认罪认罚、有新证据证明无罪等情形的，根据适用认罪认罚从宽制度的条件、案件范围等规定，应当允许撤回，相应地，量刑意见也失效。三是审判阶段。有观点认为，在法院审查程序之前或者认罪审查过程中，被告人有权随时撤回认罪，且无需说明理由。在法院正在合议或即将作出定罪量刑判决前，被告人可以要求撤回认罪，但需具备正当理由，比如认罪不具有自愿性、明知性或者不存在事实基础等，法院对被告人提出的理由进行审查后作出是否允许撤回认罪的裁定。[2]对此，最高人民法院、最高人民检察院《关于在部分地区开展刑事案件认罪认罚从宽制度试点工作情况的中期报告》明确指出，建立被告人反悔程序回转机制，判决前否认犯罪的及时转为普通程序。[3]（3）撤回的限制。撤回的行使有其限度，被追诉者行使撤回认罪认罚的权利时，应符合以下条件：一是认罪认罚不是自愿的。自愿认罪认罚是整个程序的逻辑起点，但凡出现不自愿的情形，都应当终止程序。是否自愿认罪认罚，被追诉者最有发言权。只要符合非自愿情形的，应赋予其可以全程无限制地行使撤回的权利，但应当有一定理由或依据，否则，是滥用之举。二是不符合认罪认罚从宽的适用条件。《试点办法》第 2 条规定了四种不适用的情形，包括犯罪嫌疑人、被告人是尚未完全丧失辨认或者控制自己行为能力的精神病人，未成年犯罪嫌疑人、被告

---

〔1〕 陈卫东："认罪认罚从宽制度研究"，载《中国法学》2016 年第 2 期。

〔2〕 史立梅："美国有罪答辩的事实基础制度对我国的启示"，载《国家检察官学院学报》2017 年第 1 期。

〔3〕 周强："关于在部分地区开展刑事案件认罪认罚从宽制度试点工作情况的中期报告——2017 年 12 月 23 日在第十二届全国人民代表大会常务委员会第三十一次会议上"，载《人民法院报》2017 年 12 月 24 日，第 1 版。

人的法定代理人、辩护人对未成年人认罪认罚有异议的，犯罪嫌疑人、被告人行为不构成犯罪的以及其他不宜适用的情形。如果出现这四种情形的，应当准许撤回。（4）撤回的处理。有观点认为，自愿认罪认罚当然包含承诺自愿和撤回自愿两方面，但为了保证诉讼经济和效率，认罪认罚承诺的撤回应当受到诉讼阶段和条件的严格限制。在一审判决作出前，犯罪嫌疑人、被告人认为在之前诉讼阶段所作承诺不具有自愿性、真实性、明智性；或者认为受到了办案人员及辩护律师、值班律师的欺骗；以及认为办案机关的允诺没有兑现等情况下，均可撤回认罪认罚承诺。在一审判决作出后，被告人不具有反悔撤回的权利。同时，犯罪嫌疑人、被告人撤回承诺的，办案机关应当根据被告人此时的认罪认罚情况及案件的疑难复杂程度，重新决定适用的诉讼程序，进行程序回转。程序回转并非一律回转到适用普通程序审理，如按照速裁程序审理的案件，被告人当庭撤回认罚承诺，但是依旧认罪的，法院可改为简易程序审理。[1]根据《试点办法》的规定，撤回是被追诉者的单方面行为，公安司法机关应当依法审查并作出决定。一是公安机关不同意的。对此，犯罪嫌疑人可以向公安机关申诉，也可以提请检察机关依法监督。此外，《试点办法》第9条规定，犯罪嫌疑人自愿如实供述涉嫌犯罪的事实，有重大立功或者案件涉及国家重大利益，需要撤销案件的，办理案件的公安机关应当层报公安部，由公安部提请最高人民检察院批准。对此特殊情形，应严格把握，原则上不准许撤回，否则，此条可能名存实亡。二是检察机关不同意的。对此，犯罪嫌疑人可以通过辩护律师依法提出异议意见，检察机关仍不同意的，可以向上一级检察机关申诉。上一级检察机关应当责令下级检察机关作出说明，或者自行审查并作出决定。三是法院审查不同意的。对此，被告人可以在判决生效后，向上级法院提起上诉，要求上级法院对案件进行审查，并作出是否允许撤回认罪认罚、是否撤销原审法院裁判的决定。（5）申请国家赔偿。即使在诉讼活动中被追诉人选择了认罪、认罚，但随着侦查、审查起诉和审判工作的推进，由于特定事由的出现导致被追诉人不构成犯罪，存在符合国家法定赔偿条件的情形时，被追诉人有权提出赔偿请求，相关国家机关应依法负有赔偿责任，不能以被追诉人曾经作出有罪供述、认罪选择作为拒绝赔偿的抗辩理由。

---

〔1〕　陆旭："认罪认罚从宽的价值体认与制度构建"，载《湖北社会科学》2017年第9期。

2. 检察机关撤回量刑意见

检察机关撤回量刑意见看似是"自相矛盾"的做法，但作为特殊情形，也是基于司法公正而作出的，是认罪认罚从宽程序坚守程序正义原则的体现。但是，如果检察机关可以随意撤回量刑意见，也是程序运行的重要隐患，并对被追诉者自愿认罪认罚的激励机制形成极大的负面作用。

在具体操作上，应注意以下几点：（1）撤回的条件。在认罪认罚的基础上，定罪问题因"诉讼合意"而实际上得到有效解决，量刑问题成为公诉部门的重点。基于诉讼合意的前提，量刑具有一定的协商性，从逻辑上讲，协商的任何一方都有权撤回，公诉部门也不例外。但公诉部门撤回量刑意见，应满足一定的条件，并注意特殊情形的处理：一是定罪层面。公诉部门认为，据以协商的认罪认罚这一基础并不真实客观存在，如不构成犯罪、案件事实不清、证据不充分、发现新的有罪证据、发现无罪证据等，公诉部门应当撤回。二是量刑层面。公诉部门认为，量刑意见违背《试点办法》第4条第3款规定的罪责刑相适应原则的，公诉部门应当撤回。（2）撤回的特殊情形。公诉部门撤回量刑意见时，有两种特殊情形：一是应单独考虑不具有终止意义的撤回情形。在实践中，如犯罪嫌疑人提出的协商意见更合理且具有合理的理由、证据的，公诉部门可以先行撤回，再重新提出更妥当的意见。再如，犯罪嫌疑人提出独立的量刑协商意见，且不认同公诉部门的意见，无法合意解决量刑问题，公诉部门可以暂时先行撤回。二是《试点办法》第13条规定，犯罪嫌疑人自愿如实供述涉嫌犯罪的事实，有重大立功或者案件涉及国家重大利益的，经最高人民检察院批准，人民检察院可以作出不起诉决定，也可以对涉嫌数罪中的一项或者多项提起公诉。具有法律规定不起诉情形的，依照法律规定办理。对此，应当严格限制公诉部门的撤回行为，否则，将对被追诉者造成极大的司法不确定性，也使《试点办法》第13条的实际作用难以发挥。（3）撤回的限制。公诉部门在普通诉讼程序中负责审查起诉，是与被追诉者"针锋相对"的关系。在认罪认罚从宽程序中，因协商机制的存在而有所缓和，控辩之间的力量对比更趋于对等、平衡。尽管如此，公诉部门仍是"强势"一方，也是认罪认罚从宽协商机制的主导者，负责提出量刑意见、督促签署具结书。因此，如果公诉部门不信守"诉讼合意"，恣意地撤回已经具有共识性的量刑意见。不仅是对被追诉者合法期待的"诉讼优惠"的极大挫伤，也直接损害被追诉者希望通过认罪认罚的方式来减少诉累的初衷，还进一步加剧控辩之间对抗的"不均衡"现状。因此，对于公诉部门撤回量刑意见的，总体上应进行严格限制。（4）上诉与抗诉。司法实践中，法院一般均会认可检察院与被告人达成的量刑建议，或者建议检察院调整量刑建议重新达成具结后予以认可。如法院判决不同意量刑建议，并超过量刑建议的范围判处刑罚，被告人不服可提起上诉，检察院认为不当可提起抗诉，最终确保量刑协商结果得到有效保障。

3. 认罪认罚从宽诉讼协商程序的回转

无论是撤回认罪认罚还是撤回量刑意见，都导致认罪认罚从宽程序被迫终止，并依普通程序审理。[1]继而，需要解决程序回转以及相关原有证据的使用问题。

关于程序回转的问题：（1）程序回转的情形。被追诉者撤回认罪认罚，且被认为成立的；或者检察机关撤回量刑意见，且撤回是有效的。这都意味着认罪认罚从宽程序陷入僵局，并将引发后续的连锁反应，既包括实体法层面的定罪量刑重置等，也包括程序法方面的侦查与审查起诉的重启、转为普通审判程序、原认罪认罚及其关联证据材料的采用或排除等问题。为此，应通过程序回转的方式，让案件重新进入普通审理程序，确保被追诉者可以享受依法公正审判的权利。但是，对于不同诉讼阶段的撤回行为，程序回转的处理也有差异。有观点认为，当被告人被强迫认罪或发生其他导致反悔的情形时，被告人完全可以在庭前审查或庭审过程中法院听取其意见时提出程序变更，适用其他程序，无需等到一审判决后才提出上诉。[2]另有观点认为，在法院作出裁决之前，被告人推翻原来的有罪供述或者不同意适用简易程序的，法院应当中止审判程序，将案件适用普通程序进行审理。[3]应该说，从程序回转的时机看，是以认罪认罚从宽程序尚在进行而未结束为前提的，具体是以仍在审理过程、判决未作出，甚至判决未生效为前提，从而最大限度地通过程序回转的方式来避免程序正义的沦陷，但也不能不顾忌已进行程序

---

〔1〕史立梅："美国有罪答辩的事实基础制度对我国的启示"，载《国家检察官学院学报》2017年第1期。

〔2〕山东省高级人民法院刑三庭课题组："关于完善刑事诉讼中认罪认罚从宽制度的调研报告"，载《山东审判》2016年第3期。

〔3〕陈瑞华："'认罪认罚从宽'改革的理论反思——基于刑事速裁程序运行经验的考察"，载《当代法学》2016年第4期。

的权威性与生效判决的效力。在程序回转的实质条件上，如果出现重大的实体性错误或程序性错误，以至于不符合认罪认罚从宽的适用条件、适用范围或禁止性情形，必须予以终止。（2）认罪认罚及相关证据材料的适用。认罪认罚本就是最直接的证据材料，[1]是典型的"口供"。在程序回转的背景下，先前已经作出的认罪认罚，如果继续作为有罪的证据材料，可能有损公允。有观点认为，被告人如果提起上诉的，作为附随效应，认罪认罚的言词证据归于无效应得到确认。[2]对于认罪认罚这一言词证据，仍归于无效的做法值得肯定。否则，对被追诉者而言是明显不公平的，控辩平等对抗更无从谈起。同时，通过认罪认罚获得其他证据材料，是否可以直接使用还是需要重新收集，实践中并无定论。如果不区分一律直接使用，对回转程序中的被追诉者不公平；如果完全排除使用，也可能浪费诉讼资源，应具体审查是否可以直接转换。

（三）不立案或特殊案件撤销权限的行使

认罪认罚案件与不认罪认罚案件存在实质差异，因而，在是否立案或立案条件以及是否撤销案件的标准等问题上也存在不同之处，试点阶段对此处理也不尽相同。《刑事诉讼法》（2018 年修正）增设的第 182 条对特殊认罪认罚案件的撤销问题作出了规定，今后适用时应当准确把握，从初始源头把好关，确保程序分流的合法性。

1. 不立案的决定

《刑事诉讼法》（2018 年修正）第 109 条规定，公安机关或者人民检察院发现犯罪事实或者犯罪嫌疑人，应当按照管辖范围，立案侦查。同时，第 112 条规定，人民法院、人民检察院或者公安机关对于报案、控告、举报和自首的材料，应当按照管辖范围，迅速进行审查，认为有犯罪事实需要追究刑事责任的时候，应当立案；认为没有犯罪事实，或者犯罪事实显著轻微，不需要追究刑事责任的时候，不予立案，并且将不立案的原因通知控告人。控告人如果不服，可以申请复议。因此，对于犯罪嫌疑人、被告人自愿作出认罪认罚的案件，公安机关或检察机关在对自愿性进行实质性审查时，如果发现并不

---

〔1〕 王敏远："认罪认罚从宽制度疑难问题研究"，载《中国法学》2017 年第 1 期。

〔2〕 艾文、张慧超："构建中国特色的认罪认罚从宽制度——专访中国政法大学诉讼法学研究院名誉院长、北京师范大学特聘教授樊崇义"，载《人民法治》2017 年第 1 期。

符合立案条件的，则不应当将这种"法律认识错误"的情形纳入到立案范围。

《刑事诉讼法》（2018年修正）第113条规定，人民检察院认为公安机关对应当立案侦查的案件不立案侦查的，或者被害人认为公安机关对应当立案侦查的案件不立案侦查，向人民检察院提出的，人民检察院应当要求公安机关说明不立案的理由。人民检察院认为公安机关不立案理由不能成立的，应当通知公安机关立案，公安机关接到通知后应当立案。因此，对于认罪认罚案件，如果公安机关没有依法予以立案的，检察机关应当要求公安机关依法说明理由或依法立案。

2. 特殊案件撤销权的掌握

《试点办法》第9条规定，犯罪嫌疑人自愿如实供述涉嫌犯罪的事实，有重大立功或者案件涉及国家重大利益，需要撤销案件的，办理案件的公安机关应当层报公安部，由公安部提请最高人民检察院批准。然而，《刑事诉讼法》（2018年修正）第162条规定，公安机关侦查终结的案件，应当做到犯罪事实清楚，证据确实、充分，并且写出起诉意见书，连同案卷材料、证据一并移送同级人民检察院审查决定；同时将案件移送情况告知犯罪嫌疑人及其辩护律师。第163条规定，在侦查过程中，发现不应对犯罪嫌疑人追究刑事责任的，应当撤销案件；犯罪嫌疑人已被逮捕的，应当立即释放，发给释放证明，并且通知原批准逮捕的人民检察院。就此，按照刑法、刑事诉讼法的规定，对于犯罪嫌疑人的行为已经构成犯罪，应当追究刑事责任的，侦查机关必须移送审查起诉。而《试点办法》第9条直接规定，犯罪嫌疑人自愿如实供述涉嫌犯罪的事实，有重大立功或者案件涉及国家重大利益，需要撤销案件的，办理案件的公安机关应当层报公安部，由公安部提请最高人民检察院批准。应当说，该规定突破了《刑事诉讼法》（2018年修正）相关条文的内容。[1]如何协调处理两者的关系，需要进一步研究。

尽管《试点办法》赋予公安机关撤销特殊案件的权限，理论界却持慎重的态度，实践探索中如何应对，试点各方都在观望。对此，有观点认为，赋予侦查机关案件撤销权不妥，与社会主义法治原则相冲突，理由为：一是突破《宪法》（2018年修正）第140条、《刑事诉讼法》（2018年修正）第7条的规定，公安机关行使侦查权，而撤销案件的实质是无罪处理，侵犯了法院

---

〔1〕 陈卫东："认罪认罚从宽制度试点中的几个问题"，载《国家检察官学院学报》2017年第1期。

的审判权。二是撤销案件即对构成犯罪的行为免除罪刑，但我国《刑法》并无赦免的规定。三是《刑事诉讼法》（2018 年修正）第 16 条规定了六种法定情形，并不包括《试点办法》规定的特殊情形；《刑事诉讼法》（2018 年修正）第 163 条规定，公安机关发现不应对犯罪嫌疑人追究刑事责任的或认为是无罪的，才能撤销案件，但认罪认罚可以撤销案件的依据不明。四是与以审判为中心的制度不符，使庭审实质化容易落空，也使公安机关在侦查阶段作出撤销案件时面临如何正式明示犯罪嫌疑人的涉案性质问题。五是从相关国际公约、英美辩诉交易以及污点证人制度看，侦查机关直接撤销有罪案件尚无惯例可循。[1]对实践中可能存在有重大立功或者涉及国家重大利益，需要免责处理且不宜对社会公开的特殊案件，可以由最高人民检察院或最高人民法院进行审查后，再作出不公开形式的不予追究刑事责任的决定或裁决，而非必须直接由侦查机关作出撤销案件的决定。[2]还有观点认为，即使有公安机关内部呈报与检察机关批准程序，但仍属于公安机关内部的做法，将不追究刑事责任的决定赋予检察机关或法院更合适。[3]

3. 理论释疑

《试点办法》规定的侦查机关行使撤销案件的权限问题最为棘手。对于如何协调法理、规则与实践之间的复杂关系，应从试验性司法与立法规律中获取答案。

对侦查机关行使撤销案件的权限的担忧并非空穴来风。然而，对试点探索的开放性、发展性不宜持过于苛责的态度；对法治框架下的试验性司法与立法，应当预留前瞻性、变革性的积极因子，具体而言：（1）司法体制改革的创新精神。十八大以来，党和国家高度重视司法体制改革问题。十八届三

---

〔1〕 但是，有观点认为，在应当追究刑事责任的前提下，赋予警察机关决定是否继续进行程序的权限，英国仍有此做法。参见魏晓娜："《认罚从宽制度试点工作办法》评析"，载《人民法治》2017 年第 1 期。同时，2014 年，为了最大限度地提高诉讼效率，法国创设警察刑事交易制度。刑事交易的主导权在司法警察，司法警官享有启动刑事交易的权力、确立交易的方案；共和国检察官仅享有批准权，不得干预交易的流程和细节，不得主动对刑事交易的方案进行调整；司法警官可单独决定适用押金制度，以确保交易方案得以有效履行；检察官仅负责"批准"。参见施鹏鹏："警察刑事交易制度研究——法国模式及其中国化改造"，载《法学杂志》2017 年第 2 期。

〔2〕 陈光中："认罪认罚从宽制度实施问题研究"，载《法律适用》2016 年第 11 期。

〔3〕 顾永忠、肖沛权："'完善认罪认罚从宽制度'的亲历观察与思考、建议——基于福清市等地刑事速裁程序中认罪认罚从宽制度的调研"，载《法治研究》2017 年第 1 期。

中全会通过《中共中央关于全面深化改革若干重大问题的决定》，对推动法治建设作出了重要部署。十八届四中全会通过《中共中央关于全面推进依法治国若干重大问题的决定》，对全面推进依法治国作出了详细安排。在自上而下的国家改革进程中，首先必然要处理好深化改革的"自上而下"与"自下而上"这对宏观与微观的关系，鼓励自主性、地方性与超前性的改革。《试点决定》作为授权性文件，对重要的试点事项作出概括性的授权；《试点办法》作为试点的细化方案，在具体安排上可以具有创新性和新颖性，对一些问题作出试验性规定，侦查机关行使撤销案件的权限便是体现，符合全面改革创新的法治精神。（2）试验性司法的制度张力。相比"自上而下"的全面政治改革以及司法体制改革，司法改革的试点探索是推动我国司法体制改革的重要方式。一方面，试验性司法及立法是在可控的政治风险、法治风险的范围内的主动改革尝试，旨在验证理性建构方案的可行性，最终反哺上层改革，不会随意偏离法治的合理性与科学性轨道。另一方面，试验性司法的优势在于可以更开放地面对实践需要、发现真实问题，通过实践探索来验证理性和检验预设方案，最终形成更有效的经验和方案。这决定试验性司法不能过于保守，而应具有相当的张力。试验性司法探索模式具有明显的体制规律性、过渡平稳性、结果的必然性，是回应现实需要和破除司法陈弊的高效方式。侦查机关行使撤销特殊案件的权限作为例外情形，具有丰富试点改革效果的潜能。（3）试验性立法的法治变革能力。建构理性与经验理性都可以是健全我国法律体系的重要方式，长期以来都以建构理性的立法模式为主导，但试行立法等新兴的试验性方式也越来越重要。[1]从当前如火如荼的试验性司法改革动向看，自贸区先行先试立法、刑事和解试点探索、刑事案件速裁程序试点工作等多项立法性或立法准备工作，都蕴涵试验性立法的实质内涵与法治精神。试验性立法的最大特征是运用非正式方式实现正式立法的效果，授权司法机关试点探索是立法完善的重要途径，并已经成为我国司法改革，尤其是刑事司法体制改革的有益方式。尽管试验性司法采取一些突破性、变革性的改革措施，在立法或法理上承受一定的风险，但通过实践检验累积而成的试验性立法具有高度的科学性与实用性，是从试验性司法回归立法完善的非正式法制方式。侦查机关行使撤销案件的权限是极其特殊的情形，是对常态

---

〔1〕　钱大军："当代中国法律体系构建模式之探究"，载《法商研究》2015年第2期。

诉讼制度的有益补充。（4）自诉案件的适用可行性。从兼顾试点探索的慎重性与实用性的角度看，本属于自诉案件但后因某种原因进入公诉领域并由公安机关立案侦查的各种自诉案件，可以纳入侦查机关撤销案件的范围。毕竟自诉案件与公诉案件不同，适用认罪认罚从宽制度，可以缓解自诉案件中被害人的证明难题，可以通过犯罪嫌疑人、被告人的认罪认罚实现积极悔罪、被害人自愿谅解及社会关系的恢复，可以通过释缓起诉权的方式来强化程序繁简分流与庭审实质化的实际效果。

4. 严格适用与公正的管控

2016 年 11 月，时任最高人民检察院副检察长孙谦在检察机关刑事案件认罪认罚从宽试点工作部署会议上指出，对于侦查机关行使撤销案件权限的，试点检察机关应当坚持"严格控制、慎重适用和防止滥用"的原则。《试点办法》第 9 条规定，犯罪嫌疑人自愿如实供述涉嫌犯罪的事实，有重大立功或者案件涉及国家重大利益，需要撤销案件的，办理案件的公安机关应当层报公安部，由公安部提请最高人民检察院批准。从该规定看，实体条件包括"重大立功"或"涉及国家重大利益"，程序条件包括"呈报公安部"和"由公安部提请最高人民检察院批准"。由此，确立了极其严格的适用条件：（1）实体适用条件。"重大立功"显然不是《刑法》及相关司法解释规定的一般情形，在实质上应当与"涉及国家重大利益"具有相当性。所谓"涉及国家重大利益"，主要是指涉及国家主权、安全、外交、国防等方面的重大利益，并且具有广泛的社会认同感；在罪名上，主要是指危害国家安全罪、恐怖犯罪、极其重大的腐败犯罪或职务犯罪等。否则，任何公诉案件只要有"重大立功"即可启用，无疑降低了适用标准，也容易在实践中被滥用。（2）法定审批程序。公安机关遵守呈报机制，并由公安部负责内部的实质审查，最终由公安部统一协调，体现了公安机关的垂直管理体制，既具有内部风险控制的作用，也具有内部职能一体协同的作用。是否可以撤销案件，最终仍需要由最高人民检察院审查批准和决定，充分确保检察机关依法行使审查起诉职能和检察监督职能，公安部并不能直接决定，与《刑事诉讼法》（2018 年修正）第 3 条、第 7 条的规定并不冲突。在此基础上，可以认为公安机关依法履行呈报和提请批准程序的司法行为并非具有终局性，而可以视最高人民检察院的批准为具有诉讼意义的"检察建议"行为。（3）有效的配套规则。《试点办法》第 8 条规定，侦查阶段适用认罪认罚从宽制度的，侦查机关应当依法履行相应的义务：一是应当履行告知犯罪嫌疑人认罪认罚可能导致的法律后果，并告知享有的诉讼权利；二是认罪认罚的，应当听取犯罪嫌疑人及其辩护人或者值班律师的意见；三是自愿认罪认罚的，应当由侦查人员记录在案并附卷；四是对拟移送审查起诉的案件，侦查机关应当在起诉意见书中写明犯罪嫌疑人自愿认罪认罚情况；五是犯罪嫌疑人向看守所工作人员或辩护人、值班律师表示愿意认罪认罚的，有关人员及时书面告知办案单位的，侦查机关应当及时处理。鉴于此，可以确保认罪认罚的自愿性，通过外部监督防止侦查权的滥用和发现犯罪嫌疑人的无罪证据，防控错案的发生。综上，《试点办法》对侦查机关行使撤销案件的权限设置了较为严苛的条件，适用案件范围被压缩至极其特殊的个案情形。作为试点改革中的绝对"例外规定"，原则上并不会损害制度改革的合法性，反而可以充分留存制度的灵活性和有效性。

（四）不起诉程序的宽缓适用

通常认为，认罪认罚从宽程序中，公诉机关与犯罪嫌疑人之间的认罪认罚协商要经过人民法院的审查确认，以此为逻辑基础可以得出认罪认罚案件中，检察机关不具有终结诉讼程序的权力，即不可以作出不起诉决定。[1]但这与实际情况不符。根据不完全统计，试点一年，认罪认罚从宽案件的不起诉率在4.5%左右。[2]在一些试点区域不起诉率会更高，如大连市某区的认罪认罚案件不起诉率达到21.7%。[3]截至2017年11月，杭州市检察机关办理的认罪认罚案件，不起诉率达到18.5%。[4]不起诉不仅是程序从简的重要内容，也事关人权保障问题。

1. 不起诉程序的试点现状

在实践中，一些个案探索具有一定的启发意义：（1）梅州市梅江区人民检察院公诉部门积极探索，大胆创新，办理首例认罪认罚故意伤害案作不起

---

〔1〕陆旭："认罪认罚从宽的价值体认与制度构建"，载《湖北社会科学》2017年第9期。

〔2〕周强："关于在部分地区开展刑事案件认罪认罚从宽制度试点工作情况的中期报告——2017年12月23日在第十二届全国人民代表大会常务委员会第三十一次会议上"，载《人民法院报》2017年12月24日，第1版。

〔3〕晋晓兵、石朕："认罪认罚从宽制度试点工作在全市正式推行"，载《大连日报》2017年5月11日，第2版。

〔4〕董碧水："杭州试点认罪认罚从宽制度使办案效率明显提高"，载《中国青年报》2018年1月19日，第4版。

诉处理。2017 年 10 月，梅江区人民检察院在办理赖某故意伤害案中，了解到赖某故意伤害赖某某致其受轻伤，而犯罪嫌疑人赖某与被害人赖某某竟为亲生父子关系，赖某因家暴与其妻子离婚，赖某某归女方抚养，赖某与赖某某关系一直非常紧张，案发也是因为家庭矛盾引发口角继而赖某打伤赖某某。在告知权利的同时，检察院公诉部门主动询问双方谅解情况及适用认罪认罚从宽制度的意见，为缓和家庭矛盾、修复其亲子关系，积极促成双方和解。最终被害人同意检察院对赖某故意伤害案适用认罪认罚从宽制度。[1] (2) 重罪案件的不起诉，2016 年 10 月某日 16 时许，张某到哥哥张甲（化名）家中讨要欠款，但哥哥以各种理由推脱不还，并与张某发生口角纠纷。一气之下，张某将买来的 3 瓶汽油倒在自己身上及哥哥家中的客厅等处，随后掏出打火机威胁"再不还钱就点火烧死自己"，但其最终并未点燃。随后张某在与张甲前妻的拉扯厮打中摔倒在地，索性不再起来。张甲报警，张某被随后赶来的民警控制住。在南安市人民检察院的主持下，该案的被害人张甲、亲属张乙（化名）、被不起诉人张某及其辩护人郑某某，市人大代表、司法所调解员纷纷到场参加宣布会。检察官宣读不起诉决定书。"检察院这个不起诉决定是正确的、合法的，客观依法认定了被告人的自首及犯罪未遂的情节，作出不起诉决定也符合刑法宽严相济的原则，达到了化解矛盾、修复社会关系的目的。被害人也有过错，希望他能够履行还款义务，体谅妹妹独自抚养孩子、生活艰苦的情况，妥善解决双方的经济纠纷。""你们是兄妹，作为哥哥要诚实守信，理解妹妹家庭困难的情况，履行自己的还款责任。作为妹妹也要理解哥哥，切勿以这种极端方式相逼，要依法维权。"会后，与会人员纷纷表态，并对双方当事人予以教育劝导。检察院介绍，"这起案件是因亲兄妹之间的经济纠纷引起的，被害人存在过错，且张某明知他人报警依然在现场等候，具有自首情节，其虽然泼洒汽油但未点燃，属犯罪未遂，现已得到被害人的谅解，犯罪情节较轻，符合认罪认罚从宽制度，根据有关法律规定，可以免除处罚"。南安市人民检察院遂依法对其不起诉。[2] (3) 2017 年 4 月 10 日下午，

---

〔1〕 王泽艳："梅州梅江区：办理首例认罪认罚不起诉案件"，载法制网，http://www.legaldai-ly.com.cn/judicial/content/2017-11/24/content_7397940.htm? node = 80543，最后访问时间：2017 年 10 月 18 日。

〔2〕 洪丽燕："南安办理首例认罪认罚不起诉案件"，载《海丝商报》2017 年 5 月 10 日，第 A2 版。

于某在放学路上与一位骑电动车的六旬老人发生剐蹭，之后发生争执。老人抄起车锁要打于某，于某一边躲闪一边用手阻挡，情急之下抓住老人的衣领将其向后推去。老人踉跄着摔倒在地，后脑勺着地无法起身。事发后，于某逃离现场。后老人报案，警方经过调查走访，锁定嫌疑人。经过鉴定，老人摔成颅脑骨折、蛛网膜出血等，构成轻伤。在警方电话传唤下，于某自行来到派出所。到案后，于某的家属及时和受害人接触，向受害人作出道歉、赔偿损失并达成了谅解。东城区人民检察院检察官独立行使权力，对其宣布不起诉决定。北京市检方2017年率先将部分案件的不起诉权和不批捕权下放给检察官的相关试点工作，由检察官自行决定，即除复杂敏感案件外，检察官在办理一般案件时，能够自行决定是否起诉，而以前这种案件需要向主管检察长汇报或者提交检委会讨论决定。[1]（4）福州市晋安区人民法院在办理谢某某盗窃一案中，考虑到犯罪嫌疑人谢某某作案时尚未成年，且在案发后主动留在现场等待民警，到案后也如实供述自己的罪行，承办人报请检察长批准，最终决定对谢某某作附条件不起诉处理。作出附条件不起诉处理后，承办人立即联络司法社工与观护帮教基地，由三方共同签订帮教协议书，严格落实对被附条件不起诉人谢某某的观护帮教工作。[2]

由此可见：（1）工作机制的创新。围绕"事实和证据情况调查""不起诉理由调查"等环节，案件承办人详细分析了案情，现场进行了释法说理，从检察机关履行审查起诉职能的角度切入，说明不起诉意见的法律依据和理由。侦查人员对取证过程和证据效力进行说明，受邀的人民监督员、法学专家和群众代表对赔偿数额等问题发表意见，书记员全程详实记录并由各方代表当场签字确认。检察院充分参考各方意见，最终决定是否对该案作出不起诉决定。[3]（2）专门机构的设立。北京市朝阳区人民检察院设立轻罪检察部，主动扩大相对不起诉适用比例。充分利用检察机关的不起诉裁量权，对于犯罪情节轻微的案件，实行相对不起诉；与朝阳区人民检察院现行的《刑

---

〔1〕　王蓄："高中生打伤老人　检察官独立行使权力不起诉"，载《北京晚报》2017年11月17日。

〔2〕　张中等："认罪认罚从宽制度改革实证研究"，载《认罪认罚从宽制度的理论与实践——第十三届国家高级检察官论坛论文集》，2017年6月13日。

〔3〕　张驰："天津检察二分院首次公开审查认罪认罚从宽案件"，载法制网，http://www.legaldaily.com.cn/dfjzz/content/2017-05/31/content_7187042.htm，最后访问时间：2017年6月8日。

事案件相对不起诉适用规范》相结合，把及时终结诉讼程序作为从宽的方式之一。2017 年第一季度相对不起诉 32 件 35 人，相对不起诉率由 2016 年的 5.79% 提升至 8.95%。[1] 同时，北京市丰台区人民检察院设立轻罪案件检察部，探索建立认罪认罚从宽制度与相对不起诉制度衔接办法，统一了相对不起诉的标准和尺度。2017 年 1~10 月，轻罪案件检察部共作出不起诉决定 163 件 184 人，占全院不起诉案件总数的 81.3%；举行不起诉听证 33 件 39 人，经不起诉听证后作出法定不起诉 3 件 8 人，相对不起诉 25 件 26 人，存疑不起诉 4 件 4 人，起诉 1 件 1 人。[2] (3) 重罪案件也可以作出不起诉。例如，在上述亲兄妹之间因经济纠纷泼洒汽油并威胁要点火案中，检察院经审查认为，本案由亲兄妹的经济纠纷引起，被害人张甲也有过错，而张某具有自首情节，且其虽然泼了汽油但没有点燃，属犯罪未遂，也已得到被害人的谅解，犯罪较轻。在南安市人大代表、司法所工作人员的共同见证下，南安市人民检察院经过审查，决定对张某作出不起诉决定。据悉，这是探索刑事案件认罪认罚从宽制度以来，泉州市宣布的首起放火罪等重罪认罪认罚不起诉案件。[3] (4) 掌握公诉阶段的不起诉至关重要。有试点区域指出，应当适当扩大检察机关的起诉裁量权，对相对不起诉案件"情节轻微"的标准予以合理界定。例如，对刚达起刑点的案件，重点审查嫌疑人的主观恶性、人身危险性、认罪悔罪态度；对过失犯罪、初犯、偶犯、积极赔偿被害人的嫌疑人，应倾向于作相对不起诉处理，加大不起诉案件在公诉环节案件中的比重，更好地实现案件分流。此外，还可以考虑适当扩大附条件不起诉的范围，同时规定一定的考验期。[4] (5) 不起诉制度的扩大化适用。完善认罪认罚"程序从宽"制度框架下的起诉裁量权，可以整合"相对不起诉"和"未成年人附条件不起诉"构建"附条件不起诉"，引入处罚令程序，形成"绝对不起诉—存疑不起诉—附条件不起诉—处罚令"新的四级"逐宽"起诉裁量格局。其中，"附条件不起诉"可在未成年人附条件不起诉制度的基础上进行改造。整体上

---

[1] 杜萌："刑案认罪认罚从宽制度试点周年回眸"，载《天津政法报》2017 年 9 月 8 日，第 5 版。

[2] 党小学："北京丰台：专业化机构办理认罪认罚从宽案件"，载《检察日报》2018 年 1 月 14 日，第 2 版。

[3] 黄耿煌："南安宣布泉州首起重罪认罪认罚不起诉案件"，载《海峡都市报》2017 年 5 月 10 日。

[4] 李响："公诉环节完善认罪认罚从宽制度之我见"，载《江苏法制报》2017 年 4 月 20 日，第 A7 版。

依然分为决定附条件不起诉和决定不起诉两个阶段。同时，处罚令程序可以以速裁程序为改造基础，即不开庭的"速裁程序"。实行由检察官提请、法官书面化实质审核、一审终审、执行机关执行的总体模式。检察官享有处罚令申请权，全部案卷材料移送法院。法官对案件进行实质性审查，如并无不当，则签发处罚令。如果认为存在足够的怀疑需全面审查案件的，可拒绝签发处罚令并开庭审判。处罚令可由检察机关交付执行。[1]

2. 特殊案件的不起诉

《试点办法》第 13 条规定，犯罪嫌疑人自愿如实供述涉嫌犯罪的事实，有重大立功或者案件涉及国家重大利益的，经最高人民检察院批准，人民检察院可以作出不起诉决定，也可以对涉嫌数罪中的一项或者多项提起公诉。具有法律规定不起诉情形的，依照法律规定办理。同时，《刑事诉讼法》（2018 年修正）新增设的第 182 条也对特殊认罪认罚案件的不起诉问题作出了规定。

但是，《刑事诉讼法》（2018 年修正）第 176 条规定，人民检察院认为犯罪嫌疑人的犯罪事实已经查清，证据确实、充分，依法应当追究刑事责任的，应当作出起诉决定，按照审判管辖的规定，向人民法院提起公诉，并将案卷材料、证据移送人民法院。据此可知，有犯罪事实且查清的，一般应当依法作出起诉。另一方面，《刑事诉讼法》（2018 年修正）第 175 条第 4 款规定，对于二次补充侦查的案件，人民检察院仍然认为证据不足，不符合起诉条件的，应当作出不起诉的决定。第 177 条规定，犯罪嫌疑人没有犯罪事实，或者有本法第 16 条规定的情形之一的，人民检察院应当作出不起诉决定。对于犯罪情节轻微，依照刑法规定不需要判处刑罚或者免除刑罚的，人民检察院可以作出不起诉决定。据此可知，我国规定的三种不起诉情形，与《试点办法》第 13 条的规定对比后，可以发现第 13 条的规定已然明显突破现有的规定，是"法外"的不起诉情形。

2016 年 11 月，最高人民检察院副检察长孙谦在检察机关刑事案件认罪认罚从宽试点工作部署会议上的讲话指出，这是对现行刑事诉讼法的重大突破。试点地区检察机关要按照"严格控制，慎重适用，防止滥用"的原则，规范适用和报批程序，做到"三个严格"：一是严格把握"有重大立功或者涉及国

---

[1]　张佩如："认罪认罚'程序从宽'机制构建"，载《中国检察官》2017 年第 6 期。

家重大利益"的条件。最高人民法院、最高人民检察院原有的司法解释已经对"重大立功"作出过界定，但要更严格把握这里的"重大立功"，注意与涉及国家重大利益情形的平衡。"涉及国家重大利益"，主要是指涉及国家主权、安全、外交、国防等方面的重大利益，但必须严格控制这类案件的范围。二是严格审批程序。有重大立功或者涉及国家重大利益的认罪认罚案件，需要撤案的，应由公安部提请最高人民检察院批准。试点地区检察院对有重大立功或者涉及国家重大利益的认罪认罚案件，认为可以不起诉的，必须严格按照规定层报最高人民检察院批准。三是严格把握后续违法所得的处理。《试点办法》赋予公安机关、人民检察院对违法所得及其孳息的特殊收缴权，这也是现行法律没有规定的。试点地区检察院要认真做好涉案财物的处理工作，调查和查明涉案财物的权属情况，及时提出处理意见。确认查封、扣押、冻结的财物及其孳息属于违法所得、违禁品或者供作案所用的本人财物，除依法返还被害人以外，应当在作出不起诉决定后 30 日内予以收缴。对不能确认属于违法所得、不能确定是否应当追缴的其他涉案财物，不得收缴。[1]

3. 未成年人认罪认罚案件的附条件不起诉

《刑事诉讼法》（2012 年修正）第 271 条规定，对于未成年人涉嫌刑法分则第四章、第五章、第六章规定的犯罪，可能判处一年以下有期徒刑刑罚，符合起诉条件，但有悔罪表现的，人民检察院可以作出附条件不起诉的决定。人民检察院在作出附条件不起诉的决定以前，应当听取公安机关、被害人的意见。对附条件不起诉的决定，公安机关要求复议、提请复核或者被害人申诉的，适用《刑事诉讼法》的相关规定。未成年犯罪嫌疑人及其法定代理人对人民检察院决定附条件不起诉有异议的，人民检察院应当作出起诉的决定。

附条件不起诉制度是 2012 年修正《刑事诉讼法》时新增的内容，是特殊的不起诉制度，体现对未成年犯罪嫌疑人、被告人的特殊照顾。认罪认罚案件也面临这一问题。根据《试点办法》第 1 条的规定，犯罪嫌疑人、被告人自愿如实供述自己的罪行，对被指控的犯罪事实没有异议，同意量刑建议，

---

〔1〕 孙谦："'刑事案件认罪认罚从宽制度'试点工作这九大问题要注意"，载正义网，http://www.jcrb.com/gongsupindao/FXTX/201702/t20170208_1713961.html，最后访问时间：2017 年 12 月 25 日。

签署具结书的，可以依法从宽处理。同时，根据第 2 条的规定，未成年犯罪嫌疑人、被告人的法定代理人、辩护人对未成年人认罪认罚有异议的，不适用认罪认罚从宽制度。因而，如果未成年犯罪嫌疑人、被告人的法定代理人、辩护人对未成年人认罪认罚没有异议，同时未成年犯罪嫌疑人、被告人又自愿作出认罪认罚的，则完全可以适用认罪认罚从宽制度。实际上，试点城市也非常重视这一问题，并作为重点来抓。例如，未成年人陈某一时糊涂在酒吧行窃，案发后万分后悔，并认罪认罚。上海市静安区检察院对陈某盗窃案提起公诉，并对陈某适用认罪认罚从宽制度。据悉，该案是上海市首例对未成年人适用认罪认罚从宽制度的案件。[1]

　　尽管未成年犯罪嫌疑人、被告人可以适用认罪认罚从宽制度，并且可以适用附条件不起诉制度，但是，对附条件不起诉的决定，被害人是否可以依法申诉和起诉。对此，《全国人民代表大会常务委员会关于〈中华人民共和国刑事诉讼法〉第二百七十一条第二款的解释》指出，全国人民代表大会常务委员会根据司法实践中遇到的情况，讨论了《刑事诉讼法》（2012 年修正）第 271 条第 2 款的含义及被害人对附条件不起诉的案件能否依照第 176 条的规定向人民法院起诉的问题，解释如下：人民检察院办理未成年人刑事案件，在作出附条件不起诉的决定以及考验期满作出不起诉的决定以前，应当听取被害人的意见。被害人对人民检察院对未成年犯罪嫌疑人作出的附条件不起诉的决定和不起诉的决定，可以向上一级人民检察院申诉，不适用《刑事诉讼法》（2012 年修正）第 176 条关于被害人可以向人民法院起诉的规定。相应地，考虑到认罪认罚从宽制度的初衷，在追求诉讼效率的背景下，认罪认罚从宽案件中的被害人也应当受该规定的约束。

（五）上诉程序的依法适用

　　尽管从逻辑上看，认罪认罚案件的上诉情形明显偏低，但不能以此否定被追诉者依法行使上诉权。同时，鉴于控辩协商机制的存在，检察机关也一般不会主动选择抗诉，但也不能以此否定抗诉权的行使。这二者是确保认罪认罚从宽简化程序不因追求诉讼效率而偏离司法公正轨道的重要保障。2017 年 9 月，最高人民检察院公诉厅在检察机关刑事案件认罪认罚从宽制度试点

---

〔1〕　苏双丽：“上海静安：办理全市首例未成年人适用认罪认罚从宽制度案”，载正义网，http://www.jcrb.com/procuratorate/jcpd/201704/t20170417_ 1743387. html，最后访问时间：2017 年 4 月 25 日。

工作推进会上指出，试点地区检察机关适用认罪认罚从宽制度办理的案件，被告人上诉率仅为 1.94%，检察机关抗诉仅 17 人。[1]根据最高人民法院、最高人民检察院的统计数据，检察机关抗诉率、附带民事诉讼原告人上诉率均不到 0.1%，被告人上诉率仅为 3.6%。[2]据悉，截至 2017 年 12 月，广州、深圳两级检察机关适用认罪认罚从宽制度处理的已判决案件中共有 99 人上诉，上诉率仅为 0.63%。[3]

1. 一审终审制的取舍

对于认罪认罚从宽程序的审级模式，目前有两种看法：（1）认罪认罚从宽案件适用一审终审有其必要性和合理性。认罪认罚从宽程序的适用前提是犯罪嫌疑人、被告人同意被指控的犯罪事实，对犯罪的成立、定性、量刑和程序的适用均予以认可。这种案件中控辩双方对事实和法律均无争议，控辩双方的无争议状态是以法律为辩方提供了充分的自愿性保障为前提的。[4]上诉一般限于对事实、法律或程序等不服，请求上级法院继续审理。从理论上来说，认罪认罚案件引发上诉的可能性很小，除非被告人违背诚信原则出尔反尔。如果被告人同意适用认罪认罚并因此而得到从宽处罚，而后又提出上诉，在二审程序中，因认罪认罚而从宽的正当性依据已经不存在。同时，由于我国有上诉不加刑原则，二审无法撤销从宽判决，将导致不公正的结果。对此，应由检察院抗诉，取消从宽优惠；或发回原审法院，适用普通程序重新审理。这都将导致诉讼严重拖延，与设立认罪认罚从宽制度的初衷相悖。而且，如果案件是在审查起诉阶段就认罪认罚的，检察机关的部分工作可能因认罪认罚而被简化处理，在被告人改变认罪认罚的态度之后，可能导致检察机关工作的被动。对认罪认罚的案件限制上诉权利，也是其他国家和地区的普遍做法。例如，意大利的辩诉交易制度和我国台湾地区的认罪协商制度，原则上均不允许上诉，除非存在被迫协商等法定情形；德国和法国的处罚令

---

〔1〕 李豪："轻罪案专业化快办简办提质增效"，载《法制日报》2017 年 9 月 22 日，第 3 版。

〔2〕 周强："关于在部分地区开展刑事案件认罪认罚从宽制度试点工作情况的中期报告——2017 年 12 月 23 日在第十二届全国人民代表大会常务委员会第三十一次会议上"，载《人民法院报》2017 年 12 月 24 日，第 1 版。

〔3〕 徐萌："94.46% 量刑建议被采纳，广东检察一年办理 1.8 万余件认罪认罚案件"，载网易新闻，http://news.163.com/18/0129/17/D9B8ALTV000187VE.html，最后访问时间：2018 年 3 月 2 日。

〔4〕 邵劭："论认罪认罚从宽制度的完善"，载《杭州师范大学学报（社会科学版）》2017 年第 4 期。

程序也实行一审终审制。因此，对认罪认罚从宽案件原则上应当一审终审，并通过对认罪认罚自愿性的保障及审查，提高被告人对审判结果预判的准确率和对审判结果的接受度，消解上诉的意愿和可能，除非认罪认罚违背自愿性。（2）必须坚持二审终审制。[1]据统计，在 2014～2016 年的刑事速裁程序试点期间，全部速裁案件被告人的上诉率为 2.01%，检察机关的抗诉率仅为 0.01%。在此背景下，一些法官、检察官主张对速裁案件实行一审终审制。在研究认罪认罚从宽制度中，一些同志又提出了以速裁程序审理的认罪认罚案件实行一审终审制的建议。保留被告人对此类案件一审裁判的上诉权和检察院的抗诉权，坚持二审终审，有利于对被告人非自愿认罪认罚、案件不符合司法证明标准、法院裁判不当等情况进行救济，从而确保司法公正。从以往速裁程序的试点情况看，坚持二审终审所带来的工作量也不大。对这种好处很多，带来的工作量不大的审级制度，没有必要加以修改。此外，必须坚持依法独立审判。如果不依法办案或者审判受其他因素干扰，则必然会影响审判在刑事诉讼中的中心地位。"以侦查为中心"现象频出，是依法独立审判缺失的主要体现之一，认罪认罚从宽制度应当主动避免。

认罪认罚案件不区分程序均应保留被告人的上诉权。取消被告人上诉权不符合追求实质真实、程序正义的司法传统和民众认同。仅以量刑协商为前提，取消被告人的全部上诉权不尽合理。认罪认罚案件中的低"上诉率"更为保留被告人上诉权提供了可能。在未限制、取消检察机关对一审判决的抗诉权、附带民事诉讼当事人二审程序上诉权、被害人二审程序启动权的情况下，单独取消被告人的上诉权也不适宜。在完整保留被告人上诉权的前提下，可通过对被告人上诉理由的形式审查，将不符合上诉条件的案件直接不予受理。同时，通过更科学、更宽容的从宽制度，体现现代司法的宽容精神，促使被告人主动放弃行使上诉权。[2]

2. 认罪认罚从宽案件的上诉现状

2016 年 12 月，广州市检察机关正式启动认罪认罚从宽制度试点工作。截至 2017 年 7 月，共适用认罪认罚从宽制度起诉案件 4997 件 5341 人，件数占

---

〔1〕　朱孝清："认罪认罚从宽制度中的几个理论问题"，载《法学杂志》2017 年第 9 期。

〔2〕　韩平静："认罪认罚从宽制度下被告人上诉权探究——以 151 份二审裁判文书为样本"，载《中国检察官》2017 年第 11 期。

全部起诉案件的 47.30%，且呈逐月增加态势。已经判决的认罪认罚案件 4289 件 4493 人，仅有 26 件 28 人提出上诉，上诉率为 0.6%。[1]

在杭州市速裁程序试点法院，试点期间适用速裁程序审结案件 4182 件，提起上诉的有 7 件，上诉率为 0.17%。在宁波市非试点地区，2016 年按照简易程序审理的 8056 例案件，提起上诉的有 316 例，上诉率为 3.92%。速裁程序、简易程序总体运行平稳有序，社会反响良好，但在上诉案件中暴露出来的问题不容忽视。[2] 主要有：（1）被告人违背认罪认罚从宽协议中的契约精神，滥用上诉权。一审法院按照量刑建议从宽判决后，提起上诉的绝大多数被告人的上诉理由都是"原判量刑过重，请求从轻处罚"，直接违背认罪认罚从宽协议。这种司法的不诚信现象将损害司法权威。（2）浪费司法资源，影响司法效率，有违认罪认罚从宽制度的初衷。提起上诉的 16 例案件，从一审判决到二审结案，最长耗时 97 日，最短耗时 30 日，平均每件耗时 66.6 日，严重影响了诉讼效率，审期的拖长助长了刑期倒挂现象的泛滥。（3）侥幸心理与投机主义部分侵蚀上诉制度。16 例二审改判的案件，9 例都是因为被告人上诉期间检举、揭发他人犯罪而被认定为立功。应当对被告人的上诉权进行相应的限制，重罪案件一般不限制，轻罪案件（如 3 年以下有期徒刑）则可以适度限制。"限制"并非取消，被告一旦自愿选择认罪认罚从宽，原则上不得提起上诉。对于非自愿、非理性的认罪认罚，或存在司法机关违背认罪认罚从宽协议的情况，可以提起上诉或者有权撤回认罪。对轻罪案件中被告人的上诉权进行适当限制，是对认罪认罚从宽协议的尊重，也是对诚信原则的遵守。如果法院只能在检察院的量刑建议幅度内裁决，则法院的独立审判权名存实亡，法院可能成为受公诉机关控制的橡皮图章。法院认为量刑建议确有不当，可以通知控辩双方，征求双方意见后，不宜适用认罪认罚从宽程序，则法院有权将其转为普通程序审理。在认罪认罚从宽案件的程序选择上，控辩双方享有启动程序的申请权，而程序适用的决定权则由法官掌握。同时，认罪认罚从宽协议的法律拘束力的形成，最终由法官的司法审查和裁判确认予以固定。

---

　　〔1〕　何小敏："广州刑事案件认罪认罚从宽试点覆盖 70 多个罪名"，载大洋网，http://news.dayoo.com/guangzhou/201708/25/150080_51707913.htm，最后访问时间：2017 年 10 月 29 日。

　　〔2〕　宋善铭："认罪认罚从宽制度典型样态运行的实证分析——以浙江省实践为例"，载《河北法学》2017 年第 10 期。

3. 上诉程序的法定性与必要性

我国刑事诉讼程序特别是审前程序的正当化水平仍有待提高，针对认罪认罚程序中非自愿认罪和虚假认罪的风险较大的现状，保留认罪被告人的上诉权是极为必要的，但出于诉讼经济原则的考虑，可要求被告人列明上诉理由，二审法院仅在上诉范围内进行不开庭审查，如果经审查认为被告人非自愿认罪或者虚假认罪，应当裁定撤销原判的，将案件发回原审法院依普通程序重新审理；如果经审查认为原判决量刑明显失当，应当依法予以改判，但应受上诉不加刑原则的约束。[1]

上诉权是被告人应当享有的基本诉讼权利，对作出认罪认罚的被告人而言弥足珍贵，是其自行获得程序救济的首要方式。被告人行使上诉权是程序正义的要求，是我国二审终审制的具体体现。根据《刑事诉讼法》（2018年修正）的规定，对被告人的上诉权，不得以任何借口加以剥夺。然而，认罪认罚案件有一定的特殊性，如果被告人在一审判决作出后，毫无节制地行使上诉权，可能诱发滥用行为，也影响认罪认罚从宽程序的流畅性，并不利于真正实现程序分流和提高诉讼效率。当前，刑事速裁程序试点过程中出现的一审终审做法，在认罪认罚从宽试点探索中也存在类似的声音。有观点认为，鉴于认罪认罚从宽案件一般很少出现判决形成后的异议情况，而且一审简化也使二审的实质审理难以有效实现，可以适当突破法定的二审终审制，探索一审终审制。[2]当前，实践中已被认可的一审终审制，容易侵犯被告人的上诉权，形成"一认罪认罚，就定终身"的异化结果，不利于保持控辩之间的关系趋于理性，也容易加剧被告人认罪认罚后所处的保护不利状态。相比之下，基于试点现状，实行一审终审为原则、二审终审为例外的上诉制度更妥当，合理限制上诉权的行使，可以避免二审后发回重审的情况频繁出现。基于此，对于认罪认罚从宽程序中被告人的上诉权行使问题，应一分为二地对待：一是应当充分保障上诉权的行使，杜绝人为限制或阻碍行使的情况出现；二是鉴于已经自愿作出认罪认罚，与检察机关达成一致的量刑意见并签署具结书，不能随意行使上诉权，必须具有充足的理由。否则，可能是滥用行为。

---

〔1〕　史立梅："认罪认罚从宽程序中的潜在风险及其防范"，载《当代法学》2017年第5期。

〔2〕　艾静："刑事案件速裁程序的改革定位和实证探析——兼论与'认罪认罚从宽制度'的理性衔接"，载《中国刑事法杂志》2016年第6期。

诚然，实践中对于被告人是否在认罪认罚从宽制度中享有上诉权的问题，基层法院存在不同意见。在我国台湾地区协商程序中以不能上诉为主要原则，只有六种例外情形才能上诉。目前司法实践中，上诉的原因除刑期较短的被告人希望在看守所服完剩余刑期外，实际没有发生过其他上诉情形。

4. 上诉条件与情形

认罪认罚从宽程序中的被告人在行使上诉权时，应当符合一定条件，不能无条件地随意启用。同时，被告人提出上诉的，应当附上相应的理由或证据材料。

首先，符合法定条件下进行的认罪认罚最终未获得法定的从宽、从轻处理时，应当允许被告人据此提起上诉；如果认罪认罚过程中存在非自愿或隐瞒、威胁、欺骗等情形时，或认罪认罚的协商违背司法公正及社会公益，虽已定罪量刑的，应允许被告人据此提起上诉。[1]从中可知，上诉的理由分为两部分：一是认为量刑不公；二是主张认罪认罚不自愿或定罪的事实不清、证据不足等，属于适用条件不符的主张。总体来说，上诉的理由可以总体分为量刑与定罪两个层面。

其次，有观点认为，考虑到认罪认罚从宽制度通过法律援助、书面具结、当庭询问、最后陈述等形式，充分保障被告人的程序选择权并给予被告人充分表达意愿的机会，如果被告人提出上诉的理由是量刑问题，就不应允许其提出上诉；如果提出上诉的理由是认罪认罚并非其真实意思表示，司法机关存在刑讯逼供、暴力威胁等司法行为，则应当允许其提出上诉。[2]显然，这种看法对基于量刑不公而提出上诉持否定态度。易言之，除非是一审法院判决发生错误、判决之后才出现相关事实证明不适用认罪认罚从宽制度以及是不自愿认罪认罚等情形的，被告人才应当被赋予上诉权，否则，有滥用上诉权之虞。然而，这其实也延续"一审终审制"的实践思路。量刑协商的公正是认罪认罚从宽程序的基石与保障，被告人基于量刑不公而上诉合情合理，应成为认罪认罚从宽上诉程序的重要情形，否则，对被追诉者而言不公平。例如，在某案适用了认罪认罚从宽制度后，程某上诉提出，其是初犯，归案

---

〔1〕 樊崇义、李思远："认罪认罚从宽程序中的三个问题"，载《人民检察》2016 年第 8 期。

〔2〕 虞浔："关于完善刑事案件认罪认罚从宽制度的思考"，载《上海公安高等专科学校学报》2017 年第 1 期。

后自愿认罪认罚，原判量刑过重，请求二审法院对其从轻处罚。宝安区人民检察院认为对程某量刑畸轻，提出抗诉；程某以认罪认罚形式换取较轻刑罚，再利用上诉不加刑原则提出上诉，反映其认罚动机不纯；程某上诉违背认罪承诺，不应再适用认罪认罚的从宽量刑幅度，故程某应获得更重的处罚，这有利于维护适用认罪认罚从宽制度的司法效果。二审法院认为，被告人程某虽然签订了认罪认罚具结书，据此获得量刑减让，一审宣判后又以量刑过重为由提出上诉，确实违背了之前认罪认罚的承诺，其行为有违诚实信用原则，但根据现行法律规定，被告人不服一审判决仍然可以提出上诉。被告人的上诉权是受法律保障的，不能因为签署过认罪认罚具结书就予以剥夺或限制，也不能因为违背认罪认罚的承诺就予以抗诉加刑。因此，抗诉理由不能成立，程某请求再予从轻处罚的理由也不成立。原判量刑适当，审判程序合法。二审裁定驳回上诉、抗诉，维持原判。[1]从该案对二审上诉的处理可以看出，认罪认罚案件可以上诉。

再次，有观点认为，认罪认罚从宽制度的特殊性，决定了律师辩护必须是真正"有效"的，继而，当因律师的错误致使被告人拒绝认罪认罚，最终遭受比接受量刑建议时更重的处罚的，由于从宽具有不确定性、基于获得未被简化的程序性权利等理由，不宜视为生效的判决是"不公正的"，不应赋予上诉的权利。[2]该观点有其合理性，认罪认罚从宽程序的前提是自愿作出认罪认罚，被追诉者因自身错误错失良机，应由其自行承担，不存在程序救济的必要性。然而，当因律师的错误导致被告人基于认识错误接受认罪认罚从宽处罚，如果辩护律师无视无罪证据或存在未及时告知等严重的程序违法情况时，则属于明显违背法律与事实的情形，可以赋予上诉的权利。

最后，上诉权行使的时间因素。对被告人上诉权进行严格限制的原因在于，被告人经过控辩协商、庭前审查、庭审等程序后，对本人自愿认罪认罚所放弃处分的诉讼权利以及所换取的量刑优惠，应当有明确而充分的认识。在一审阶段中，被告人可以随时反悔，并申请变更诉讼程序，符合变更条件的，法院都应支持，无需在一审程序结束后提出。除非一审法院判决发生错

---

〔1〕　张薇、李磊："认罪认罚从宽案件上诉权的限定问题"，载《人民法院报》2018 年 7 月 19 日，第 7 版。

〔2〕　孔冠颖："认罪认罚自愿性判断标准及其保障"，载《国家检察官学院学报》2017 年第 1 期。

误，或是判决后才出现相关事实，证明不适用认罪认罚从宽制度的，被告人才应当被赋予上诉权。如果由于案件的特殊性，由中级人民法院负责一审程序，考虑到这类案件涉及可能剥夺生命权的重罪及复杂、重大、敏感的案件，为了确保被告人适用该程序的公正性，原则上不适宜限制被告的上诉权。[1]

5. 上诉审理方式

有观点认为，对于确有证明其无罪或罪轻的新证据或判决认定的事实超出或变更了控辩双方具结内容的案件，应当开庭审理。因为上述两种情形主要涉及案件事实认定问题，而未经庭审质证的证据不得作为案件的定案根据，二审应遵循直接言词原则开庭调查事实争议之所在。对于判决适用的法律确有错误，判处刑罚超过了量刑建议的刑罚上限两种情形的案件，二审原则上适用书面审查的方式审理即可，无需开庭审理。[2]

关于上诉审理的方式，究竟是以书面审查为主还是以开庭审理为主，对此，应当根据上诉理由作出区分。一是以认罪认罚的非自愿性为理由的，则应当开庭审理；二是以量刑协商不对等导致量刑结果不公的，则可以开庭审理，也可以书面审查，具体根据量刑协商的程序合法性与结果的合理性作出判断。例如，沈阳市人民检察院在一起刑事案件第二审程序中适用认罪认罚从宽制度，成功办理了上诉人李某某诈骗案，这也是沈阳首次将认罪认罚从宽制度适用于二审刑事案件。沈阳市人民检察院认为，李某某自愿认罪，在二审期间认缴罚金，双方当事人达成和解协议，且李某某在值班律师见证下签署了认罪认罚具结书，符合适用认罪认罚从宽制度条件，决定建议沈阳市中级人民法院适用认罪认罚从宽制度审理本案。2017 年 11 月 15 日，沈阳市人民检察院派员出席了二审法庭审理。合议庭经审议当庭宣判，全部采纳了检察机关提出的意见，以合同诈骗罪判处李某某有期徒刑 9 个月，缓刑 1 年，并处罚金人民币 1 万元。[3]

（六）抗诉程序的适用

认为认罪认罚从宽是一审的事情，与二审关系不大的错误认识还大量存

---

[1] 王平："认罪认罚从宽制度的实践思考"，载《人民法院报》2017 年 2 月 12 日，第 8 版。

[2] 叶青："认罪认罚从宽制度的若干程序展开"，载《法治研究》2018 年第 1 期。

[3] 李庆海："沈阳首次将认罪认罚从宽制度适用于二审刑案"，载《沈阳晚报》2017 年 11 月 25 日，第 B5 版。

在。而且由于认罪认罚制度刚刚起步，案件还没有达到一定数量，故无论是针对认罪认罚从宽案件的上诉监督，还是抗诉监督都没有受到足够的重视。[1]然而，如果被告人与检察机关达成的认罪量刑协商协议不被审判机关接受，依法作出其他程序安排和实体处理的，检察机关应当尊重审判机关的审判，如果认为程序违法或者裁判错误，可依法进行诉讼监督包括依法提出抗诉等。

检察机关依法行使抗诉权，也是认罪认罚从宽程序实现正义要求的基本方式，但需要克服一些现实困难，妥善保障其实现效果。（1）抗诉权的意义。根据《刑事诉讼法》（2018年修正）第228条的规定，地方各级人民检察院认为本级人民法院第一审的判决、裁定确有错误的时候，应当向上一级人民法院提出抗诉。对于检察机关提起抗诉的程序，《试点办法》并未作出明确规定。但是，根据《试点办法》第26条的规定，办理犯罪嫌疑人、被告人认罪认罚案件，本办法没有规定的，适用刑法、刑事诉讼法等有关规定。因而，检察机关应当基于刑事诉讼法的相关规定，在符合条件的情形下，依法提起抗诉。无论是检察机关发现被告人隐瞒重大的犯罪事实或者重要的犯罪情节、被告人无罪的证据以及并非自愿认罪认罚等情形，或者认为一审判决客观上导致量刑畸轻的问题，检察机关都有权为了公共利益或者被告人利益而提出抗诉。通过依法行使抗诉权，有助于与上诉权一起，防止认罪认罚从宽程序异化为一审终审制。（2）运行困境。在认罪认罚从宽程序中，检察机关提起抗诉处于显而易见的两难困境：一是按照《试点办法》的规定，公诉部门负责审查认罪认罚的自愿性，同时主导控辩之间的量刑协商，公诉部门提出量刑意见、负责督促签署具结书、向人民法院说明理由，一般都会得到人民法院认可。进而，如果再由公诉部门提出抗诉，不仅意味着公诉部门先前的行为归于无效，在公诉部门内部可能面临一定的阻力，主要是来自管理体系的阻力。二是公诉部门如果基于非自愿认罪认罚等理由提起抗诉的，则意味着侦查机关、公诉部门以及人民法院并未准确审查认罪认罚的自愿性问题，也说明已经进行的程序存在重大瑕疵，甚至是错误的。在司法责任制下，必然导致检察机关的公诉部门与监督部门之间存在不可避免的司法权冲突、职能对立以及管理张力等问题，也使本应简化的案件变得更复杂，将面临相当大

---

[1] 张剑、金鑫、张松："认罪认罚从宽的二审适用及其制度完善"，载《认罪认罚从宽制度的理论与实践——第十三届国家高级检察官论坛论文集》，2017年6月13日。

的司法阻力，实质上违背了认罪认罚从宽制度的试点初衷。（3）破解方法。为了固化认罪认罚从宽协商机制的有效性、稳定性，不削弱犯罪嫌疑人、被告人主动选择自愿认罪认罚从宽协商机制的积极性，检察机关提起抗诉应当遵循审慎原则，否则，极易挫伤认罪认罚的激励机制，也使控辩协商成为毫无固化效力的司法活动。基于此，检察机关对一审认罪认罚案件的抗诉，应从以下两点出发：一是有证据证明不符合认罪认罚从宽制度的实质适用条件，如《试点办法》第 2 条规定的不构成犯罪的情形、不自愿认罪认罚、案件事实不清且证据不足等情形的，应当依法提起抗诉；二是不符合认罪认罚从宽制度的适用范围，如重罪案件或死刑案件。此外，试点期间不应作过于严格的限制，一般不宜提起抗诉。

（七）诉讼监督程序的展开

虽然《刑事诉讼法》（2012 年修正）扩大了检察机关诉讼监督的范围、增加了诉讼监督的手段、明确了诉讼监督的效力、完善了诉讼监督的程序，但也存在一些问题。相比于普通程序，认罪认罚从宽程序的诉讼监督尤为重要，是程序救济的最后手段。

1. 立案监督程序

立案监督对于认罪认罚从宽程序而言，具有更独特的程序救济意义。其表现为：（1）立案监督的意义。《刑事诉讼法》（2018 年修正）第 113 条规定了检察院履行立案监督的职责。《人民检察院刑事诉讼规则（试行）》第 553 条规定检察机关应当受理不立案申诉，并依法启动立案监督程序。第 558 条规定，侦查监督部门与控告检察部门在立案监督上的相互配合要求。在认罪认罚从宽程序中，既包括按照《刑事诉讼法》的规定作出不立案决定，也包括《试点办法》第 9 条的特殊情形。对于认罪认罚从宽程序中的侦查机关而言，既要面临立案监督制度运行中的多重困境，[1]更需要面对来自诉讼效率目标的冲击，因而，有效的立案监督是检察监督的重点。（2）立案监督的难点。当前，立案监督规定存在缺陷、信息来源有限、检察监督手段单一和乏力、检察机关自身的绩效考评机制和人员短缺等问题仍旧存在，立案检察监督效果参差不齐。对于认罪认罚从宽程序而言，立案监督主要面临以下难题：

---

〔1〕 雷鑫洪："刑事立案监督实证研究"，载《国家检察官学院学报》2016 年第 6 期。

一是未明确规定对刑事自诉案件审判活动的立案监督途径和措施，检察机关既不派员参加刑事自诉案件的庭审，刑事自诉案件的判决书、裁定书也不送达检察机关，检察机关很难了解自诉案件的诉讼情况，很难及时、有效地进行监督。二是对通知立案而公安机关拒不立案的，无法进行监督。根据法律规定，检察机关对应当立案而不立案进行监督时，可以要求公安机关说明不立案理由，如果不立案理由不成立的，可以通知公安机关立案侦查。但是，检察机关通知公安机关立案侦查后，如果公安机关拒不立案或者立案后又撤销案件的，检察机关无法进行监督，被害方对此更无能为力。（3）立案监督的强化措施。为了强化检察机关对整个立案活动的监督效果，应注意以下几点：一是对通知立案而公安机关拒不立案的行为有权进行监督。对于人民检察院通知立案后，公安机关拒不立案侦查或者立案后又撤销案件的，检察机关不能不作为。可以考虑上报上级检察机关，并经省级以上人民检察院批准，可以由受理案件的人民检察院直接立案侦查，从而真正让立案监督具有执行力。二是对人民法院的立案活动有权进行监督。对于自诉案件，立案监督难以真正做到有效介入，也间接影响了自诉权的行使。人民检察院认为人民法院对应当立案受理而不立案受理的，或者被害人认为人民法院应当立案受理而不立案受理，向人民检察院提出的案件，人民检察院应当要求人民法院说明不立案受理的理由。人民检察院认为人民法院不立案受理理由不能成立的，应当通知人民法院立案受理，人民法院接到通知后应当立案受理。（4）赋予检察机关必要的立案监督权。立案监督在实践中进展不力，主要是由于立案监督缺乏刚性。确立立案监督权，可以实现检察权对侦查权、审判权的有效制约和监督控制，通过拥有刑事立案活动的知情权、对涉嫌违法刑事立案活动的质询权、立案监督调查权与要求说明理由权、对违法刑事立案活动的纠正权与建议处分权，使立案监督具有强制性，并保障其实际效果。

2. 审判监督程序

《刑事诉讼法》（2018 年修正）第 254 条规定，最高人民检察院对各级人民法院已经发生法律效力的判决和裁定，上级人民检察院对下级人民检察院已经发生法律效力的判决和裁定，如果发现确有错误的，有权按照审判监督程序向同级人民法院提出抗诉。对于认罪认罚从宽案件，审判监督程序扮演最后的程序救济角色。在认罪认罚从宽程序中，审判监督程序的有效运行，既需要克服新的挑战，也需要妥善处置一些特殊情形。（1）尽管《刑事诉讼法》（2012 年修正）对审判监督程序作出修改，但仍存在诸多问题。[1]对于认罪认罚从宽程序而言，如果启动审判监督程序，既面临相同的挑战，也有新的难点，主要为：一是在追求诉讼效率的目标导向下，一审原则上应当彻底解决认罪认罚从宽案件，进而，二审以及审判监督程序略显"多余"。而且，既然存在自愿认罪认罚、平等的控辩协商一致等特殊情形，按理不存在事实错误或法律错误，否则，原有的诉讼程序均归于无效。启动审判监督程序，对认罪认罚从宽程序而言无疑是"致命的反复"，提高诉讼效率的目标彻底落空。二是在刑事速裁程序试点与目前的认罪认罚从宽试点中，存在实行一审终审制、间接取代两审终审制的倾向。一审法院的判决如果异化为终审判决，容易引发自愿性难以保证、庭审流于形式、量刑协商难以实质化等问题，并使当事人的上诉权、检察机关的抗诉权无法行使。一审终审制的实践倾向，也更容易忽略被害人的权益，使审判监督程序的启动面临制度性的畏难情绪等阻力。三是尽管刑事诉讼法赋予被害人通过申诉的方式提起审判监督的权利，但由于我国审判监督制度存在一定的缺陷，被害人相对势单力薄、能力有限，实际运行状态并不乐观，被害人自行申请启动审判监督程序的数量和规模处在相对有限的状态。[2]在实践中，主要依靠检察机关依法履行检察监督职能，通过抗诉的方式予以实现。然而，对已经发生效力的判决作出的刑事抗诉，在实际运行中并不尽人意。[3]究其原因，刑事再审程序中的抗诉实质上是检察机关申请再审，实事求是、有错必纠是其价值取向，既与法的安定性、裁判的既判力理论相互冲突，也与禁止双重危险、有利被告等原则相悖，不符合司法规律和诉讼原理的要求。[4]（2）在认罪认罚从宽程序中，需慎重处置两种特殊情形：一是对于判决生效后申请撤回的特殊情形，为了维护生效判决的既定效力，原则上不允许申请撤回，否则，认罪认罚从宽制度的改革目标直接落空，程序回转耗费更多的司法资源。但是，基于司法正义的底线要求，可以启动审判监督程序，[5]从而为被追诉者提供最后的

---

〔1〕 卞建林、桂梦美："启动刑事审判监督程序的困境与出路"，载《法学》2016 年第 4 期。

〔2〕 陈瑞华："认罪认罚从宽制度的若干争议问题"，载《中国法学》2017 年第 1 期。

〔3〕 浙江省温州市人民检察院课题组："刑事审判法律监督的困境与立法完善"，载《法学杂志》2010 年第 3 期。

〔4〕 卞建林、王贞会："检察机关基于法律错误提起再审抗诉之探讨——以马乐案为例"，载《河南社会科学》2016 年第 10 期。

〔5〕 孔冠颖："认罪认罚自愿性判断标准及其保障"，载《国家检察官学院学报》2017 年第 1 期。

救济。二是依据现有法律规定，在认罪认罚从宽程序中，被告人即使发现律师违规违法且导致被告人权益受到损害的，也无法提起无效辩护之诉。但是，可以考虑通过审判监督程序，获得相应的救济。而且，对于认罪认罚从宽的上诉案件，尤其是撤回认罪认罚意愿的案件，保证检察机关的知悉权，建立是否开庭的协商机制，以增强刑事审判监督的力度。

第六章

认罪认罚案件量刑建议的适用争论与发展完善

一、问题的提出

《刑事诉讼法》（2018 年修正）第 15 条正式确立了认罪认罚从宽制度，规定了自愿认罪认罚的，"可以依法从宽处理"。这同时也建立了认罪认罚案件的量刑从宽协商机制。量刑从宽协商是认罪认罚从宽制度的最核心内容。该法第 176 条第 2 款明确规定，犯罪嫌疑人认罪认罚的，人民检察院应当就主刑、附加刑、是否适用缓刑等提出量刑建议。这是检察机关依法启动量刑从宽协商活动并提出科学的量刑建议之法律依据。而且，第 201 条规定，人民法院一般应当采纳人民检察院的量刑建议。这必然对检察机关的量刑建议工作提出更高的质量要求。

通过协商的方式提出合理的量刑建议，是鼓励犯罪嫌疑人自愿认罪认罚与达致程序繁简分流的关键环节。在全面实施阶段，如何提出科学、合理的量刑建议，是摆在办案机关面前的首要迫切任务。为此，2019 年 4 月 12 日，全国检察机关贯彻落实认罪认罚从宽制度电视电话会议强调，要进一步细化常见罪名的量刑标准，加强量刑规范化建设。[1] 由此可见，在认罪认罚案件中，提出规范化、科学化的量刑建议尤为重要与迫切，决定了量刑从宽的质量。2019 年 4 月 28 日，全国检察机关"量刑建议精准化、规范化、智能化"网络培训会议强调，[2] 应结合认罪认罚案件的量刑从宽协商机制，围绕精准的要求提出量刑建议，实现"精准化、规范化、智能化"的基本目标。而且，要充分发挥大数据智能辅助系统的作用，适时研发量刑建议辅助系统。这明确了量刑建议的工作方向与目标。

---

〔1〕 戴佳："把认罪认罚从宽制度落实到具体案件中"，载《检察日报》2019 年 4 月 15 日，第 1 版。
〔2〕 史兆琨："深入推进量刑建议工作有效开展"，载《检察日报》2019 年 4 月 29 日，第 1 版。

在全面实施阶段，控辩双方如何通过实质有效的协商程序，由检察机关提出科学的量刑建议，最终获得审判机关的采纳，已经成为解决认罪认罚案件相关问题之关键前提。为此，应当明确认罪认罚案件量刑建议的协商逻辑与提出的标准等基本问题，围绕精准、规范与智能的既定要求，进一步完善检察机关提出量刑建议的制度建设、理论释明及其实践水平，充分达致司法正义的终极目标。

二、通过控辩从宽协商生成量刑建议的逻辑改进

在认罪认罚从宽制度中，基于自愿认罪认罚而予以量刑从宽的处理，必须遵循最基本的程序正义原则，借由量刑从宽协商机制，达成控辩合意，生成量刑建议。唯有如此，检察机关才能提出合法且规范的量刑建议，并得到法院的认可。

（一）控辩协商量刑建议的现状检视

推进认罪认罚从宽制度的关键是自愿认罪认罚，在程序启动上由检察机关提出量刑建议，同时启动控辩协商，促成控辩协商达成合意。在自愿认罪认罚的前提下，控辩平等协商程序具有重要意义，[1]有利于犯罪嫌疑人、被告人对"从宽"的内容和程度保持可视化与可预期，强化认罪认罚的激励机制，继而激发犯罪嫌疑人改过自新与回归社会。而提出精准的量刑建议，更有助于增强认罪认罚从宽制度的稳定性。[2]然而，量刑从宽协商的实践问题仍然不少。

1. 提出科学量刑建议的现实难题

根据《刑事诉讼法》（2018 年修正）第 176 条第 2 款的规定，量刑协商的主要内容包括刑罚种类及具体处罚、刑罚执行方式以及其他情形。无论是试点期间还是全面实施阶段，检察机关通过量刑从宽协商机制提出量刑建议的实施效果仍存在不足，集中表现为：（1）确定从宽幅度难，尤其是从宽的合理性、统一性、差异性标准把握难。这个问题在重罪与死刑案件中更为明

---

〔1〕 朱孝清："检察机关在认罪认罚从宽制度中的地位和作用"，载《检察日报》2019 年 5 月 13日，第 3 版。

〔2〕 樊崇义："认罪认罚从宽制度的理性认识与实施建言"，载《刑事检察工作指导》（第 1 辑），中国检察出版社 2019 年版，第 110 页。

显。无期徒刑、死刑不同于管制、拘役、有期徒刑，虽然刑罚裁量的空间与幅度大，但区分标准相对模糊，对从宽处理提出更高的要求。（2）确定非常见罪名的基准刑难。最高人民法院目前仅对 23 个罪名规定了量刑指导意见，大量非常见罪名的量刑规范化标准尚不明确。特别是法定刑幅度很大的罪名，很难确定基准刑，更遑论提出精准的量刑建议。同时，对一些新出现的量刑情节尚未予以立法化，如是否预交罚金的行为如何决定缓刑的适用、[1]认罪认罚是否应作为独立的量刑情节等。（3）检察机关应尽可能提出明确和具体的量刑建议，提高量刑建议的可预测性。然而，目前与精准化的要求仍有显著的差距。例如，附加刑是量刑建议的组成部分，财产刑的适用直接影响从宽的后果。在实践中，罚金刑的适用存在较大的自由裁量空间，不确定性因素较多，使"明确与具体"地提出罚金刑的数额非常难。

各地纷纷主动探索解决方案。例如，2018 年 10 月，杭州市西湖区人民检察院出台《认罪认罚案件审查起诉规则》，通过细化规定与具体示例等方式，规范量刑起点、基准刑、宣告刑、量刑情节、从宽幅度等核心要素的裁量尺度，细化量刑幅度的区间、确定罚金刑的数额、缓刑适用等实践中的难点。联合同级人民法院制定常见罪名的量刑参考表，规定各类犯罪的情节裁量、刑期和罚金。充分利用大数据等辅助措施，优化犯罪情节和刑期较难量化的罪名的量刑建议工作。[2]又如，南京市中级人民法院出台《关于适用认罪认罚从宽制度审理刑事案件的实施细则》。先后根据量刑规范化规定与单独的从宽幅度规定，确定最后的宣告刑。区分速裁程序、简易程序和普通程序，根据认罪认罚的及时性、全面性、稳定性和有效性等因素，分别确定 5%～30% 的从宽处罚幅度。[3]还如，河南省郑州市管城区人民检察院与同级法院共同发布《交通肇事类、职务侵占类、故意伤害类案件的量刑指导意见（试行）》《常见罪名适用缓刑指导意见（试行）》等，以类案分析为基础，制定"细分式"的量刑建议标准，所有量刑情节都有对应的量刑标准。[4]这些

---

〔1〕 杨立新："认罪认罚从宽制度理解与适用"，载《国家检察官学院学报》2019 年第 1 期。

〔2〕 范跃红、张永睿："杭州西湖：多举措提升办理认罪认罚从宽案件量刑建议精准度"，载《检察日报》2019 年 5 月 8 日，第 1 版。

〔3〕 江苏省南京市中级人民法院课题组："认罪认罚从宽制度的审判实践与思考——以 10 273 例刑事判决为研究样本"，载《人民司法》2018 年第 34 期。

〔4〕 丁红兵、钱塾："以量刑阐释为抓手提升认罪认罚适用水平"，载《检察日报》2019 年 8 月 4 日，第 3 版。

"地方样本"纷纷提供了有益的观察视角与参照经验，包括多部门会签办案实施细则文件、量刑规范化下的精细化规定、大数据与智能技术的运用、从宽幅度的明确化与类型化等。但问题也不少，包括控辩双方如何展开动态的量刑从宽协商、量刑协商的"流程"及参与方式、确定刑还是幅度刑的取舍、量刑从宽的标准是否统一、如何通过控辩协商方式提出精准的量刑建议等。

2. 量刑从宽协商机制运行的制度性瓶颈

在试点阶段以及全面实施阶段，量刑从宽协商都是最核心的办案部分。但是，在实际操作层面，仍存在一些问题和不足，应当引起办案机关的高度重视。

当前，主要的问题在于：（1）检察机关提出量刑建议的单方面性偏重，诉讼合作性与协商性不足。犯罪嫌疑人、被告人自愿认罪认罚，意味着放弃无罪辩护等诉讼权利，实质上对追诉方表明了希望保持合作的态度。诉讼合作是认罪认罚案件的主要诉讼特征，合作式的公诉机制亦是必然。控辩双方在定罪无争议的情况下，围绕量刑建议这一核心问题，保持平等的合作与协商机制，最终在量刑从宽上达成合意，签署具结书。从协商程序的启动上，检察机关提出量刑建议是必经环节。检察机关不应仅基于控方立场而提出量刑建议；也应当融合辩方的意见，通过合意达成一致的量刑判断。易言之，检察机关应当以凝聚控辩审三方共识为导向，努力优化量刑建议的质量，以确保诉讼程序的快速平稳进行。[1]从试点情况看，量刑从宽协商的"协商性"仍相对不足。量刑建议主要由检察机关一方提出，具有较强的单方面性。不仅削弱量刑从宽的协商属性，也使量刑建议缺乏充分的协商过程。《刑事诉讼法》（2018年修正）并未对量刑协商的过程及其结果的形成作出详细的规定，使该问题在全面实施阶段仍旧存在。（2）检察机关提出量刑建议的重任与业务能力的衔接不畅。认罪认罚案件的量刑从宽协商机制，使检察机关的公诉权进一步实质化，提出量刑建议是检察机关在新形势下行使公诉权的新内容。在域外的认罪案件中，法官仍保留对认罪的自愿性、检察官的量刑建议进行司法审查的权利，享有对案件处理的最终决定权。然而，检察官提出的量刑建议主导司法裁判已经成为常态，检察官实际上变成了"背后的

---

〔1〕 施鹏鹏："借鉴域外经验推动量刑建议精准化"，载《检察日报》2019年6月10日，第3版。

法官"。[1]在我国，检察机关提出量刑建议是公诉活动的一项重要内容，法院也一般应当采纳量刑建议。但是，享有更多的权力，也意味着更高的责任与要求。长期以来，仍未彻底消除"重定罪、轻量刑"的做法，基准刑和可以从宽的幅度等仍缺乏明确、统一的规定，提出量刑建议也并非检察机关的公诉"主业"。这些主动意识不够、能力跟不上等现实困难相互叠加，使检察机关在认罪认罚案件中如何提出明确、科学且精准的量刑建议，遭遇前所未有的公诉业务能力之危机。(3)检察机关对量刑建议的说理不主动、不充分、程序化不足。检察机关通过协商的方式提出量刑建议，应当以释法与说理的过程为配套。量刑建议是以充分的量刑说理为前提的；否则，量刑建议的合法性问题存在缺陷，也使量刑协商无法实质启动与进行。检察机关单方面提出量刑建议，使协商不充分的，容易异化为"强制性"的量刑建议结论，严重削弱量刑从宽协商机制的初衷。(4)值班律师参与量刑协商的实际作用有限。值班律师是非常重要的配套制度，直接关系到人权保障的效果。在量刑协商问题上，值班律师应当发挥非常基础性的法律帮助作用。但是，值班律师的身份模糊、职责受限、经费补贴不到位，导致会见权、阅卷权的行使明显不充分、参与度有限，法律帮助的效果不尽人意。[2](5)犯罪嫌疑人、被告人的异议能力不足与效果偏弱。在量刑从宽协商的动态过程中，犯罪嫌疑人、被告人因自身法律认识与水平的有限、担心参与协商带来不利后果、值班律师帮助不足、有效辩护不到位等因素，使得犯罪嫌疑人、被告人真正参与协商的可能性与效果欠佳。而且，犯罪嫌疑人、被告人缺乏有效的异议能力，进一步压缩平等协商的制度空间，甚至可能在个案中处于相当不利的地位，也即往往陷入选择"接受"而非自愿"协商"的不公境地。

(二) 控辩协商量刑建议机制的结构性优化

经由控辩协商达成的量刑建议，才是认罪认罚"从宽处理"的形式与结果。有效开展量刑协商仍是一个未竟的新课题。应强化实体化与程序化的双重衔接，强调异议制度的功能，建立高效的量刑从宽协商运行机制，使量刑

---

〔1〕 熊秋红："域外检察机关作用差异与自由裁量权相关"，载《检察日报》2019 年 4 月 22 日，第 3 版。

〔2〕 樊崇义："值班律师制度的本土叙事：回顾、定位与完善"，载《法学杂志》2018 年第 9 期。

建议从提出到确定具有充分的协商过程，从内容要素与动态过程上实现"有效"协商的目标。

1. 实体合法的基本要求

量刑从宽协商机制是以实体法为前提的。量刑从宽协商必须坚持合法性原则，确保实体性的合法化，配备"看得见""摸得着"的实体协商依据与实体从宽内容，使其不只是简单的程序从宽问题。主要为：（1）严格遵循刑法的规定。认罪认罚从宽制度的法律后果是从宽处理。量刑协商首先必须严格按照刑事诉讼法的规定，但更需要与刑法的规定保持一致，不能僭越罪刑法定原则，更不能恣意改变刑法规定的量刑制度。科学的从宽量刑效果，不仅是为了确保认罪认罚从宽制度的实施，也必须坚持不突破刑法基本原则的底线。特别是应当与自首、减轻处罚、从轻处罚等现行规定保持一致，避免突破现行法律规定来协商"从宽"，最终导致量刑建议的非法与无效。（2）控辩审三方的有效参与。在量刑协商的过程中，控辩双方必须充分参与。在审判阶段，量刑建议的合法性、合理性需要接受司法审查，人民法院基于裁判权，对认为"明显不当的"量刑意见，可以协商调整或直接改判。在量刑从宽协商的组织结构上，控辩双方是主要的协商主体，但审判机关不能且不应缺位。（3）从宽协商的内容目前仅限于量刑环节，不包括定罪协商。在认罪认罚从宽制度中，符合法定的适用条件是协商的前提，特别是认罪认罚的自愿性。在协商的内容上，目前仅限于刑罚部分，不包括定罪部分。

2. 程序正义的具体伸张

量刑从宽协商必须遵循程序正义的要求，确保量刑从宽协商是一个程序化、过程性、动态性的诉讼活动，而不是检察机关单方面就能提出的结果。当前，应做好以下工作：（1）充分的告知与知情权的保障。在量刑从宽协商中，应以充分告知犯罪嫌疑人、被告人为法定要求。充分的知情，是决定有效参与的前提。《刑事诉讼法》（2018年修正）对侦查阶段、审查起诉阶段、审判阶段，都明确规定司法机关负有告知的义务，以确保犯罪嫌疑人、被告人的充分知情权。（2）主动的量刑说理与释法。从程序启动看，检察机关负有提出量刑意见的职责。但是，犯罪嫌疑人、被告人不只是简单的接受而已。从程序正义的角度看，检察机关负有说理的义务，应当对提出的量刑建议进行释法，明确告知提出某一具体量刑建议的法律依据与理由。这是控辩双方协商的前提，是达成量刑从宽合意的标的，也是辩方能够提出实质性异议的对象。（3）"听取意见"制度促成实质商定与科学调整。"从宽处理"的结论，不能直接由检察机关单方面提出并自行决定。"一边倒"的做法，容易侵蚀自愿认罪认罚的激励机制之制度根基。检察机关"听取意见"应当常态化，成为控辩协商的主要程序形式与司法载体。最终签署具结书，体现了控辩协商的成果，表明控辩双方在协商的基础上达成了一致意见，也对控辩双方产生相应的约束力。从检察机关"听取意见"到犯罪嫌疑人"签署具结书"，较完整地体现了控辩双方就案件的处理进行协商并取得一致意见的过程。量刑建议的提出与确定是动态的协商过程，具体可以表现为口头形式、书面形式等。无论何种形式，协商的过程性都必须得到充分的保障，以满足程序正义的基本要求。

3. 异议机制与实施规则

为了防止因自愿认罪认罚而主动放弃法定诉讼权利的被追诉者处于明显的劣势地位，以及防止司法机关在提出并决定量刑建议上的单方面性、独断性、统治性等问题，也为强化量刑从宽协商的合法性与有效性，应当建立健全异议机制。异议制度的有效实施，不仅是激活"协商"的动力，也是有效的"监督"方式。

提出异议的权利与异议的规范处理，应当是量刑从宽协商的必备内容，有助于建构起真正意义上的协商程序流程。它的内容包括：（1）异议的权利。量刑建议的协商不足，影响量刑建议工作的推进。而协商的形式化，也使异议机制陷入困境。检察机关主导认罪认罚从宽案件的办理，其核心之一就是启动并提出量刑建议。从程序正义的逻辑看，提出与异议是"孪生兄弟"，如此方能建立起动态的协商过程。《刑事诉讼法》（2018 年修正）并未明确规定犯罪嫌疑人、被告人及辩护人具有异议的诉讼权利。尽管如此，既然量刑从宽的结果不是检察机关单方面提出并最终确定的，人民法院亦不能恣意裁判，则必然应当赋予被控方享有最基本的异议权。否则，出现量刑建议不一致等情况，协商极易陷入"僵局"，阻碍认罪认罚从宽诉讼程序的推进。（2）异议的商定化。当犯罪嫌疑人、被告人及其辩护人提出异议，司法机关应当听取犯罪嫌疑人、被告人的意见，同时也要听取辩护人的意见。《刑事诉讼法》（2018 年修正）明确规定，办案机关应当听取意见。但是，如何有效地听取意见的规定却不够明确。对于量刑建议协商中的异议问题，听取意见的制度存在，不仅是为了提供控辩对话的机制，也是为了落实协商的过程，使在必要的情况下，如果个案协商出现了分歧，可以通过制度化的通道予以解决或管控，从而在审前阶段固化具结书签署的稳定性、可靠性与预期性。

三、确定刑与量刑建议精准"制导"的学理图景

经由协商达成的量刑建议，会通过具结书的形式予以体现，并接受审判机关的审查与确认。在精准量刑观念的"制导"下，确定刑的明确与具体之司法意义更为凸显。精准是量刑规范化引领下的新发展，是达致量刑公正的核心要素。

（一）提出确定刑的必要性循证

目前，确定刑与幅度刑的量刑建议方式相互胶着，仍在接受实践的深度检验。尽管提出确定刑的量刑建议尚需攻克一些挑战，但相比于提出幅度刑所可能存在的隐忧，结合认罪认罚从宽制度的立法原意等因素，应优先并主要提出确定刑。

1. 确定刑与幅度刑的实践困局

在试点期间，检察机关既提出确定刑的量刑建议，又提出幅度刑的量刑建议，导致量刑建议的标准缺乏统一性。例如，上海市长宁区人民检察院通过值班律师全程参与、三方到场量刑协商等措施，确定了幅度式与确定式量刑建议相结合的方式，促进量刑的标准化、精细化、规范化，量刑建议的采纳率高达 99.4%。[1]这反映了实践中兼用确定刑与幅度刑的量刑建议方式。但确定刑的量刑建议方式更符合认罪认罚从宽制度的立法初衷与制度预期。[2]因为量刑建议的采纳率只是在终端上反映了量刑建议的采纳概率，但并不能直接区分究竟是确定刑还是幅度刑的方式更佳，也不是评判量刑建议方式的实践标准。反而，更应重视前端与源头的应然标准。认罪认罚从宽协商机制是提出量刑建议的基石，量刑建议要遵循协商达致的平等精神。被追诉者之所以自愿认罪认罚，往往倾向于具体与明确的确定刑。

在全面实施阶段，仍然存在确定刑与幅度刑的模式选择问题，检察机关

---

〔1〕　冯曦慧、袁玮："长宁区检察院落实刑事案件认罪认罚从宽制度：'坦白从宽'背后的司法进步"，载《新民晚报》2018 年 5 月 5 日，第 1 版。

〔2〕　鲍键、陈申骁："认罪认罚从宽制度中量刑建议的精准化途径与方法——以杭州市检察机关的试点实践为基础"，载《法律适用》2019 年第 13 期。

应当提出科学的量刑建议。譬如，根据案件的性质、罪质的轻重及其适用的审判程序不同，检察机关可以采取提出确定刑、量刑区间、最高量刑等不同的量刑建议方式。[1]这三种做法实际上还是确定刑与幅度刑之间的选择问题。量刑区间实际上是幅度刑，而最高量刑实际上是确定刑。无论是确定刑还是幅度刑，各有其理由和依据。量刑从宽协商的过程与结论，不能僵化与粗略，也不应当过分具体、精细。这种"两边都讨好"的折中做法并无不当。但从立法原意、量刑精准的应然要求与实然诉求看，确定刑是更符合认罪认罚案件之本质特征的量刑建议模式。

2. 幅度刑的多重隐忧

目前来看，尽管提出幅度刑的量刑建议是相对简易和便捷的办案要求，但也极可能出现一些负面结果，特别包括降低被追诉者认罪认罚后所希望的从宽预期等。

（1）消损犯罪嫌疑人、被告人的量刑预期。在认罪认罚案件中，自愿认罪认罚的动因在于，可以基于认罪认罚而获得量刑从宽的司法预期，从而减少诉累等司法过程的不确定性成本。同时，量刑从宽的司法预期，也是维系自愿认罪认罚的激励机制的重要保障，是认罪认罚从宽制度能够"迎合"司法诉求的缘由所在。在理解"司法预期"这一核心变量时，对于量刑建议而言，如果表现为不具体或不明确的"幅度刑"，则意味着量刑协商所固化的具结书及其记载的量刑建议，仍存在很大的不确定性，尤其是在审判阶段会有一定或相当的"变数"。这无疑严重削弱了认罪认罚从宽制度的存在意义与实施"刚性"。（2）幅度刑存在合法性与正当性的不确定性风险。"幅度刑"是一个不太规范的司法现象之概况。立法并未规定，实践中也未总结。概括而论，就是提出具有"弹性（幅度）"的量刑建议。"幅度"作为本质特征，意味着量刑建议的"调整空间"客观存在且比较大，具有一定的不可控性或伸缩性，这是不确定性风险的来源。轻罪适用认罪认罚从宽诉讼程序，如果量刑建议存在较大的"幅度"，意味着量刑的精准度不足，也在一定程度上说明量刑协商的实质性不足、充分度不够。在效果层面，幅度刑反映了量刑协商的不到位，甚至缺位，更是当前实践的真实写照。（3）破坏量刑建议标准

---

[1] 吴宏耀："凝聚控辩审共识优化量刑建议质量"，载《检察日报》2019年6月10日，第3版。

的统一性。按照量刑规范化的改革要求，应竭力实现量刑标准的统一，从根源上克服量刑不均衡问题。认罪认罚案件的量刑从宽协商成为最重要的内容。相比于不认罪认罚案件，量刑的个案公正尤为重要。如果量刑建议是以幅度刑的方式提出，则意味着类案、同案可能存在量刑结果的差异。这不仅冲击量刑规范化的底线，也破坏了量刑标准的统一性。对于认罪认罚案件而言，量刑协商的边界偏于模糊，也使量刑建议的可预期性极速下降。（4）法官自由裁量权过大的不当风险。按照量刑规范化的改革精神，法官享有自由裁量权。在认罪认罚案件中，按照《刑事诉讼法》（2018年修正）的规定，法官最终享有裁判权。然而，对于认罪认罚案件而言，其特殊之处在于，如果量刑建议是以幅度刑的方式提出，则法官必须在幅度刑的范围内，最终作出"确定"的宣告刑。尽管权力行使处于自由裁量的范围，但对于自愿认罪认罚的犯罪嫌疑人、被告人而言，裁量权行使不当的担忧始终存在，甚至是压垮量刑预期的"最后一根救命稻草"。这种司法终局阶段的"自由裁量"，极有可能异化为量刑预期的"噩梦"。（5）量刑能力不足的司法困难不是借口。在试点期间，有的更倾向对轻罪案件提出确定刑量刑建议，也有的更倾向提出幅度刑量刑建议。总的来看，提出确定刑量刑建议的比例相对不高，与"提出明确具体的量刑建议"的"真实诉求"存在差距。究其原因，检察机关在提出量刑建议的能力储备等方面存在短板，大部分罪名没有明确的量刑规范指导意见，已有的常用罪名的量刑指导意见主要针对主刑，基本不涉及附加刑、刑罚执行方式，导致不易把握量刑建议的精准度。在全面实施阶段，检察机关应加强实体量刑规定和量刑指导意见的培训，加强量刑规范化的理论研究，与法院深入沟通协调，积极参与制定量刑指引，共同研究并出台量刑规则或量刑指导意见，为提出规范、准确的量刑建议提供科学依据和指引。

3. 确定刑的综合可取性

在试点期间，试点较好的地区以提出"确定刑"的量刑建议为一般原则，取得了不错的效果。如重庆市检察机关提出确定刑的占比为62.05%，四川省成都市检察机关对认罪认罚案件全部提出确定刑建议，大邑区等四个基层单位提出的确定刑量刑建议的采纳率为100%。[1]在美国的辩诉协议中，控辩双

---

〔1〕 苗生明："认罪认罚量刑建议精准化的理解与把握"，载《检察日报》2019年7月29日，第2版。

方往往达成精确或相对精确的量刑约定，约定罚金刑的精确数额。根据《美国量刑指南》的规定，监禁刑的最大量刑区间差只有 6 个月或 25%，在已经相当精确的前提下，控辩双方仍偏向于作出相对明确、具体的量刑约定。[1]这对于我国具有一定的启示意义。在全面实施阶段，基于量刑智能化、规范化、精准化的新要求，为了增强量刑协商过程及其结果的稳定性、权威性与延续性，进一步固化具结书的签署效力，提高量刑建议的"精准性"，检察机关仍应优先提出确定刑的量刑建议。在实践中，"量刑建议越明确，不被法院采纳的风险越高"[2]的看法是有所偏颇的。透过现象看本质，尽管确定刑量刑建议的方式的操作难度显著增加，但相比之下具有明显的相对优势。只要量刑建议在明确与具体上有充足的法律理由与依据，则更应当被法院采纳。

总体看，确定刑的优势在于：（1）稳定被追诉者的量刑从宽预期。之所以确立认罪认罚从宽制度，旨在实现繁简分流、提高诉讼效率，使简单的案件可以快速办理。认罪认罚从宽诉讼程序整体上遵循简化原则，同时也意味着犯罪嫌疑人、被告人放弃包括辩护权等在内的部分诉讼权利。为了鼓励犯罪嫌疑人、被告人适用该制度，就必须建立激励机制，而量刑从宽是最重要的激励因素。确定刑要求明确与具体的量刑建议。这正是自愿认罪认罚的犯罪嫌疑人、被告人最需要的结果。具体或明确的量刑建议，作为从宽处理的核心载体，建立了常态的司法预期机制，可以为激励机制持续"供血"。（2）具体与明确的量刑意见符合量刑规范化的本质要求。量刑规范化的改革，旨在消除我国长期以来形成的"估堆"等个体经验性量刑做法。办案人员基于自由裁量权，根据办案经验，对个案的量刑预测，虽具有可靠性，但仍存在不少的问题。认罪认罚案件继续沿用已有做法不妥，容易出现量刑标准不统一等问题。竭力提出具体或明确的量刑意见，不仅可以升华个体性的量刑经验，还可以提高量刑建议的规范性、标准性，使其更容易被接受或认可。（3）确定刑的发展性与特殊形态的合理性。在精准的要求下，确定刑与幅度刑并非完全的对立。对确定刑予以一定的"包容性"理解，既符合量刑规律，又方

---

〔1〕 杨先德："认罪认罚从宽量刑建议精准化的域外启示"，载《检察日报》2019 年 7 月 16 日，第 3 版。

〔2〕 国家检察官学院刑事检察教研部课题组："检察机关认罪认罚从宽制度改革试点实施情况观察"，载《国家检察官学院学报》2018 年第 6 期。

便灵活把握，可以更好地适应实践需要。对于轻罪案件，原则上应提出确定刑的量刑建议。对于重罪且非常见罪名，缺乏量刑指导意见，如果一律要求提出确定刑，存在一定的现实难度。提出确定刑的量刑建议，并不否定存在一定幅度的裁量权之必要。在现阶段，检察机关应当主要或优先提出确定刑，但可以分阶段、分案件类型、罪名轻重、罪名是否常见等因素，基于量刑能力、量刑协商结果、量刑辅助系统等，在一定范围与时期内，提出"幅度很小"的确定刑。高度接近"精准"之要求的量刑意见，其实质也是一种确定刑的特殊存在形态。（4）倒逼量刑协商实现高质量。当前，量刑协商流于形式的问题较为严峻。通过提出确定刑的量刑建议，可以倒逼量刑协商的实质化与高质量。量刑建议应当具体、明确、可操作，要力戒量刑建议的幅度过宽，从而倒逼充实量刑建议的依据和理由。具体与明确的量刑建议，既表明检察机关有着充分的量刑论证与说理，也表明签署具结书时已经基于充分的协商并达成高度的共识。尽管幅度刑也有其合理性，但可能在个案中纵容量刑协商的单方强制性或形式化等问题。（5）更好地实现"类案类判"效果。全面提出确定刑的量刑建议，可以使个案的量刑协商过程及其结果得以顺利固化，并基于认罪认罚案件之司法大数据的递增，形成独具特色的量刑建议之规范化模式。易言之，提出具体或确定的量刑建议，可以在个案与已决个案、类案之间，进行无时差、无限制的全流程、全方位的匹配与对比，客观上建立实际存在的"类案类判"运行机制，进一步优化认罪认罚案件的量刑标准统一化之工作环境与条件。（6）提高公诉裁量权行使的质量。量刑建议是公诉权的有机组成部分，是检察机关依法履行公诉职能的重要途径。《刑事诉讼法》（2018 年修正）规定认罪认罚案件的控辩协商程序，实质上从立法层面扩大了检察机关自由裁量权，特别是求刑权。[1]一般而论，量刑建议越具体，控辩协商与达成合意的动力的可能性越大。但是，长期以来，检察机关重定罪而轻量刑，求刑权的行使并不充分，量刑经验与能力储备相对不足，制约检察机关在全面实施阶段有效行使公诉裁量权。从公诉裁量权及其在求刑权上的应然要求看，量刑建议过于宽泛或幅度过大，不仅使求刑权的实际意义下降，也使人民法院的审理对象缺乏明确性。在认罪认罚案件中行使求

---

〔1〕 朱孝清："认罪认罚从宽制度对检察机关和检察制度的影响"，载《检察日报》2019 年 5 月 28 日，第 3 版。

刑权，应当以提出精准的量刑建议为主要方式，固化认罪认罚的从宽效果，夯实公诉的业务质量，提高采纳率。而且，检察机关提出确定刑的量刑建议，有利于降低上诉率与控制抗诉率，[1]进一步强化认罪认罚从宽制度的稳定性，真正提高办案的司法效率。

（二）量刑建议精准化的释明与实现

最高人民检察院明确指出，要围绕"精准化、规范化、智能化"的目标努力，提出量刑建议，提高量刑建议的质量。这明确了以"精准化"作为首要的改革方向，也指出了量刑的规范化、量刑精准的智能化作为重要的制度配套存在。检察机关提出精准的量刑建议，一般且主要表现为确定刑的方式，并以量刑规范化为基本保障。

1. 精准的本体阐明

"精准"不仅要求量刑建议应当精细、准确，这是实质的要求；也要求必须具体、明确，这是形式的要求。精准以量刑规范化为前提，强调规范性与科学性。

在此前提下，量刑建议的精准化，可以进一步理解为：（1）精准的内容。如何理解量刑建议的精准，可以从以下几个方面展开：一是精准的表现形式。既表现为具体与明确，也可以表现为特殊情形下的"一定（小）幅度"。当然，它首先且一般表现为具体与明确的确定刑，也可以表现为符合"精准"之要求的特定幅度刑。例如，建议判处财产刑的，一般应当提出明确的数额；属于特殊情况的，也可以提出一定幅度的罚金刑量刑建议。[2]然而，对于"幅度"的把握，必须是符合精准的要求。从程度上看，"幅度很小"是"有限的幅度"，而不能幅度很大。当前，应当弥合确定刑与幅度刑之间的"虚假"冲突，进一步融合确定刑与幅度刑之间的"幅度差异"，而精准性就是最好的润滑剂。精准性作为一般原则，可以统合为确定刑的基本方式，压缩幅度刑使其高度接近确定刑的实质要求。（2）精准的要求。在实际操作上，通过协商并提出精准量刑建议，应当遵循以下基本标准：一是提高量刑建议的

---

〔1〕 刘卉："基层连线创新机制确保确定刑量刑建议高适用率和采纳率"，载《检察日报》2019年7月29日，第3版。

〔2〕 孙谦："检察机关贯彻修改后刑事诉讼法的若干问题"，载《国家检察官学院学报》2018年第6期。

合法性与合理性。合理的量刑建议，其难点在于从宽的精准把握，具体是指不同个案的从宽幅度之间应当保持"高度相似性"。应当遵循合法从宽的精神，不能突破刑法规定予以从宽。既要发挥促进被追诉人自愿认罪的作用，也要发挥有效惩罚和震慑犯罪的作用。同时，应当坚持同案同判、类案类判精神，根据个案的情况，从个案正义的角度出发，提出更适宜的量刑建议，做到区别对待。二是检察机关应当基于客观公正的立场提出精准的量刑建议。按照《人民检察院组织法》（2018 年修订）的规定，检察机关负有客观公正的义务。认罪认罚案件的控辩协商之存在，要求检察机关应当克服单纯追诉的传统办案思维。对于自愿认罪认罚的犯罪嫌疑人、被告人，仍要坚持全面审查证据原则，充分考虑量刑证据与事实，确保量刑信息掌握的完整性与客观性。由此，才能确保量刑建议的客观性，继而达到精准的目标。（3）精准的意义。提出精准的量刑建议，其主要意义在于：一是消除幅度刑的"幅度"隐忧，统合为确定刑的单一模式。精准以规范化为前提，强调精确、准确的实质要求，以确保具体与明确的形式以科学的依据为前提，可以调和确定刑与幅度刑在"量"上的隔阂。二是确保量刑从宽协商的质量。对于认罪认罚案件的量刑建议，从操作难度看，提出确定刑相比于提出幅度刑，对量刑协商质量、量刑建议能力、量刑标准统一与规范等的要求更高，导致实施过程中的"畏难"情绪等阻力偏大。然而，精准的要求，更契合认罪认罚从宽制度的实质，从结果层面确证量刑从宽协商的效果与质量。

2. 量刑建议精准化的实施理路

当前，"精准"是非常高的办案质量要求，如果要在短时期内实现，办案压力骤增；对尚未进行认罪认罚从宽制度试点的地区而言，提出精准的量刑建议完全是"摸着石头过河"，"白手起家"的挑战甚巨。办案机关对提出精准的量刑建议，仍存在一定的疑虑与畏难等问题。但是，为了提高认罪认罚案件的办案质量，应提出精准的量刑建议，并以确定刑的方式建立长效的贯彻实施机制。

为了达到量刑建议的精准化要求，应积极通过以下方式予以实现：（1）量刑规范化标准的精细。当前，困扰检察机关提出确定、精准的量刑建议的重要阻力，就是量刑规范化改革确定的罪名范围有限，主要限于 23 种常见的罪名。按照规定，认罪认罚从宽制度适用于所有罪名。这就是供需矛盾尖锐的实际情况。为此，应当加快推动量刑规范化的覆盖面，拓宽罪名范围，进一步细化量刑指导意见，消除量刑精准化的阻力源头。检察机关与人民法院应当共同研究进一步修订和完善量刑规范化标准，实现量刑标准的统一化。在此期间，各地检察机关可以发挥主观能动性，积极和同级法院沟通，结合地方实际情况，充分细化量刑标准。特别是应当充分发挥捕诉一体办案模式的优势，加强审前引导，把好审查逮捕关，及时督促侦查机关加强对量刑证据的收集，进一步修改完善量刑建议的程序规范，完善量刑建议的协商和释法说理机制，夯实量刑建议的理由和依据。（2）可以分阶段、分类型有序推进量刑建议的精准化。可以稳步推进量刑建议的精准化，具体而言：一是加速实现确定刑的全覆盖。尽管无法即刻全面实现确定刑的覆盖，但对轻罪案件或适用简化诉讼程序的案件，可以优先覆盖。对可能判处5年以下有期徒刑的，应提出具体刑种和刑期；可能判处5年以上有期徒刑的，可以对"精准"予以一定的柔化，具体决定是否提出一定幅度的量刑建议。[1]亦有地方探索对可能判处3年以下有期徒刑、拘役、管制或单处附加刑的常见罪名，提出确定刑；对可能判处3年以上有期徒刑的较复杂的刑事案件、职务犯罪案件及知识产权等新类型案件，提出幅度刑。[2]同时，还可以根据诉讼程序作出区分，对适用简易、速裁程序的案件，应当提出确定刑。对非常见的罪名，适用简易、速裁程序的，也应当逐步实现确定刑的覆盖。对于故意杀人、故意伤害致死、重大毒品犯罪等严重犯罪案件，证据条件允许的，犯罪情节相对固定的，一般应当提出确定刑，但必要的情况下可以赋予一定的幅度空间，增加量刑建议的灵活性，促进公诉权与裁判权的良性协作。无论如何，提出确定刑的量刑建议并实现全覆盖，应当是检察机关的终极目标，也是精准量刑的必然要求。二是主刑的精确。对可能判处有期徒刑、管制、拘役的，应当提出确定刑期的建议；对可能判处无期徒刑、死刑的，也应逐步提出确定刑。三是财产刑的精确。对于财产刑的量刑建议，一般应提出确定的数额，特别是应明确罚金刑的具体倍比数、具体幅度等内容，使其具体而不模糊。但不排除在特定情况下预留合理的幅度。例如，重庆市渝北区、南川区人民检察院与法院联合发布会议纪要，明确罚金刑的适用标准，制作量刑评议表，

---

〔1〕陈国庆："刑事诉讼法修改与刑事检察工作的新发展"，载《国家检察官学院学报》2019年第1期。

〔2〕李建超："确定刑量刑建议的重庆实践"，载《检察日报》2019年7月29日，第3版。

明确各类情形的量刑幅度。[1]四是缓刑的精确。对符合适用条件的，应当依法明确提出适用缓刑的量刑建议。对情节较轻的醉酒型危险驾驶案、获得谅解的轻微暴力犯罪案、无前科的少量财物盗窃案等常见轻罪案件，应当优先提出适用缓刑的量刑建议。在必要的情况下，可以报检察长或检委会备案，通过集体讨论并作出决定。（3）量刑建议能力的快速提升。检察机关在一定时期内存在重定罪轻量刑的情况，难免影响量刑建议能力的储备等，与认罪认罚案件的量刑精准要求仍有差距。最高人民检察院已经发出了"量刑建议精准化、规范化、智能化"的动员令，要求各级检察机关采取多种措施全面提升检察人员的专业办案素养以及量刑建议的能力、水平。当前，应从以下几个方面着手：一是"不被采纳"的制度性回应。检察机关在提出合理、精准的量刑建议上，确实存在经验不足、能力有限等问题。应当注重分析、归纳、总结量刑建议不被采纳的原因，提出有针对性的完善措施。二是检察机关应加速量刑建议的经验积累，注重通过量刑协商、听取意见、与法院保持密切协作关系等方式，加快提高量刑建议能力。三是遵循同案同判、类案类判的精准要求，强化量刑建议的均衡性。基于不同时期、不同地区的类似案件、类案量刑经验与规律，根据个案的具体情况，提出明确、合理的量刑建议。四是最高人民检察院应统一发布指导性案例，充分发挥指导性案例的适法引导作用，为最高司法机关联合发布指导意见奠定基础。（4）智能量刑辅助系统的深度参与。可以借助智能辅助手段实现精准化。应当适时组织研发并推广可以普遍适用的量刑建议辅助系统，充分发挥大数据智能辅助系统的作用，提升量刑建议的精准度。例如，武汉市硚口区人民检察院制作了全面覆盖刑法总则规定的量刑情节与23个常见罪名的量刑建议表格，将量刑建议表统一录入业务软件。[2]又如，由广东博维创远科技有限公司研发与设计的"小包公"智能定罪与量刑辅助系统，对于认罪认罚案件，具备强大的智能精准预测量刑功能，能够更好地推进量刑规范化改革。[3]这些智能预测量刑辅

---

〔1〕　国家检察官学院刑事检察教研部课题组："检察机关认罪认罚从宽制度改革试点实施情况观察"，载《国家检察官学院学报》2018年第6期。

〔2〕　国家检察官学院刑事检察教研部课题组："检察机关认罪认罚从宽制度改革试点实施情况观察"，载《国家检察官学院学报》2018年第6期。

〔3〕　樊崇义："关于认罪认罚中量刑建议的几个问题"，载《法制日报》2019年7月15日，第3版。

助系统，都可以用于提高量刑建议的精准度。

四、量刑建议精准化的适用原则与制度完善

检察机关提出量刑建议，犯罪嫌疑人最终同意量刑建议并签署具结书，是适用认罪认罚从宽制度的必要条件。检察机关应当强化说理成分，提出精准的量刑建议。而人民法院依法作出判决时，一般应当采纳量刑建议，但也可以基于"明显不当"而作出改判。经此，量刑建议经历了由提出、协商到采纳的完整流程。相应地，促成控辩审三方围绕量刑建议的精准性进行协同是今后的工作重点。

（一）科学把握"一般应当采纳"的立法原意

《刑事诉讼法》（2018 年修正）第 201 条规定，人民法院一般应当采纳人民检察院的量刑建议。这从立法上确定了"一般应当采纳"的基本原则。经由控辩双方达成合意，最后商定的量刑建议，仍需要接受审判机关的实质审查，并作为最重要的庭审对象。这是以审判为中心改革的必然要求。同时，为了维护量刑从宽协商的权威性与具结书载明的量刑建议的强制性效力，人民法院一般应当予以采纳。

在试点期间，量刑建议的采纳率总体保持高位运行。在试点地区，适用的案件主要集中在常见多发犯罪的 23 种罪名，量刑建议采纳率基本达到 95%以上；截至 2018 年 9 月底，量刑建议的采纳率为 96.03%，抗诉和上诉率分别为 0.04%、3.35%。[1]抗诉率和上诉率的低位运行，反映了在控辩双方充分参与并表达意见的前提下，控辩之间就量刑建议易于达成合意，量刑建议也更容易得到法院的认可和尊重。量刑建议承载了司法公信力，是检察机关依法作出的量刑承诺。量刑建议的采纳率偏低，容易引发司法信任危机，阻碍自愿认罪认罚的积极性。为此，人民法院在全面实施阶段，审查与采纳量刑建议时，应对控辩双方的合意予以充分尊重。对于"一般应当采纳"原则的把握，应当以尊重量刑建议的一般性、强制性法律效力为前提。[2]量刑建议对控辩审三方都具有法定的强制性效力，控辩双方负有遵守的义务，而法

---

〔1〕 杨立新："认罪认罚从宽制度理解与适用"，载《国家检察官学院学报》2019 年第 1 期。

〔2〕 卞建林："认罪认罚从宽制度赋予量刑建议全新内容"，载《检察日报》2019 年 7 月 29 日，第 3 版。

院负有尊重的职责，量刑建议也是法院量刑的基本对象。

在此基础上，应注意以下几个方面的问题：（1）求刑权与量刑权的理性关系。"量刑建议"在性质上，仍属于求刑权的范畴。认罪认罚案件的量刑"协商"意见，不是简单或必然地等于"预期庭审结果"。反而，受诸多结构性因素、制度性因素、心理因素的影响，商定的量刑建议可能在个案中发生偏离或调整。基于裁判权的要求，法院应当严格审查合法性，确保案件的公正处理，充分保障人权。（2）公诉权与审判权的协作。办理认罪认罚案件时，公检法三机关之间的分工负责、相互配合和相互制约关系没有变化，裁判权只能由人民法院依法行使。定罪量刑作为审判权的核心内容，具有专属性。检察机关提出的量刑建议属于公诉权的具体表现形式，是否妥当应当由人民法院依法判决。[1]对于量刑建议不当的，或被告人、辩护人对量刑建议提出异议的，人民法院可以建议检察机关调整，也可以径行改判。但在庭审程序中，应当听取控辩双方发表的意见，既要尊重检察机关的量刑建议权，也要充分保障辩护权的行使，尽力促成控辩量刑合意的最终达致。（3）量刑建议与具结书的法定效力之尊重。签署具结书是量刑从宽协商结果得以确定的"法定化"标志。具结书在认罪认罚从宽制度中具有非常重要的地位，彰显司法合作的契约精神与本质属性，[2]是控辩双方合意的结果，是量刑建议的合法载体与程序形式。只有赋予具结书及其所承载的内容法定化的强制性效力，才能巩固认罪认罚从宽协商机制的"激励"基础。在掌握"一般应当采纳"的原则时，人民法院应当充分尊重具结书应有的强制性效力，原则上只要控辩双方依法达成合意并最终商定的，一般应当采纳。（4）保障量刑建议采纳率的配套措施。量刑建议的采纳率是最基本的考核指标，直接决定办案质量。为此，应做好以下工作：一是充分听取被告人、辩护人对量刑建议的意见，竭力确保控辩双方在量刑情节、刑罚种类、量刑幅度等方面无重大的实质分歧，确保量刑建议的协商性、合意性，夯实合法性基础。二是量刑建议未被采纳的，无论是重罪轻判还是轻罪重判，只要人民检察院认为属于适用刑罚明显不当的，要依法抗诉，履行审判监督职能。对不符合抗诉条件的，也要

---

〔1〕　胡云腾主编：《认罪认罚从宽制度的理解与适用》，人民法院出版社2018年版，第8页。

〔2〕　刘原："认罪认罚具结书的内涵、效力及控辩应对"，载《法律科学》2019年第4期。

通过履行法律监督职能，及时向审判机关反馈意见和建议。[1]三是重视审前阶段的协商质量，可以通过检察长列席审委会、法检联席会议等必要形式，加强对量刑建议工作情况的分析研判与协调配合，努力减少分歧。

（二）"明显不当"的例外排除标准之明确

《刑事诉讼法》（2018年修正）第201条第2款规定了"明显不当"的法定标准，是对"一般应当采纳"的立法排除，旨在兼顾量刑建议的公信力与公正性，维持更理性的控辩审协作关系。

在理解与掌握"明显不当"上，应注意以下几个方面：（1）明显不当的判断法理。规范检察机关的量刑建议工作机制，是强化认罪认罚法律效果的重要内容。在办理认罪认罚案件时，公检法仍然是相互制约的关系。检察机关行使公诉权，裁判权仍是人民法院的法定职权。检察机关提出确定、精准的量刑建议，也明确了法庭审理的对象。人民法院应当依法对侦查活动、特别是公诉活动进行审查，针对量刑建议的合法性、合理性进行实质审查，确保裁判公正的实现。（2）明显不当的实质标准。从立法原意看，认定属于"明显不当"的法律依据与理由，可以分为三个层次：一是违背罪刑法定原则、罪责刑相适应原则。量刑建议必须符合刑法的规定，而最核心的判断依据就是罪责刑三者之间是否相适应。从宽处理不能违背刑法的规定与量刑规范化的基本要求。在实践中，是否以法定的减免情节为前提从宽量刑、从宽幅度是否设定一般的上限标准、如何设定社会调查评估的定位和价值、是否基于认罪认罚的不同阶段而做出不同的量刑优惠等问题，都可能是"重灾区"；而认罪认罚是否作为独立的法定量刑情节仍然模糊，有待立法作出明确规定或司法解释予以释明。这些都是依法从宽处理的难点所在，也是出现"明显不当"的潜在事项。二是违背宽严相济的刑事政策。之所以存在量刑从宽的一面，是因为认罪认罚从宽制度是宽严相济刑事政策制度化、规范化后的立法形式。检察机关提出量刑建议，首先必须反映"从宽"的立法精神。但从宽必须合法、合理，不能无条件地从宽，否则，就存在量刑的明显不当问题。三是违背"同案同判、类案类判"的精神。检察机关提出量刑建议，必须以量刑规范化为基础，竭力实现"同案同判、类案类判"。与不认罪认罚

---

[1] 曹坚："瞄准三个维度打造量刑建议'刚性'"，载《检察日报》2019年6月10日，第3版。

案件相比，认罪认罚案件在整体上是典型的类案，检察机关在提出量刑建议时，应当注重同区域、同类案件的对比，注重量刑标准的统一性。（3）明显不当的主要类型。主要有：一是不符合认罪认罚从宽的适用条件。事实不清、证据不足、并非自愿认罪认罚、特殊主体认罪认罚、特殊认罪认罚的案件，如若不符合适用条件的，检察机关提出的量刑建议必然无效，当然属于"明显不当"。二是量刑建议畸轻畸重。人民法院经审查后认为，检察机关提出的量刑建议明显过重或明显过轻的，不仅违背罪责刑相适应原则，甚至存在纵容犯罪的可能性，应予以纠正。三是量刑幅度的认识不一致。检察机关提出确定刑的量刑建议，原则上不存在"明显不当"的可能性。因为确定刑不存在幅度问题，也往往缺乏形成不同意见的基本条件。但提出幅度刑的量刑建议，由于司法人员的认识与经验不一，容易诱发"明显不当"的情况。（4）明显不当的制度管控。完善检察机关提出量刑建议工作的目标，不应只是为了避免出现"明显不当"的例外情形，而应当尽可能提高量刑建议的精准度与办案质量。"明显不当"的立法旨趣，并非为了更多地启动这一例外的排除情形，而是为了更好地"倒逼"实现一般应当采纳的常态效果。为了管理控辩审之间的分歧，应建立全流程的有效沟通机制。检察机关与人民法院应当建立良性的衔接机制，控辩审三方应当建立常态性的沟通机制，减少量刑协商中的不确定性因素，强化签署具结书的严肃性、有效性与可靠性，更好地保障诉讼权利。

（三）量刑建议精准化的保障措施

为了确保量刑建议可以"一般应当采纳"，而避免"明显不当"的情形，其终极方式是提出精准的量刑建议，而统一量刑建议标准无疑是达致的具体途径所在。量刑建议的统一标准化建设，以量刑规范化改革为基本背景与前提，同时以认罪认罚案件应提出精准量刑建议为目标导向。通过竭力实现量刑建议的统一标准，尽量消除个案差异与司法不公，从制度层面减少控辩审三方的不一致情形，增加控辩审三方的规范认同与公正合意。最终，促进"一般应当采纳"与"明显不当"两个互斥的法定标准，在规范化、标准化、智能化的合力下达致精准化。

1. 发布认罪认罚案件的专属量刑指导意见

目前，认罪认罚案件的量刑规范化，主要参照《最高人民法院关于常见犯罪的量刑指导意见》予以执行。实践中的这种基本做法并无不妥。但是，不认罪认罚案件与认罪认罚案件存在实质差异，如认罪认罚与自首的关系、认罪认罚是否属于独立的量刑情节等问题悬而未决，决定这两大类案件在量刑规范化上的要求与目的等存在不同。针对认罪认罚案件的量刑协商与提出量刑建议等问题，应当探索专属性的量刑指导意见。既要借鉴不认罪认罚案件所适用的《最高人民法院关于常见犯罪的量刑指导意见》之有益内容，还应围绕量刑从宽协商、量刑精准化、确定性等特有的基本属性、核心要求等内容，制定独立且专属的量刑规范指导意见，加速认罪认罚案件量刑的规范化、标准化、统一化建设，实现量刑精准化的全覆盖。

同时，在制定认罪认罚案件的量刑规范指导意见时，应优先做好以下工作：（1）量刑建议的法律依据、基本原理释明。认罪认罚案件的量刑指导意见，与不认罪认罚案件有所差异，两者之间的实体法依据与程序法依据也不同。这决定了两者间量刑的一般原理及其具体内容也有特殊性，应对此作出明确的阐释。扼要地讲，应当对认罪认罚案件的量刑依据、量刑原则、基准刑确定、裁量尺度等基本、重大问题作出规定。（2）量刑意见的确定化或精准化。在出台量刑指导意见时，应当针对具体罪名，规定详细的量刑规范。对于常见的罪名，原则上应当予以明确和具体，以便于办案人员提出确定刑的量刑建议。对于不常见的其他罪名，在无法逐一制定确定的量刑意见的情况下，宜作出更富实效与更具操作性的细化规定，尽量以精细化的方式予以明确，尽可能缩小量刑建议容纳的裁量幅度，提高量刑的可预测性与期待性，最终统一认罪认罚案件的量刑标准，兼顾个案正义与一般正义。

2. 量刑建议说理机制的完善

量刑建议的精准化，在实施机制上，迫切需要量刑说理机制供给公信力。量刑说理机制，不仅可以保障协商各方的知情权、协商权、异议权，也可以促成各方达成合意，还与量刑规范化的要求相契合。通过充分嵌入量刑说理机制，还可以培育量刑标准的统一化效果，为提出精准的量刑建议输出最具公信力的"背书"。

在量刑建议的说理机制上，不能停留于官方释法的层面，也不能满足于口头说明，应当强化说理的过程，增加说理的第三方监督性。具体而言：（1）附带量刑建议表。从司法可视化的角度看，量刑说理不能停留于抽象的思辨层面，而应同时在操作层面予以可视化，强化说理过程。譬如，"小包公"智能定罪量刑预测辅助系统，在提出精准的预测量刑意见时，还提供了量刑建议表。该表充分考虑了法定情节、酌定情节以及检察官的自由裁量权，可以充分考虑案件的各种具体情况，对表格要素予以调节。以可视化的方式，展示量刑说理的全流程，增加了量刑建议的正义厚度，具有一定的借鉴性。[1]

(2) 第三方辅助系统的介入。对于认罪认罚案件，在实现量刑建议的精准化目标上，也可以深入结合大数据、智能化技术，依托量刑建议的智能化目标进行。目前，各方都在探索认罪认罚案件智能量刑预测辅助系统，旨在超越司法人员的个体性经验及"估堆量刑"等做法。在调和控辩审三方的量刑从宽协商之分歧时，具有独立的第三方中立属性的智能量刑预测办案辅助系统，不仅可以提供智能化的量刑预测功能以辅助实现精准化，也可以为"精准"的量刑建议，注入"中立"的外部支撑依据与参考标准。

3. 检察机关听取意见制度的优化

检察机关在程序上启动并主导量刑建议的提出、议定工作，因而发挥至关重要的作用。但是，不能单方面提出并决定量刑建议，而应充分进行量刑协商、听取意见，确保提出的量刑建议在协作层面，可以促进量刑标准趋于统一化。

具体而言：(1) 充分听取律师意见。在认罪认罚案件中，犯罪嫌疑人、被告人自愿认罪认罚的，意味着放弃法定的诉讼权利，处于更弱势的地位。为此，在试点期间，基于人权保障的精神，高度重视律师辩护作用，特别是值班律师的法律帮助。《刑事诉讼法》(2018 年修正) 对此予以确认。实践证明，能否充分发挥律师的作用，是衡量检察机关是否发挥主导作用的一个重要参照因素。在量刑建议的协商过程中，要保证律师的充分参与，依法听取律师对量刑建议的意见，在值班律师在场的情况下签署具结书，确保控辩协商的公正性、犯罪嫌疑人认罪认罚的自愿性以及具结书内容的真实性和合法性。律师的参与、监督与见证等，是检察机关精准起诉、精准提出量刑建议的得力帮手。例如，山东省淄博市人民检察院建立量刑建议咨询律师机制，支持值班律师的实质介入。检察机关先向值班律师公开量刑依据，听取量刑意见，再签署认罪认罚具结书，确保了量刑建议的公正性与可接受性。[2]

---

〔1〕 参见樊崇义："关于认罪认罚中量刑建议的几个问题"，载《检察日报》2019 年 7 月 15 日，第 2 版。

〔2〕 匡雪、王文斌："山东淄博：找准突破口落实认罪认罚从宽制度"，载《检察日报》2019 年 5 月 22 日，第 2 版。

（2）听取被害人的意见。在认罪认罚案件中，人权保障的任务丝毫没有降低。不仅要侧重保护自愿认罪认罚的犯罪嫌疑人、被告人，也要依法保护被害人的利益。在有被害人的案件中，量刑从宽协商不能忽视被害人的参与。检察机关在主导量刑建议的协商过程并最终提出量刑建议时，应当根据案件情况，听取被害人及其代理人的意见。但是，检察机关提出量刑建议时，对被害人意见的参考要有限度。[1]被害人有权提出意见，但并不能直接决定控辩双方之间的量刑从宽协商过程及其量刑建议的结果的合法性与法律效力。

---

〔1〕 孙道萃：“认罪认罚从宽制度中的被害人权益保障机制”，载《南都学坛》2018 年第 3 期。

第七章

认罪认罚从宽制度与被害人权益保障

一、问题的提出

《试点方案》要求，改革要兼顾保障犯罪嫌疑人、被告人和被害人的合法权利。《试点决定》要求，保障被害人的合法权益，维护社会公共利益。2016年9月，全国人大常委会办公厅举行新闻发布会，最高人民法院刑一庭庭长沈亮指出，办理认罪认罚案件在保护被告人合法权益的同时，也要保护好刑事被害人的合法权益。《试点方案》强调刑事被害人的有效参与，人民法院、人民检察院和公安机关办理认罪认罚案件，应当听取被害人及其代理人的意见，并将被告人与被害人是否达成谅解协议作为量刑的重要考量因素，要敦促刑事犯罪嫌疑人、被告人向被害人赔礼道歉、退赃退赔、赔偿损失，保障被害人尽早获得损害赔偿和心理安抚，有效地减轻诉累，及时化解矛盾，修复社会关系。犯罪嫌疑人、被告人认罪认罚但没有赔礼道歉、没有退赃退赔、赔偿损失的，未能与被害人达成调解或和解协议的，在考虑如何从宽处理时要有区别。同时，《试点办法》也要求保障被害人的合法权益，维护社会公共利益，也与既定的方针政策保持了高度一致。同时，第7条还具体地规定，办理认罪认罚案件，应当听取被害人及其代理人意见，并将犯罪嫌疑人、被告人是否与被害人达成和解协议或者赔偿被害人损失，取得被害人谅解，作为量刑的重要考虑因素。但是，《刑事诉讼法》（2018年修正）在规定认罪认罚从宽制度、值班律师制度以及速裁程序时，对被害人问题的规定相对而言非常有限，也即修改后的第173条规定检察机关在审查起诉时应当听取被害人的意见。

由于认罪认罚案件的特殊性，犯罪嫌疑人、被告人的权利保障问题往往被置于首位，〔1〕反而被害人的权益保护问题在一定程度上被忽视或弱化。〔2〕例如，上海市青浦区人民检察院制定《开展刑事案件认罪认罚从宽制度试点工作实施细则》，重点聚焦确保程序简化后充分有效地保障犯罪嫌疑人的合法权益。因而，在实践中可能无形地压制被害人权益的保障需求。然而，按照正当程序的要求，与程序结果有利害关系的各方均有权参加该程序并可以享有提出有利于自己的主张的机会。〔3〕根据《刑事诉讼法》对被害人具有诉讼当事人主体地位的规定，同时考虑在认罪认罚从宽程序中，检察机关处于主导地位，犯罪嫌疑人、被告人地位明显抬升，应充分保障被害人的诉讼权益并发挥被害人监督制约权力的作用，〔4〕确保有效实现司法公正。因此，被害人是否具有相应的诉讼地位、享有哪些具体的诉讼权利及其实现途径等问题，是试点期间应明确的基本内容。

与此同时，最高人民法院、最高人民检察院《关于在部分地区开展刑事案件认罪认罚从宽制度试点工作情况的中期报告》指出，认真听取被害人及其代理人意见，并将是否达成和解协议或者赔偿被害人损失、取得谅解，作为量刑的重要考虑因素，切实保障被害人的合法权益，依法听取被害人意见，关注其合理诉求。试点法院审结的侵犯公民人身权利案件中，达成和解谅解的占 39.6%。正确处理赔偿和解与从宽处罚的关系，坚持具体问题具体分析，避免将赔偿与从宽完全等同起来。〔5〕这充分说明最高人民法院、最高人民检察院在推进认罪认罚从宽制度的试点进程中，在听取被害人意见、确保被害人参与案件处理等方面作出了富有成效的探索，但仍存在诸多问题和不足。在实践中，是否赔偿被害人影响认罪认罚制度的适用、被害人的诉讼权利保障不够、被害人参与在认罪认罚从宽制度程序设计上存在困难、被害人作用

---

〔1〕 李楠楠、张雨："被告人认罪认罚从宽案五分钟审结"，载《法制日报》2017 年 7 月 10 日，第 1 版。

〔2〕 孙道萃："认罪认罚从宽制度中的被害人权益保障机制"，载《南都学坛》2018 年第 3 期。

〔3〕 ［日］谷口安平：《程序的正义与诉讼》，王亚新译，中国政法大学出版社 2002 年版，第 11 页。

〔4〕 王敏远："认罪认罚从宽制度疑难问题研究"，载《中国法学》2017 年第 1 期。

〔5〕 周强："关于在部分地区开展刑事案件认罪认罚从宽制度试点工作情况的中期报告——2017 年 12 月 23 日在第十二届全国人民代表大会常务委员会第三十一次会议上"，载《人民法院报》2017 年 12 月 24 日，第 1 版。

发挥的局限性等问题较为严峻。[1]鉴于此，应同样关注和保障认罪认罚从宽案件中的被害人及其合法权益。

二、被害人诉讼地位的争论与厘定

关于认罪认罚从宽制度中被害人的诉讼地位，有不同的看法，主要包括独立地位说、相对独立说、重要地位说和依附性说。应当明确被害人的诉讼定位及其在不同阶段和程序中的参与权限，切实解决试点期间对被害人权益保护的尺度和边界等问题。

（一）认识分歧与廓清

关于被害人在认罪认罚从宽程序中的诉讼地位，理论上的看法不尽相同。

1. 主要争议

在认罪认罚案件中，被害人的地位有些变化，而其影响因素在于被追诉者自愿认罪认罚、被追诉者自动放弃部分诉讼权利、控辩之间的量刑协商、诉讼合作理念等。在此基础上，理论界对认罪认罚从宽诉讼程序中被害人的地位有不同认识，大体有以下几个方面。

（1）独立地位说。犯罪行为给被害人造成人身伤害或财产损失，启动认罪认罚程序的，应征得被害人同意。被告人与被害人对民事赔偿达成调解协议，积极真诚获得被害人谅解的，视为被害人同意，以确保司法公正价值。[2]据此，被害人同意是启动认罪认罚从宽程序的重要先决条件。另有观点认为，在认罪认罚从宽制度中，被害人、犯罪嫌疑人、被告人以及公安司法机关都是极为重要的诉讼主体，缺失任何一方的参与，都可能使认罪认罚从宽制度的实际运行缺乏基本的稳定性。因此，应当赋予被害人在认罪认罚从宽制度程序运作中的主体地位，即被害人对认罪认罚程序的进行能够起到一定的促进和影响作用，能够积极全面参与认罪认罚从宽的整个过程，并在一定程度上对从宽处理的结果起到影响乃至决定作用。其理由主要基于以下几点：与法条规定保持逻辑上的一致性，我国《刑事诉讼法》（2018 年修正）第 108

---

〔1〕　苏素专、洪文海："认罪认罚从宽制度下被害人参与的实证考察"，载《福建法学》2017 年第 4 期。

〔2〕　谢作幸、陈善超、郑永建："认罪认罚从宽制度的现实考量"，载《人民司法》2016 年第 22 期。

条明确将被害人列入当事人的范围，赋予其与诉讼主体地位相应的广泛的诉讼权利；刑事诉讼消弭冲突、彻底解决纠纷的功能要求；公安司法机关准确对犯罪嫌疑人、被告人适用认罪认罚从宽的重要途径；对公权力进行监督制约的有效方式。[1]（2）相对独立说。在认罪认罚从宽程序中，被害人的利益仍由代表国家行使追诉权的检察机关代为主张。但应允许被害人参与认罪协商，只是考虑到被害人在刑事诉讼程序中的相对地位，参与程度有限，主要包括知情权、发表意见权、建议权等。[2]易言之，既要确保被追诉者的合理预期，也要体现被害人的利益及其诉求，如被害人以一定的程序参与并对程序运作和实体处罚结果形成一定的程序影响力。[3]基于适当平衡被害人、被告人双方的利益诉求的需要，被害人的诉讼地位具有相对性，不能主导程序的进程，以确保司法公正的实现。（3）重要地位说。认罪认罚从宽制度的价值取向是公正前提下的效率提升，其具有保权、激励、分流、息诉的功能。然而作为在恢复性司法理念指导下构建的一项具体制度，认罪认罚从宽制度从其终极的功能性定位考察来看，仍然是为了化解社会矛盾，修复因犯罪而受损的社会关系，防止被告人的再次犯罪及被害人的次生犯罪。其保权功能不仅要保护被告人的权利也需要重视被害人的权利，现代刑事司法必须要在保障刑事被害人权益与公正对待被告人两者之间保持平衡，确保刑事被害人能够在刑事司法中发出自己的声音。其激励功能的正当发挥需要被害人的肯定与容忍。息诉功能的实现，更需要被害人的参与和接受，否则无法做到案结事了。为此，被害人在认罪认罚从宽制度的功能实现中发挥着重要作用，必须予以更多的关注和重视。[4]（4）依附性说。在认罪认罚从宽程序中，尽管应当赋予被害人发表意见的权利，但公安司法机关作出从宽处理的决定不受被害人意

---

〔1〕 刘少军："认罪认罚从宽制度中的被害人权利保护研究"，载《中国刑事法杂志》2017年第3期。

〔2〕 叶青、吴思远："认罪认罚从宽制度的逻辑展开"，载《国家检察官学院学报》2017年第1期。

〔3〕 陈卫东："认罪认罚从宽制度试点中的几个问题"，载《国家检察官学院学报》2017年第1期。

〔4〕 胡江洪、杨柳幸："如何从宽：刑事被害人在认罪认罚从宽制度中的量刑参与权研究——基于重新审视被害人地位的修正性叙述"，载《深化司法改革与行政审判实践研究（上）——全国法院第28届学术讨论会获奖论文集》，2017年5月15日。

见的约束。[1]否则，控辩协商的过程极易异化为纯粹的民事赔偿，并阻碍国家对犯罪的有效追诉，不利于保障被告人的权利。[2]由此可见，被害人参与受到严格限制，仅是认罪认罚从宽协商程序的辅助角色。

以上四种看法的立足点不同，各自的立场不尽相同，对这场试点的背景与目标有不同的侧重点，因而，对认罪认罚从宽制度及其诉讼程序的理解不同。

2. 基本研判

以上几种不同的看法各有优劣，具体而言：（1）对完全独立说的评价。在认罪认罚从宽程序中，赋予被害人完全独立的诉讼地位，从法理看完全符合《刑事诉讼法》关于保障人权、程序正义的目标。但是，从认罪认罚从宽制度的设计初衷看，被追诉者认罪认罚的，可以直接与检察机关进行从宽协商，客观上建立起认罪认罚从宽协商机制，弥补被追诉者因认罪认罚而主动放弃辩护权利所可能引发的控辩失衡隐患，因而，明显更侧重于维护犯罪嫌疑人、被告人的诉讼地位。而且，认罪认罚从宽制度旨在实现程序分流、庭审实质化和提高诉讼效率，如果被害人获得完全独立的诉讼地位，与被追诉者、检察机关"平起平坐"，无疑在实践中会肢解程序的流畅性和简化性，可能引发事与愿违的程序拖延、程序反转等一系列恶化现象。因此，独立地位说偏于理想化，可能不切实际，目前试点城市也基本上无此做法可查。（2）对相对独立说的评价。一方面，保障被害人的诉讼权益是认罪认罚从宽制度试点探索的既定目标和任务，忽视对被害人的利益保护无疑会侵蚀制度的完善性。《试点办法》第7条规定，办理认罪认罚案件，应当听取被害人及其代理人意见，并将犯罪嫌疑人、被告人是否与被害人达成和解协议或者赔偿被害人损失，取得被害人谅解，作为量刑的重要考虑因素。因此，听取被害人的意见、努力促成和解、赔偿损失、取得谅解等，都是重视被害人权益保障的重要内容。另一方面，鉴于认罪认罚与从宽之间的协商机制是整个制度的前提和基础，被追诉者与检察机关的协商成为制度运行的关键，必然导致犯罪嫌疑人、被告人的诉讼地位显著提升，检察机关对程序运行具有更大的控制力，被害人的诉讼地位在无形中不可避免地被挤压。这是诉讼效率与诉讼公

[1] 陈光中、马康："认罪认罚从宽制度若干重要问题探讨"，载《法学》2016年第8期。
[2] 胡铭："认罪协商程序：模式、问题与底线"，载《法学》2017年第1期。

正之间合理、动态平衡的具体体现。因此，与完全独立说相比，相对独立说更折中、更理性，更符合实际需要，比如，在某试点案件中，"检察官在了解案情后促使双方达成刑事和解，被害人在审查起诉阶段已收到全部赔偿款并表示谅解，同意对嫌疑人从宽处理，一场官司庭审只用了 5 分钟"[1]。进而，相对完全独立说而言更易被实践认可或接受。（3）对依附性说的评价。依附性说是完全独立说的对立面，又与相对独立说存在程度差异。对《刑事诉讼法》（2018 年修正）第 108 条关于被害人属于诉讼当事人、《试点办法》第 7 条关于被害人权益保护的相关规定，"依附性说"分别加以确认，但在具体贯彻和落实方面缺乏针对性与有效性。比如，严格限制被害人参与认罪认罚从宽协商程序，未能根据认罪认罚从宽制度的特殊性而作出改变等，进而，难免在实践中容易压缩或限制被害人行使必要的诉讼权利。尽管如此，该说在客观上符合认罪认罚从宽案件的程序运行需要，有助于加快程序分流和实现诉讼效率。（4）对重要地位说的评价。关于"重要地位说"的看法，其实也指出了被害人在认罪认罚从宽制度中的应有位置，但对被害人的身份地位、参与程度及效果等缺乏足够的认识。

3. 被害人谅解的限制

在认罪认罚从宽制度中，被追诉者自愿认罪认罚是极其重要的适用条件，进而决定被追诉者的诉讼权利保障置于更显著的位置。同时，也应看到的是，被害人谅解在很大程度上决定"认罪认罚"的有效性，也对"从宽"有一定的影响。因此，如何看待被害人谅解的地位，直接关系到被害人的参与身份与诉讼地位。

有观点认为，应限制被害人谅解对认罪认罚从宽制度实施的影响力，其不应作为选择刑事速裁或其他简化程序的影响因素；在刑罚适用上，应拒绝被害人"绑架"司法的行为。赋予"被害人谅解"过高的影响力，不利于认罪认罚从宽制度的正确实施。"应当听取"，说明听取被害人一方意见是必经程序，带有强制性。但"作为量刑的重要考虑因素"，强调办案人员的裁量权，使被害人意见对诉讼结果的影响有一定的不确定性。将被害人的谅解作为适用认罪认罚从宽制度的重要考虑因素，一定程度上有利于维护被害人的合法权益和取得较好的办案效果，但若演变成对程序简化的一票否决，则容

---

[1] 戴谦："近九成案件速裁庭审平均 5 分钟"，载《青岛日报》2017 年 6 月 9 日，第 2 版。

易走向另一个极端，可能造成司法不公，也不利于认罪认罚从宽制度的正确实施。理由为：一是过分强调被害人的谅解，可能导致被害人一方漫天要价，降低认罪认罚从宽制度的适用率；二是过分强调被害人谅解可能导致案件结果显失公平，有违认罪认罚从宽制度的本意。[1]

基于此，应当合理设定被害人的"影响因子"，妥当地平衡被害人、被告人双方利益的博弈：一是在决定是否适用刑事速裁或其他简化程序时，不应考虑被害人的意见。被害人谅解属于实体性因素从宽，与程序性因素从宽没有关联。二是在刑罚适用上，应拒绝被害人"绑架"司法的行为。由于犯罪嫌疑人、被告人的赔偿能力与被害人的期望值可能不匹配，每个被害人都得到满意的赔偿是不现实的。如果犯罪嫌疑人、被告人已尽力赔偿，并且赔偿数额已达到了法定标准，这表明其主观恶性已经减小，被害人的损失也得到了一定程度的弥补。此时，即使没有取得被害人谅解，也可按照认罪认罚从宽制度对犯罪嫌疑人、被告人进行从宽处理，但从宽幅度应小于取得被害人谅解的案件。这种做法有利于防止被害人漫天要价，"绑架"司法。

由于律师否决权的前提条件难以满足，应确立犯罪嫌疑人、被告人对辩护意见的主导地位。如果律师与犯罪嫌疑人、被告人意见不一致，律师应以专业知识和经验说服他，但无权代替他进行决策。认罪认罚从宽制度强调协商，强调犯罪嫌疑人、被告人的选择权与责任自负，这也与律师独立辩护侧重社会利益、律师自我利益的取向不符。对于公检法机关而言，如果犯罪嫌疑人、被告人认罪认罚而律师有异议，可提示犯罪嫌疑人、被告人与律师协商，尽可能达成一致意见。如果双方协商后仍不能取得一致意见，应以犯罪嫌疑人的意思为准适用认罪认罚从宽制度。在确定以犯罪嫌疑人、被告人认罪认罚意见为办案依据的情况下，律师可以书面或口头方式在庭前向承办人员提出异议，也可由律师当庭发表意见，但检察官不必回应。如果办案人员根据律师异议发现认罪认罚可能是虚假的或非自愿的，如犯罪嫌疑人、被告人替人顶罪，应认定为不符合适用认罪认罚从宽条件，并将案件转为普通程序处理。[2]

---

[1] 秦宗文："认罪认罚从宽制度实施疑难问题研究"，载《中国刑事法杂志》2017 年第 3 期。
[2] 秦宗文："认罪认罚从宽制度实施疑难问题研究"，载《中国刑事法杂志》2017 年第 3 期。

(二) 被害人诉讼地位的界定

在认罪认罚从宽程序中,应根据诉讼阶段等因素具体确定被害人的权益内容。

1. 相关规定模糊

《试点方案》《试点决定》《试点办法》均规定"要保障被害人的合法权益,维护社会公共利益"。这说明被害人权益的保障不可或缺,但在试点期间如何具体实现则缺乏针对性的规定。实际上,从近期的试点进展看,对被害人权益保护的问题关注相对不够。比如,有的检察院在创新认罪认罚从宽试点工作上,围绕"捕诉一体"检察职能,建立讯问简化流程与法律文书简化制作流程,确立案件集中简化审理机制,构建强制措施与不起诉制度的从宽机制,扩大律师参与,制定量刑菜单,规范认罪反悔程序等。[1]又如,一些地方在试点时,将真诚悔悟、量刑建议及其标准、值班律师、刑拘直诉、诉讼证明等作为重点来抓。[2]据此,这些颇具特色的试点做法,对被害人权益保障的关注度相对不足,具体的保护措施相对较弱。

法律的天平应当是不偏不倚的,在注重保障被告人权益的同时,也要切实保障被害人的各项合法权益,尤其是程序上的量刑参与权。过分强调对犯罪嫌疑人、被告人的人权保障,另一面则可能损害被害人的权益,损害了刑罚功能的充分发挥和公平正义的真正实现。因此,适用认罪认罚从宽制度要倾听被害人意见,允许被害人提出异议。在案件处理的过程中,被告人是否取得被害人谅解、双方是否达成和解协议以及赔偿金是否给付到位等因素,均应当成为司法机关认可被告人认罪认罚与否的重要依据。检察机关作为法律监督机关应当充分运用法律监督权,确保在刑事诉讼的各个阶段,被害人对被告人的量刑参与陈述得到重视,避免被害人的量刑建议被吞并、被忽视,使被害人权益得到实现和尊重,使个案得到不偏不倚的公正处理。对于被害人及其法定代理人不服刑事判决且有合理合法依据并请求检察机关提起抗诉的,检察机关应当依职责提起。但这并不等于唯被害人论,对被害人在参与

---

〔1〕 杜萌:"刑事案件认罪认罚从宽制度试点成效几何",载《检察日报》2017年7月1日,第5版。

〔2〕 徐盈雁、范跃红:"四成以上案件适用认罪认罚从宽",载《检察日报》2017年7月8日,第1版。

诉讼的过程中，利用犯罪嫌疑人、被告人希望得到从宽处罚的心理，在赔偿方面提出不合理要求，甚至漫天要价，有违公正，激化矛盾的现象，检察机关要给予公平、公正的处理，如果犯罪嫌疑人、被告人确实无力赔付，但确实真诚悔罪，符合适用速裁程序或者简易程序条件的仍然可以从宽。[1]

2. 被害人权益的动态性

对于刑事速裁程序中的被害人参与而言，因价值取向的独特，可能存在"强参与"模式、"弱参与"模式以及强调被害人的诉讼参与性以及程序影响力的混合模式等情形。在被害人参与刑事速裁程序的具体方式中，影响程序启动、接受道歉并获得赔偿具有明显的"强参与"特征，而提出量刑意见、请求抗诉则呈现出"弱参与"的状态。[2]这对认识和理解认罪认罚从宽制度中的被害人参与、权益保护等问题有参考意义，也即被害人权益具有一定的动态性。

在认罪认罚从宽程序中，随着诉讼阶段的推进，认罪认罚的法律效果不尽相同，司法机关的权责边界、诉讼当事人的权利义务内容呈现为动态变化的状态。主要变化为：（1）被追诉人自愿认罪认罚的，为了确保控辩关系的均衡对等性，其诉讼地位得到明显提升。辩护律师的地位与作用在无形中被强化，以补强被追诉者的诉讼权利。（2）认罪认罚从宽协商的冲击。控辩之间的量刑协商与从宽问题，首先以审查起诉阶段为主。检察机关的主导地位更明显，主要负责控辩之间的量刑协商。审判阶段一般认同控辩之间的量刑协商结果。检察机关是量刑协商的主导一方，检察机关负责提出量刑建议并经过协商后，被追诉者签署具结书意味着控辩协商的顺利完成，检察机关客观上替代被害人主张诉求并与被追诉者协商，被害人的参与必然有限度，被害人的诉讼地位无法与被追诉者等同。（3）犯罪嫌疑人、被告人认罪认罚的，往往是积极悔罪的表现，在实践中也一般表现为积极赔偿损失、赔礼道歉等，通常会得到被害人的谅解。被害人、被告人双方的对抗性下降，合作性增加之际，被害人权益保障的空间在逻辑上也会缩小。

因而，与普通程序相比，在认罪认罚从宽程序中，诉讼主体关系的结构

---

[1] 代娟、王远伟、李建军："检察环节认罪认罚从宽制度的难题克免"，载《中国检察官》2017年第6期。

[2] 孔令勇："刑事速裁程序中的被害人参与模式：方式、问题与制度完善"，载《西部法学评论》2018年第2期。

呈现出不同的样态，被害人的诉讼地位是重要的变量之一，是否与控辩双方具有同等的诉讼地位是争议的实质，对被害人的权利范围及其保护程度产生不同的影响。在认罪认罚从宽程序中，被害人与被追诉者的诉讼地位并非对称关系，侦查机关、检察机关、审判机关是保障被害人权益的主要力量，不同诉讼阶段与事项对被害人权益内容及其保护措施、力度均有影响。应确立"因事制宜"原则，根据具体的诉讼阶段、诉讼事项以及利害关系程度等作出区别对待，保持动态的保障效果。

（三）理论与实践的脱节

无论在理论还是实践上，加强对认罪认罚从宽案件中的被害人合法权利保护都具有诸多现实意义："国家尊重与保障人权"基本原则的必然要求；保持刑事诉讼程序与制度逻辑相容性的现实需要；防范认罪认罚从宽制度可能带来的诉讼风险的必由途径。在认罪认罚从宽制度中，如果不能妥善处理被害人合法权利保护的问题，将可能带来相应的诉讼风险，甚至会导致严重的社会问题。

现有关于认罪认罚从宽制度中被害人权利保护的理论准备略显不足。学者们普遍认识到刑事诉讼中的认罪认罚从宽制度本身会对被害人的合法权益造成一些影响，但由于该制度目前仍处于试点阶段，当下最为核心的要务是使该制度能够在实践中真正运行起来，并发挥其应有的功能和作用。[1]

三、被害人权益保障的基本内容

在认罪认罚案件中，被害人的实体与程序权益有待逐一确认和实现。其中，是否全程参与还是有限参与是首要问题，同时需要明确权益的主要内容。

（一）不同诉讼阶段的参与程度

按照《试点办法》的规定，侦查阶段、审查起诉阶段、审判阶段是认罪认罚从宽制度适用的三个主要阶段。但问题在于：一是当前理论上对侦查阶段适用认罪认罚从宽制度仍存在一定的分歧，使被害人权益在侦查阶段的具体保护有待明确；二是在不同的诉讼阶段，被害人的参与程度是否应当有差

---

〔1〕 刘少军："认罪认罚从宽制度中的被害人权利保护研究"，载《中国刑事法杂志》2017 年第 3 期。

异，试点城市也在观望和摸索中；三是如果允许被害人全程参与，无疑有助于维护诉讼权益，但对诉讼效率的提升会产生显而易见的负效果。因而，应首先解决被害人的参与程度问题。

1. 侦查阶段的限制参与

对于侦查阶段适用认罪认罚从宽制度的，不乏持否定立场的，理由主要是与侦查阶段的全面调查取证职能相冲突、易诱发非自愿性认罪认罚等。[1] 但是，按照《试点办法》的规定，公安机关依法适用认罪认罚从宽程序。在侦查阶段，既然公安机关可以适用认罪认罚从宽制度，则被害人的权益保障问题也随之产生。

从程序正义看，应当允许被害人参与。但是，在侦查阶段认罪认罚的，基于侦查权的属性、侦查机关全面调查取证的任务以及为了防止案件信息泄露等理由，不宜让被害人直接参与进来，也不应允许其对案件事实、证据等发表意见。否则，既不利于彻底查清案件事实，也不利于收集无罪的证据材料，更容易破坏侦查权与检察权、审判权的配合与制约关系。因此，在侦查阶段，认罪认罚是被追诉者的单方面行为，是否真实有效仍需进一步依法审查确定。被害人的身份仍处在相对不确定状态，被害人的陈述可以作为证据材料，应以"案外人"的角色对待被害人，被害人权益也有待最终依法确认，一般不宜实质参与认罪认罚从宽程序的进程。而且，侦查机关根据案件调查的进展和掌握的证据材料，可以在事实清楚、证据确实充分的前提下，依法推进犯罪嫌疑人主动赔偿、请求被害人谅解、愿意达成谅解协议等内容。

2. 审查起诉阶段的重要参与

在审查起诉阶段，被害人的身份相对更确定，被害人权益也得到基本确认，被害人作为法定的诉讼当事人，有权在审查起诉过程中依法维护合法的权益。而且，在自愿认罪认罚的前提下，审查起诉阶段涉及控辩之间的协商环节，控辩协商的核心内容是量刑，量刑是否公正直接影响到被害人的满意度。同时，按照《试点办法》的规定，检察机关在提出量刑建议时，应当积极劝导犯罪嫌疑人、被告人通过赔偿损失等方式谋求被害人的谅解，达成谅解协议，为量刑协商奠定基础。由此，控辩协商客观上影响被害人的核心利益，尽管控辩双方是主导力量，被害人也应作为"独立的第三人"，被赋予相

---

〔1〕 陈卫东："认罪认罚从宽制度研究"，载《中国法学》2016年第2期。

应的请求权限，督促量刑的公正实现。但被害人参与应有限度，不能直接干预程序。

3. 审判阶段的有限参与

按照以审判为中心的诉讼制度改革部署，遵循庭审实质化的要求，立足于认罪认罚从宽制度的程序从简与程序分流意义，认罪认罚从宽案件的庭审程序明显简化。因为审前程序发挥重要的作用，使对认罪认罚的自愿性、量刑建议的一致达成等关键问题的审查，无需耗费普通程序的资源配置，进而，被害人参与的必要性明显下降。但此举客观上容易忽视被害人的权益保护，若用之不当，可能成为认罪认罚从宽程序保护被害人权益的实践盲区。

4. 全程参与的逻辑悖论

在侦查阶段、审查起诉阶段和审判阶段，被害人的权益呈现为变动状态。相应地，为了充分保障被害人的诉讼权益，其参与的权限与幅度应有所差异。基于此，被害人全程参与及其试点做法值得商榷。而且，过于繁琐的程序安排其实并不必然利于实现效率，而迟来的正义也未必就是真正的正义。在认罪认罚从宽案件中，犯罪嫌疑人、被告人的诉讼地位确实得到明显的提升，而被害人的诉讼地位相比之下被无形中弱化。由此，允许被害人全程参与认罪认罚从宽程序似乎具有可行性，可以弥补制度本身的薄弱环节。然而，也可能在一定程度上与诉讼原理及其规定不符，背离认罪认罚从宽制度的本质及其运行规律，在实践中甚至可能极大地压制犯罪嫌疑人、被告人自愿认罪认罚的意愿，增加控辩协商的外部不确定性因素，甚至引发被害人"坐地要价"等极端情形。基于此，不宜提倡被害人全程参与认罪认罚从宽程序。

（二）被害人权利的逻辑本体

在认罪认罚从宽程序中，被害人参与的内容与侧重在不同阶段有所差异。

1. 被害人参与的基本范围

认罪认罚从宽制度是一项综合性、一体性的刑事诉讼改革举措，既包括实体法意义，也包括程序法意义。在保护被害人的诉讼权益时，也应兼顾实体权益与程序权益。简言之：（1）实体方面。包括是否接受犯罪嫌疑人、被告人积极赔偿、赔礼道歉等认罪认罚的具体举动；是否自愿谅解犯罪嫌疑人、被告人，是否同意达成谅解协议；对控辩双方之间的量刑协商建议是否认可，是否认同犯罪嫌疑人签署具结书及其法律效力；对《刑事诉讼法》规定的不立案决定、撤销案件决定、不起诉决定，以及《试点办法》规定的公安机关撤销特殊案件、检察机关对特殊案件的不起诉决定等，是否认同或提出申诉、自诉；对其他问题发表意见的权利。同时，被害人及其诉讼代理人、法定代理人、近亲属，可以提出书面意见，并应当予以附卷。公安司法机关审查案件时应当主动听取被害人及其诉讼代理人的意见，允许其提出异议，并记录在案等。（2）程序方面。包括是否可以建议适用认罪认罚从宽程序，以及主张适用普通诉讼程序；是否可以要求检察机关履行立案监督的职责；是否可以要求检察机关依法抗诉；是否可以请求检察机关依法行使审判监督职责等。

2. 控辩协商是参与重点

在认罪认罚从宽程序中，被害人合理参与控辩协商环节是重点，事关整个诉讼程序的顺利进行和诉讼结果。如果完全剥夺被害人对认罪协商过程及结果的参与权、意思表达权，被害人很有可能因不满而上访、申诉，与认罪认罚从宽制度的初衷相背离。当然，个案如何把握参与限度，需要通过试点探索予以验证和固化。比如，在认罪认罚从宽制度中，对控辩双方进行的协商过程，应当允许被害人的诉讼参与和意思表达。在法庭审理量刑问题时，应允许被害方事先获悉公诉方的量刑建议，并给予被害方当庭对量刑建议发表意见的机会。应允许被害方提出新的量刑情节，尤其是对被告人给自己所造成的侵害行为、侵害后果以及由此所带来的精神创伤等问题发表意见，并对公诉方的量刑建议提出异议。[1]法庭应在充分听取被害方量刑意见的基础上，形成最终的量刑结论。但是，如果被害人坚决不同意量刑意见，坚决反对谅解和达成谅解协议等，此时是否可以继续进行认罪认罚从宽程序，仍有待试点期间予以解决。目前从被害人诉讼地位的相对性看，被害人不宜直接影响认罪认罚从宽程序的启动与终止。

但是，有观点认为，被害人在协商问题上的地位应处于主导地位。[2]应当强调的是，认罪认罚从宽制度的核心内容是，基于自愿认罪认罚而形成的从宽内容，在这个协商机制中，对于认罪与认罚问题，只要是被追诉者自愿

---

〔1〕　陈瑞华："'认罪认罚从宽'改革的理论反思——基于刑事速裁程序运行经验的考察"，载《当代法学》2016年第4期。

〔2〕　刘少军："认罪认罚从宽制度中的被害人权利保护研究"，载《中国刑事法杂志》2017年第3期。

作出的，原则上被害人无权反对，但可以充分参与、知情。同时，对于从宽问题，被害人原则上不宜直接参与协商的具体过程，既不宜直接提出从宽的意见，也不宜对从宽的具体结果作出实质的影响，否则，对被追诉者而言是不公平的。应当充分保障的是被害人的知情权、参与权、发表意见权、申诉权等。

具体而言：（1）被害人在认罪环节应当居于主导地位。犯罪嫌疑人、被告人认罪与悔罪是适用认罪认罚从宽制度的前提条件。在犯罪嫌疑人、被告人是否真的认罪与悔罪的问题上，被害人的发言权是毋庸置疑的。一般情况下，只要犯罪嫌疑人、被告人能够向被害人真正认罪悔罪，其也会向公安司法机关作出相同的意思表示，毕竟后者对其掌握着"生杀予夺"大权。同时，被害人在认罪环节中居于主导地位，也有利于被害人愤懑情绪的发泄，有利于其心理创伤的修复。（2）被害人在认罚、从宽环节应当居于辅助地位。《试点办法》对"认罚"概念的界定为"同意量刑建议"，而量刑建议是检察机关的法定权限，从宽也是认罪认罚从宽制度设计时赋予公安司法机关的权力，被害人并无此项权限。被害人如若在认罚、从宽环节居于主导地位，必然会导致犯罪处理被"私有化"，增加被害人任意提高赔偿价码的风险，出现犯罪嫌疑人、被告人"拿钱买刑"的不公正情况。被害人如若在认罚、从宽环节居于主导地位，将会严重混淆公诉和自诉的界限，导致整个刑事公诉程序的倒退。

（三）基本权利体系

在认罪认罚从宽协商诉讼程序中，为了保障被害人的合法权益，应当保障其相应的诉讼权利，保证程序正义原则的贯彻落实，不让司法正义受到影响。

1. 知情权

知情权主要是指被害人具有了解认罪认罚案件的程序进展与犯罪嫌疑人、被告人基本信息的权利。知情权是被害人行使其他诉讼权利的前提与基础。所谓认罪认罚案件的程序进展主要是指案件本身是否属于适用认罪认罚从宽处理程序的范围，案件通过此程序予以处理的进展状况以及该案件最终通过认罪认罚从宽程序处理的结论等。其中既包括认罪认罚案件的程序信息，也包括从宽处理的实体信息。而对犯罪嫌疑人、被告人的知情权则是指被害人应当有对犯罪嫌疑人、被告人基本情况知悉的权利，包括犯罪嫌疑人、被告人是否为未成年人或者尚未完全丧失辨认或者控制自己行为能力的精神病人；犯罪嫌疑人、被告人向公安司法机关认罪、认罚的情况；犯罪嫌疑人、被告人涉嫌的罪名及可能判处的刑罚等。为了保障被害人在认罪认罚从宽案件中的知情权，公安司法机关应当在认罪认罚从宽的重要节点上给予被害人行使上述权利的程序空间，即将犯罪嫌疑人、被告人的基本情况与案件的最新发展向被害人及其代理人予以告知，并形成书面化的文字材料，让被害人或其代理人签字，以示履行了告知义务。赋予被害人对认罪认罚从宽案件的知情权本身不是目的，而是为了使被害人更清楚地从自身利益出发审视认罪认罚从宽处理程序的正确与否，并最大限度地参与认罪认罚从宽的处理程序，维护自身的合法权益。同时，为了保障被害人知情权的规定得以遵守和实施，应建立责任追究制度，如规定侦控机关违背告知义务，对责任人员依法给予降级、撤职、开除等行政处分；构成犯罪的，依法追究刑事责任。

2. 发表意见权

采用认罪认罚从宽制度是为了公正与效率的统一，它不仅对被告人从宽处罚，同时也要考虑被害人的权益。通过被告人能够积极主动赔偿被害人的经济损失，可以使被害人及时获得赔偿，能够有效地化解社会矛盾。同时，法院在量刑时应充分考虑被害人的意见，要听取被害人及其诉讼代理人的意见。[1]

在我国，被害人对认罪认罚从宽案件发表意见的权利应当包括以下方面：一是对是否适用认罪认罚从宽程序发表意见的权利。从利益主体的角度来说，被害人也应当享有是否适用认罪认罚从宽程序的选择权，其既可以同意也可以反对适用认罪认罚从宽程序。尽管最终能否适用认罪认罚从宽程序由公安司法机关根据案件整体情况予以综合考量，但作为对被害人在认罪认罚从宽程序中程序运作主体地位的体现，对适用程序本身发表意见的权利不仅是重要的，更是必要的。而且，司法实践中未必一定会出现被害人反对适用认罪认罚从宽程序的情形。如果被害人也同意适用该程序，则更增强了适用认罪认罚从宽程序的正当性基础。

尽管在办理认罪认罚案件过程中，应建立被害人利益表达和协调机制，

---

[1] 曲宏："庭审提速被害人得到及时赔偿"，载《辽宁日报》2017年3月23日，第9版。

但同时要防止被被害人意志裹挟，严防出现"漫天要价"的现象。[1]

3. 对犯罪嫌疑人、被告人是否认罪、悔罪发表意见的权利

是否自愿作出认罪认罚，完全是犯罪嫌疑人、被告人自主决定的事项，任何人都不得干预。但是由于犯罪嫌疑人、被告人自愿认罪认罚会对被害人或其家属产生非常直接的利害关系，为了体现程序正义，可以让被害人行使发表意见的权利，既是为了增加司法协商的深度，也是为了增加结果的可接受性。

在具体操作上，可以考虑为被害人与犯罪嫌疑人、被告人之间的交流提供必要的程序空间。如此一来，可以方便犯罪嫌疑人、被告人与被害人达成和解协议、赔偿被害人损失，取得被害人谅解；而且，也便于被害人充分了解犯罪嫌疑人、被告人认罪、悔罪的真实性。在此基础上，被害人在得到通知或申请允许的情况下，可以在公安司法机关面前就犯罪嫌疑人、被告人认罪悔罪问题发表意见。公安司法机关应当将被害人的意见形成书面材料，附卷以备审查。同时，也可以赋予公安司法机关对犯罪嫌疑人、被告人如何从宽处理发表意见的权利。这种对犯罪嫌疑人、被告人从宽处理发表意见的权利集中体现在被害人的量刑建议上。不过，被害人对犯罪嫌疑人、被告人以及办案机关发表的意见，仅有参考意义，主要起到外部监督的作用，原则上不能对量刑协商等问题形成实质的影响。

4. 提出异议权

在认罪认罚从宽案件中，被害人可能会提出异议的情形主要有三处：第一是在公安司法机关决定对犯罪嫌疑人、被告人适用认罪认罚从宽程序时，被害人如果认为犯罪嫌疑人、被告人不具备适用该程序的前提条件，即自愿如实供述罪行，其认罪仅仅是为了获得从宽的处理结果，而非真正认罪的，被害人可以对公安司法机关的程序决定提出异议，表达不满。第二是对公安司法机关对犯罪嫌疑人、被告人作出从宽处理的具体决定，包括侦查机关的撤销案件、检察机关的不起诉以及人民法院的从轻量刑决定，被害人认为与案件情况不符可提出异议。第三则是对整个认罪认罚从宽程序运行本身的正当性，如对撤销案件未经过法定程序、犯罪嫌疑人未签署具结书等提出异议。

---

[1] 苏素专、洪文海："认罪认罚从宽制度下被害人参与的实证考察"，载《福建法学》2017年第4期。

对上述三种情况提出异议，可以为潜存于被害人心中关于对适用认罪认罚从宽程序的不满提供一个释放的空间，缓解其与犯罪嫌疑人、被告人之间的紧张关系，最大限度地发挥认罪认罚从宽程序的功能和作用。同时，规定公安司法机关应当审视异议存在的正确性与合理性，对所提异议须回应与解答，并说明理由。对于异议有理的，重新考虑适用程序与作出实体处理结论，对于异议缺乏合理性根据的进行说明，为被害人进一步接受认罪认罚从宽的程序与实体处理奠定基础。实际上，被害人对认罪认罚从宽程序与结论提出异议的权利也是对公安司法机关行使权力进行有效监督制约的一种方式。

四、被害人权益的具体实现

在试点期间，应当着力保障被害人自愿作出谅解、围绕量刑协商提出意见、对不立案决定与不起诉决定的申诉权、依法提起自诉的权利等方面的权益。

（一）被害人自愿作出谅解的保障

按照《试点办法》第 7 条的规定，办理认罪认罚案件，应当将犯罪嫌疑人、被告人是否与被害人达成和解协议或者赔偿被害人损失，取得被害人谅解，作为量刑的重要考虑因素。从中可知，被害人自愿谅解是"从宽"的重要考虑因素，也间接说明认罪认罚的真实性、有效性以及合理性等内容。最高人民法院、最高人民检察院《关于在部分地区开展刑事案件认罪认罚从宽制度试点工作情况的中期报告》指出，应当确保当事人权利得到有效保障，促进司法公正。具体地讲，强化犯罪嫌疑人、被告人的诉讼主体地位，保障其获得公正、及时审判的权利。认真听取被害人及其代理人意见，并将是否达成和解协议或者赔偿被害人损失、取得谅解，作为量刑的重要考虑因素，切实保障被害人合法权益。试点法院审结的侵犯公民人身权利案件中，达成和解谅解的占 39.6%。[1]

1. 自愿性

与被追诉者自愿认罪认罚一样，被害人谅解应当是自愿作出的，而不能

---

〔1〕 周强："关于在部分地区开展刑事案件认罪认罚从宽制度试点工作情况的中期报告——2017年 12 月 23 日在第十二届全国人民代表大会常务委员会第三十一次会议上"，载《人民法院报》2017年 12 月 24 日，第 1 版。

是因被强迫、胁迫、欺骗或引诱等非法方式作出谅解。为了更充分地确保被害人的合法权益，应当重点考察被害人谅解的自愿性。在程序上可以采取以下措施：（1）必要的参与权。在必要时，应当允许被害人参与认罪认罚从宽过程，尤其应允许被害人可以有效观察被追诉者的认罪认罚表现，通过动态了解和必要参与，为是否作出谅解提供必要的客观事实基础。（2）确认犯罪嫌疑人、被告人认罪认罚是真实自愿。如果被追诉者基于各种主客观因素，在认罪认罚的自愿性、主动性、真挚性等方面有所折损，则直接影响被害人谅解的对等性基础是否成立。只有被害人、被告人双方基于友好地恢复被破坏的社会关系的目的，诚挚地在法律范围内达成和解，才符合《试点办法》第7条规定的情形。（3）在审查起诉阶段，被害人可以在法定情况下撤回谅解。一般而言，自愿认罪认罚的，往往在逻辑上可以促进被害人同步作出谅解。如果被追诉者撤回认罪认罚的，被害人也可以撤回谅解。如果被害人认为作出谅解后，被追诉者与检察机关的量刑协商意见明显不公的，也可以撤回谅解，并由人民法院最终决定如何处置。（4）在审判阶段，如果进入庭审阶段，被害人提出撤回谅解，但缺乏充足理由的，一般不予以准许。如果法院已经作出判决的，则不准许撤回谅解。判决已经生效，被害人如果有证据证明案件存在明显不公的，可以启动审判监督程序，但不允许撤回谅解。

2. 有效性

在刑事速裁程序中，被害人的谅解与否，成为程序启动的决定性因素，形成程序适用的制约。但实际上，对是否适用认罪认罚从宽制度，拥有决定权的应当是检察机关、法院以及被告人，体现了国家对破坏社会秩序的被告人的追诉和惩罚，体现了制度层面上的公平正义。如果被害人拥有决定权，那么被害人就对被告人处分权利和量刑产生决定性作用，被害人的意志或者情感会实际代替公平正义。因此，被害人的谅解不应作为制度适用的决定因素。但被害人应当参与到公诉机关与被告人量刑协商以及法院审查相关情况的过程中，并提出自己的意见。这样能够对整个协商过程起到第三者监督的作用，并使检察机关和法院能够全面了解案情和被害人的诉求。[1]

从形式上看，被害人谅解，是以犯罪嫌疑人、被告人达成和解协议或者赔偿被害人损失为集中表现的。但其实不然，简单地讲：（1）仅在物质层面

---

〔1〕 王平："认罪认罚从宽制度的实践思考"，载《人民法院报》2017年2月12日，第8版。

作出赔偿损失或达成和解协议的，可能遮蔽非物质内容，如赔礼道歉等方式。否则，被害人谅解的基础显得过于"庸俗化"，在实践中可能助长"赔偿了就可以谅解"的简单化思维，甚至引发犯罪嫌疑人、被告人"为了谅解而赔偿"的投机心理，背离认罪认罚的真实性、真挚性等要求。（2）犯罪嫌疑人、被告人达成和解协议或赔偿被害人损失的，与被害人是否作出谅解，应保持内在的一致性，并符合罪责刑相适应原则。（3）案件事实清楚、证据确实充分是被害人谅解的合法性前提。如果案件本身事实不清、证据不足，即使被害人谅解，被追诉者认罪认罚，也不能强行适用认罪认罚从宽程序。否则，违背认罪认罚从宽案件适用的基本条件。

3. 合理性

在实践中，被害人谅解应当具有合理性。主要为：（1）被害人谅解应在合乎常情、情理和法理的范围内，反对漫天要价的情形。由于被害人谅解对量刑具有直接的作用，因而，不排除部分被害人及其家属"坐地起价"，甚至以此提出超越法律的不合理要求。如果被追诉者被迫接受"隐性交易"，被害人作出的谅解也不合理。（2）被害人原则上不能采取过度违背法治原则的谅解，导致"从宽幅度"过大，形成"事实上的私了"，更不能越俎代庖，以谅解的方式间接取代检察机关的审查起诉权和人民法院的审判权。被害人的谅解必须合法，除非属于极其特殊的情形，不得影响是否作出起诉、是否作出有罪判决。（3）被害人谅解的合理限制。将被害人的谅解作为适用认罪认罚从宽制度的考虑因素，一定程度上有利于维护被害人的合法权益，可以取得较好的办案效果，但不作限制，则可能走向极端，甚至对认罪认罚从宽程序及其简化形成一票否决的作用，无疑与制度初衷相悖。很显然的是，认罪认罚从宽协商的核心是控辩双方，并以自愿认罪认罚为前提。因此，过分强调被害人的谅解之作用，可能适得其反，如被害人一方"漫天要价"，最终降低认罪认罚从宽制度的适用率，也会导致案件结果显失公平。因此，必须合理设定被害人对认罪认罚从宽制度的影响边界和路径，妥当地对利益进行平衡。在决定是否适用刑事速裁或其他简化程序的重大问题上时，不应考虑被害人的意见；在刑罚适用与量刑从宽的核心问题上，应拒绝被害人绑架司法的行为。只要符合适用认罪认罚从宽制度的条件的，即使没有取得被害人谅解，也可按照认罪认罚从宽制度对犯罪嫌疑人、被告人进行从宽处理，但从宽幅度应小于取得被害人谅解的案件。[1]（4）杜绝"花钱买刑"。适用认罪认罚从宽制度如何避免"花钱买刑"，是试点工作不可回避的一个重要问题。例如，根据《沈阳市法院推进刑事案件认罪认罚从宽制度试点工作的意见（试行）》（2016年10月）、库县人民法院与县人民检察院、公安局、司法局联合出台《关于建立轻微刑事案件认罪认罚从宽处理机制的意见（试行）》及《刑事案件认罪认罚从宽制度操作规程（试行）》等地方试点的探索，认罪认罚从宽制度是依法可以从宽，不是一定从宽，而且要考虑到被害人的意见。对于一些严重暴力、破坏社会秩序等犯罪，要本着严厉打击的政策，当宽则宽、当严则严、宽严相济。[2]

4. 被害人过错问题

被害人过错对量刑的影响已是各方的共识，具有相应的犯罪学、刑事政策学以及自然法哲学、道义伦理等方面的依据；同时，各方关于被害人过错对定罪是否有影响及其程度也争执不一，尽管如此，被害人过错是刑事诉讼的常见辩护理由。更重要的是，从技术操作与规范化看，由于被害人过错及其程度客观上影响定罪量刑活动，但被害人过错的司法认定规则仍不尽人意。在认罪认罚从宽案件中，不排除出现被害人过错问题。当被追诉者在认罪认罚的基础上提出被害人存在过错，不仅对控辩双方的量刑协商产生直接影响，也对被害人的权益保护产生影响。被害人主动基于自身过错予以谅解，无疑是最理想的状态，应得到检察机关的充分肯定。被追诉者提出被害人存在过错并作为量刑理由的，检察机关应当依法进行审查，并应当听取被害人的意见，综合作出判断。

5. 典型案例

这里，介绍几个实践中的案件，还原试点中的通行做法，并讨论其合理性。（1）案例一：兄弟阋墙，法院调解化纠纷。2017年5月，莱西法院审理了一起故意伤害罪案件。严宝与严琦（均为化名）是兄弟俩，严琦因哥哥严宝不履行赡养义务，与其发生争执，一时冲动，将哥哥严宝打致九级伤残。当得知哥哥严宝的伤势后，严琦后悔不已，表示将积极赔偿。在案件审理期间，法官积极调解，修复两兄弟的感情。最终，经莱西法院判决，被告人严

---

〔1〕 秦宗文："认罪认罚从宽制度实施疑难问题研究"，载《中国刑事法杂志》2017年第3期。

〔2〕 韩宇："设最高30%从宽标准防'花钱买刑'"，载《法制日报》2017年5月6日，第3版。

琦犯故意伤害罪，判处有期徒刑 1 年，缓刑 2 年，赔偿被害人各项经济损失 5.5 万元。（2）案例二：打伤堂妹赔礼道歉获轻判。被告人王某从小由其爷爷抚养长大，与爷爷关系非常好，因怀疑爷爷生病期间二叔二婶照顾不周，王某与二叔一家发生争执。期间，王某用拳头将其堂妹王小某面部打伤，经法医鉴定，王小某身体损伤构成轻伤二级。事发后，王某主动向其堂妹赔礼道歉，并赔偿损失 15 万元，取得了王小某的谅解。被告人王某在律师的见证下，签署了认罪认罚具结书，公诉机关针对被告人犯罪情节轻微、积极赔偿被害人损失并取得谅解、认罪认罚等情节，提出了免予刑事处罚的量刑建议。（3）案例三：酿惨剧，肇事司机悔罪赔偿。2016 年 8 月 28 日，被告人张某驾驶重型罐式半挂车在青岛市城阳区某处将驾驶二轮电动自行车正常行驶的李某撞倒后碾轧，李某经抢救无效于当日死亡。经现场勘查及调查，张某承担事故的全部责任。张某主动报案并在现场等候处理，到案后如实供述了交通肇事的犯罪事实。2017 年 3 月 21 日，青岛市城阳区人民检察院以交通肇事罪将被告人张某诉至城阳区人民法院。根据《认罪认罚刑事案件从宽快速办理机制实施细则》规定，办理认罪认罚案件，应当保障被害人的合法权益，听取被害人的意见，并将被告人是否与被害人达成协议、是否赔偿损失、是否取得谅解作为量刑的重要考虑因素。承办法官联系被害人家属，听取其赔偿要求。开始被害人家属提出了较大数额的赔偿要求，而被告人表示其无力支付。事故造成被害人死亡，其家属理应获得赔偿，但被告人系一般打工者，确实无力支付高额的赔偿金。经过 20 余天的调解工作，双方均在赔偿问题上让步，并达成赔偿谅解协议。2017 年 5 月 3 日，城阳区人民法院适用一审认罪认罚简易程序公开开庭审理本案，法庭综合考量被告人的犯罪情节、认罪悔罪态度、赔偿谅解情况等因素评议后当庭作出判决，以交通肇事罪判处被告人张某有期徒刑 10 个月，缓刑 1 年。

从上述典型做法可以看出，对于被害人的权益保障问题，主要采取动态平衡的立场，既重视被害人的利益及其意见，也防止被害人地位与身份的过度延伸并妨碍认罪认罚从宽制度的顺利进行，在基于民事赔偿的谅解问题上亦是如此。

（二）被害人有效参与量刑协商及其途径

在认罪认罚的前提下，量刑协商成为认罪认罚从宽程序的重要内容，由此，被害人合理参与量刑协商活动是其权益实现的重要部分。

1. 被害人参与量刑协商

从刑事和解、刑事速裁程序等试点经验看，被害人对民事赔偿问题的合理诉求往往处在很重要的位置，对和解协议的达成、刑事速裁程序的推进均具有直接的决定作用。从认罪认罚从宽制度的制度背景与适用条件看，被害人的意见，尤其是否自愿谅解，直接影响从宽的幅度，[1]也是程序得以依法启动的重要先决条件。其中，量刑协商是被害人参与的重点，也是被害人意见可以发挥最大作用的环节。为此，检察机关在制定量刑建议时，应当将被告人对被害人及其家属的赔偿情况充分考虑在内；法院应当尽量解决被害人的民事赔偿问题，犯罪嫌疑人、被告人认罪认罚但没有赔礼道歉、退赃退赔、赔偿损失的，未能与被害人达成调解或和解协议的，其从宽的幅度应有所差异。换言之，人民法院、人民检察院和公安机关办理认罪认罚案件，应当将被告人与被害人是否达成谅解协议作为量刑的重要考量因素，将被害人的受损利益获得弥补作为认定被告人认罚、积极退赃退赔的合理条件之一，将被害人获得赔偿的程度与被告人可能获得的从宽幅度直接挂钩，调动被告人积极赔偿被害人损失的主动性。

可以参与量刑是前提，关键是参与形式、程度与合理性，而不破坏量刑协商的正常进行，同时可以起到外部监督的积极作用。被害人虽然不是量刑协商程序的直接参与者，也不是程序进行与结果的决定者，但却是直接的利害相关者。从程序正义的基本原理看，应当充分让利害相关者心平气和地交流与对话，促使纠纷得到有效解决。[2]因而，参与量刑协商，就是对被害人权益的程序保障，也是一种程序救济方式。尽管被害人可以参与量刑协商，但仍有几个问题需要明确：一是全程参与量刑协商过程或对量刑意见发表看法为主。二是可以随时独立参与或以检察机关的邀请参与为主。三是以与量刑协商无利害关系的第三人参与或以直接与量刑协商有利害关系的第三人参与。这都指向被害人在整个认罪认罚从宽程序中的地位问题。原则上讲，鉴于认罪认罚从宽制度的本意，被害人不宜全程参与，应以检察机关邀请参与

---

〔1〕 姬广胜："认罪认罚从宽制度：从'零乱'实践到整体完善的转型"，载《人民法治》2017年第1期。

〔2〕 季卫东："法律程序的形式性与实质性——以对程序理论的批判和批判理论的程序化为线索"，载《北京大学学报（哲学社会科学版）》2006年第1期。

为主、自发参与为辅更妥，且不宜作为有独立请求权的第三人参与更妥。尽管参与权受限，但不能忽视参与的有效性，如果被害人虽然参与，但与被追诉者并无"诉讼合意"，参与的效果必然不理想，检察机关的协商机制也缺乏相应的基础。从《试点办法》第 7 条看，办理认罪认罚案件，应当将犯罪嫌疑人、被告人是否与被害人达成和解协议或者赔偿被害人损失、取得被害人谅解，作为量刑的重要考虑因素。据此，在被害人参与量刑程序中，往往可以将加害方主动悔过与被害人自愿谅解作为核心内容，印证被害人参与的有效性。

2. 被害人参与量刑协商的方式

《试点办法》并未明确被害人如何参与量刑协商，包括具体的方式和程度等。目前，各地试点处在摸索的起步阶段，无形中遮蔽一些新出现的问题。从人权保障的角度看，被害人参与量刑协商，应注意以下几点：（1）以相对独立的第三人身份还是相对依附于检察机关的身份参与量刑协商。被害人作为法定的诉讼当事人，在认罪认罚从宽案件中的身份具有一定的变动性。一般而言，如果被告人与被害人双方自愿达成和解协议或有主动赔偿经济损失、赔礼道歉等情形的，被害人与被追诉者、检察机关之间的诉求共识更高，被害人参与案件的范围可以有所扩大，对量刑建议的作用可以相对提高。毕竟被害人自愿谅解客观上会左右量刑协商的前提，也将成为审判阶段的重要考察对象。如果被害人不表示谅解的，检察机关应当充分听取被害人的意见，对涉及被害人重大利益的事项，应当单独通知并听取意见，同时履行审查起诉与检察监督的职能，努力实现被害人、被告人双方对量刑建议的可接受性达到一致。（2）是否必须以自愿谅解为参与量刑协商的法定前提。被害人自愿谅解的，允许其参与量刑协商是理所当然，只是对量刑的作用大小存在分歧。但是，如果被害人并未自愿作出谅解，也并不直接反对控辩双方进行量刑协商，是否准许参与以及程度问题，是试点探索期间需要解决的。总体看来，应当允许被害人参与，但考虑到被害人、被告人双方的敌对性或逆反心态，原则上应控制参与幅度，以相对附属于检察机关的身份参与为妥。在充分保障知情权的基础上，检察机关履行必要的通知义务为妥。（3）是否可以在场参与还是书面参与。从有效参与的效果看，被害人在场参与，可以通过口头方式表达意见，也可以强化外部的监督效果。然而，如果被害人在场参与，则容易在控辩协商之间植入"明显强大"的第三方力量。不仅间接壮大控方力量，也可能引发被害人不当干扰控方的嫌疑，对被追诉者相对而言不公平。基于此，从控辩双方为主的量刑协商机制看，被害人的参与方式应以书面为主，以现场参与为辅，更有利于隔绝被害人、被告人双方的直接利益冲突，为控辩双方的协商提供更理性、平等且中立的环境。（4）是否可以与被追诉者直接协商量刑问题。《试点办法》并未明确禁止被害人与被追诉者的直接沟通或协商，毕竟在达成刑事和解时不可避免。然而，对于量刑协商问题，被害人原则上不可以与被追诉者沟通或协商。按照《宪法》《刑事诉讼法》的规定，检察机关负责审查起诉，任何机关和个人不得干预。如果允许被害人、被告人双方交流，则可能出现"私了"的现象，将严重破坏司法公正和司法权威。

3. 量刑异议及其效果

按照《试点办法》的规定，被害人意见仅是适用认罪认罚从宽的因素而非法定的基本条件。对被害人不认同认罪认罚或不认同控辩双方的量刑协商及其量刑意见，进而不同意适用认罪认罚从宽程序的，应如何处理仍无定论。有观点认为，犯罪嫌疑人、被告人和被害人无法达成和解，公安司法机关仍然可以依照认罪认罚从宽制度作出从宽处理。[1]这其实涉及在控辩双方为主导的量刑协商中，被害人参与的程度究竟应该多大的问题。对此，试点探索应明确以下立场：（1）如果允许被害人全程参与并提出独立意见，则容易破坏控辩双方流畅地进行协商，甚至可能不断干扰或中断控辩双方的进程。既给激励被追诉者主动积极认罪认罚的运行机制增加外部的不确定性因素，也有可能使控辩双方的协商偏离"平等公正"的轨道，最终不利于提高诉讼效率。（2）如果严格限制被害人的参与，则可能导致检察机关完全主导量刑协商；而且，控辩双方的协商具有一定的内部性和封闭性，可能忽视被害人的利益，量刑意见可能存在有失公正之处，最终也不利于案件的顺利进行。权衡利弊后，被害人对量刑的异议不能直接决定程序是否进行，而应由其他主体启动相关程序。

4. 被害人的量刑建议权问题

随着被害人地位的提升，理论上逐渐认识到，应考虑赋予被害人具体的量刑建议权，审判机关应对被害人具体的量刑建议进行审查与回应。《刑事诉

---

[1] 陈光中："认罪认罚从宽制度实施问题研究"，载《法律适用》2016 年第 10 期。

讼法》（2018 年修正）第 198 条第 1 款规定："法庭审理过程中，对与定罪、量刑有关的事实、证据都应当进行调查、辩论。"这在一定程度上为被害人参与量刑并提出建议提供了相应的法理基础和规范依据。但在量刑规范化改革中，历次《最高人民法院关于常见犯罪的量刑指导意见》都未对被害人参与量刑作出明确规定，更遑论涉及被害人发表量刑建议权。被害人参与量刑的角色经由"当事人"到"量刑意见提出者"再到"和解协议达成者"及"调解协议协商者"的演变过程，至今尚未确立被害人量刑建议权，量刑建议仅处在"建议"而无"刚性"效力阶段。为此，不乏建议通过立法赋予被害人独立的量刑建议权，可以建议量刑合理变更、对量刑结论的自行上诉、申请抗诉与申诉再审机制。[1]但是，赋予被害人独立的量刑建议权，扩大被害人的量刑协商的主体地位、权限以及意见的作用，容易对认罪认罚从宽协商机制形成一定的负面冲击，对被追诉者参与控辩量刑协商形成"反制效应"。在认罪认罚从宽案件中，确立被害人量刑建议权仍应审慎推进，用之不当，既不利于整体上保护各方的利益，也容易牵制认罪认罚从宽程序的推进。不过，从目前试点的进展看，被害人在参与量刑协商时，并无独立建议的权限。[2]

　　对于被害人量刑参与权的实现，可以考虑借鉴和引入域外的被害人影响陈述制度（Victim Impact Statement）。所谓被害人影响陈述是指被害人就被告人的犯罪行为给自己在身体、经济、精神等方面造成的影响为发表个人对被告人的量刑意见而以书面或口头陈述形式向法庭所作的意思表达。从域外情况来看，被害人影响陈述通常被认为是被害人参与量刑的重要方式，属于重要的量刑证据之一。我国具有移植该制度的现实土壤，一方面将现有刑事规范进行简单解释与修补即可将该制度嵌入认罪认罚从宽程序中，另一方面刑事司法运行中粗陋的被害人影响陈述雏形已然存在。被害人影响陈述制度的建立将有利于法官全面而妥适地量刑，有利于被害人的权利保障与心理疏导，有利于被告人的认罪悔罪与改过自新。[3]

---

　　〔1〕　韩轶："论被害人量刑建议权的实现"，载《法学评论》2017 年第 1 期。

　　〔2〕　安海涛、张静．"厦门稳步推进认罪认罚从宽试点工作"，载《人民法院报》2017 年 7 月 1 日，第 4 版。

　　〔3〕　胡江洪、杨柳幸："如何从宽：刑事被害人在认罪认罚从宽制度中的量刑参与权研究——基于重新审视被害人地位的修正性叙述"，载《深化司法改革与行政审判实践研究（上）——全国法院第 28 届学术讨论会获奖论文集》，2017 年 5 月 15 日。

（三）被害人的申诉权行使

《试点办法》在《刑事诉讼法》相关规定的基础上，还规定了公安机关对特殊案件的撤销权限、检察机关对特殊案件的不起诉权限。这使被害人对不立案决定与不起诉决定的申诉成为被害人权益保障的又一重要内容。

1. 对不立案决定的申诉

《刑事诉讼法》（2018 年修正）第 113 条规定，被害人认为公安机关对应当立案侦查的案件而不立案侦查，向人民检察院提出的，人民检察院应当要求公安机关说明不立案的理由。人民检察院认为公安机关不立案理由不能成立的，应当通知公安机关立案，公安机关接到通知后应当立案。《人民检察院刑事诉讼规则》（2019 年）第 557 条第 1 款规定，被害人及其法定代理人、近亲属或者行政执法机关，认为公安机关对其控告或者移送的案件应当立案侦查而不立案侦查，或者当事人认为公安机关不应当立案而立案，向人民检察院提出的，人民检察院应当受理并进行审查。据此，被害人对公安机关不立案的决定，可以向检察机关提出申诉，请求检察机关启动立案监督程序。然而，我国侦查立法在一段时期内，并未设立被害人的有效参与机制，被害人在实践中也沦为刑事侦查的辅助手段，进而容易造成被害人对侦查主体的不信任，在实践中引发申诉、上访等情形。因而，鉴于被害人的诉讼地位仍处在相对偏弱的位置，为了确保认罪认罚从宽程序不过多地出现程序反转等问题，应当充分保障被害人行使申诉权及其效果，检察机关也应强化立案监督职能。

2. 对不起诉决定的申诉

按照《刑事诉讼法》（2018 年修正）第 180 条的规定，对于有被害人的案件，决定不起诉的，人民检察院应当将不起诉决定书送达被害人。被害人如果不服，可以自收到决定书后 7 日以内向上一级人民检察院申诉，请求提起公诉。人民检察院应当将复查决定告知被害人。对人民检察院维持不起诉决定的，被害人可以向人民法院起诉。被害人也可以不经申诉，直接向人民法院起诉。因此，对于不起诉决定的，被害人拥有知情权、申诉权和起诉权三个基本诉讼权利。其次，《试点办法》第 13 条规定："犯罪嫌疑人自愿如实供述涉嫌犯罪的事实，有重大立功或者案件涉及国家重大利益的，经最高人民检察院批准，人民检察院可以作出不起诉决定，也可以对涉嫌数罪中的一项或者多项提起公诉。具有法律规定不起诉情形的依照法律规定办理。"当出现第 13 条规定的情形时，被害人仍可以行使上诉权，不能因为案件特殊而限制行使或事实上不让行使。最后，根据《刑事诉讼法》（2018 年修正）第 282 条的规定，可以作出附条件不起诉。人民检察院作出附条件不起诉的决定以前，应当听取公安机关、被害人的意见。对附条件不起诉的决定，被害人不认可的，按照全国人民代表大会常务委员会《关于〈中华人民共和国刑事诉讼法〉第二百七十一条第二款的解释》的规定，只能向上一级人民检察院申诉。当然，为了避免程序反转现象，检察机关应当事前充分听取和征求被害人意见，从而尽量促成被害人的谅解。

3. 对法院生效判决的申诉

《刑事诉讼法》（2018 年修正）第 229 条规定，被害人及其法定代理人不服地方各级人民法院第一审的判决的，自收到判决书 5 日以内，有权请求人民检察院提出抗诉。《刑事诉讼法》（2018 年修正）第 252 条规定，当事人及其法定代理人、近亲属，对已经发生法律效力的判决、裁定，可以向人民法院或者人民检察院提出申诉。实际上，在刑事速裁程序试点期间，被害人及其法定代理人不服刑事速裁程序判决的，有合理和正当根据的，有权请求人民检察院提出抗诉。这对认罪认罚从宽制度具有一定的借鉴意义，被害人可以对已经生效的认罪认罚从宽案件的判决提出申诉。

4. 建立控告申诉案件的反向评查机制

对被告人不服法院生效的认罪认罚从宽处理的申诉案件、控告侵犯被告人诉讼权利的案件，对受害人反映强烈、赔偿未兑现，又按照认罪认罚从宽制度办理的案件，可以展开反向审查。如果属于"人情案""关系案"和"金钱案"的，应当纠正。在程序上，也不能继续适用认罪认罚从宽制度。

（四）被害人提起自诉的权利

提起自诉，是被害人自我维护诉讼权益的积极行动，实践中应充分保障。

1. 提起自诉权的意义

如果被害人不认同控辩双方协商而成的不起诉决定，是否可以依据《刑事诉讼法》（2018 年修正），向人民法院提起自诉是一个价值悖论问题。如果可以起诉，司法协商毫无意义；如果不可以起诉，又会侵犯被害人的起诉权。[1]其实，被害人对认罪认罚案件的处理结果不满意，提起自诉是其行使法定权利的体现，有助于监督认罪认罚从宽程序不偏离司法公正的轨道。《刑事诉讼法》（2018年修正）第210条规定，对于自诉案件，[2]被害人有权向人民法院直接起诉。同时，《刑事诉讼法》（2018年修正）第114条与《最高人民法院关于适用〈中华人民共和国刑事诉讼法〉的解释》的相关规定，符合法定情形的，法定代理人、近亲属告诉或者代为告诉的，人民法院应当依法受理。其中，对于是否应先申诉而后再起诉的顺序问题，有观点认为，如果上级检察机关维持不起诉决定或者在法定期限内不作出复查决定的，被害人穷尽申诉途径后，才可以向法院提出自诉请求。[3]但这在客观上限制了被害人自行提起诉讼的权利，甚至成为检察机关滥用权力的制度漏洞。在认罪认罚从宽程序中，对检察机关作出的不起诉决定的案件，被害人可以行使自诉权，而不以必然行使申诉权为前置行为。

2. 对撤销案件决定与不起诉决定提起自诉

关于办案机关作出的撤销案件决定与不起诉决定的案件，被害人是否可以提起自诉，大体而言：（1）《刑事诉讼法》（2018年修正）以及《公安机关办理刑事案件程序规定》（2012年修正）第185条规定，侦查机关作出撤销案件决定的，应告知犯罪嫌疑人、被害人或者其近亲属、法定代理人，并同时通知原批准逮捕的人民检察院。同时，《刑事诉讼法》（2018年修正）第210条第2项、第3项规定，被害人有证据证明的轻微刑事案件；或者被害人有证据证明对被告人侵犯自己人身、财产权利的行为应当依法追究刑事责任，而公安机关或者人民检察院不予追究被告人刑事责任的案件，属于自诉案件，可以提起自诉。因此，对于公安机关与检察机关作出的撤销案件决定的案件，被害人可以提起自诉；对认罪认罚的案件，被害人同样可以对其提起自诉。（2）《试点办法》第9条规定："犯罪嫌疑人自愿如实供述涉嫌犯罪的事实，有重大立功或者案件涉及国家重大利益，需要撤销案件的，办理案件的公安

---

[1] 王敏远："认罪认罚从宽制度疑难问题研究"，载《中国法学》2017年第1期。

[2] 《刑事诉讼法》（2018年修正）第210条规定，自诉案件包括下列案件：①告诉才处理的案件；②被害人有证据证明的轻微刑事案件；③被害人有证据证明对被告人侵犯自己人身、财产权利的行为应当依法追究刑事责任，而公安机关或者人民检察院不予追究被告人刑事责任的案件。

[3] 颜立钊："被害人不宜对不起诉决定直接提起自诉"，载《检察日报》2012年5月31日，第3版。

机关应当层报公安部，由公安部提请最高人民检察院批准。"对于该规定，理论上持相当慎重的看法，[1]但作为试验性司法活动，审慎地在试点期间启用并非不可。按照常理，被害人也可以提起自诉，但考虑到这类案件的特殊性与撤销决定的特定性，如果允许被害人一律都可以提起自诉，则第9条规定的适用意义将大打折扣，因而，试点中应适当限制适用。(3)《刑事诉讼法》（2018年修正）第180条规定，对于人民检察院维持不起诉决定的，被害人可以向人民法院起诉。被害人也可以不经申诉，直接向人民法院起诉。因而，被害人对《刑事诉讼法》规定的不起诉决定提起自诉，是法定的诉讼权利，也是保障其诉讼权益的重要方式。

3. 附条件不起诉的除外情形

目前，针对未成年人犯罪案件适用认罪认罚从宽制度已成为试点的主要内容之一，[2]进而，必然涉及附条件不起诉是否可以自诉的问题。全国人民代表大会常务委员会《关于〈中华人民共和国刑事诉讼法〉第二百七十一条第二款的解释》规定，人民检察院办理未成年人刑事案件，在作出附条件不起诉的决定以及考验期满作出不起诉的决定以前，应当听取被害人的意见。被害人对人民检察院对未成年犯罪嫌疑人作出的附条件不起诉的决定和不起诉的决定，可以向上一级人民检察院申诉，不适用《刑事诉讼法》（2018年修正）第180条关于被害人可以向人民法院起诉的规定。据此，对此类案件，被害人只能向检察机关申诉，而不能另行起诉，客观上剥夺了被害人的自诉权。显然，在保护未成年人罪犯权益与被害人权益的价值博弈问题上，立法者选择前者。毕竟如果不经过检察机关而直接向人民法院起诉，则直接严重影响检察机关作出的附条件不起诉决定的稳定性与公信力，无形中也会增加公诉权行使与被害人自诉权行使之间的摩擦，为此，设置申诉前置程序有其合理性。在认罪认罚从宽程序中，既应当充分肯定对未成年人犯罪案件适用的积极意义，但也要避免从宽处理的过度化与被害人权益保护的不当弱化。检察机关事前应充分听取被害人的意见，如果被害人事后继续申诉的，应当受理并进行审查，如果查证附条件不起诉决定明显不符合案件事实的，应当

---

〔1〕 陈光中："认罪认罚从宽制度实施问题研究"，载《法律适用》2016年第11期。

〔2〕 宋浼沙："从程序与实体角度推进认罪认罚从宽制度探索"，载《检察日报》2017年7月6日，第3版。

基于法律监督职能予以纠正。同时，人民法院应审慎地进行严格审查，对符合解释规定的情形的，应充分解答、释明，充分说明该项制度的初衷、不起诉决定附有的条件和期限，告知其公诉权并非完全处于舍弃状态。在附条件不起诉考验期及其结束后，根据《刑事诉讼法》（2018 年修正）第 284 条的规定，检察机关仍可提起公诉。

4. 有效行使自诉权的保障

相比于不认罪认罚案件，认罪认罚案件中的被害人寻求自诉作为保障权益方式的概率有所增加，但困难也随之变多。概言之：（1）自诉权的有效行使受限。被害人处在弱势地位，自行承担追诉责任，势必导致被害人只在迫不得已时才提起自诉；而且，往往很难获得胜诉，甚至在实践操作中导致自诉权流于形式。因此，对法律规定的自诉案件，不妨赋予被害人可以自由地选择自诉或主动寻求公诉方式，更充分地保障起诉权。有观点认为，应采取公诉与自诉并行的追诉机制，对于亲告罪，被害人及其他权利人不仅可以选择是否追诉，也可以选择通过公诉程序或是自诉程序来追诉。[1]实际上，《刑法修正案（九）》将《刑法》第 260 条第 3 款关于虐待罪的规定修改为"第一款罪，告诉的才处理，但被虐待的人没有能力告诉，或者因受到强制、威吓无法告诉的除外"。这种除外规定反映亲告罪与自诉权行使方式的变化，在被害人对亲告罪的自诉或公诉选择上，设定了"强制性公诉模式"的先例。（2）建立自诉权行使的帮助制度。从《刑事诉讼法》（2018 年修正）第 114 条、第 180 条与《刑法》第 98 条、第 260 条等规定看，被害人在行使自诉权时，需要且应当得到相应的诉讼帮助。在实践中，阻碍被害人提起自诉的情形，主要包括外力因素使不能告诉、外力因素使无法继续告诉、无法提供充足的证据使无法告诉三种类型。为此，应建立相应的帮助被害人提起自诉的辅助机制，具体包括：建立被害人失踪时告诉帮助制度，如由其家属等代为行使；完善被害人没有能力告诉或因受到强制、威吓无法告诉时的应对制度，检察机关应基于提起公诉与法律监督的职能，设置主动介入并支持自诉的机制；建立被害人无法提供证据时的告诉帮助制度，公安机关、检察机关和人民法院应主动行使职权调查证据，帮助实现追诉；应建立被害人告诉后受外力因素影响无法继续支持告诉的帮助制度，明确赋予被害人的法定代理人、

---

〔1〕 王一超："论'告诉才处理'案件的追诉形式"，载《环球法律评论》2014 年第 4 期。

近亲属帮助诉讼的权利。

5. 建立不起诉案件备案审查机制

《刑事诉讼法》（2018 年修正）第 177 条规定，"对于犯罪情节轻微，依照刑法规定不需要判处刑罚或者免除刑罚的，人民检察院可以作出不起诉决定"。对犯罪嫌疑人认罪认罚的案件，既然可以从宽处罚，只要符合刑事诉讼法关于可以不起诉的条件，更应不起诉。一些地方试点司法责任制改革将认罪认罚从宽制度中不起诉的权力授权给检察官，不起诉权有自由裁量的空间。一是公诉部门负责人要履行监督管理职责，加强流程监管；二是发挥案件管理部门的监管职责，实行不起诉案件的案管部门备案审查制度，加强案件专项质量评查，确保案件质量。

第八章

认罪认罚从宽制度与有效辩护

一、律师参与的现状及问题

在试点期间，基于认罪认罚从宽协商诉讼程序的特性，辩护律师的参与问题一直备受关注，也成为正义与效率能够保持良性互动关系的关键指标。但实际开展的情况并不理想，有效辩护的现实阻力较大。《刑事诉讼法》（2018 年修正）正式规定了值班律师制度后，律师参与的有效性问题进一步凸显。

（一）律师参与的政策导向与立法依据

《试点方案》要求完善法律援助制度，发挥好律师作用。《试点决定》明确规定，要保障犯罪嫌疑人、刑事被告人的辩护权和其他诉讼权利。《试点办法》对律师参与作出更具体的规定。其中，第 5 条对人民法院、人民检察院、公安机关以及法律援助机构确保相应的法律帮助与有效的辩护等作出原则性的规定。

2016 年 11 月，时任最高人民检察院副检察长孙谦在检察机关刑事案件认罪认罚从宽试点工作部署会议上再次强调，要尊重和保障律师依法执业，切实保障其会见权、阅卷权等合法权利，共同维护当事人合法权益，共同推进认罪认罚从宽制度的落实。这再次明确了贯彻落实人权保障与律师辩护的重要性。[1] 这表明从试点初期就已经开始着重强调律师辩护、法律帮助的重要性。

最高人民法院、最高人民检察院《关于在部分地区开展刑事案件认罪认罚从宽制度试点工作情况的中期报告》进一步强调，试点工作应强化权利保障，充分保障犯罪嫌疑人、被告人的辩护权和其他诉讼权利，落实值班律师

---

[1] 谢敏："牢牢把握改革方向确保试点依法规范开展"，载《检察日报》2016 年 11 月 29 日，第 1 版。

制度，确保犯罪嫌疑人、被告人充分获得法律帮助。试点地区法律援助机构在看守所、法院、检察院设立法律援助工作站 630 个，其中设在看守所、法院的法律援助工作站覆盖率分别为 97% 和 82%。对于符合条件的犯罪嫌疑人、被告人，依法通知法律援助机构指派律师为其提供辩护。探索值班律师转任辩护人机制：北京、广州、杭州、福州等地法院对可能判处 3 年以上有期徒刑刑罚的认罪认罚案件，协调指派值班律师出庭辩护，提高法律帮助质量。主动接受监督，认真听取律师意见，确保具结书签署时律师在场见证。依法听取被害人意见，关注其合理诉求。上海、青岛等地邀请值班律师旁听检察官提讯，福州等地推行诉前听证制度，集中听取各方意见。[1]由此可见，试点期间所取得的成绩是有目共睹的，但也存在一定的问题。

《刑事诉讼法》（2018 年修正）在总结经验的基础上，对认罪认罚从宽制度的律师参与、法律帮助问题作出相应的规定：一是增加第 36 条，确立了值班律师制度，对值班律师的值班方式、职责内容等作出了规定；二是将第 170 条修改为第 173 条，要求检察机关在对认罪认罚案件进行审查起诉时，应当依法履行告知权利义务、听取相关意见并记录在案的规定；三是增加第 174 条，要求签署具结书时，辩护人或值班律师应当在场。这些规定对增加认罪认罚案件中的有效辩护具有显著的积极意义。但它依旧存在问题，包括值班律师的身份与地位、值班律师在侦查阶段参与认罪认罚从宽案件的规范要求、量刑协商中的律师地位与作用之提升等方面。

（二）律师参与认罪认罚从宽制度的现状

在认罪认罚从宽制度的运行过程中，刑事诉讼模式发生了较大变动，侦、控、辩、审之间的关系也有所变化，尤其是认罪认罚使犯罪嫌疑人、被告人的诉讼权利受到明显削减。被刑事追诉人辩护权的保障问题直接关系到认罪认罚从宽制度在司法人权保障上的完善程度。[2]律师参与既是制度顺畅推进的必备环节，也是司法探索的难点所在，同时也对律师的有效辩护提出了更高要求。

---

〔1〕 周强："关于在部分地区开展刑事案件认罪认罚从宽制度试点工作情况的中期报告——2017 年 12 月 23 日在第十二届全国人民代表大会常务委员会第三十一次会议上"，载《人民法院报》2017 年 12 月 24 日，第 1 版。

〔2〕 王敏远："认罪认罚从宽制度疑难问题研究"，载《中国法学》2017 年第 1 期。

目前，各个试点城市纷纷启动具体工作，律师有效参与和辩护问题也有待贯彻落实。主要问题在于：（1）基层案件的律师参与不足、辩护率偏低。有实证数据显示，在基层法院，律师辩护率低的在 10% 左右，[1] 稍好的在 20% 左右；简易程序独任制审判案件的律师辩护率在 10% 左右；诉讼程序越复杂、可能判处的刑罚越高，辩护率相应也会有所提高；相比之下，中院一审案件的辩护率在 70% 以上，明显要比基层法院高。[2] 在实践中，轻罪案件相对简单，一旦适用简化程序后，律师帮助与辩护等问题会随之淡化或被忽视，司法公正极易被削弱或侵犯。认罪认罚从宽案件主要是轻罪案件，管辖也主要集中在基层法院。当前辩护率偏低、律师参与明显不够等问题，直接严重影响律师参与认罪认罚从宽程序的效果。（2）各地试点初期对律师参与和有效辩护的具体贯彻欠佳。从目前不完全的报道看，部分试点城市比较重视律师参与和辩护问题。比如，2017 年 2 月，邢某因涉嫌贩卖毒品罪、容留他人吸毒罪被审查起诉，但邢某的家人拒绝为其聘请律师。青岛市黄岛区人民检察院了解邢某的情况后，及时联系值班律师为其提供法律帮助，向其讲解了办案流程和适用认罪认罚的法律后果。在值班律师的见证下，邢某自愿签署具结书。[3] 律师全程参与机制已经确认，但如何全程参与而不流于形式并实现有效辩护、是否一律全程参与及其可行性并不明确。再如，重庆市彭水县人民检察院联合县司法局、律师事务所召开刑事案件认罪认罚从宽制度联席会议，共同推进值班律师制度建设。[4] 律师值班制度是当前试点探索的亮点，但具体运行仍有待精细和完善。又如，在上海市首例死刑案件适用认罪认罚从宽制度的案例中，[5] 律师如何参与重罪案件的认罪认罚从宽协商、如何具体实现有效辩护问题值得深入探讨。此外，在辽宁省首例适用认罪认罚从宽制度的案件中，被告人钟某如实向公安机关供述案件事实，对检察机

---

[1] 卢君、谭中平："论审判环节被告人认罪认罚'自愿性'审查机制的构建"，载《法律适用》2017 年第 5 期。

[2] 蒋宏敏等："刑事案件律师辩护率及辩护意见采纳情况实证研究（上）——以四省（区、市）1203 份判决书为研究对象"，载《中国律师》2016 年第 11 期。

[3] 李豪："轻罪案专业化快办简办提质增效"，载《法制日报》2017 年 9 月 22 日，第 3 版。

[4] 李立峰、叶方阳："重庆彭水：召开认罪认罚从宽试点工作联席会"，载《检察日报》2017 年 6 月 3 日，第 1 版。

[5] 余东明："上海首次实践'认罪认罚从宽处罚'的规定"，载《法制日报》2017 年 1 月 18 日，第 1 版。

关指控的事实、罪名及量刑建议均无异议且签字具结，与被害人家属达成协议，赔偿被害人亲属全部经济损失，得到被害人家属的谅解。[1]但是，律师应以何种身份、地位参与并确保认罪认罚的真实自愿性、如何与犯罪嫌疑人理顺关系以及与检察机关协商量刑建议等，均缺乏具体操作规范或工作机制。最后，认罪认罚协商机制是控辩双方与庭审的重点，但具体的工作机制仍处于探索阶段，如何确保律师参与认罪认罚协商从宽制度应作为未来重要的完善方向。[2]（3）是否全程参与。对于辩护律师是否全程参与的问题，既涉及《刑事诉讼法》对侦查阶段辩护律师的规定，应当如何在认罪认罚从宽案件中予以适用，也涉及《试点办法》规定的值班律师，是否可以匹配辩护律师，并行使相应的辩护权利的问题。实际情况是，值班律师的作用相对有限，辩护律师全程参与的积极性、有效性均不理想。（4）律师辩护与"见证人"身份的问题。从具体的实践看，保障犯罪嫌疑人、被告人获得有效法律帮助存在被虚化的风险，这是因为获得有效法律帮助的渠道不畅，值班律师无法提供有效法律帮助，值班律师实质上沦为见证人等。[3]（5）律师辩护空间有限。据统计，上海市法院2017年1~7月，共审结认罪认罚从宽案件768件867人，法院采纳检察机关指控罪名和量刑建议755件，占98.3%，当庭宣判761件，其中被告人上诉4件，二审无一改判或发回重审。在适用认罪认罚从宽制度的案件中，在检察机关指控罪名和量刑建议被采纳率超过98%的情况下，律师在定罪和量刑方面显然无太大的辩护空间。

目前，试点中的律师辩护率不高、律师辩护的有效性不足、值班律师的法律帮助不充分等问题之所以出现，是因为以下原因的存在：刑事法律援助制度的立法缺陷，制约了辩护律师参与的充分性；法律援助范围依然很窄，经费依然紧张；存在值班律师制度与刑事法律援助衔接不畅的问题；认罪认罚案件中难以与控方平等协商，影响了辩护律师参与的有效性；法律职业共同体尚未成功构建，控辩双方缺少平等协商的平台；量刑规范不够精细，律

〔1〕　"辽宁首例适用'认罪认罚从宽制度'案宣判"，载法制网，http://www.legaldaily.com.cn/locality/content/2017-01/12/content_6953561.htm？node=37232，最后访问时间：2017年2月23日。

〔2〕　顾永忠、肖沛权："'完善认罪认罚从宽制度'的亲历观察与思考、建议——基于福清市等地刑事速裁程序中认罪认罚从宽制度的调研"，载《法治研究》2017年第1期。

〔3〕　甘权仕、王中义："认罪认罚从宽制度中值班律师制度的定位与完善——以'有效的法律帮助'为研究视角"，载《中国司法》2017年第8期。

师服务标准不够明确，影响律师参与的积极性和有效性。因此，在试点后期，应对这些问题作出改变。

(三) 有效辩护的现实需要

认罪认罚从宽制度是我国最新实践中的认罪协商程序，因此，辩护律师的充分、有效参与对于认罪认罚从宽制度的有效实施是不可或缺的。[1]在认罪认罚案件中，犯罪嫌疑人、被告人更需要充足的法律帮助和有效的辩护保障。只有充分确保律师参与认罪认罚从宽制度的运行，才能同时实现诉讼效率与人权保障，兼顾庭审实质化与程序分流目标，并通过有效辩护来防止认罪认罚的撤回、程序的反转以及冤假错案的发生。更现实的是，认罪认罚从宽制度从本意上赋予律师更大的辩护空间和余地，也对律师参与提出更高的要求和义务，律师充分参与认罪认罚从宽制度的适用，可以帮助判断认罪认罚的自愿性、促进认罪认罚的效率、润滑控辩双方的理性协商等。因而，"认罪认罚从宽制度不是刑事辩护走向衰退的危机，而是契机，因为它能够更加提升辩护律师的地位和作用"。[2]

从"被告人有权获得辩护"，到"被告人有权获得律师帮助"，再到"被告人有权获得律师的有效帮助"，代表了刑事辩护发展的三个重要阶段。[3]认罪认罚案件中，有效辩护的必要性在于：首先，有助于防止犯罪嫌疑人、被告人非自愿认罪。其次，有助于帮助犯罪嫌疑人、被告人了解认罪认罚的法律性质和后果。再次，有助于积极与检察机关进行量刑协商，争取对被告人最为有利的法律后果。复次，有助于保障被追诉人自主选择诉讼程序并确定辩护方案。[4]最后，庭审实质化的需要。在庭审实质化改革中，律师辩护起着举足轻重的作用。采取普通程序开庭审理的案件，多为被告人不认罪的案件，多为重大、复杂、疑难案件，在这些案件中，确实需要强调庭审实质化的重要性；但这不意味着适用简易、速裁程序审理的案件，就允许庭审的过程与内容走过场。在这些案件中，也要防止审判因程序简化而完全沦为"橡

---

〔1〕 胡铭、宋善铭："试论认罪认罚从宽制度中的律师有效参与"，载《江苏行政学院学报》2018 年第 1 期。

〔2〕 陈卫东："认罪认罚从宽制度试点中的几个问题"，载《国家检察官学院学报》2017 年第 1 期。

〔3〕 陈瑞华：《刑事辩护的理念》，北京大学出版社 2016 年版，第 101 页。

〔4〕 闵春雷："认罪认罚案件中的有效辩护"，载《当代法学》2017 年第 4 期。

皮图章"，仅起到对侦查和审查起诉程序的结论进行确认的作用。[1]从《试点办法》等相关改革文件的规定看，庭审实质化改革主要包括完善庭前会议程序、严格排除非法证据、规范法庭调查程序、完善法庭辩论程序、完善当庭宣判和裁判文书说理制度等内容，上述各项改革举措均有助于强化律师辩护。这些都是认罪认罚从宽程序中需要强化有效辩护的主要方面。

二、侦查阶段的律师参与

按照《试点办法》的规定，侦查阶段是认罪认罚从宽的起始环节。根据《刑事诉讼法》对辩护制度的相关规定，律师在侦查阶段的参与有一定的限度。然而，在试点探索期间，律师参与认罪认罚从宽制度适用的幅度应有所扩大。

（一）提供法律帮助

在认罪认罚案件中，侦查阶段的辩护律师参与或值班律师的参与，对于保障自愿认罪认罚以及案件的后续推进，具有非常基础的审前把关作用。

1. 讯问律师在场的必要性与可行性

从 1979 年《刑事诉讼法》到 2018 年《刑事诉讼法》，律师参与侦查阶段活动的能力和范围不断递增。《刑事诉讼法》（2018 年修正）第 33 条等规定，辩护律师可以在侦查阶段提供法律帮助，并享有法定的会见权；但律师并不能全程参与侦查阶段的活动，对犯罪嫌疑人提供法律帮助有法定的限度，比如，讯问时是否应当在场便颇具争议。律师监督侦查的方式主要表现为在场权，[2]辩护律师在场权是基于辩护律师在刑事诉讼中独立的主体地位所拥有的独立权利。[3]认罪认罚从宽制度首先极大地消除口供依赖症的病根，但也使讯问的意义进一步提升，直接事关认罪认罚的自愿性审查，也影响诉讼效率的实现与程序分流的效果。

为此，在侦查讯问中，赋予辩护律师讯问在场权对认罪认罚从宽案件的影响甚大，并具有积极作用，主要包括：一是可以防止因对法律规定及其后果认识不清，犯罪嫌疑人事后反悔并撤回认罪认罚，导致案件程序回转，直

---

[1]　熊秋红：“审判中心视野下的律师有效辩护”，载《当代法学》2017 年第 6 期。
[2]　刘计划：“侦查监督制度的中国模式及其改革”，载《中国法学》2014 年第 1 期。
[3]　屈新：“论辩护律师在场权的确立”，载《中国刑事法杂志》2011 年第 1 期。

接违背诉讼效率的初衷。二是发挥现场监督作用，可以防止侦查机关以强迫、胁迫、引诱等非法方式，要求犯罪嫌疑人非自愿认罪认罚，避免出现刑讯逼供、非法取证，杜绝冤假错案。三是在讯问的特定背景下，律师在场可以促进"不得强迫自证其罪"规定的实现程度与效果，防止侦查机关急于求成，遏制侦查机关消极侦查，督促履行全面侦查的义务。四是律师在询问时在场，可以最大限度确保自愿性，有助于控辩双方在定罪无异议的基础上启动量刑建议及其协商程序。

无论从法理还是从司法实践来看，在犯罪嫌疑人作出有罪供述之前，假如可以得到律师的帮助，包括申请会见律师并且咨询律师等，则非常有可能借此减少非自愿的认罪以及无辜者被判有罪的可能性。《试点办法》对于律师辩护，特别是值班律师介入刑事诉讼的时间未作明确规定，侦查讯问时的律师在场权也处于模糊不明的缺失状态，不利于进一步保障犯罪嫌疑人认罪的自愿性、真实性。

2. 辩护律师向犯罪嫌疑人核实案件情况的法定限度

《刑事诉讼法》（2018 年修正）第 34 条规定，辩护律师在侦查期间可以为犯罪人提供法律帮助，包括向侦查机关了解犯罪嫌疑人涉嫌的罪名和案件的有关情况，提出意见。同时，第 40 条规定，辩护律师自人民检察院对案件审查起诉之日起，可以查阅、摘抄、复制本案的案卷材料。由此，辩护律师在侦查期间提供的法律帮助具有明显的功能局限性。但是，犯罪嫌疑人认罪认罚的，与普通案件的侦查程序存在很大差异，侦查机关的主要精力是核实认罪认罚的自愿性、真实性与有效性，并决定是否移送审查起诉。如果不允许辩护律师参与，则无法充分发挥审前程序应有的监督与纠错功能，与认罪认罚从宽案件的本质属性不符。为此，扩大律师充分参与权限的意义在于：一是帮助犯罪嫌疑人客观认识到认罪认罚后的相应实体法、程序法后果，确保认罪认罚的明智性。二是律师通过全面了解认罪认罚案件的基本情况，提示犯罪嫌疑人可以与检察机关协商量刑，增加双方协商的可接受性。但是，现行刑事诉讼法明确区分侦查阶段的辩护律师帮助与其他阶段的律师辩护，辩护律师在侦查阶段参与认罪认罚从宽程序受到一定限制。在合理扩大辩护律师在侦查阶段核实证据材料的法定限度之际，可以探索赋予辩护律师一定的阅卷权限，甚至必要的调查取证权限。

3. 强制措施的从宽适用

《试点办法》第 6 条规定，在侦查阶段，对于认罪认罚的犯罪嫌疑人，公安机关应当将认罪认罚作为是否具有社会危害性的重要考虑因素，对于没有社会危险性的，应当取保候审、监视居住。为此，辩护律师应当监督侦查机关适用强制措施是否依法从宽，尤其监督对羁押必要性的审查与非羁押措施适用，督促纠正或主动提请变更，并建议原则上不适用逮捕措施并首选取保候审与监视居住措施。比如，福州市台江区人民检察院出台的《台江区检察院认罪认罚从宽处罚制度实施细则（试行）》便包含了与律师协商羁押必要性审查的内容。

（二）认罪、认罚自愿性的协助确认

认罪认罚的自愿性是整个制度运行的前提和基础，所有司法机关都应当逐一、实质、严格审查并排除。[1]在侦查阶段，律师参与的重要内容之一正是帮助确认犯罪嫌疑人是否自愿真实表示认罪认罚。在保障犯罪嫌疑人自愿认罪认罚的问题上，律师参与的首要方式是讯问时在场，特别是作出认罪认罚的意思表示时，辩护律师应当全程介入和作出关键提示；但也包括其他途径，如备受重视的值班律师制度、辩护律师提出意见制度；此外，辩护律师全程参与意义显著，但从实践操作来看，不仅需要相应的财力作为支撑，也可能耗费过多的司法资源，有损效率。

（三）特殊案件撤销的参与

《试点办法》第 9 条规定，犯罪嫌疑人自愿如实供述涉嫌犯罪的事实，有重大立功或者案件涉及国家重大利益，需要撤销案件的，办理案件的公安机关应当层报公安部，由公安部提请最高人民检察院批准。该规定目前仍处在热议状态。不乏反对观点认为，此举明显突破我国现有法律框架，与社会主义法治原则相背离，应当极其慎重地启动案件撤销权限；应当将这种案件交由最高人民检察院或者最高人民法院进行审查后，再作出不公开形式的不予追究刑事责任的决定或者裁决。[2]从试验性司法试点探索的规律看，按照

---

〔1〕 陈瑞华："'认罪认罚从宽'改革的理论反思——基于刑事速裁程序运行经验的考察"，载《当代法学》2016 年第 4 期。

〔2〕 陈光中："认罪认罚从宽制度实施问题研究"，载《法律适用》2016 年第 11 期。

"严格控制，慎重适用，防止滥用"的原则，规范适用和报批程序，严格把握"有重大立功或者涉及国家重大利益"的条件、严格审批程序、严格把握后续违法所得的处理（"三个严格"）后，仍可以探索适用。[1]在此基础上，辩护律师提供法律帮助的要点在于：一是符合案件条件，应当依法履行告知义务，并可以鼓励或建议犯罪嫌疑人认罪认罚。二是犯罪嫌疑人坚决不认罪认罚的，辩护律师应当告知法律后果。三是犯罪嫌疑人认罪认罚的，辩护律师应当着重从真实性、强制措施适用、量刑协议等方面提供法律帮助。如果侦查机关并未启动撤销案件的程序，辩护律师可以提出意见，监督侦查机关依法启动。四是公安机关提请公安部批准，辩护律师应当提交意见，公安部不予以批准的，辩护律师可以申诉。五是公安部递交最高人民检察院批准的，应当附上辩护律师的意见，最高人民检察院不予以批准的，辩护律师可以申诉。

三、审查起诉阶段的律师辩护

在审查起诉阶段，要尊重和保障律师依法执业，就量刑、程序适用等问题认真听取律师意见，保障认罪认罚自愿性，推动贯彻从宽精神。在实践中，应根据《刑事诉讼法》以及《试点办法》第10条等的规定与试点需要，对辩护律师的参与范围、辩护的主要内容、辩护权的有效行使等作出改进和完善。

（一）认罪与定罪的协商

在审查起诉阶段，控辩双方的焦点是量刑协商，但其前提是妥善解决定罪问题，具体是指犯罪嫌疑人主动自愿认罪，司法机关经审查后认为符合法定条件的，进而双方共同启动下一步的量刑协商并达成量刑建议。

但是，在审查起诉阶段，即使认罪认罚的，关于定罪的问题并非毫无争议，并可能出现以下特殊情形：一是犯罪嫌疑人避重就轻，对于相同的犯罪行为，仅承认符合轻罪，对构成重罪并不明确表示认可；二是犯罪嫌疑人仅承认犯罪行为，但不承认构成刑法中的犯罪；三是认罪但不认罚，或不认罪但认罚的；四是触犯同种数罪或不同种数罪的，仅承认其中部分，对另外部分不承认；五是相同行为涉嫌构成轻重不同的罪名，重罪的案件事实不足够

---

〔1〕 最高人民检察院副检察长孙谦在2016年11月召开的检察机关刑事案件认罪认罚从宽试点工作部署会议上的讲话。

清楚、证据体系与证明标准无法达到法定标准，但犯罪嫌疑人承认轻罪的。这些"非典型"的认罪认罚情形，实质上缺乏通常意义上的彻底性、悔罪性、有效性等要素，以何种政策立场来判断认罪认罚的范围及有效性至关重要。由此，认罪是否属于协商的范畴便是一个前提性问题，也当然对认罚、从宽产生直接影响。

有观点认为，不存在认罪协商及其程序的问题，仅允许检察官与犯罪嫌疑人及其辩护律师协商量刑问题，以维护刑事司法的公正性与严肃性。[1]《试点办法》等文件并未明确授权或规定认罪协商问题。不过，如果忽视认罪协商问题，可能不利于解决一些特殊情形。《试点办法》第10条第1款规定，如果认罪的范围包括被指控的罪名、法律适用内容，则理论上为认罪协商奠定了制度空间；更为重要的是，刑事和解探索等试验性司法活动中，认罪协商并非彻底被禁止。基于此，对于特殊情形，试点探索期间可以试验性地启用认罪协商机制，律师应当积极参与和发表意见，共同探索对认罪协商机制的建立和完善。比如，认罪协商时辩护律师在场意义显著，可以更好地实现控辩双方力量对等；而且，应当考虑辩护律师全程参与认罪协商，甚至可以提供单独时间和场所，隔绝办案人员，确保认罪认罚的自愿性、真实性与明智性，维护犯罪嫌疑人的诉讼权益。

（二）量刑意见的协商

量刑协商是审查起诉阶段的工作重心，也是辩护律师参与认罪认罚从宽制度的核心，最能体现辩护律师的参与程度、辩护效果以及控辩协商机制的运行效果。律师在量刑协商环节的辩护内容主要包括：（1）建议犯罪嫌疑人积极主动与被害人达成和解协议或者赔偿被害人损失，取得被害人谅解，并告知可以作为量刑的重要考虑因素，合理加快案件进程。（2）对根据认罪认罚以及案件的具体情况，向检察机关依法提出究竟从轻、减轻或者免除处罚等从宽处罚的明确建议，如主刑的档次、附加刑的数量以及刑罚执行方式等相对明确的量刑幅度或确定刑期的量刑建议等。（3）对于检察机关提出的量刑建议，辩护律师可以提出相对独立的意见，但应以与犯罪嫌疑人充分沟通为前提，并可以提出有理由的重大异议，请求检察机关依法作出调整。（4）在签署

---

〔1〕 谭世贵："实体法与程序法双重视角下的认罪认罚从宽制度研究"，载《法学杂志》2016年第8期。

认罪认罚具结书前,应当给予犯罪嫌疑人及其辩护人单独交流的时间。[1]犯罪嫌疑人认同检察机关的量刑意见时,辩护人或者值班律师应当在场,单独充分讲解量刑协议的内容及其合理性,告知具结书的性质与法律后果,并全程协助犯罪嫌疑人签署具结书。《试点办法》第5条规定,犯罪嫌疑人自愿认罪,同意量刑建议和程序适用的,应当在辩护人或者值班律师在场的情况下签署具结书。在试点期间,有些基层检察机关试行"在审理前,经律师的见证,由被告人签署认罪认罚具结书,公诉机关提出从宽建议,确保认罪认罚具结书的合法性和自愿性"。[2]在实践中,辩护律师不仅应当在场,而且也应当在签署具结书前单独与犯罪嫌疑人沟通、讲解和提供法律帮助。

但是,《试点办法》的规定较为简单,操作规则并不足够精细,遗留了一些空白地带。在实践中,律师参与量刑协商还有很多特殊的情形,对辩护律师的辩护范围应有所拓展,主要包括:(1)检察机关撤回量刑建议。按照制度设计的初衷,检察机关不能撤回量刑建议,否则,将直接导致认罪认罚从宽制度处在相当不确定的状态,加剧控辩双方的力量悬殊,也最终无法激活鼓励犯罪嫌疑人主动、积极自愿认罪认罚的内在动力。然而,如果检察机关认为不符合适用认罪认罚从宽制度的法定条件,如案件事实不清、证明不足等,可以撤回量刑建议。辩护律师应当向犯罪嫌疑人告知相关的法律后果,依法提出意见并提交给检察机关,防止检察机关无故撤回,损害犯罪嫌疑人的合法权益。对于检察机关坚持撤回的,辩护律师可以申诉。(2)犯罪嫌疑人撤回认罪认罚。即使进入量刑协商环节,犯罪嫌疑人也可以提出不认罪认罚。对此,检察机关需要核实撤回的真实性与合法性,对于恶意撤回或无故撤回的情形进行相应的惩戒;对于确实符合撤回条件的,应当依法执行,并根据情况决定是否回转程序和适用普通程序等。但是,检察机关可能基于诉讼效率的考虑,消极对待,甚至无故阻拦。辩护律师既应当协助当事人作出真实、合法的撤回,也要依法告知虚假撤回的法律后果;对于检察机关不同意撤回的处理决定,应当及时发表意见,进行全程有效的监督。(3)出现不自愿认罪认罚的,辩护律师应提出相应的法律意见,及时告知检察机关,督

---

〔1〕 刘岑岑:"'以审判为中心'背景下的认罪认罚从宽制度解读与完善",载《学习与探索》2017年第1期。

〔2〕 陈彤彤、杨阳:"济南首例适用认罪认罚从宽制度案开庭30分钟审结",载《济南时报》2017年3月6日,第A13版。

促检察机关依法及时纠正。检察机关查证属实的，应当依法提出不起诉决定，根据是否认罪认罚重新启动程序。辩护律师应当监督程序的合法性。（4）量刑建议明显不公正。犯罪嫌疑人同意检察机关提出的量刑建议并已经签署具结书的，如果辩护律师认为确实存在明显不公正的，应当向同级检察机关提出独立的意见并要求复议；检察机关否决复议申请的，辩护律师可以向上一级检察机关申诉。

律师如何参与认罪、量刑协商是制度构建中所面临的核心问题。在制度设计时应当注意以下几点：一是犯罪嫌疑人在与检察官进行认罪、量刑协商之前，应确保犯罪嫌疑人已经获取律师的帮助，使其充分了解其行为是否构成犯罪，以及认罪认罚和程序选择的法律后果，可能被判处的自由刑和财产刑的情况，在与控方认罪量刑协商时可以接受的上限。二是律师在与检察官进行认罪、量刑协商之前，应当会见犯罪嫌疑人，听取犯罪嫌疑人的供述和辩解，充分了解具体案情。否则，律师不能有效参与认罪、量刑协商。三是认罪、量刑协商既可以在犯罪嫌疑人、律师、检察官三者同时在场的情况下进行，也可以在律师会见犯罪嫌疑人之后，各自单独进行。四是犯罪嫌疑人委托律师辩护的或者法律援助机构已为其指定法律援助律师的，应由犯罪嫌疑人委托的辩护律师或者法律援助机构指派的法律援助律师参与认罪、量刑协商，而不能以值班律师代替其参与。五是认罪、量刑协商过程中，当犯罪嫌疑人与律师针对量刑问题存在意见分歧时，应以在量刑上更有利于犯罪嫌疑人的意见为准。[1]

（三）不起诉的适用

审查起诉阶段作出的不起诉决定无疑是最大幅度的"从宽"，是律师辩护的难点。其中，特殊案件的不起诉与未成年犯罪嫌疑人的相对不起诉是重点。

首先，《试点办法》第 13 条规定，犯罪嫌疑人自愿如实供述涉嫌犯罪的事实，有重大立功或者案件涉及国家重大利益的，经最高人民检察院批准，人民检察院可以作出不起诉决定，也可以对涉嫌数罪中的一项或者多项提起公诉。具有法律规定不起诉情形的，依照法律规定办理。按照《刑事诉讼法》（2018 年修正）第 177 条关于不起诉的规定，对只有属于《刑事诉讼法》第

---

〔1〕 李永航："检察环节律师参与下的认罪、量刑协商制度建构"，载《江苏警官学院学报》2017 年第 3 期。

16 条规定的法定不起诉情形、第 177 条第 2 款规定的酌定不起诉情形以及第 175 条第 4 款规定的存疑不起诉情形，才可以作出不起诉决定。《试点办法》第 13 条规定的情形并不符合《刑事诉讼法》规定的三种不起诉类型。辩护律师在这类特殊案件的不起诉协商中的作用和意义在于：一是提示检察机关依法启动《试点办法》第 13 条规定的适用；二是监督检察机关对《试点办法》第 13 条适用条件的把握，防止该适用而不适用的情形出现；三是为犯罪嫌疑人提供相应的辩护服务。

《试点办法》第 2 条规定，未成年犯罪嫌疑人、被告人的法定代理人、辩护人对未成年人认罪认罚有异议的，不适用认罪认罚从宽制度；反之，没有异议的，则可以适用。同时，《刑事诉讼法》（2018 年修正）第 282 条新增针对未成年人犯罪的相对不起诉制度。未成年人刑事案件适用认罪认罚从宽的，是否作出相对不起诉是难点。辩护律师应当与法定代理人等相互配合，共同为未成年罪犯争取"最大利益"，帮助其尽快"重返社会"。具体包括积极沟通并请求法定代理人同意适用认罪认罚从宽程序，在确保认罪认罚自愿性的基础上建议未成年犯罪嫌疑人适用认罪认罚从宽程序，与其他人员共同帮助未成年犯罪嫌疑人依法享有法定的诉讼权利，积极协助犯罪调查报告的完成，促成相对不起诉的适用。

（四）辩护人对认罪认罚的异议

《试点办法》第 2 条规定："具有下列情形之一的，不适用认罪认罚从宽制度：……（二）未成年犯罪嫌疑人、被告人的法定代理人、辩护人对未成年人认罪认罚有异议的……"这一规定创设了辩护人对适用认罪认罚从宽制度的否决权。对成年人犯罪案件，律师是否享有否决权，《试点办法》则没有明示。

在犯罪嫌疑人、被告人认罪认罚的情况下，承认律师否决权不但意味着对犯罪嫌疑人、被告人决策自主性和尊严的否定，还将使其丧失从宽的可得利益。因而，承认律师拥有否决权，必须有足够充分的理由和基本条件：一是犯罪嫌疑人、被告人能力不足，不能有效判断认罪认罚是否符合自身的利益。这是由律师代为判断的前提条件。二是律师有能力且诚信地履行职责进行有效辩护。如果律师能力不足，或不积极履行自己的职责，没能进行有效辩护，那么律师否决权将难以达到保护犯罪嫌疑人、被告人的目的，甚至有损其合法利益。三是律师辩护权的独立性。律师辩护权独立于犯罪嫌疑人、被告人，律师有权提出不同于犯罪嫌疑人、被告人的意见，控方不能置律师的意见于不顾，仅对犯罪嫌疑人、被告人的意见做出回应。然而，从犯罪嫌疑人、被告人能力角度、律师能力与尽职情况、律师独立辩护的妥当性等因素看，不宜赋予律师否决权。反而，由于律师行使否决权的前提条件难以满足，应确立犯罪嫌疑人、被告人对辩护意见的主导地位。如果律师与犯罪嫌疑人、被告人意见不一致，律师应以专业知识和经验说服犯罪嫌疑人、被告人，但无权代替他进行决策。认罪认罚从宽制度强调协商，强调犯罪嫌疑人、被告人的选择权与责任自负。在确定以犯罪嫌疑人、被告人认罪认罚意见为办案依据的情况下，律师可以书面或口头方式在庭前向承办人员提出异议，也可由律师当庭发表意见，但办案的检察官不必回应。如果办案人员根据律师异议发现认罪认罚可能是虚假的或非自愿的，如犯罪嫌疑人、被告人替人顶罪，应认定为不符合适用认罪认罚从宽条件，并将案件转为普通程序处理。

根据《试点办法》第 2 条的规定，这一规定创设了辩护人对适用认罪认罚从宽制度的否决权。同时，无论是对未成年人犯罪案件，还是成年人犯罪案件，律师对适用认罪认罚从宽制度的否决权都是值得讨论的问题。[1]在犯罪嫌疑人、被告人认罪认罚的情况下，承认律师否决权不但意味着对犯罪嫌疑人、被告人决策自主性和尊严的否定，还将使其丧失从宽的可得利益。因而，承认律师否决权必须有足够充分的理由。在未成年人犯罪案件中，一般情况下，辩护律师不应享有否决权。为弥补未成年人社会经验、判断能力的不足，防止虚假认罪认罚，可以修改《试点办法》第 2 条，由与其有密切关系、更能忠实地维护其合法权益的法定代理人行使否决权。未成年犯罪嫌疑人、被告人认罪认罚，并且其法定代理人不反对的，才可适用认罪认罚从宽制度。只有没有法定代理人参与诉讼的案件，律师才可行使否决权。

（五）量刑协商的有效、精准参与

实施认罪认罚从宽制度，需要相关配套制度的制定和完善。其中，控辩之间的量刑协商是重点，也是律师参与并提供法律帮助或进行辩护的重中之重。从试点的操作性来看，推出"认罪认罚从宽量刑指南"等操作新规范，

---

[1]　秦宗文："认罪认罚从宽制度实施疑难问题研究"，载《中国刑事法杂志》2017 年第 3 期。

可以提供非常科学的量刑协商指导意见。首先，可以为控辩双方提供协商的基准，帮助控辩双方围绕最合理的量刑幅度展开协商。同时，可以防止检察官、法官滥用权力。

从域外的做法看，为了提高认罪认罚从宽制度中律师参与的积极性和有效性，可以借鉴美国律师协会的有关量刑指南标准，制定认罪认罚从宽制度中提供有效法律帮助的可行性服务标准或业务规范，规定辩护律师的义务和责任。例如，辩护律师应告知被告人有选择认罪答辩或者接受正式审判的权利、关于辩诉交易的一般程序及律师的辩护策略、与检察官协商的实情及检察官的提议并分析该提议对被告人的价值、认罪答辩的后果及案件的法律适用等情况，如果被告人拒绝认罪，选择接受法庭正式审判，辩护律师应告知其审判程序等。

在从宽协商的具体程序上，为了强化律师参与的问题，可以作出如下改进：一是检察人员查阅案件卷宗以后，认为该案可以适用认罪认罚从宽制度的，应电话通知法律援助机构指派值班律师为犯罪嫌疑人提供法律帮助。二是值班律师接到法律援助机构的通知以后，应于第二天赶至检察机关了解承办案件的检察官审查认定的事实、罪名、拟提出的量刑建议和适用的程序，并以书面的方式告知，审查认定的事实与公安机关起诉意见书指控的事实一致的，检察官可以将起诉意见书复印一份给值班律师。三是值班律师应立即赶往看守所会见犯罪嫌疑人（未羁押的可以在检察机关的值班律师室内会见），听取犯罪嫌疑人供述和辩解，为其提供法律咨询，告知其检察机关提出的量刑建议是否适当，以及可以接受的量刑上限。四是值班律师在会见犯罪嫌疑人后，认为检察官认定的事实正确、提出的量刑建议适当、同意适用刑事速裁程序的，应当将意见反馈给检察官。同意检察官认定的罪名和提出的量刑建议的，在认罪认罚具结书的律师意见处签字；认为检察官拟提出的量刑建议较重的，应建议检察官对犯罪嫌疑人提出不超过一定刑期的量刑建议，检察官接受其建议的，应重新制作认罪认罚具结书交由值班律师在律师意见处签名。五是检察官与律师就定罪、量刑和适用速裁程序达成合意以后，赶往看守所讯问犯罪嫌疑人，听取其供述和辩解，并进行认罪、量刑协商，认罪、量刑协商过程中值班律师可以根据其时间安排选择在场或者不在场。

（六）"见证人"的流于形式及遏制

在审查起诉阶段，对于犯罪嫌疑人认罪认罚的案件，签署具结书是重要的程序结果。例如，在审查起诉阶段要求撤回认罪认罚的，往往需要律师提供法律咨询意见。在犯罪嫌疑人签署具结书之前，律师应当围绕认罪认罚所涉及的关于定罪、量刑的法律规定以及程序适用等问题向犯罪嫌疑人进行解释，并就程序选择提供意见和建议。应当注意的是，律师在此阶段的角色，不能异化为犯罪嫌疑人签署具结书时的"见证人"，更不能成为程序违法的"背书者"。

在试点中，所谓"见证"的问题，实质上是律师为检察机关行为的合法性"背书"，律师并未提供实质辩护。将律师视为"见证人"，将会使律师辩护流于形式，从而损害犯罪嫌疑人的合法权益。[1]在司法实践中，出现了将律师视为"见证人"的倾向。例如，2017年最高人民检察院印发的《人民检察院认罪认罚案件法律文书格式样本（试行）》中，就包括《认罪认罚具结书》的格式样本，其专门列明在犯罪嫌疑人签名后，律师也需要签名确认的内容是"……本人证明……"应当明确的是，认罪认罚案件中为犯罪嫌疑人提供帮助的律师，其角色仍然为辩护人，而非见证人，只是与不认罪认罚案件相比，其辩护的侧重点发生了变化。

四、审判阶段的律师辩护

在以审判为中心的诉讼制度改革中，认罪认罚从宽制度的审判阶段不容忽视。律师出庭辩护是保障法官实质审查的前提，也是弥补庭审简化、被告人诉讼权利削减后实现公正的重要方式。但是，审判环节中律师参与的比例明显偏低，审查方式以阅卷为主、讯问被告人为辅，以"无异议"检验为"自愿性"审查的主要标准等问题较为突出，试点探索期间应当着力予以缓解和消除。

（一）协助自愿性审查

认罪认罚案件以犯罪嫌疑人、被告人认罪认罚作为相关制度和程序适用的起点，保障犯罪嫌疑人、被告人认罪认罚的自愿性，是有效辩护的重要组成部分。

根据《试点办法》等规定，在审查起诉阶段，控辩双方对量刑达成一致

---

〔1〕　熊秋红："'两种刑事诉讼程序'中的有效辩护"，载《法律适用》2018年第3期。

意见后，将形成具有法律效力的量刑建议，并以犯罪嫌疑人签署具结书为标志。在庭审阶段，尽管认罪认罚使定罪问题无需按照普通程序或简易程序进行严格的审查和判断，但仍须确定被告人真实、自愿认罪。辩护律师应基于职责审慎履行提示义务，询问被告人是否自愿认罪认罚，并告知相应的实体结果与程序结果，主动防止程序回转。如果经过辩护律师的询问后，被告人提出有刑讯逼供等非法取证行为的，辩护律师应当依法向法庭提出排除非法证据的动议，并提供相关的线索；同时建议人民法院督促检察机关依法查证，督促由检察机关承担相应的举证责任。如果检察机关无法作出合理的说明或加以证明，辩护律师应当建议人民法院终止认罪认罚从宽程序，并由人民法院作出无罪决定或重新按照普通程序处理。

（二）提请量刑建议的依法审查与适用

根据《试点办法》第 15 条的规定，量刑建议是控辩双方在审查起诉阶段自愿共同达成的意见，认罪认罚具结书的内容应具有相应的合法效力。尽管如此，被告人及其辩护律师在庭审阶段仍可以对量刑建议提出不同的意见，但并不等于不自愿认罪认罚，也并非意味着量刑建议与具结书失去法律效果，而是避免认罪认罚案件的庭审完全形同虚设，防止一旦认罪认罚且签署具结书就"一站到底"或形成隐形的绝对"一审制"效果，[1]间接剥夺被告人自我辩护的基本诉讼权利。辩护律师应当根据刑事诉讼法的规定，注重独立量刑辩护及其质量。

按照《试点办法》第 20 条的规定，人民法院依法作出判决时，一般应当采纳人民检察院指控的罪名和提出的量刑建议。但也有例外情形：一是符合第 20 条规定的五种例外情形；二是符合第 21 条规定的人民法院认为不当的情形。在此基础上，首先，辩护律师应当依法确认是否包括被告人不构成犯罪或者不应当追究刑事责任的、被告人违背意愿认罪认罚的、被告人否认指控的犯罪事实的、起诉指控的罪名与审理认定的罪名不一致的以及其他可能影响公正审判等情形。一经发现可能存在，应当及时告知，建议人民法院审查和纠正。其次，如果有理由认为量刑建议明显不公，被告人与辩护人可以对量刑建议提出异议，督促人民法院要求人民检察院调整量刑建议。人民检

---

〔1〕 陈瑞华："认罪认罚从宽制度的若干争议问题"，载《中国法学》2017 年第 1 期。

察院不同意调整量刑建议或者虽然调整量刑建议，但被告人、辩护人还不同意的，辩方仍可以提出异议，并请求人民法院应当依法作出更公正的判决。

（三）撤回认罪认罚与程序切换的辅助适用

当被追诉者撤回认罪认罚，意味着自愿性出现了问题。这是律师参与的主要领域，应当发挥法律帮助、外部监督以及正义维护等积极的作用。

1. 帮助被告人行使撤回权

被告人在审判阶段提出拟撤回认罪认罚的，辩护律师应当履行审慎的告知义务，既应当告知恶意撤回的法律后果，也应当认真听取被告人的说明。如果辩护律师认为，确实可能存在案件事实不清、证据不足等情形的，应当依法向检察机关说明，并及时告知同级的人民法院，主动弃用庭审突袭等违背程序正义的做法，避免影响诉讼效率和司法公正。

2. 审判程序的切换

犯罪嫌疑人、被告人撤回认罪认罚的，原则上终止已有的认罪认罚从宽程序，不再适用刑事速裁程序。进而，应当重新回转到简易程序或普通程序的：符合简易程序的，应当按照简易程序处理，但案件事实不清、证据不足的除外；需要按照普通程序审理的，应当重新侦查、审查起诉，而不能直接进入庭审程序。辩护律师应当告知被告人有关程序切换的内容及其后果。

3. 原有证据材料的合法性、有效性

犯罪嫌疑人、被告人撤回认罪认罚的，相应的口供不再继续作为证据材料，除非仍选择如实供述；通过认罪认罚获得物证、书证的，应当重新调查审查，符合条件的可以使用；通过认罪认罚获得的证人证言，不能直接使用，应当重新提取。侦查机关在程序回转后，恶意利用先前认罪认罚所获得的线索，其获得的有罪证据材料，明显对犯罪嫌疑人、被告人不公平的，是否使用应当由人民法院审查确定。对此，辩护律师应当依法发表意见。

（四）上诉权的保障

一般而言，被告人自愿认罪认罚的，同意检察机关的量刑建议并签署具结书的，法院也往往作出从宽处理，被告人理论上不会在判决生效后反悔，进而也就不存在上诉问题。但是，基于司法公正和保障被告人的上诉权利，实践中仍可能出现上诉的情形。对此，一方面，上诉权是基本的刑事诉讼权利，为了确保无辜的人不受到刑事责任的追究，应赋予被告人上诉权。[1]从而，避免认罪认罚从宽程序终结后在事实上变成一审终审制，剥夺被告人的合法权益。另一方面，为了防止滥用上诉权，导致案件反复审理、繁简分流与诉讼效率的落空，应当依法以书面形式阅卷或当面询问被告人并听取律师意见，审查案件事实、证据材料。确实属于案件事实不清、证据不足的，应当允许上诉，并根据需要决定是否开庭审理。此外，仍应坚持上诉不加刑原则，防止被告人因忌惮而不敢行使上诉权。

五、律师有效辩护的保障措施

认罪认罚从宽程序被极大地简化，相比于普通诉讼程序，客观上可能会压缩或限制了被追诉者的诉讼权利。律师参与并提供有效辩护，可以避免控辩双方力量失衡。应当通过提高律师辩护的有效性，营造更理性、更平等的实质控辩关系。[2]

（一）有效辩护观念及其导入

相比于不认罪认罚案件，认罪认罚案件的被追诉者之所以更需要有效辩护理念，来提供恰如其分的法律帮助与辩护，是因为自愿认罪认罚是以从宽的预期结果为前提的，而且这种由自愿认罪认罚到从宽的过程，是控辩双方协商的结果，也是诉讼合作的体现。在诉讼合作的语境下，有效辩护是非常重要的制度支撑。在认罪认罚案件中，存在三种诉讼合意：认罪合意、认罚合意及程序适用合意。合意的存在，是认罪认罚从宽案件程序简化的正当性基础。为了确保认罪认罚从宽案件中合意的有效性，被追诉人应当获得有效的律师帮助，继而为认罪认罚案件中的有效辩护问题提供更为坚实的理论支撑。显而易见的是，认罪认罚案件中有效辩护的实现应以落实值班律师制度为核心。[3]

与此同时，在认罪认罚案件中，有效辩护的内容及其表现形式，与不认

〔1〕 陈光中、马康："认罪认罚从宽制度若干重要问题探讨"，载《法学》2016年第8期。

〔2〕 艾文、张慧超："构建中国特色的认罪认罚从宽制度——专访中国政法大学诉讼法学研究院名誉院长、北京师范大学特聘教授樊崇义"，载《人民法治》2017年第1期。

〔3〕 贾志强："论'认罪认罚案件'中的有效辩护——以诉讼合意为视角"，载《政法论坛》2018年第2期。

罪认罚案件所对应的要求有所差异。认罪认罚从宽制度的广泛试点，客观上催生了刑事案件的两类分流，也即认罪认罚案件和不认罪认罚案件。无论是何种类型的案件，有效辩护的理念都应得到贯彻。在传统的不认罪认罚案件中，有效辩护强调被告方辩护权的充分保障和充分行使，即辩护的"充分性"；律师的辩护应当以定罪量刑问题为主线展开，同时也需进行程序性辩护并承担对权利进行救济的职责；辩护的重心在审判阶段，辩护方式较为激烈。相比之下，在认罪认罚案件中，由于诉讼流程明显加快，辩护空间缩小，有效辩护则更关注律师参与的实质效果，即辩护的"实效性"；必须通过律师在关键环节（如第一次讯问）、关键阶段（如审查起诉阶段）的参与，来保障犯罪嫌疑人、被告人认罪认罚的自愿性、真实性、明智性和合法性；辩护的重心前移至审前阶段，辩护方式较为温和。[1]这就比较清晰地表明了认罪认罚案件与不认罪认罚案件对辩护制度的依赖程度是有差异的，而且，对辩护权的行使、辩护方向的重点等具体方面也有不同的要求。进而，针对认罪认罚案件而言，也需要一套与之配套的、具有特殊性的辩护制度。

然而，试点中所反映的情况是，协商中存在控辩失衡问题，控诉方掌控协商话语权，被告方则明显处于被动和劣势地位。[2]因此，在试点中，以有效辩护为指导原则，在提高刑事辩护率的同时，建立一套旨在规范律师辩护质量的控制体系，是我国未来刑事辩护制度发展的方向。

（二）强制辩护制度与"全覆盖"探索

强制辩护是强化认罪认罚从宽案件不偏离司法正义轨道的有力措施，可以强制性地平衡控辩双方的力量。试点中的刑事辩护全覆盖具有积极的先行意义。

1. 强制辩护的引入

为了防止检察官滥用权力及无辜的被告违心认罪，许多国家都规定了认罪协商案件的强制辩护制度，力图保障律师的有效参与。英美法系部分国家设置强制辩护制度以提高认罪认罚的正当性问题。所谓强制辩护或必要的辩护，是指被告人必须有辩护人为其进行辩护，法庭审判活动方为合法有效的

---

〔1〕　熊秋红："'两种刑事诉讼程序'中的有效辩护"，载《法律适用》2018 年第 3 期。

〔2〕　曾亚："认罪认罚从宽制度中的控辩平衡问题研究"，载《中国刑事法杂志》2018 年第 3 期。

制度。[1]辩诉交易制度较为集中地体现了这一情况。与此同时，大陆法系国家在认罪协商程序中也往往为被追诉人提供免费的律师辩护。例如，《德国刑事诉讼法典》第418条规定："预计判处自由刑至少六个月的，对尚无辩护人的犯罪嫌疑人，就初级法院快速审理程序对其指定辩护人。"[2]又如，法国的被告人在庭前认罪答辩程序中不得放弃律师的参与、协助权。[3]这些规定都强调了辩护的不可或缺性。

基于我国控辩双方实力不均衡的现状，尤其是认罪认罚从宽制度极大地提高被告人的诉讼地位又同时显著地限制其行使诉讼权利，因此设置专门的强制辩护制度有其合理性和必要性。但是，贸然强制推行这一制度可能欲速则不达，因为现行的配套制度和措施仍不完善，包括辩护制度的规定不完善、律师辩护率偏低的现状等方面；而且，也可能与认罪认罚从宽制度重在追求诉讼效率的目标相背离，导致简化审的程序流畅性下降。

在认罪认罚从宽制度中，尽管犯罪嫌疑人、被告人的诉讼主体地位得到前所未有的提升，并可以独立地与检察机关进行协商。然而，这一切完全寄希望于被告人的自我努力是难以实现的，仍需依赖于辩护律师的有效参与，只有辩护律师全程提供有效的法律帮助，才能确保认罪认罚的自愿性，才能确保控辩的对等性，才能从根源上减少案件程序反转和防止冤假错案的发生。有观点认为，应当考虑在认罪认罚从宽制度中推行强制辩护，所有认罪认罚的案件都应被纳入法律援助的范畴，除非被告人明确表示反对，否则应一律提供法律援助，以保证辩护律师诉讼过程的全程有效参与及辩护。[4]从有效辩护的角度出发，为了弥补认罪认罚从宽案件中被追诉人权利受到极大限制及其可能带来的不对等性，强制辩护完美地填补了制度衔接不畅的缝隙。甚至有观点认为，强制辩护的缺失是我国无法引入辩诉交易制度的重要内因。[5]由此可见，对于认罪认罚从宽案件而言，有条件地设置强制辩护制度，是保障

---

〔1〕 张建伟："强制辩护：一项势在必行的制度"，载《中国司法》2010年第2期。

〔2〕 《德国刑事诉讼法典》，岳礼玲译，中国检察出版社2016年版，第154页。

〔3〕 吕天奇、贺英豪："法国庭前认罪协商程序之借鉴"，载《国家检察官学院学报》2017年第1期。

〔4〕 叶青、吴思远："认罪认罚从宽制度的逻辑展开"，载《国家检察官学院学报》2017年第1期。

〔5〕 张建伟："认罪认罚从宽处理：内涵解读与技术分析"，载《法律适用》2016年第11期。

这类简化程序不偏离司法正义的重要举措。

然而，按照《刑事诉讼法》（2018 年修正）对辩护制度的规定，除了任意的委托辩护和自我辩护外，主要是第 33 条规定的强制性指定的法律援助辩护，但限于三种特定情形，适用范围过于狭窄，适用标准其实也不太明确，相应的人力、财力等支持力度也不到位。因此，虽然我国的强制性指定法律援助辩护具有一定的强制辩护效果，却缺乏即刻增设强制辩护制度的建立基础。尽管如此，认罪认罚从宽制度是试验性司法，可以采取一些变通措施：一是可以探讨侦查讯问阶段律师在场的可行性，明确认罪认罚制度中律师向犯罪嫌疑人、被告人核实证据材料的法定限度，并探索拓展阅卷、调查取证权限的可行性，间接起到一定的强制辩护效果，为建立律师强制辩护制度奠定必要的基础。二是可以在有条件的地区试行所有认罪认罚案件的法定指定辩护制度，[1]通过无差别的指定辩护制度，间接起到强制辩护的效果。特别是在犯罪嫌疑人、被告人明确准备表达认罪认罚的意愿时，侦查机关、公诉机关和法院应及时指定法律援助的值班律师，在得到犯罪嫌疑人、被告人的确认后，便可以获得辩护律师的身份和行使辩护律师的权利。

2. 刑事辩护的全覆盖

2017 年 10 月，最高人民法院、司法部联合发布《关于开展刑事案件律师辩护全覆盖试点工作的办法》（以下简称《律师辩护全覆盖》），旨在推进以审判为中心的刑事诉讼制度改革，加强人权司法保障，促进司法公正，充分发挥律师在刑事案件审判中的辩护作用，开展刑事案件审判阶段律师辩护全覆盖试点工作。而且，最高人民法院、司法部在 2019 年发布的《关于扩大刑事案件律师辩护全覆盖试点范围的通知》，充分肯定了过去两年的试点工作，并全部推开试点。

《律帅辩护全覆盖》第 1 条规定，被告人有权获得辩护。人民法院、司法行政机关应当保障被告人及其辩护律师依法享有的辩护权和其他诉讼权利。据此，这一规定在相当程度上确立了被告人获得辩护是一种诉讼权利，同时也为强制辩护提供了相应的土壤。而这正是在审判阶段推行律师辩护全覆盖的理据所在。

《律师辩护全覆盖》第 2 条规定，被告人除自己行使辩护权外，有权委托

---

〔1〕　胡铭："认罪协商程序：模式、问题与底线"，载《法学》2017 年第 1 期。

律师作为辩护人。被告人具有《刑事诉讼法》第 34 条、第 267 条规定的应当通知辩护情形，没有委托辩护人的，人民法院应当通知法律援助机构指派律师为其提供辩护。除前款规定外，其他适用普通程序审理的一审案件、二审案件、按照审判监督程序审理的案件，被告人没有委托辩护人的，人民法院应当通知法律援助机构指派律师为其提供辩护。适用简易程序、速裁程序审理的案件，被告人没有辩护人的，人民法院应当通知法律援助机构派驻的值班律师为其提供法律帮助。在法律援助机构指派的律师或者被告人委托的律师为被告人提供辩护前，被告人及其近亲属可以提出法律帮助请求，人民法院应当通知法律援助机构派驻的值班律师为其提供法律帮助。可见，这条规定对实现审判阶段的辩护全覆盖具有举足轻重的作用。它不仅弥补了强制性法律援助制度原有的空缺，也对刑事速裁、认罪认罚从宽制度作出了具体规定，还对审判全流程的辩护全覆盖作出了规定。

《律师辩护全覆盖》第 13 条规定，人民法院应当依法保障辩护律师的知情权、申请权、申诉权，以及会见、阅卷、收集证据和发问、质证、辩论等方面的执业权利，为辩护律师履行职责，包括查阅、摘抄、复制案卷材料等提供便利。由此，为辩护律师实现有效辩护提供了基础和前提，也是辩护全覆盖的初衷所在。

关于辩护律师全覆盖的推进，有观点认为，应当考虑将刑事辩护援助范围扩大至适用简易程序审理中可能判处 3 年以上有期徒刑的案件；加强法律援助的资金保障、创新刑事辩护法律援助模式并完善援助质量监督体系。同时，鉴于死刑案件的重大性，在死刑复核程序中必须为被告人提供全覆盖的刑事辩护法律援助，而且必须保证援助律师高质量的有效介入。[1]果真如此，无疑是我国辩护制度的重要发展，对提高律师辩护率与强化律师辩护效果具有积极的意义；而"全覆盖"在范围上的拓宽，也进一步为强制辩护制度的中国化提供更宽广的试点空间。

（三）法律援助制度的延展

在现代法治体系中，法律援助是指国家建立的通过为经济困难或特殊案件的当事人提供无偿的法律服务，以切实保障个人平等享有法律赋予的各项

---

〔1〕 陈光中、张益南："推进刑事辩护法律援助全覆盖问题之探讨"，载《法学杂志》2018 年第 3 期。

权利和利益的基本法律制度。作为"法律面前人人平等"宪法原则的保障性制度，法律援助制度有助于实现实质意义上的法律平等，旨在让经济困难的当事人和特殊案件的当事人享有同等的法律保护。当前，进一步推进以审判为中心的刑事诉讼制度改革，必须以不断提高法律援助律师的辩护质量为前提。在现代司法制度下，法庭审理是控、辩、审三方共同参与的司法裁判活动。现代刑事诉讼理论认为，律师帮助权是犯罪嫌疑人、被告人的一项宪法性基本权利，是公正审判不可或缺的基本要素。没有辩护律师的参与，往往是一种不公正的审判。然而，实证数据表明，在我国司法实践中，有相当部分的刑事案件根本没有辩护律师的参与。[1]

根据《刑事诉讼法》（2018 年修正）第 35 条规定，犯罪嫌疑人、被告人因经济困难或者其他原因没有委托辩护人的，本人及其近亲属可以向法律援助机构提出申请。对符合法律援助条件的，法律援助机构应当指派律师为其提供辩护。犯罪嫌疑人、被告人是盲、聋、哑人，或者是尚未完全丧失辨认或者控制自己行为能力的精神病人，没有委托辩护人的，人民法院、人民检察院和公安机关应当通知法律援助机构指派律师为其提供辩护。犯罪嫌疑人、被告人可能被判处无期徒刑、死刑，没有委托辩护人的，人民法院、人民检察院和公安机关应当通知法律援助机构指派律师为其提供辩护。这对刑事案件中的法律援助制度作出了基本规定，其中，第 1 款规定了犯罪嫌疑人、被告人可以申请法律援助的情形与条件，第 2 款与第 3 款则规定了强制性的指定法律援助辩护的情形与条件。

由此，我国强制性的指定法律援助辩护并非域外的强制辩护制度。而且，认罪认罚从宽制度对应的法律援助制度并不健全，实践中认罪认罚从宽案件的犯罪嫌疑人、被告人获得法律援助的比例也偏低。因而，应当通过完善我国法律援助制度，尤其应扩大法律援助的覆盖面，提高律师参与的质量和效果。

例如，有观点认为，根据党的十八届四中全会"扩大法律援助范围"的精神，可以将所有认罪认罚案件都纳入到法律援助范围，并借此有效改善辩护律师参与刑事案件比率较低的现象。[2]目前，未能委托辩护律师、未获得

---

[1]　吴宏耀："补齐'短板'推进法律援助立法"，载《检察日报》2018 年 3 月 5 日，第 3 版。
[2]　陈光中："认罪认罚从宽制度实施问题研究"，载《法律适用》2016 年第 10 期。

法律援助的犯罪嫌疑人、被告人，实质上处在"有效辩护"的绝对空白地带。因此，对于无力委托辩护人的被告人，应当拓展法律援助制度的适用范围，一律指派法律援助律师进行辩护，这是保证被告人自愿认罪的基本措施，也是目前最有效和经济的做法。从完善试点探索的角度看，尤其应细化法律援助指派制度，提高法律援助案件办理的专业化水平，健全法律援助案件质量评估制度，提高法律援助质量。

目前，一些试点城市也开始探索辐射面更广的法律援助制度。比如，广州市海珠区人民法院与区人民检察院、司法局经协商，决定对因经济困难未聘请律师的被告人，无需由被告人提供相关证明材料，由法院在案卷材料、被告人个人身份及结合被告人的日常生活消费等情况综合考量后，直接通过司法行政部门指定法律援助律师参与辩护。[1]此举仍在《刑事诉讼法》规定的范围内，认罪认罚从宽案件法律援助的覆盖面尚未得到"普及"。再如，上海市崇明区法律援助中心拟定《刑事案件认罪认罚从宽法律援助工作机制》，初步形成严密的保障机制。但值班律师提供法律援助的内容具有一定的限定性，律师全程参与、强制辩护的效果欠佳。

（四）由控辩对立到控辩合意的思维转变

对抗模式重视正当法律程序，依赖控辩双方的言词辩论与对证人的交叉询问，强化检察官和辩护律师的对抗，法官的角色被设计为消极中立。一直以来，"对抗制/非对抗制度"模式被作为分析刑事诉讼中控辩审三方关系的经典理论模型。但是，对抗制容易造成刑事诉讼中检察官与律师伦理定位上的不当，并且与现实有所脱节。事实上，控辩双方既存在对抗，也存在合作。控辩双方应当突破"角色伦理"的束缚，达成伦理共识，实现理性对抗和良性合作。[2]尽管控辩合作对于纠纷的解决和社会关系的恢复，显然是现实的和功利的，但也应当坚持平等、自愿、诚信、合意、互利等原则，如此促进诉讼合作诉讼关系的和谐发展。[3]

---

〔1〕 黄洋洋、许文楚："广州海珠司法部门联合规范适用认罪认罚从宽制度"，载《人民法院报》2017 年 3 月 24 日，第 6 版。

〔2〕 甄贞、卢少锋："控辩对抗、底线伦理及合作规制——基于诉讼模式的伦理反思"，载《河南社会科学》2014 年第 6 期。

〔3〕 冀祥德："和谐社会语境下的控辩平等——以构建平等合作诉讼模式为中心的研究"，载《法学家》2008 年第 3 期。

在实践中，长期以来，由于诉讼活动的对抗性，控辩双方的对立性既是刑事诉讼的必然现象，也是辩护律师履行辩护职责和维护犯罪嫌疑人、被告人合法权益的重要体现。在实践中，对辩护律师进行有罪辩护存在一些偏见，诸如有"认罪是认输""认罪是无能"等不当认识，使控辩对立性持续加剧，控辩的合意性成为"稀缺物"，控辩的诉讼突袭、死磕等异化现象常见报端。辩护律师主动寻找合作、控辩协商思维与努力无形中被弱化和压制。然而，控辩协商意识和观念是认罪认罚从宽制度运行的基础，直接决定控辩协商的合意通道是否顺利启动和运作。应当树立从控辩对立到控辩合意的诉讼思维转变，奠定具有共识性的控辩协商理念，控辩双方均要树立"刑事辩护权是被追诉者的人权的必要延伸"的观念，形成"对抗不对立，交锋不交恶，质证而不争执"的良性互动关系。[1]这也要求在认罪认罚从宽制度的新背景下，进一步建构更和谐的职业共同体关系，[2]辩护律师与公诉人之间在职业层面不是对立的，而是可以通过协作来实现更好的结果。

当前，在认罪认罚从宽程序中，控辩合意已经从庭审中心前移到审查起诉阶段，并主要表现为认罪认罚基础上的量刑协商。相比于以往不认罪认罚案件适用普通程序，辩护律师在审查起诉阶段的作用被极大提高，但也被赋予重任。辩护律师应当积极围绕犯罪嫌疑人是否自愿认罪认罚作为法律服务的中心，不僭越犯罪嫌疑人、被告人的主体地位，[3]充分履行释法义务，认真提示和鼓励犯罪嫌疑人积极悔罪、积极赔偿并征得被害人的谅解，并对量刑建议的合理性提出独立的辩护意见和发挥法定的监督作用。如果犯罪嫌疑人、被告人与辩护律师存在重大意见分歧，尤其出现"辩护冲突"时，也即对是否采取认罪认罚获得从宽处理还是坚持无罪（罪轻）辩护，应当在法律限度内以尊重被追诉者的意愿为主。对于犯罪嫌疑人、被告人不认罪认罚的，辩护律师应当遵从，但如果辩护律师发现可能存在无罪证据等特殊情形时，应当独立行使辩护权；对于犯罪嫌疑人、被告人自愿认罪认罚的，辩护律师应当在充分行使法律帮助或辩护的前提下予以配合。

---

〔1〕 卫跃宁："庭审实质化的检察进路"，载《中国政法大学学报》2016年第6期。

〔2〕 张耀湘："认罪认罚从宽视野下的控辩关系"，载《东南大学学报（哲学社会科学版）》2018年第3期。

〔3〕 祁建建：""认罪认罚从宽制度中的律师"研讨会综述"，载《中国司法》2016年第7期。

（五）辩护重心的审前化动向

审前阶段主要包括立案侦查和审查起诉两个环节，广义的控方包括公安机关与检察机关。在不认罪认罚案件中，辩护的重点通常放在庭审阶段。这既是以审判为中心的诉讼改革的反映，也是审前阶段的辩护不足所致，特别在侦查阶段体现得尤为明显。尽管 2012 年修改《刑事诉讼法》时，已经将辩护前移到侦查阶段，但仍存在辩护不足等严峻问题。与此同时，在审查起诉阶段，会见难等问题仍未得到很好的解决，诉讼对抗色彩浓重，控辩合作意识不足。在此背景下，审前的有效辩护在很大程度上是一个短板。然而，这种局面，对认罪认罚从宽案件的负面作用更大。在认罪认罚从宽案件中，基于被追诉者的自愿认罪认罚行为，使得诉讼权利有所丧失，控辩对抗有所失衡；同时，控辩的量刑协商是整个制度推进的关键节点，控辩的量刑协商必须是控辩自愿平等进行的，但现实情况是被追诉者放弃了部分诉讼权利。因此，如果在审查起诉阶段，辩护律师不充分参与，则可能直接影响自愿性的审查、对等性的控辩协商等环节的顺利推进。

认罪认罚从宽制度是典型的审前分流机制，[1]也即通过庭审前自愿认罪认罚、量刑协商以及从宽的具结等，来减少庭审任务和提高诉讼效率。在此基础上，对于认罪认罚案件，人民法院一般应当采纳人民检察院指控的罪名和量刑建议。而且依据《试点办法》的规定，基层人民法院管辖的可能判处三年以下有期徒刑的案件，都可以适用刑事速裁程序，因此，对适用刑事速裁程序的案件，不仅送达期限不受刑事诉讼法规定的限制，而且不进行法庭调查、法庭辩论。这就意味着不少案件的辩护，在审查起诉阶段就已经结束，最终结果已基本锁定，只是等待法院的确认。这也就意味着律师在很多案件上，辩护的重心由法庭审理阶段向审查起诉阶段位移，从如何说服法官变成如何说服检察官接受己方意见。因此，在刑事认罪协商理念的前提下，基于自愿认罪认罚，律师参与辩护的重心变成了审查起诉阶段，也一并延伸到侦查阶段。这也是诉讼合作理念的必然结果。而且，根据刑法和刑事诉讼法的规定，在认罪认罚从宽案件的审前阶段，辩护律师可以在变更羁押措施、不

---

〔1〕 陈伟、霍俊阁："认罪认罚审前分流的制度优化"，载《新疆社会科学》2018 年第 4 期。

起诉、撤销案件、量刑协商等方面为被追诉者争取"从宽"。[1]而且，这些辩护内容，不仅直接左右"认罪认罚自愿性"条件的依法客观存在，也对审判机关的庭审，尤其对"从宽"具有重大的影响。

---

[1]　肖璐："认罪认罚从宽制度之律师辩护"，载《郑州大学学报（哲学社会科学版）》2017年第 4 期。

第九章

认罪认罚案件量刑的智能精准预测知识之前瞻

一、问题的提出

认罪认罚案件与不认罪认罚案件的程序繁简分流早已有之,《刑事诉讼法》（2018 年修正）予以规范化、正式化。该法第 15 条规定,犯罪嫌疑人、被告人自愿如实供述自己的罪行,承认指控的犯罪事实,愿意接受处罚的,可以依法从宽处理。这要求应当转变办案理念与方式。在全面实施的背景下,认罪认罚案件的数量占比不断攀升,成为最主要的办案对象。在自愿认罪认罚的前提下,定罪基本无争议或已解决,主要通过程序确认"有罪"。由此,通过量刑从宽协商机制提出科学的量刑建议成为重中之重。[1]第 176 条第 2款明确规定,犯罪嫌疑人认罪认罚的,人民检察院应就主刑、附加刑,是否适用缓刑等提出量刑建议。第 201 条规定,除非明显不当,人民法院一般应当采纳人民检察院的量刑建议。通过立法明确了检察机关作为认罪认罚案件的主导实施机关,也提出明确的法律依据与办案要求,更对检察机关的量刑建议能力提升与量刑工作改革等提出更高的要求,今后应提出精准且明确的量刑建议。[2]同时,签署的具结书及量刑建议的合法性,也成为人民法院庭审的新对象。[3]由此决定,科学开展量刑协商、精准提出正当的量刑建议,是当前办案质量的核心考核标准。进而,更要求检察机关与人民法院共同围绕认罪认罚案件的量刑建议展开工作,在一般应当采纳与明显不当之间,竭力寻求统一的量刑标准,提高办案效率与质量。随着认罪认罚案件基数与占

〔1〕 陈瑞华:"刑事诉讼的公力合作模式——量刑协商制度在中国的兴起",载《法学论坛》2019 年第 4 期。

〔2〕 刘卉:"确定刑:认罪认罚从宽制度下量刑建议精准化之方向",载《检察日报》2019 年 7月 29 日,第 3 版。

〔3〕 樊崇义:"2018 年《刑事诉讼法》最新修改解读",载《中国法律评论》2018 年第 6 期。

比急速攀升，必须建立高效的量刑从宽协商机制。智能精准预测量刑问题由此应运而生，也必然成为认罪认罚办案机制的新生力量。

2019 年 2 月 28 日，最高人民法院《关于深化人民法院司法体制综合配套改革的意见——人民法院第五个五年改革纲要（2019—2023）》明确指出，要加强智能辅助办案系统建设，建设智能辅助审判系统，完善类案推送、结果比对、数据分析、瑕疵提示等功能，促进裁判尺度的统一，提高审判的质效。[1]2019 年 7 月 12 日，最高人民法院院长周强在世界互联网大会智慧法院暨网络法治论坛上指出，信息技术推动司法的现代化，研发与应用各类人工智能办案辅助平台，利用大数据对案件进行标准化认定，可以推进司法公正。[2]这充分说明人民法院高度重视智能审判辅助系统建设[3]，而刑事审判领域针对认罪认罚案件的智能办案是热点与难点所在。为了贯彻落实《刑事诉讼法》（2018 年修正）的相关规定，深入推进量刑建议工作的有效开展，2019 年 4 月 12 日，全国检察机关贯彻落实认罪认罚从宽制度电视电话会议强调，进一步细化常见罪名量刑标准，加强量刑规范化建设。[4]2019 年 4 月 28 日，全国检察机关"量刑建议精准化、规范化、智能化"网络培训要求，各级检察机关要切实重视量刑建议工作的重要性，切实承担定罪和量刑的主导责任，加快全面提升检察官量刑建议的能力和水平。特别明确要求充分发挥大数据智能辅助系统的作用，通过大数据、智能化与检察工作的结合，有效提升量刑建议的精准度，充分论证并适时组织研发可以普遍适用的量刑建议辅助系统。[5]这明确提出了认罪认罚案件量刑智能化改革的探索方向。目前，认罪认罚案件智能量刑预测辅助办案系统已经开始上线试用。例如，由广东博维创远科技有限公司研发与设计的"小包公"智能定罪与量刑系统，对认罪认罚案件具备强大的智能精准预测量刑功能，能够更好地推进量刑规范化改革，

---

〔1〕 扬凡："建设智慧法院为司改注入新动能"，载《人民法院报》2019 年 7 月 13 日，第 2 版。

〔2〕 徐娟："让智慧法院为法治中国建设加速"，载《人民法院报》2019 年 7 月 12 日，第 2 版。

〔3〕 周佑勇："智能技术驱动下的诉讼服务问题及其应对之策"，载《东方法学》2019 年第 5 期。

〔4〕 戴佳："把认罪认罚从宽制度落实到具体案件中"，载《检察日报》2019 年 4 月 15 日，第 1 版。

〔5〕 史兆琨："深入推进量刑建议工作有效开展"，载《检察日报》2019 年 4 月 29 日，第 1 版。

已在全国 200 多个法院或检察院得到使用或试用，试运行效果良好。〔1〕由此可见，大数据与人工智能技术的结合，可以智能抓取相关量刑情节，进行数据归纳、分析，智能输出预测刑期。未来的量刑活动，特别是认罪认罚案件的量刑，借助大数据智能辅助办案系统，可以提升量刑建议的精准度。〔2〕在全面实施阶段，认罪认罚案件数量高居不下，案多人少的压力持续增量，量刑从宽协商、量刑建议的精准化成为办案的重点与难点，继续导入创新性的高效司法供给制度，人工智能进入刑事司法，特别是量刑预测领域的未来尤为可期。当前，对认罪认罚案件智能预测量刑的理论体系、原理构造等研究相对滞后，理论指导实践的效能不足，亟待扭转与释明。

二、认罪认罚案件智能预测量刑的现实意义

在全面实施的背景下，独立的认罪认罚案件办案机制正在加速摸索与形成阶段，但也面临着更复杂的公正与效率之博弈等问题。因定罪问题基本解决，办案机关转而需要着力解决量刑从宽协商的公正性，但检察机关量刑建议能力的积累与培养相对不足，迫切需要通过量刑建议辅助系统实现"弯道超车"。智能预测量刑辅助办案系统应有一席之地，可以发挥提高量刑建议精准化与效率等积极作用。

（一）量刑建议核心地位的司法供给瓶颈与制度性消解

在传统的不认罪认罚案件中，定罪量刑是既定的核心司法活动，其中，定罪是量刑的前提，甚至在实践中异化为"重定罪、轻量刑"的不良倾向。在认罪认罚案件中，定罪问题基本已经解决或无争议，量刑协商及量刑建议等成为焦点。这不仅要求革新认罪认罚案件的办案方式，更要求围绕量刑建议摸索更高效的应对办法。但现实情况是，针对量刑建议的核心办案任务，当前的司法供给制度明显滞后。这要求从办案思维、司法理念以及技术方法层面，创新性地超越已有窠臼。从人工智能技术的刑事司法化潜质与意义看，这是值得信赖的制度性消极路径。

---

〔1〕 樊崇义："关于认罪认罚中量刑建议的几个问题"，载《检察日报》2019 年 7 月 15 日，第 2 版。

〔2〕 苗生明："认罪认罚量刑建议精准化的理解与把握"，载《检察日报》2019 年 7 月 29 日，第 3 版。

1. 遏制量刑从宽协商机制贯彻诉讼合作理念的乏能现象

长期以来，我国刑事司法片面强调控辩对抗，忽略控辩合作。试点经验已经证明，犯罪嫌疑人、被告人自愿认罪认罚的，控辩之间对抗的法律前提已然消失，可以通过合作、协商的模式获取最大利益。[1]《刑事诉讼法》（2018 年修正）具体规定了适用条件、办理程序、权益保障等内容，为认罪认罚案件的依法从宽处理提供了基本遵循。认罪认罚从宽制度直接推动我国刑事诉讼结构的深度调整，确立了与"对抗模式"不同的"合作模式"之图景。而速裁程序的正式入法，与普通程序、简易程序构建了多元化、多层次的诉讼程序，使诉讼合作已经具备程序基础。借此，实质启动繁简分流的多层次诉讼制度体系之构建。刑事诉讼结构、诉讼理念的重大转变，不仅冲击传统的不认罪认罚案件的办案机制，也要求为认罪认罚案件设计相对独立的办案模式，凸显了司法合作的精神，以满足量刑从宽协商的新需求。在认罪认罚案件中，控辩量刑从宽协商具有合法性与必要性，量刑协商机制成为认罪认罚案件中的常态性活动。检察机关如何主导量刑协商、科学提出精准的量刑建议更是至关重要的新任务；否则，在认罪认罚案件中，诉讼合作理念难以获得实质发展，甚至可能流于形式，更遑论真正提升司法效率。

在量刑从宽协商具有合法性的前提下，必然要求对量刑协商的程序性内容进行优化，通过实质协商、说理机制等内容，确保量刑建议的提出具有合法性与正当性。这进一步要求办案机关拓展业务升级思路，加大辅助措施的配套力度。既要确保量刑建议的司法公正性，也要契合程序简化与提高效率的基本追求。但显而易见的是，量刑从宽协商机制的羸弱，使其不足以充分贯彻诉讼合作理念。为了使认罪认罚案件的量刑从宽协商机制得以充实与具化，不仅需要借鉴传统诉讼协商的基本理念与做法，更需要谋求中立性、客观性、高效性的协商平台。最为关键的是，量刑从宽协商机制需要契合认罪认罚案件属性的配套措施予以顺利"落地"，由此可以做到更公正的量刑。智能技术的导入与应用于量刑从宽协商机制及其量刑建议的商定，可以发挥第三方中立的"参考""建议"与"监督"作用。

---

〔1〕　樊崇义："2018 年《刑事诉讼法》修改重点与展望"，载《国家检察官学院学报》2019 年第 1 期。

2. 有效应对"无定罪、重量刑"格局触发的量刑建议之质量困题

在传统的报应性司法模式中，罪行是前提。定罪是极其重要的司法活动，不仅决定行为人是否构成犯罪，也决定刑罚处罚的内容。[1]它集中表现为：一是适用普通诉讼程序。基于对抗式的诉讼结构与诉讼原理，程序不能被简化，以达到"法律真实"的目的。二是法定的证明标准与严格证明方式。必须按照法定的证据制度、证据类型，根据法定的证明标准，通常遵照严格证明，实现排除合理怀疑的内心确认。三是定罪的不可动摇性。定罪活动具有不可替代性、不可省略性、不可交易性或柔化性，以及严格的程序性与结果的法定性、仪式性、程序性、权威性等。这是传统不认罪认罚案件最核心的司法特征，往往导致量刑的地位被弱化。

在正式立法化后，作为一项基本的刑事诉讼制度，使认罪认罚案件成为一类完全独立的案件类型。在认罪认罚案件中，传统报应性司法模式明显"瘦身"。特别是自愿认罪认罚的行为，不仅使定罪活动的法定性得以柔化，也使传统定罪活动基本得以解决或无争议，更使最具争议与复杂的问题得以消解。围绕定罪的重要性及其衍生的法律真实、繁琐的程序等传统问题也被"简化"，形成了"无定罪、重量刑"的办案特征。在程序简化的前提下，通过量刑从宽协商达成量刑建议的合意，是办案质量的核心检验标准。只有提出精准的量刑建议，才能确保量刑合意的采纳率。这对量刑建议提出极高的办案要求，必须质量与效率并重。但是，量刑本不是刑事司法的"显学"。精准量刑作为办案质量的指标系数，无疑给办案机关提出全新的课题。为了实现"精准"目标，不能固守现有的司法经验与做法，更应当立足认罪认罚案件的特性，特别是借助技术方法予以疏解。人工智能技术导入量刑活动，可以在一定条件下超越人脑的智力极限，通过对司法大数据的规模性分析、算法的精准运算等，达到提高量刑协商效率与质量之目的。

3. 扭转司法支撑量刑从宽之终极归宿的滞后隐忧

基于自愿认罪认罚是适用条件与前提，认罪认罚也是"从宽处理"的逻辑起点，但量刑从宽处理是司法层面的法律后果与终极归宿。只要解决了自愿性、真实性、明智性问题，就可以进一步启动量刑从宽协商，逐步达成量刑合意、签署具结书、提出量刑建议等。由此，认罪认罚从宽制度宣告了中

---

[1] 孙道萃：《罪责刑关系论》，法律出版社 2015 年版，第 1~30 页。

国特色的认罪认罚从宽控辩协商制度及其诉讼合作程序的形成，必然打破既有的司法思维定势。

"从宽处理"包括实体从宽和程序从宽。实体从宽是指适度的量刑减让，程序从宽包括适用较轻缓的强制措施、简化诉讼程序、作出轻缓的程序性处理等。在如何实现"从宽处理"的办案任务中，量刑从宽协商、提出精准的量刑建议、签署具结书以及一般应当采纳等，是基本的实施要素与指标体系。[1]从个案正义看，量刑从宽协商的过程与量刑建议的合意结果都非常重要，不仅关系到实体裁判的准确性与合法性，也具有程序正义的重大赋能意义。量刑建议的精准与科学之要求，是在诉讼简化的理念下，强调在诉讼效率层面减少当事人的诉累。在量刑环节提高效率，其思路不同于定罪问题，也要结合认罪认罚案件的属性。既要确保量刑从宽协商的实体正义与程序正义，也要在办案方式、方法上进行创新。其核心诉求就是，在有限的司法资源下，以更高效的方式，满足量刑从宽的公正性。智能技术的优势一旦投放至认罪认罚案件的量刑活动，则可以实现上述构想。

（二）"案多人少"矛盾与量刑建议协商效率之功能导向的呼应

在全面实施阶段，认罪认罚案件数量急速攀升，案多人少的矛盾有增无减。对高度"类案化"的认罪认罚案件，应探索类型化的高效办案机制。特别对量刑协商及量刑意见的提出，探索类型化、集约化办案方式，有助于提高办案效率。

1. 案件结构与办案任务亟待智能技术的高效疏导

从试点以及目前发展的情况来看，认罪认罚案件在全部刑事案件中的占比很高，且一直处于高度递增状态，并以轻罪案件为主。这是较为特殊的案件结构与类型，预示着办案对象、任务与指标的应然变动。具体而言：（1）认罪认罚案件的权重大。从试点开始到 2017 年 11 月底，18 个试点地区共确定试点法院、检察院各 281 个，适用认罪认罚从宽制度审结的刑事案件共 91 121 件、涉及 103 496 人，占试点法院同期审结刑事案件的 45%。[2]而从试点开始至

---

〔1〕　樊崇义："刑事诉讼法修改的重点难点问题解读"，载《法律适用》2019 年第 3 期。

〔2〕　周强："关于在部分地区开展刑事案件认罪认罚从宽制度试点工作情况的中期报告——2017年 12 月 23 日在第十二届全国人民代表大会常务委员会第三十一次会议上"，载《人民法院报》2017年 12 月 24 日，第 1 版。

2018 年 10 月，试点地区适用认罪认罚从宽制度起诉的案件数，占同期起诉刑事案件总数的 50% 左右。[1]试点至今，认罪认罚案件的占比与权重稳步增长。在全面实施阶段，可能达到 80% 以上。这使办理认罪认罚案件的司法压力激增。（2）认罪认罚案件以 3 年以下有期徒刑的轻罪为主。其表现为：一是以速裁程序与简易程序为主、适用普通程序为辅。从试点情况看，适用速裁程序、简易程序审理的，分别占全部认罪认罚案件的 65.48%、26.63%，占全部认罪认罚案件的 92.11%；适用普通程序审理的案件，仅占全部认罪认罚案件的 8.19%，全国仅有 17 个中院进行试点。[2]二是重罪的适用。目前，主要将轻罪案件作为认罪认罚从宽制度的重要适用对象，对于重罪案件，尤其是可能判处无期徒刑以上刑罚的案件，在适用该制度上仍采取偏于保守的态度。[3]

由此可见，在全面实施阶段，"案多"的问题正在加速形成，对司法效率提出了更高的新要求。而且，认罪认罚案件以轻罪为主，可能判处 3 年以下有期徒刑的案件可能接近 80%。司法机关面临解决好大规模、类型化的量刑建议之需求，提高量刑活动的司法效率与质量无疑是迫切的任务。这需要针对认罪认罚案件探索相对独立的办案机制，特别是围绕量刑建议摸索高效的办案方式。但完全依靠司法人员的有限精力及其个体性、经验式量刑做法等显然不够，与案多人少的现实矛盾相悖，通过引入大数据、人工智能技术等司法辅助措施是可取之路。

2. 通过人工智能提升量刑建议协商效率的方法论转向

在全面贯彻实施阶段，自愿认罪认罚的行为，实质地消解了定罪活动的地位与意义。虽然诉讼程序出现了极大的简化，但认罪认罚案件的办案压力尤为凸显。

即使如此，基于认罪认罚案件的一般规律，在量刑协商上，对司法效率也提出更高的要求。因为程序的简化，不能以程序正义的塌陷为代价。审前阶段成为案件办理的核心，检察机关起主导的作用。[4]对于认罪认罚案件，

---

〔1〕 胡云腾：《认罪认罚从宽制度的理解与适用》，人民法院出版社 2018 年版，第 271 页。

〔2〕 胡云腾：《认罪认罚从宽制度的理解与适用》，人民法院出版社 2018 年版，第 271 页。

〔3〕 苗生明、卢楠："重罪案件适用认罪认罚从宽制度的理论与实践"，载《人民检察》2018 年第 17 期。

〔4〕 朱孝清："检察机关在认罪认罚从宽制度中的地位和作用"，载《检察日报》2019 年 5 月 13 日，第 3 版。

自愿性的审查以及量刑建议的实质判断，是最重要的全新的审理对象，使程序的全程简化成为必然。[1]例如，速裁程序由一人独任审判、不受送达期限的限制、不进行法庭调查和法庭辩论等。程序简化必然改变检察机关的公诉模式与法院的审判方式，但人权保障的任务未变，在自愿认罪认罚的前提下，办案机关的司法责任更繁重。

犯罪嫌疑人、被告人自愿认罪认罚的，意味着放弃非常重要的诉讼权利，处于更不均衡的诉讼状态。司法公正的终极诉求从未动摇，加强人权保障是全面实施认罪认罚从宽制度的终极追求，并显得更为迫切。特别是在程序简化的大前提下，必然对诉讼效率提出更新、更高的要求。在司法方法论层面，办案机关需要及时供给高效的正义保障机制。面对"案多人少"的情况，运用人工智能技术解放生产力，将有限的司法资源投入量刑建议环节，有助于确保量刑建议的质量。

（三）量刑从宽协商正当化与量刑建议精准的智能供给契机

审查起诉阶段的控辩协商是最核心的一环。不仅决定量刑从宽的协商过程与实际结果，也决定量刑建议的合意是否最终可以实现预期目的。从控辩审三方看，都必须围绕量刑建议的精准性与公正性展开，从而真正实现简化审与提高效率。因此，围绕量刑建议之核心办案工作，必须挖掘高效、精准的实现方式或途径。通过导入人工智能技术及其算法能力，可以促进传统量刑活动更接近正义的要求。

1. 智能辅助系统达致量刑从宽协商说理的正当性释明

《刑事诉讼法》（2018 年修正）第 15 条规定，认罪认罚的，"可以从宽处理"。但从宽幅度的具体把握是难题。个案情节千差万别，统一划定标准不现实，也不科学。这要求检察机关在提出量刑建议时，必须强化说理机制，为量刑从宽协商注入"释法"的正能量，明确阐明量刑建议的合法性、正当性、精准性的法理基础、法律依据、司法经验等。否则，量刑从宽协商机制容易"徒有其表"，在实体层面、程序层面容易流于形式。"可视化"的公开量刑说理机制，直接决定量刑建议的"合意"程度，也是办案机关，特别是检察机关的办案着力点。

---

〔1〕 杨立新："认罪认罚从宽制度核心要素解读"，载《中国检察官》2019 年第 1 期。

同时，审查起诉阶段是关键环节，犯罪嫌疑人自愿认罪认罚后，与检察机关达成量刑从宽合意，根据量刑建议签署具结书。为了维护控辩双方协商过程、具结书签署及其量刑意见的稳定性与权威性，应赋予量刑意见一定的强制效力，维护具结书的有效性。具结书具有一定的强制性效力，意味着法院一般应采纳量刑建议。但是，从尊重和维护审判机关的裁判权来看，法官拥有最终的决定权，可以依法调整量刑建议。这意味着法检两家在量刑意见上"不一致"的问题日渐凸显。量刑协商的质量与效果，决定了审判阶段的从宽处理效果。量刑建议作为量刑从宽协商的结果载体，其规范性、合理性，尤其是精准性，是决定案件质量的最根本要素。因此，检察机关也必须通过量刑说理机制，在控辩之间寻求合意，充分阐释量刑建议的合法性与正当性，在法检之间建立起具有共识性的衔接机制。

在如何建立量刑说理机制方面，既可以采用传统的口头说明、书面释法、当庭陈述等方式，也需要更中立、开放、可视化与便捷化的说理方式，确保量刑说理机制不是封闭性的官方意志行为，而是具有符合程序正义的公开形式。但更关键的是，认罪认罚案件的量刑说理机制，应当是以量刑标准的统一化为前提，遵循量刑规范化的基本原理，满足"类案类判"的基本要求，能够与已决案件保持量刑的统一化、标准化。按照"两高"的部署，借助智能技术、司法大数据等优势资源，可以确立常态化、智能化、标准化的第三方量刑说理方式，提升量刑建议的可接受性。

2. 智能辅助系统提升量刑协商与提出量刑建议能力的专业优势

认罪认罚从宽制度丰富和完善了检察机关的公诉裁量权，公诉在刑事诉讼中的主导作用更为突出。[1]更进一步的是，检察机关主导量刑协商、提出量刑建议，控辩双方共同签署具结书，是办理认罪认罚案件的必经环节。[2]但也倒逼检察机关在主导量刑协商过程中，必须提升量刑建议的协商能力。在试点期间，尽管人民法院对量刑建议的采纳率保持较高水平，但检察机关提出确定刑期量刑建议的比例相对不高，与"提出明确具体的量刑建议"的要求不符。更严峻的是，大部分罪名没有明确的量刑指导意见或实施细则，

---

〔1〕 孙谦："检察机关贯彻修改后刑事诉讼法的若干问题"，载《国家检察官学院学报》2018年第6期。

〔2〕 陈国庆："刑事诉讼法修改与刑事检察工作的新发展"，载《国家检察官学院学报》2019年第1期。

已有的常用罪名的量刑指导意见主要涉及主刑而非附加刑，增加提出确定刑的量刑建议难度，加剧了检察机关的量刑建议能力不足之短板，包括如何确定从宽幅度、如何确定基准刑以及尽可能提出明确的量刑建议、重罪的量刑建议等方面。[1]因此，检察机关在如何提出精准或确定的量刑建议上仍有很大的空间，亟需跨越式地提升业务能力与水平。

提出合理的量刑建议是激励犯罪嫌疑人自愿认罪认罚的关键环节。随着认罪认罚从宽制度的普遍推行，检察机关应加强对刑法相关量刑规定和量刑指导意见的培训，加强对量刑规范化问题的研究，与法院加强沟通协调，积极参与量刑指引的制定，共同研究出台量刑规则或量刑指导意见，为规范、准确量刑提供依据。然而，检察机关在量刑建议上长期准备不足、储备有限，在短时期内，必须积极寻求其他辅助手段，在方法论上实现质性的飞跃，满足当前的需求。按照最高人民法院、最高人民检察院的相关部署，智能量刑辅助系统是发展方向，可以极大地缩减提升量刑能力耗费的司法资源，使控辩审三方确立统一的量刑标准。

3. 量刑建议的精准性与采纳率倒逼"智能预测"转向

犯罪嫌疑人最终同意量刑建议，是适用认罪认罚从宽制度的必要条件。同时，人民法院最终采纳量刑建议，是办案质量的基本评判标准。在试点期间，检察机关对认罪认罚案件依法提出从宽量刑建议，法院的采纳率为92.1%。[2]截至 2018 年 9 月底，检察机关量刑建议的采纳率为 96.03%，足见控辩双方量刑协商得到了充分尊重，这也是诉讼民主的内在要求，确保了诉讼主体的有效参与。同时，抗诉率和上诉率分别为 0.04%、3.35%。低抗诉率和上诉率，反映了在控辩双方充分表达意见的基础上，法院的裁判更容易得到控辩双方的认可和尊重。[3]但是，这一切都以量刑建议的合理性与科学性为前提。《刑事诉讼法》（2018 年修正）第 201 条规定，除法定的例外情形外，人民法院一般应当采纳人民检察院的量刑建议。这对检察机关提高量

---

〔1〕 国家检察官学院刑事检察教研部课题组："检察机关认罪认罚从宽制度改革试点实施情况观察"，载《国家检察官学院学报》2018 年第 6 期。

〔2〕 周强："关于在部分地区开展刑事案件认罪认罚从宽制度试点工作情况的中期报告——2017 年 12 月 23 日在第十二届全国人民代表大会常务委员会第三十一次会议上"，载《人民法院报》2017 年 12 月 24 日，第 1 版。

〔3〕 杨立新："认罪认罚从宽制度理解与适用"，载《国家检察官学院学报》2019 年第 1 期。

刑建议的准确性与质量，均提出了非常严苛的要求。

认罪认罚案件几乎涉及所有罪名，检察机关过往的量刑建议并非一项常态工作。当前，亟须提升量刑协商与量刑建议的能力。但是，完善量刑建议工作的目标，不应仅局限于避免出现"量刑建议明显不当"等例外情形，而应尽可能在本源上提高量刑建议的精准度，通过尽可能明确、具体的量刑建议，提高量刑建议的合理性与可接受度，提高法院的采纳率。但更重要的是，办案机关应当以量刑规范化为原点，积累量刑建议经验，法检两家应强化衔接并实现统一的量刑标准。但这些传统的"常规"做法并不够，尤其是检察机关要在极短的时间内，具有能提出高水平、高质量、高效率的量刑建议能力，必须实现跨越式发展。在方法论上，应当注重向现代科技要生产力、要司法效率，通过人工智能、大数据的深度运用，推动提升检察机关量刑建议的精准度。这才能更好地实现"一般应当采纳"的司法效果，有效避免"明显不当"的情形，在末端程序中稳定量刑从宽的预期与激励机制，对降低上诉率、抗诉率形成积极的意义，并避免出现程序回转等情况。

三、认罪认罚案件智能预测量刑的基础理据

在认罪认罚从宽制度全面贯彻实施阶段，认罪认罚案件智能预测量刑具有非常迫切的现实需求。更重要的是，认罪认罚案件的内在属性与类案规律等特质，以及量刑预测的一般理论储备等，为认罪认罚案件智能预测量刑提供了丰富且扎实的知识基础。

(一) 案件性质奠定智能量刑的潜质

在整体上，认罪认罚案件与不认罪认罚案件相互分流后，是完全独立的案件，也是典型的类案。面对巨大的认罪认罚案件基数，始终存在高效、规模化的办案压力。同时，在认罪认罚案件内部，存在大量因"自愿认罪认罚"，而实质上成为高度相似或相同的类案，集中表现为量刑协商是共同的办案重点。在此前提下，智能预测量刑的标准化、流程化、统一化办案，已具备独特的内在优势条件。

1. 规模化办案的优势条件

在认罪认罚从宽制度全面实施的背景下，认罪认罚案件的基数将持续攀升。按照美国辩诉交易的经验，平均90%以上的案件，都会进入辩诉交易

状态。[1]从试点的情况看，认罪认罚案件的数量比不认罪认罚案件的数量明显较多，而且保持着快速增长的趋势。根据《刑事诉讼法》（2018 年修正）的规定，只要是自愿认罪认罚，基本上不存在罪名、案件类型、主体类型等方面的限制，而具备了全覆盖适用的格局。在认罪认罚案件与不认罪认罚案件分流后，认罪认罚案件将占据绝对多数，占总案件数量至少不低于 80%，成为最主要的案件类型，是司法机关最主要的办案对象。

基于认罪认罚案件数量的占比、增幅态势等因素，同时基于这类案件的独立性、特殊性，与不认罪认罚案件存在实质的差异，应建立相适应的办案机制与模式，而不能完全套用不认罪认罚案件及其配套的普通诉讼程序，以此提高办案质量与效率。而其主要途径就是，在定罪问题得以解决的前提下，针对认罪认罚案件，在量刑层面探索类型化、流程化、标准化办案，实现办案数量的规模化、办案模式的模块化。规模化办案是对提高诉讼效率的积极回应，建立在认罪认罚案件具备实现不同纬度或层次的类型化办案条件之上。在规模化办案的背景下，就认罪认罚案件量刑问题而论，智能预测量刑系统的嵌入，无疑解了燃眉之急。

2. 标准化办案的可行性

对于认罪认罚案件，其核心要素包括认罪认罚及其自愿性、量刑协商以及从宽处理三部分。但最关键的是量刑协商及其结果。在检察机关的主导下，基于控辩双方之间平等自愿协商，在认罪认罚的自愿性被证实或确证无误的情况下，意味着自愿认罪认罚使传统的定罪问题基本得以解决或无争议，而重点主要在审判阶段进行"程序确认（审查）"。在此前提下，量刑从宽协商是核心环节，并主要通过检察机关的量刑建议能力、量刑建议的精准性与规范性、量刑建议的强制性与公信力等要素予以实现。这使认罪认罚案件具有高度的"同案性"或"类案性"，具备实现"同案同判、类案类判"的特定优势条件。在大规模的案件基数之情况下，可以考虑实行标准化、统一化的办案机制，实现量刑从宽协商的模块化、高效性。这既契合认罪认罚案件的特质与规律，也可以集中精力解决量刑公正问题。

标准化办案，首先是以规模化办案为前提和动力的。这是因为认罪认罚案件，因不存在定罪争议，重点是解决量刑问题，而且认罪认罚案件的同一

性、类案性特质，具备类型化与规模化办案的条件，可以对其进行标准化办案，以此提高办案效率。对量刑协商、提出量刑建议等活动进行标准化办案，其核心就是实现量刑标准的统一，竭力做到"同案同判、类案类判"。在实现方式上，借助智能技术以及司法大数据等资源，显然可以更好地统一某一类案件的量刑标准，更精准地实现不同个案层面的量刑预测，提高量刑意见的科学性与规范性。

（二）"预测"属性与精准的智能化达致路径

在量刑规范化与司法大数据的双重前提下，人工智能技术的司法化，可以实现精准预测量刑。这不仅超越了传统人类主导下的经验性量刑预测的痼疾，也可以在更大层面与规模上实现类型化、标准化量刑，更好地推进量刑规范化改革。

1. "预测"的量刑本质属性及新发展

公正是刑事司法活动的底线所在。一般公正具有基础性意义，而个案公正才是更具体与实际的公正。如何实现量刑公正，在一段时期内，被定罪主导下的"真相"诉求压制。直到"重定罪、轻量刑"思维得以逐步扭转，以及量刑规范化的启动与稳步推进，量刑公正才得以实质的发展与完善。从方法论上，对于个案的量刑而言，都是个别性的司法活动。而且，应当首先遵循演绎法，也即根据一般的量刑理论，在定罪的基础上，对个案进行量刑；同时，也根据过往的量刑经验，在归纳法的基础上，通过历史性的对比，对个案进行量刑。这就是一般性的量刑方法论，无论是演绎法，还是归纳法，实质上都是基于量刑的理论与经验，对每一个新出现的个案进行"预测性"量刑。对于"预测"过程及其结果的公正问题，既通过量刑结论的实际接受度、类案对比度等予以验证，也通过各方的监督予以修正。

由此可见，对于个案的量刑，或者类案层面的量刑，在方法论上都需要依靠"预测"方法，继而决定了"预测"是一切量刑活动在方法论层面的本质特征。但是，在很长一段时期，我国量刑规范化问题不少，量刑的一般理论相对不成熟，实践中又过度依赖司法经验以及"估堆"的做法，导致量刑的"预测"缺乏精准性，客观上降低了量刑结果的公正性。在认罪认罚案件中，自愿认罪认罚使定罪问题得以解决，量刑成为实质的重点，对"预测"功能的依赖度进一步递增，同时提出了更高的新要求。概言之，在认罪认罚案件的量刑问题上，"预测"应更精准，一般应当是明确或具体的量刑建议以及幅度小的幅度刑，如此才能更好地实现该项制度的预期目的。特别是在庞大的案件数量背景下，还需要解决规模化、类型化办案等问题，通过统一认罪认罚案件作为类案的量刑标准，实质地提高量刑效率。显然，不能完全重复演绎法与归纳法，而应作出必要的创新与调试，使针对认罪认罚案件的量刑"预测"，可以在更高效的层面，实现更精准的结果。

2. 智能精准预测的基本内涵

在全面实施阶段中，前所未有的大规模、批量性、类型化的认罪认罚案件出现，使量刑协商活动持续高位运行。从现实诉求看，量刑协商与量刑建议是认罪认罚案件量刑规范化的关键。不仅决定"从宽处理"的合法性，也直接左右认罪认罚从宽制度的激励机制、权威性等。特别是在成为决定办案质量的核心要素后，量刑建议的精准化成为最受关注的标准。对于"精准预测"，既不能仅限于检察机关提出"确定刑"的方式，也不能对检察机关提出的"幅度刑"予以过于严格的排斥。"精准"更强调量刑建议的规范性、合理性、科学性，其本质特征是符合司法公正的要求，没有僭越个案公正的底线。在表现形式上，"精准"首先且一般表现为"确定刑"的常见形式，明确且具体的量刑建议对稳定自愿认罪认罚的被追诉者之量刑预期与信守契约具有非常直观的意义；但也可以表现为"幅度小"的"幅度刑"的情形，相对的"确定刑"，也是一种符合精准要求的确定刑之表现方式，但坚决排斥幅度过大或明显不当的"估堆"量刑等做法。无论是具体明确的"确定刑"，还是幅度很小的"幅度刑"，都必须符合精准的实质要求。

与不认罪认罚案件的量刑任务不同，特别是对于检察机关而言，量刑建议并不是传统模式中最核心的传统办案业务，量刑建议能力的培育也相对不足，法检之间的认识与理解也存在差异，这为"精准"量刑带来了前所未有的挑战。为了达到量刑建议的明确、具体与可预期之精准要求，不能完全依托人的智力与司法经验，过往的量刑历史已经充分予以佐证。导入智能技术与算法的量刑建议辅助系统，有助于实现精准量刑目标。在认罪认罚案件大量涌现的情况下，基于认罪认罚案件的类案属性及其智能化办理的优势条件等，研发并应用更高效的智能精准预测量刑辅助系统，无疑是"雪中送炭"。不仅在本质上契合认罪认罚案件对效率与公正的双重追求，可以直接缓解"案多人少"的尖锐矛盾，可以从实质上充实相对独立的认罪认罚案件办理模式；在终端层面也可以提升办案质量与效率。

（三）学理支撑与司法理性共筑核心储备

司法机关探索新型认罪认罚办案机制，重在建立新型量刑协商模式。量刑从宽协商机制的高效化，以刑法规范化为前提，并侧重挖掘司法大数据的能量。应考虑以精准预测功能为基本导向，借助量刑规范化的基本原理及改革成果，挖掘司法大数据中"活着的"量刑经验与规律，实现智能预测量刑的办案效果。

1. 量刑规范化的理论托底

虽然重定罪轻量刑问题显著改观了，但量刑规范化问题始终存在。为此，最高人民法院启动自上而下的量刑规范化改革，先后出台《人民法院量刑指导意见（试行）》（2008 年）、《最高人民法院关于常见犯罪的量刑指导意见》（法发〔2013〕14 号）、《最高人民法院关于常见犯罪的量刑指导意见（二）（试行）》（2017 年）、《最高人民法院关于实施修订后的〈关于常见犯罪的量刑指导意见〉的通知》（法发〔2017〕7 号）等。借此，量刑规范化急需的量刑的指导原则、量刑的基本方法、常见量刑情节的适用、常见犯罪的量刑等核心问题都有明确的索引，为量刑规范化改革注入强大的合法性基础、科学性依据、规范性指引、标准化路径。

量刑规范化改革的深入推进，显著地改变过往司法人员的个体经验量刑、"估堆"量刑等传统做法的统治局面，很好地扭转量刑标准不统一问题，也极大地促进刑罚个别化、量刑结论科学性，更好地实现量刑均衡化。但是，这场改革是以人民法院为主导推进的，相比之下，检察机关在这方面的改革稍显滞后。在认罪认罚从宽制度中，检察机关成为审前阶段的主导办案机关，并对审判阶段具有直接的重大影响。特别是量刑协商成为认罪认罚案件的办理中心任务后，由于量刑规范化改革的问题依旧存在、检察机关提出量刑建议能力培育的薄弱等问题，使检察机关层面的量刑规范化改革必须尽快进入加速推进的"快车道"。不仅应当从整体上推动量刑规范化改革，也要针对认罪认罚案件探索特殊的量刑实施细则。

2. 司法大数据供给"活着的"量刑规律与经验理性

量刑的指导原则、量刑的基本方法、常见量刑情节的适用、常见犯罪的量刑是量刑规范化的关键旨趣。这是理论层面的规范性表述，与实际存在

（活着的）的量刑规律、原理相呼应。它是刑事司法运行进程中自发自觉形成的量刑经验与规律，具有天然的合理性、反复被验证性、可复制性借鉴等特定优势。对于认罪认罚案件而言，随着认罪认罚从宽制度的全面实施、案件数量的庞大性以及已决案件的高速递增，使"活着的"量刑经验与规律，日渐规模化、固定化与常态化。通过"发现""获知""统合"认罪认罚案件司法大数据中"隐藏"的"量刑经验与规律"，并固化为"实践中的量刑规律与经验理性"，可以为认罪认罚案件的量刑提供值得信赖的"前见"，实现量刑标准的统一以及"同案同判、类案类判"。

但是，以司法大数据为重要前提的智能量刑预测，虽有以"活着的"量刑经验与规律作为支撑，却面临以下难题：一是在全面实施的初期，已决认罪认罚案件的数量相对不充足，大数据分析的基数达不到"海量"程度，能获得的量刑经验与规律具有一定的相对性、不完整性等问题。二是已决案件的司法文书，在数据公开、文字表述等方面，存在不全面、不客观甚至遗漏等问题，使司法大数据及其内在的办案规律、经验存在误差、偏差，甚至错误，导致预测的准确度不够。三是智能"挖掘"司法大数据的技术仍有待进一步完善，既需要克服算法及其规则的运算等难题，也需要解决好技术、数据与应用之间的衔接等问题。尽管如此，认罪认罚案件组合的司法大数据，在智能技术的介入后，可以实现可持续性的算法"挖掘"与"提纯"，不断促进量刑参照与预测的全面性与完整性。

四、认罪认罚案件智能精准预测量刑的实践逻辑

建立相对独立的认罪认罚案件办案模式，已是自上而下的共识。[1]其中，最核心的部分应当是量刑协商与量刑建议问题。借助大数据技术、人工智能技术，研发可以普遍适用的智能精准量刑建议辅助系统已经迫在眉睫。这尚属全新的课题，亟待对其理论构造、运行原理及司法效能等基本问题，作出前瞻性的阐述。

（一）理论预测与数据预测双核模式的协作机制

在司法大数据的前提下，针对认罪认罚案件的量刑协商议题，在研发与

---

〔1〕 樊崇义："认罪认罚从宽制度的理性认识与实施建言"，载《刑事检察工作指导》（第 1 辑），中国检察出版社 2019 年版，第 1 页。

设计智能精准预测量刑系统上，可以建立理论预测与数据预测并轨的模型，前者从量刑一般量刑理论中提炼并输出精准的预测意见，后者从司法大数据中获取并输出精准的预测意见，两个环节相互"匹配"与验证，并配置必要的人工干预机制，最终智能输出由理论基础、数据支撑、预测验证、人工介入共同决定的精准建议。

1. 理论预测的基本内容

智能理论预测，是指根据量刑规范化改革所确立的量刑基本原理，通过导入人工智能技术，对量刑的原则、方法、情节评价等要素，进行算法层面的重整、分析与定性及语言重构等，借助算法设定新的量刑知识图谱，通过自动抓取、识别、分析具体案件中的量刑信息等要素，智能输出理论上的预测量刑建议。

具体而言：（1）量刑规范化原理是基础依据。从我国量刑规范化改革的目标、成果以及经验等看，不认罪认罚案件通常要遵循量刑的一般原则、方法、情节规则等要求进行刑罚裁量，以摆脱司法人员的经验性量刑以及"估堆"等做法的弊端。对于常见的罪名，最高人民法院持续更新与发布量刑的指导意见，对统一量刑标准具有强制性的指引意义，也在客观上提供了精准量刑的规范基础与依据。对于认罪认罚案件而言，仍可以遵循现有的量刑基本原理及量刑指导意见。同时，应当结合认罪认罚案件的本质特征，将量刑规范化的基本要素、基本规则以及实施细则等，通过算法"解码"与"编码"的重构方式，设定为智能预测系统的基本环节与步骤，通过可视化、程序化、公开化以及人类可以理解与认识的计算方式，针对新出现的个案，实现智能预测个案的量刑建议。这是较为典型的演绎法逻辑，相比过往司法人员的经验式预测，强化了理论体系的"精准"把握，遵循统一量刑标准，并针对个案进行一般性预测。（2）算法系统与知识谱系的导入。算法是人工智能技术的核心。在智能量刑的理论预测中，算法规则的设计无疑是最重要的课题。其任务就是根据算法的逻辑，将量刑的基本原理等理论内容导入系统，使其可以成为智能技术准确识别、理解、分析、处置的对象。根据认罪认罚案件的特质等，结合量刑规范化的基本原理，应着重解决以下几个问题：一是知识谱系的设定。智能预测量刑，是以人工智能技术作为前提的，而算法是人工智能技术的核心。在理念上，应当以量刑基本理论为对象，根据算法及其规则的运算方式、衔接能力及载体形式等，确定知识谱系的基本要素、主要变量与结构体系、判断逻辑等。而且，智能系统的知识谱系，不同于司法人员熟悉的传统量刑理论知识体系。它必须以人工智能技术所能承载的方式，以算法及其规则可以阐明的途径，对外公开与适用，具有一定的程序性、透明性、可校正性等特性，并且在结果形态上能够被司法人员及社会大众理解与接受。二是人工语言与自然语言的无缝对接。现有的量刑理论是通过人类的自然语言予以呈现的。由于"人"才能理解文字、法律规定以及理论体系，因而，对于智能技术依赖的人工语音而言，必须解决好不同语言之间的无缝对接问题。这是系统研发与设计的首要技术难题。人工语言下的算法是建构知识谱系的前提与保障，也决定系统应用后的预测精准度效果，也是预测结果能够被案件利益攸关方理解、认可以及接受的关键所在。三是量刑要素的"算法"逻辑切换。在认罪认罚案件中，定罪问题基本得以解决或无争议。有关决定"行为是否符合犯罪构成"的定罪事实及其规范判断，原则上不存在继续实质审查的必要性，可以通过"程序确认"的方式进行合法性的固定。因此，理论预测的重点要素是法定或酌定的从重、从轻、减轻或加重等量刑情节的智能处理。这些定量要素的规范判断，是算法及其规则运算的主要"对象"。算法体系应当在准确提取、认知、分析现有法律规范的前提下，基于统一的量刑标准体系，对量刑情节及其幅度等进行类型化的定量分析，实现智能分析与结论推送。（3）理论预测的可靠性与精准性。不容否认的是，个体性、经验式量刑或"估堆"量刑等做法，在人主导司法的格局下仍有其必要性与稳定性。但"人的智力与经验"主导下的量刑预测模式，在预测的规范性、科学性、精准性、统一性与标准性等方面仍相对不足，可能使量刑结论的可靠性、统一性等受到影响。而智能量刑的精准预测功能，依托量刑的基本理论与司法大数据，按照演绎法的基本逻辑，对不同个案或类案，输出一般性、模块化、标准化的预测结论，在方法论上不再是单纯的"司法人员的个体性经验"，而是理论模型与数据规律的高度集成，决定了智能精准预测具有更高的可靠性。

2. 数据预测的基本内容

司法大数据蕴含独一无二的"活着的"量刑经验与规律，而且是已决案件所呈现的集体性、连续性以及被验证的"自然逻辑"，是更接近实际、中立与客观的量刑规律。从"同案同判、类案类判"的司法公正目标来看，司法大数据中的"量刑规律"无疑具有非常显著的"参考意义"，但却长期处于待"挖掘"的未开发状态。认罪认罚案件的司法大数据库正在加速壮大，智能分解并提纯"活着的"量刑规律与经验，对认罪认罚案件智能精准预测量刑具有显著的直接参考意义。

基于司法大数据而建立的智能数据预测，包括以下主要内容：（1）挖掘司法大数据的经验与规律。数据预测的前提与基础是司法大数据及其包含的"活着的"量刑经验与规律。但是，司法大数据具有两个显著的特征：一是数据的基数很大，而且递增迅猛，既使量刑经验与规律日益牢固与更加普遍化，也使数据处理难度日益增大。二是司法大数据中的量刑经验与规律，具有一定的隐性特征，难以直接通过"肉眼观察"。通过导入人工智能技术，可以实现规模化、持续性、类型化的提取、分析以及固定，并以人工语音的方式实现"可视化"效果。深度挖掘认罪认罚案件的司法大数据，就是明确揭示"活着的"量刑规范与经验，为针对个案的智能预测提供更真实与客观的"（参照）标准"，并对理论预测进行"实际校对"。（2）司法大数据的量刑要素与算法切换。在智能技术应用的前提下，对司法大数据的智能分析，旨在获取"活着的"量刑经验与规律。主要需要采取以下步骤：一是数据的客观性与有效抓取。司法大数据由大量信息交错在一起，在确保数据客观性的前提下，有关量刑经验的数据才是需要被分析的对象，才是数据预测的前提，因此需要进行有效抓取。二是数据中的量刑内容分析与提纯。对于海量的司法大数据而言，量刑内容异常庞大与复杂，通过智能技术的运用，旨在实现类型化的提纯，使其更便于精准地匹配个案或某一类案。这也是超越"人脑"的重要表现。三是量刑经验与规律的智能输出。对司法大数据的智能化分析，其目的是揭示"活着的"量刑经验与规律，为"同案同判、类案类判"提供基本的司法依据与数据支撑，进一步提高数据预测的标准统一性与类案类判效果。（3）同案与类案的精准匹配。对于数据预测的"精准性"而言，首要的是应当做到"类案"之间的精准匹配，使新出现的案件与已决案件之间保持量刑标准的统一。匹配的步骤主要有：一是定罪事实的匹配。因自愿认罪认罚的存在，在实践中主要以犯罪构成的程序确认为主。二是量刑情节的匹配。无论是法定与酌定情节，还是从轻、减轻与从重、加重情节，都是匹配的基本标准与依据。只有在量刑情节上做到精准匹配，才能发挥司法大数据的预测价值，实现"同案同判、类案类判"。

3. 相互检验与人工干预的配套

理论预测与数据预测并轨的模式，就是为了防止量刑预测走向"纯思辨性"与"纯实践性"的两个极端，以兼顾理论与实践两个层面，在智能技术的作用下，自动输出最符合个案情况与需求的量刑预测意见，从而最大限度接近司法正义。

展开来讲：（1）理论预测与数据预测的相互验证。理论预测是应然层面的做法，遵循演绎法的基本逻辑，但针对个案的预测结论之合理性，尚未接受实践检验。由于个案千差万别，过度强调理论预测的普适性，容易消损个案正义问题。数据预测，是基于司法大数据而确立的实然层面的做法，遵循归纳法的基本要求，是对已然发生的司法活动的高度浓缩与精准提炼，并匹配到个案之上。但属于"回溯性"的大数据预测，并不必然对新出现的个案绝对有效。这意味着理论预测与数据预测各有利弊。但作为一个整体，在预测功能上可以相互弥补，能够形成一个完整的逻辑验证链条，提高智能预测结论的可靠性与精准性。二者通过相互验证，可以实现两个基本目标：一是对理论预测中可能出现的算法漏洞进行弥补，并且是以司法大数据中的"活着的"量刑经验与规律作为基准，是目前最好的"修正"方式；二是同时检验司法大数据中的量刑经验与规律，是否在一般情况下，"真正"吻合量刑基本原理的基本要求，从而排除"错误"或"偏差"的数据预测情形。对于明显脱离理论预测的数据预测之结果，应重复验证后，才能考虑采用。但是，理论预测与数据预测在地位上是平等的，不存在优位问题。（2）人工干预的说理性与可撤销性。目前，人工智能技术及其应用水平仍处于上升状态，而司法大数据的制度建设及其应用也处于起步阶段，特别是针对认罪认罚案件的司法大数据仍面临数据不够多、数据真实性与可靠性不足等现实问题。因此，数据预测处于上升期，不可避免会存在一些短板，理论预测也存在类似问题。因而，需要配套相应的人工干预机制，但也必须附上相应的说理。如若人工干预的理由明显不充分，应当撤销人工介入，转而信任智能量刑预测结论的参考意义。

（二）辅助地位与参考功能的"双驱"实施逻辑

智能精准预测量刑系统基于认罪认罚案件的办案需求，旨在提升认罪认罚案件的量刑规范化程度，倡导可复制、可重复、类型化以及规模化的流程性办案机制，为达致量刑过程与结论的双重公正，提供技术层面的辅助功能与参考功能。

1. 辅助功能

在刑事司法智能化的趋势下，智能精准预测量刑与传统经验性预测量刑，其实在功能上殊途同归，都是为了实现量刑规范化。但传统量刑的预测机制，过度依赖经验性做法，而且主要是个体性经验或粗疏的"集体性经验"，使得其规范化、统一性明显不足，量刑活动的碎片化、个别性以及差异化偏重。在认罪认罚案件中，由于定罪问题得以制度性的"消解"，智能预测量刑旨在超越司法人员一般经验主义的统治局面，转向标准化、流程化、智能化的预测。既克服"个体性经验"的局限，也通过可复制、可重复的智能化方式，高效率地保障大量认罪认罚案件的量刑从宽公正。目前，这不仅在理论上可行，在实践中也出现不同的探索样本。[1]然而，智能技术及其应用水平在算法层面上仍有很大的进步空间，而传统以司法人员为法定主体的刑事司法具有专属性、权威性等诸多因素，现行刑事司法制度在现阶段仍具有不可动摇性，仍是过渡期的主要量刑模式。这决定智能预测量刑系统暂且无法直接取代司法人员的量刑地位与预测工作，更多地是扮演辅助司法人员更精准量刑的角色。智能预测量刑系统是辅助司法人员办案的高效手段，但不会完全替代司法人员办案。立足于辅助系统的角色定位，也可以继续保障司法人员行使必要的自由裁量权，使量刑结论更能满足刑罚个别化的要求。

同时，认罪认罚案件的量刑从宽协商存在较为突出的形式主义、单一主导化等倾向，缺乏实体性、程序性的实施要素，使协商过程难以"可视化"与说理化，协商结果的公正性受到影响。智能精准预测量刑系统的存在，作为一种中立第三方的外部体系，具有强大的外部监督功能，倒逼司法机关统一量刑标准，也可以辅助提高值班律师与辩护律师的协商能力及参与有效性，更好地促进量刑建议的合理性与科学性。而且，量刑预测系统的辅助功能，对认罪认罚案件的量刑从宽协商过程、具结书的形成与量刑建议的采纳，也具有积极的方法论指引意义。

2. 参考功能

智能精准预测量刑系统是一项非正式的量刑知识体系。其定位是辅助办

---

[1] 孙道萃："我国刑事司法智能化的知识解构与应对逻辑"，载《当代法学》2019 年第 3 期。

案系统,为司法人员办理认罪认罚案件时,在量刑协商、量刑建议的提出以及宣告刑的决定等方面,提供更精准的参考功能,而非提供具有法定效力的裁判功能。

针对认罪认罚案件的智能精准预测量刑系统,其研发设计的理念,是为了满足司法机关的"办案刚需"。在辅助角色的定位下,智能量刑预测系统具有可复制、可重复的规模性应用优势,可以发挥常态性的参考功能,增强智能预测过程及结论的可靠性。进言之,通过理论预测与数据预测的并轨,可以实现可复制、可重复的规模性、标准化应用,也即:一是可复制性。认罪认罚案件首先在整体上是典型意义的类案。在个体上,具体的认罪认罚案件与已决的个案之间存在高度相似性。这为理论预测与数据预测都提供了"类案类判"的实质条件,进一步丰富了演绎法、归纳法在量刑活动中的深度交互。在此基础上,为智能量刑预测系统的可复制性应用,奠定了强大的流动性数据基础。二是可重复性。针对认罪认罚案件的智能量刑预测系统,不仅立足于量刑基本理论,也依托于司法大数据的量刑经验与规律,二者统一合作为整体,可以重复地指向无穷尽的具体新的个案。对于新的个案而言,一般的量刑理论结合司法大数据的量刑经验,作为相互印证的系统,可以实现可复制性的适用,并通过深度学习不断强化正确性与科学性;也可以在类案的层面上,实现更高效的集约型办案效果。三是规模性。认罪认罚案件的数量目前呈现高速增长的态势,而持续的增量导致案件的基数日益庞大,最终会形成海量的司法大数据库,也意味着"活着的"量刑规律与经验更全面与完整。这不仅提高了数据预测的数据可靠性、全面性系数,也夯实了司法大数据库的生产机制,对数据预测所依赖的"量刑规律与经验"而言是重要的可持续性补充。基于司法大数据可以建立规模化的智能预测量刑系统,以满足庞大的司法需求。

参考文献

一、著作

1. 孙谦主编：《认罪认罚从宽制度实务指南》，中国检察出版社 2019 年版。

2. 苗生明主编：《认罪认罚从宽制度研究：以重罪案件为视角》，中国检察出版社 2019 年版。

3. 胡云腾主编：《认罪认罚从宽制度的理解与适用》，人民法院出版社 2018 年版。

4. 胡卫列主编：《认罪认罚从宽制度的理论与实践》，中国检察出版社 2017 年版。

5. 高铭暄、马克昌主编：《刑法学》，北京大学出版社、高等教育出版社 2016 年版。

6. 陈瑞华：《刑事辩护的理念》，北京大学出版社 2016 年版。

7. 《德国刑事诉讼法典》，岳礼玲译，中国检察出版社 2016 年版。

8. 陈兴良：《刑法哲学》，中国人民大学出版社 2015 年版。

9. 孙道萃：《罪责刑关系论》，法律出版社 2015 年版。

10. 高铭暄：《中华人民共和国刑法的孕育诞生和发展完善》，北京大学出版社 2012 年版。

11. 《国际刑法大会决议》，赵秉志等译，中国法制出版社 2011 年版。

12. ［美］约翰·兰博约：《对抗式刑事审判的起源》，王志强译，复旦大学出版社 2010 年版。

13. 樊崇义：《刑事诉讼法哲理思维》，中国人民公安大学出版社 2010 年版。

14. 刘少军：《刑事审判中的对抗与合意》，中国人民公安大学出版社 2009 年版。

15. ［美］哈伯特·L. 帕克：《刑事制裁的界限》，梁根林译，法律出版社 2008 年版。

16. ［英］约翰·斯普莱克：《英国刑事诉讼程序》，中国人民大学出版社 2006 年版。

17. 高铭暄主编：《刑法专论》，高等教育出版社 2006 年版。

18. 熊秋红：《转变中的刑事诉讼法学》，北京大学出版社 2004 年版。

19. 陈光中主编：《辩诉交易在中国》，中国检察出版社 2003 年版。

20. ［日］谷口安平：《程序的正义与诉讼》（增补本），王亚新译，中国政法大学出版社 2002 年版。

21. 卞建林：《证据法学》，中国政法大学出版社 2002 年版。

22. 吴宏耀、魏晓娜：《诉讼证明原理》，法律出版社 2002 年版。

23. 何家弘：《新编证据法学》，法律出版社 2000 年版。

24. 樊崇义主编：《刑事诉讼法学研究综述与评价》，中国政法大学出版社 1991 年版。

二、期刊论文

1. 周新："认罪认罚案件中量刑从宽的实践性反思"，载《法学》2019 年第 6 期。

2. 周长军："认罪认罚从宽制度推行中的选择性不起诉"，载《政法论丛》2019 年第 5 期。

3. 拜荣静："刑事诉讼法学研究的变迁与展望"，载《政法论坛》2019 年第 5 期。

4. 熊秋红："比较法视野下的认罪认罚从宽制度——兼论刑事诉讼'第四范式'"，载《比较法研究》2019 年第 5 期。

5. 陈伟："毒品犯罪案件适用认罪认罚从宽制度状况研究"，载《法商研究》2019 年第 4 期。

6. 赵恒："'认罪认罚从宽'内涵再辨析"，载《法学评论》2019 年第 4 期。

7. 闫召华："听取意见式司法的理性建构——以认罪认罚从宽制度为中心"，载《法制与社会发展》2019 年第 4 期。

8. 陈瑞华："刑事诉讼的公力合作模式——量刑协商制度在中国的兴起"，载《法学论坛》2019 年第 4 期。

9. 李奋飞："论'交涉性辩护'——以认罪认罚从宽作为切入镜像"，载《法学论坛》2019 年第 4 期。

10. 周新："值班律师参与认罪认罚案件的实践性反思"，载《法学论坛》2019 年第 4 期。

11. 秦宗文："认罪案件证明标准层次化研究——基于证明标准结构理论的分析"，载《当代法学》2019 年第 4 期。

12. 孙长永："认罪认罚从宽制度的基本内涵"，载《中国法学》2019 年第 3 期。

13. 赵恒："认罪认罚与刑事和解的衔接适用研究"，载《环球法律评论》2019 年第 3 期。

14. 孙长永："比较法视野下认罪认罚案件被告人的上诉权"，载《比较法研究》2019 年第 3 期。

15. 周光权："论刑法与认罪认罚从宽制度的衔接"，载《清华法学》2019 年第 3 期。

16. 孔令勇："被告人认罪认罚自愿性的界定及保障——基于'被告人同意理论'的分析"，载《法商研究》2019 年第 3 期。

17. 韩大元、许瑞超："认罪认罚从宽制度的宪法界限"，载《国家检察官学院学报》2019 年第 3 期。

18. 吕泽华、杨迎泽："认罪认罚从宽制度的根基、困惑与走向"，载《国家检察官学院学报》2019 年第 3 期。

19. 陈伟："监察法与刑法的衔接协调与规范运行"，载《中外法学》2019 年第 2 期。

20. 魏晓娜："结构视角下的认罪认罚从宽制度"，载《法学家》2019 年第 2 期。

21. 陈国庆："刑事诉讼法修改与刑事检察工作的新发展"，载《国家检察官学院学报》2019 年第 1 期。

22. 杨立新："认罪认罚从宽制度理解与适用"，载《国家检察官学院学报》2019 年第 1 期。

23. 樊崇义："2018 年《刑事诉讼法》修改重点与展望"，载《国家检察官学院学报》2019 年第 1 期。

24. 杨立新："认罪认罚从宽制度核心要素解读"，载《中国检察官》2019 年第 1 期。

25. 杨立新："认罪认罚从宽制度理解与适用"，载《国家检察官学院学报》2019 年第 1 期。

26. 周维明："德国刑事协商制度的最新发展与启示"，载《法律适用》2018 年第 13 期。

27. 万春、王佳："中国特色刑事诉讼制度的重要完善——从检察机关视角学习理解修改后的《刑事诉讼法》"，载《中国检察官》2018 年第 12 期。

28. 李训虎："无社会危险性被追诉人羁押替代性措施强制适用之反思"，载《政治与法律》2018 年第 7 期。

29. 王迎龙："值班律师制度研究：实然分析与应然发展"，载《法学杂志》2018 年第 7 期。

30. 周新："认罪认罚从宽制度立法化的重点问题研究"，载《中国法学》2018 年第 6 期。

31. 孙谦："检察机关贯彻修改后刑事诉讼法的若干问题"，载《国家检察官学院学报》2018 年第 6 期。

32. 王戬："检察机关审查起诉与监察委调查案件的程序对接问题"，载《国家检察官学院学报》2018 年第 6 期。

33. 国家检察官学院刑事检察教研部课题组、孙锐："检察机关认罪认罚从宽制度改革试点实施情况观察"，载《国家检察官学院学报》2018 年第 6 期。

34. 侯东亮、李艳飞："浅谈值班律师的定位与发展"，载《国家检察官学院学报》2018 年第 6 期。

35. 汪海燕："认罪认罚从宽案件证明标准研究"，载《比较法研究》2018 年第 5 期。

36. 王恩海："认罪认罚从宽制度之反思——兼论《刑事诉讼法修正案（草案）》相关条款"，载《东方法学》2018 年第 5 期。

37. 卞建林、谢澍："认罪认罚从宽与台湾地区刑事协商之比较研究"，载《法学杂志》2018 年第 5 期。

38. 洪浩、方姚："论我国刑事公诉案件中被追诉人的反悔权——以认罪认罚从宽制度自愿性保障机制为中心"，载《政法论丛》2018 年第 4 期。

39. 贾志强："'书面审'抑或'开庭审'：我国刑事速裁程序审理方式探究"，载《华东政法大学学报》2018 年第 4 期。

40. 向燕："我国认罪认罚从宽制度的两难困境及其破解"，载《法制与社会发展》2018 年第 4 期。

41. 陈伟、霍俊阁："认罪认罚审前分流的制度优化"，载《新疆社会科学》2018 年第 4 期。

42. 陈海锋："认罪认罚从宽制度中的程序性问题探析"，载《政治与法律》2018 年第 4 期。

43. 张耀湘："认罪认罚从宽视野下的控辩关系"，载《东南大学学报（哲学社会科学版）》2018 年第 3 期。

44. 刘泊宁："司法诚信视野下的认罪认罚从宽制度"，载《政法论坛》2018 年第 3 期。

45. 陈光中、肖沛权："刑事诉讼法修正草案：完善刑事诉讼制度的新成就和新期待"，载《中国刑事法杂志》2018 年第 3 期。

46. 陈光中、张益南："推进刑事辩护法律援助全覆盖问题之探讨"，载《法学杂志》2018 年第 3 期。

47. 熊秋红："'两种刑事诉讼程序'中的有效辩护"，载《法律适用》2018 年第 3 期。

48. 曾亚："认罪认罚从宽制度中的控辩平衡问题研究"，载《中国刑事法杂志》2018 年第 3 期。

49. 张耀湘："认罪认罚从宽视野下的控辩关系"，载《东南大学学报（哲学社会科学版）》2018 年第 3 期。

50. 杨波："论认罪认罚案件中值班律师制度的功能定位"，载《浙江工商大学学报》2018 年第 3 期。

51. 张泽涛："值班律师制度的源流、现状及其分歧澄清"，载《法学评论》2018 年第 3 期。

52. 贾志强："论'认罪认罚案件'中的有效辩护——以诉讼合意为视角"，载《政法论坛》2018 年第 2 期。

53. 胡铭、宋善铭："试论认罪认罚从宽制度中的律师有效参与"，载《江苏行政学院学报》2018 年第 1 期。

54. 叶青："认罪认罚从宽制度的若干程序展开"，载《法治研究》2018 年第 1 期。

55. 黄伯青、王明森："认罪认罚从宽的实践演绎与路径探寻"，载《法律适用》2017 年第 19 期。

56. 李辰："认罪认罚从宽语境下职务犯罪案件协商机制的构建"，载《法学杂志》2017 年第 9 期。

57. 朱孝清："认罪认罚从宽制度中的几个理论问题"，载《法学杂志》2017 年第 9 期。

58. 陈光中、李章仙："论庭审模式与查明案件事实真相"，载《法学杂志》2017 年第 6 期。

59. 曾国东："刑事案件认罪认罚从宽制度的定位分析——基于检察视域的实证研究"，载《东方法学》2017 年第 6 期。

60. 熊秋红："审判中心视野下的律师有效辩护"，载《当代法学》2017 年第 6 期。

61. 樊崇义："认罪认罚从宽与自由证明"，载《人民法治》2017 年第 6 期。

62. 吴宏耀："论认罪认罚从宽制度"，载《人民检察》2017年第5期。

63. 董坤："认罪认罚从宽制度下'认罪'问题的实践分析"，载《内蒙古社会科学（汉文版）》2017年第5期。

64. 黄京平："认罪认罚从宽制度的若干实体法问题"，载《中国法学》2017年第5期。

65. 印波："以宪法之名回归法律文本：德国量刑协商及近期的联邦宪法判例始末"，载《法律科学（西北政法大学学报）》2017年第5期。

66. 卢建平："认罪认罚从宽：从政策到制度"，载《北京联合大学学报（人文社会科学版）》2017年第4期。

67. 卢建平："刑事政策视野中的认罪认罚从宽"，载《中外法学》2017年第4期。

68. 闵春雷："认罪认罚案件中的有效辩护"，载《当代法学》2017年第4期。

69. 肖璐："认罪认罚从宽制度之律师辩护"，载《郑州大学学报（哲学社会科学版）》2017年第4期。

70. 赵恒："认罪及其自愿性审查：内涵辨析、规范评价与制度保障"，载《华东政法大学学报》2017年第4期。

71. 刘广三、李艳霞："论认罪认罚从宽制度的立法完善——以实证研究为视角"，载《山东大学学报（哲学社会科学版）》2017年第4期。

72. 王戬："认罪认罚从宽的程序性推进"，载《华东政法大学学报》2017年第4期。

73. 邵劭："论认罪认罚从宽制度的完善"，载《杭州师范大学学报（社会科学版）》2017年第4期。

74. 左卫民："认罪认罚何以从宽：误区与正解——反思效率优先的改革主张"，载《法学研究》2017年第3期。

75. 刘方权："认罪认罚从宽制度的建设路径——基于刑事速裁程序试点经验的研究"，载《中国刑事法杂志》2017年第3期。

76. 秦宗文："认罪认罚从宽制度实施疑难问题研究"，载《中国刑事法杂志》2017年第3期。

77. 刘少军："认罪认罚从宽制度中的被害人权利保护研究"，载《中国刑事法杂志》2017年第3期。

78. 樊崇义、徐歌旋："认罪认罚从宽制度与辩诉交易制度的异同及其启示"，载《中州学刊》2017年第3期。

79. 李永航："检察环节律师参与下的认罪、量刑协商制度建构"，载《江苏警官学院学报》2017年第3期。

80. 闵春雷："认罪认罚从宽制度中的程序简化"，载《苏州大学学报（哲学社会科学版）》2017年第2期。

81. 赵恒："论从宽的理论基础与体系类型"，载《宁夏社会科学》2017年第2期。

82. 马明亮："认罪认罚从宽制度的正当程序"，载《苏州大学学报（哲学社会科学版）》2017年第2期。

83. 赵恒："论从宽的理论基础与体系类型"，载《宁夏社会科学》2017年第2期。

84. 吕天奇、贺英豪："法国庭前认罪协商程序之借鉴"，载《国家检察官学院学报》2017年第1期。

85. 庄永廉："如何建立健全与多层次诉讼体系相适应的公诉模式"，载《人民检察》2017年第1期。

86. 叶青、吴思远："认罪认罚从宽制度的逻辑展开"，载《国家检察官学院学报》2017年第1期。

87. 胡铭："认罪协商程序：模式、问题与底线"，载《法学》2017年第1期。

88. 陈瑞华："认罪认罚从宽制度的若干争议问题"，载《中国法学》2017年第1期。

89. 陈卫东："认罪认罚从宽制度试点中的几个问题"，载《国家检察官学院学报》2017年第1期。

90. 顾永忠、肖沛权："'完善认罪认罚从宽制度'的亲历观察与思考、建议——基于福清市等地刑事速裁程序中认罪认罚从宽制度的调研"，载《法治研究》2017年第1期。

91. 王敏远："认罪认罚从宽制度疑难问题研究"，载《中国法学》2017年第1期。

92. 樊崇义："认罪认罚从宽与刑事证据的运用"，载《南海法学》2017年第1期。

93. 孔冠颖："认罪认罚自愿性判断标准及其保障"，载《国家检察官学院学报》2017年第1期。

94. 史立梅："美国有罪答辩的事实基础制度对我国的启示"，载《国家检察官学院学报》2017年第1期。

95. 张建伟："认罪认罚从宽处理：中国式辩诉交易？"，载《探索与争鸣》2017年第1期。

96. 魏东、李红："认罪认罚从宽制度的检讨与完善"，载《法治研究》2017年第1期。

97. 陈金金："中国式认罪协商制度中可协商内容的构建"，载《人民法治》2017年第1期。

98. 韩轶："论被害人量刑建议权的实现"，载《法学评论》2017年第1期。

99. 陈国庆、周颖："刑事公诉制度改革十大趋势"，载《人民检察》2016年第12~13期。

100. 张建伟："认罪认罚从宽处理：内涵解读与技术分析"，载《法律适用》2016年第11期。

101. 熊秋红："认罪认罚从宽的理论审视与制度完善"，载《法学》2016年第10期。

102. 陈光中："认罪认罚从宽制度实施问题研究"，载《法律适用》2016年第10期。

103. 高德友："认罪认罚从宽制度若干问题探讨"，载《河南社会科学》2016年第10期。

104. 樊崇义："刑事程序繁简分流的几个证据问题思考"，载《人民法治》2016年第10期。

105. 庄永廉："检察环节认罪认罚从宽制度的适用与程序完善"，载《人民检察》2016年第 9 期。

106. 陈光中、马康："认罪认罚从宽制度若干重要问题探讨"，载《法学》2016 年第 8 期。

107. 樊崇义、李思远："认罪认罚从宽程序中的三个问题"，载《人民检察》2016 年第 8 期。

108. 谭世贵："实体法与程序法双重视角下的认罪认罚从宽制度研究"，载《法学杂志》2016 年第 8 期。

109. 祁建建：" '认罪认罚从宽制度中的律师' 研讨会综述"，载《中国司法》2016 年第 7 期。

110. 卫跃宁："庭审实质化的检察进路"，载《中国政法大学学报》2016 年第 6 期。

111. 艾静："刑事案件速裁程序的改革定位和实证探析——兼论与 '认罪认罚从宽制度' 的理性衔接"，载《中国刑事法杂志》2016 年第 6 期。

112. 王瑞君：" '认罪从宽' 实体法视角的解读及司法适用研究"，载《政治与法律》2016 年第 5 期。

113. 朱孝清："认罪认罚从宽制度的几个问题"，载《法治研究》2016 年第 5 期。

114. 陈瑞华：" '认罪认罚从宽' 改革的理论反思——基于刑事速裁程序运行经验的考察"，载《当代法学》2016 年第 4 期。

115. 魏晓娜："完善认罪认罚从宽制度：中国语境下的关键词展开"，载《法学研究》2016 年第 4 期。

116. 谭世贵："论刑事诉讼模式及其中国转型"，载《法制与社会发展》2016 年第 3 期。

117. 苗生明："认罪认罚案件对公诉人举证质证等工作的新要求"，载《人民检察》2016 年第 2 期。

118. 甄贞、卢少锋："控辩对抗、底线伦理及合作规制——基于诉讼模式的伦理反思"，载《河南社会科学》2014 年第 6 期。

119. 刘计划："侦查监督制度的中国模式及其改革"，载《中国法学》2014 年第 1 期。

120. 屈新："论辩护律师在场权的确立"，载《中国刑事法杂志》2011 年第 1 期。

121. 闵春雷："严格证明与自由证明新探"，载《中外法学》2010 年第 5 期。

122. 张建伟："强制辩护：一项势在必行的制度"，载《中国司法》2010 年第 2 期。

123. 谭世贵："构建中国认罪协商制度研究"，载《浙江工商大学学报》2010 年第 2 期。

124. 邓楚开、杨献国："构建中国式认罪协商制度的实践探索——浙江省绍兴市基层检察机关认罪轻案程序改革实证分析"，载《中国刑事法杂志》2009 年第 12 期。

125. 陈瑞华："论量刑程序的独立性———一种以量刑控制为中心的程序理论"，载《中国法学》2009 年第 1 期。

126. 冀祥德："和谐社会语境下的控辩平等——以构建平等合作诉讼模式为中心的研究"，载《法学家》2008 年第 3 期。

127. 陈国庆："试论构建中国式的认罪协商制度"，载《环球法律评论》2006 年第 5 期。

128. 陈瑞华："程序性制裁制度的法理学分析"，载《中国法学》2005 年第 6 期。

三、报纸文章

1. 胡莲芳："如何推进检察机关落实认罪认罚从宽制度主导责任"，载《检察日报》2019 年 9 月 22 日。

2. 曹坚："认罪认罚从宽：注重程序选择与繁简分流"，载《检察日报》2019 年 9 月 18 日。

3. 李勇："量刑建议'精准化'的原理与路径"，载《检察日报》2019 年 9 月 17 日。

4. 黄纯阳："我为认罪认罚从宽制度出了一份力"，载《检察日报》2019 年 9 月 9 日。

5. 宋一心："关于刑事诉讼中'认罪越早、从宽越多'理念的探索"，载《人民法院报》2019 年 9 月 5 日。

6. 陈光旭："认罪认罚从宽制度在涉未成年人重罪案件中的适用"，载《人民法院报》2019 年 9 月 5 日。

7. 朱孝清："如何对待被追诉人签署认罪认罚具结书后反悔"，载《检察日报》2019 年 8 月 28 日。

8. 徐世亮："坦白情节是认罪认罚程序的必要不充分条件"，载《人民法院报》2019 年 8 月 15 日。

9. 骆锦勇："认罪认罚案件的上诉和抗诉问题"，载《人民法院报》2019 年 8 月 8 日。

10. 丁红兵："以量刑阐释为抓手提升认罪认罚适用水平"，载《检察日报》2019 年 8 月 4 日。

11. 关振海："检察机关落实认罪认罚从宽制度的四个建议"，载《检察日报》2019 年 8 月 2 日。

12. 刘卉："确定刑：认罪认罚从宽制度下量刑建议精准化之方向"，载《检察日报》2019 年 7 月 29 日。

13. 杨先德："认罪认罚从宽量刑建议精准化的域外启示"，载《检察日报》2019 年 7 月 16 日。

14. 樊崇义："关于认罪认罚中量刑建议的几个问题"，载《检察日报》2019 年 7 月 15 日。

15. 李存海："教育转化：让更多犯罪嫌疑人适用认罪认罚从宽制度"，载《检察日报》2019 年 6 月 25 日。

16. 刘宪权："如何在认罪认罚从宽制度中实现科学量刑"，载《检察日报》2019 年 6 月 19 日。

17. 吴宏耀："凝聚控辩审共识优化量刑建议质量"，载《检察日报》2019 年 6 月 10 日。

18. 朱孝清："认罪认罚从宽制度中的'主导'与'中心'"，载《检察日报》2019 年 6 月 5 日。

19. 朱孝清："认罪认罚从宽制度对检察机关和检察制度的影响"，载《检察日报》2019 年

5 月 28 日。

20. 胡保钢：“以务实担当精神落实好认罪认罚从宽制度”，载《检察日报》2019 年 5 月 26 日。

21. 李立峰：“‘认罪认罚’应视为独立的量刑情节”，载《检察日报》2019 年 5 月 21 日。

22. 朱孝清：“检察机关在认罪认罚从宽制度中的地位和作用”，载《检察日报》2019 年 5 月 13 日。

23. 马骐：“警惕‘模糊认罪’影响认罪认罚从宽制度实施”，载《检察日报》2019 年 5 月 10 日。

24. 张伟：“认罪认罚制度中的新问题”，载《人民法院报》2019 年 5 月 10 日。

25. 王祺国：“在执行‘认罪认罚从宽’中发挥检察主导作用”，载《检察日报》2019 年 4 月 23 日。

26. 刘卉：“在落实认罪认罚从宽制度中承担好检察主导责任”，载《检察日报》2019 年 4 月 22 日。

27. 王志道：“创新权益保障机制，推动‘认罪认罚’落地见效”，载《检察日报》2019 年 4 月 21 日。

28. 高铭暄：“对艾文礼适用认罪认罚从宽体现的法治正能量”，载《人民法院报》2019 年 4 月 19 日。

29. 邓君：“《刑事诉讼法》增加认罪认罚从宽制度的意义与发展”，载《法制日报》2019 年 3 月 13 日。

30. 顾玫帆：“认罪认罚从宽案件量刑建议应关注三个问题”，载《检察日报》2019 年 3 月 4 日。

31. 王琳：“落实重罪案件认罪认罚从宽方能使正义阳光普照”，载《深圳特区报》2019 年 2 月 25 日。

32. 李刚：“打造‘三方在场’具结书签署机制”，载《检察日报》2019 年 2 月 18 日。

33. 郭烁：“法定程序与证明标准‘实质联动’”，载《检察日报》2019 年 2 月 18 日。

34. 樊崇义：“理性认识‘认罪认罚从宽’”，载《检察日报》2019 年 2 月 16 日。

35. 王迎龙：“认罪认罚从宽制度下轻罪冤假错案的防范”，载《人民法院报》2019 年 2 月 14 日。

36. 肖中华：“认罪认罚从宽适用三题”，载《检察日报》2019 年 2 月 2 日。

37. 顾永忠：“检察机关贯彻认罪认罚从宽具有‘地缘优势’”，载《检察日报》2019 年 1 月 20 日。

38. 戚进松：“认罪认罚从宽：兼顾制度与方法”，载《检察日报》2019 年 1 月 10 日。

39. 卞建林、陶加培：“刑事诉讼法学：推动刑事程序法治繁荣发展”，载《检察日报》2019 年 1 月 5 日。

40. 朱伟：“认罪认罚案件中值班律师应兼顾'三重角色'”，载《检察日报》2018 年 12 月 24 日。

41. 祁云奎：“探索开展认罪认罚从宽制度试点工作新做法”，载《人民法院报》2018 年 11 月 28 日。

42. 蒋安杰：“'2018 刑事诉讼法颁行'的一次高端对话”，载《法制日报》2018 年 11 月 21 日。

43. 刘传稿、杨依：“在刑事一体化视角下探索重罪案件认罪认罚从宽制度”，载《检察日报》2018 年 8 月 7 日。

44. 张薇：“认罪认罚从宽案件上诉权的限定问题”，载《人民法院报》2018 年 7 月 19 日。

45. 张仁平：“核心是宽特色是快”，载《检察日报》2018 年 7 月 9 日。

46. 李立峰、蒲昌迅：“重庆：认罪认罚改革成效显著”，载《检察日报》2018 年 2 月 14 日。

47. 平安君、赵芳洲：“'认罪认罚从宽'有了杭州模式”，载《杭州日报》2018 年 2 月 10 日。

48. 侯月：“让公正驶上快车道——济南法院积极探索认罪认罚从宽制度取得阶段性成效”，载《济南日报》2018 年 1 月 3 日。

49. 任思言：“打造认罪认罚从宽制度'福州样本'”，载《福州日报》2017 年 12 月 28 日。

50. 刘嫚：“全国人大常委会委员：重罪是否适用'认罪认罚从宽'亟待明确”，载《南方都市报》2017 年 12 月 27 日。

51. 周强：“关于在部分地区开展刑事案件认罪认罚从宽制度试点工作情况的中期报告——2017 年 12 月 23 日在第十二届全国人民代表大会常务委员会第三十一次会议上”，载《人民法院报》2017 年 12 月 24 日。

52. 刘洋：“重庆细化刑案认罪认罚从宽制度”，载《人民法院报》2017 年 12 月 11 日。

53. 杨晓梅、潘文杰：“强化人权保障规范量刑协商——广州越秀区法院推进认罪认罚从宽制度改革纪实”，载《人民法院报》2017 年 12 月 8 日。

54. 徐晓红、房琦：“南京江宁：认罪认罚从宽试点工作提高办案质效”，载《检察日报》2017 年 11 月 23 日。

55. 刘春鹏：“'认罚从宽'不是'认罚从松'”，载《大连日报》2017 年 11 月 13 日。

56. 秦至：“以党的十九大精神为指引扎实推进改革试点工作”，载《人民法院报》2017 年 11 月 10 日。

57. 李豪：“轻罪案专业化快办简小提质增效”，载《法制日报》2017 年 9 月 22 日。

58. 史兆琨、王海声：“攻坚克难推动试点工作向纵深迈进”，载《检察日报》2017 年 9 月 19 日。

59. 戴谦、王海声：“全国检察机关刑事案件认罪认罚从宽制度试点工作推进会在青举行”，载《青岛日报》2017 年 9 月 19 日。

60. 沈吟、严静："杭州推进刑事案件认罪认罚从宽制度试点"，载《浙江日报》2017 年 8 月 16 日。

61. 台建林、马顶柱、山高飞："陕西'四化'并举推进认罪认罚从宽试点"，载《法制日报》2017 年 7 月 19 日。

62. 罗书臻："胡云腾在认罪认罚从宽制度试点工作座谈会上要求及时总结试点经验大力推进试点工作"，载《人民法院报》2017 年 7 月 18 日。

63. 王治国等："推动构建中国特色轻罪诉讼体系"，载《检察日报》2017 年 7 月 13 日。

64. 李阳："主动拥抱新一轮科技革命 全面深化司法体制改革 努力创造更高水平的社会主义司法文明"，载《人民法院报》2017 年 7 月 12 日。

65. 徐盈雁、范跃红："四成以上案件适用认罪认罚从宽"，载《检察日报》2017 年 7 月 8 日。

66. 杜萌："刑事案件认罪认罚从宽制度试点成效几何"，载《法制日报》2017 年 7 月 1 日。

67. 陈琼珂："一场官司庭审只用 5 分钟：认罪认罚从宽制度提高庭审效率的同时会让犯罪分子钻空子吗?"，载《解放日报》2017 年 6 月 16 日。

68. 戴谦、王海声："青岛试点认罪认罚从宽制度，促办案质量效率效果三提升"，载《青岛日报》2017 年 6 月 9 日。

69. 蔡长春："简案快审落实认罪认罚从宽制度"，载《法制日报》2017 年 5 月 23 日。

70. 钟亚雅："广州首宗适用认罪认罚从宽重大刑案开庭"，载《检察日报》2017 年 5 月 19 日。

71. 孙运双："审查逮捕过程，适用认罪认罚从宽制度"，载《山东法制报》2017 年 05 月 17 日。

72. 余建华、王泽烽："杭州富阳认罪认罚从宽试点见成效"，载《人民法院报》2017 年 5 月 8 日。

73. 沈维等："每个案件不到 10 分钟就作出判决"，载《杭州日报》2017 年 4 月 21 日。

74. 詹旋江、魏子焰："福清法院试点认罪认罚从宽制度"，载《人民法院报》2017 年 4 月 17 日。

75. 刘宝权、王建舟："沈阳刑案认罪认罚从宽试点成效显著"，载《人民法院报》2017 年 4 月 8 日。

76. 余建华、徐治平："杭州萧山适用认罪认罚从宽制度审理首批案件"，载《人民法院报》2017 年 4 月 5 日。

77. 曲宏："沈阳试点刑事案件认罪认罚从宽制度"，载《辽宁日报》2017 年 3 月 23 日。

78. 余东明、杜鹏："上海中院首判认罪认罚从宽案"，载《法制日报》2017 年 1 月 21 日。

79. 谢敏："牢牢把握改革方向确保试点依法规范开展"，载《检察日报》2016 年 11 月

29 日。

80. 孟建柱："坚持改革创新为全面建成小康社会提供有力司法保障——学习贯彻习近平同志关于全面深化司法体制改革和加强政法队伍建设重要指示精神"，载《人民日报》2016 年 3 月 9 日。

后 记

在不经意间，尘封的书稿即将付梓，不甚欣慰，亦有所感慨。

2016 年 12 月，出于自身的一些纯粹之念，不得不忍痛割爱，辞去了华南理工大学法学院的教职，告别了一块肥沃的热土，更有愧于徐松林先生的提携之情。再次踏上了充满不确定性的"北漂之旅"，在很多长者与师友看来，这可能是不甚明智的冒险决定。毕竟即将而立之年，从头再来，需要的可能不仅是单纯的勇气，亦非一腔狂躁的热情，而是深谙世道的理性与耐人寻味的生活之道。

性格往往在瞬间决定命运。每一种选择，在历史的定格处，往往都是最好的，而且偶尔也可能使人生变得丰富多彩。承蒙恩师高铭暄先生一直以来的关爱与引荐，有幸投入樊崇义先生门下，在北京师范大学刑事科学研究院从事刑事诉讼法学方面的博士后工作，从而真正意义上可以践行刑事一体化的学术旨趣。《认罪认罚从宽制度研究》一书，大体是在此背景下酝酿并形成的。而其直接的动因与来源，便是在站期间，自己申请了中国博士后科学基金第 61 批面上资助项目"认罪认罚从宽制度的探索完善与改革展望"（项目编号：2017M610783）。本书以该项目及其实施为基本依托，同时结合博士后出站报告《认罪认罚从宽制度研究》的内容，遂成初稿。在初稿完成后，《刑事诉讼法》（2018 年修正）以及"两高三部"《关于适用认罪认罚从宽制度的指导意见》（2019 年 10 月）带来了全新的实施课题。有鉴于此，又对书稿作了大幅度的修改，使其不至于明显地"脱离"立法规定与实施细则。

书稿的写作与修改，总体上是在极其动荡的境遇下断续性完成的。期间，充满了灵光一现的喜悦与憧憬，但更多的是游离于现实与理想之间的较量，以及可能告别学术的恐慌之碎片式来袭。庆幸的是，这些美好的组合，如同生活的味道，平淡而又真实，寡味却又富于咀嚼。书稿的完成，并非意味着对认罪认罚从宽制度的关注与研究已经结束，而只能说是暂告一段落，今后更需要精细化研究。

2019 年 6 月，几经周折与反复，在吴宏耀教授的鼎力帮助下，在恩师樊崇义先生的关怀下，有幸入职中国政法大学。至此，又重新回归学术的轨道，告别了不确定的过往。能够有机会做自己喜欢的事情，无疑是最令人欣慰的事情，也是 2019 年里最美好的结果。从此，也无需再学术"漂泊"了。

中国政法大学国家法律援助研究院吴宏耀院长平易近人，也乐于提携后生。入职后，从各方面提供力所能及的帮助，包括开课、项目参与、参会交流等。一次偶然的机会，得知吾辈之书稿，体恤到下属困于出版经费的难处，故不吝抬爱，欣然推荐到中国政法大学出版社。不仅如此，还以一人之力，帮助协调出版的诸多事宜，使书稿得以通过出版的方式，达致"丑媳妇见公婆"的终极宿命。

诚如自知，书稿仍有诸多不尽人意的地方。一来认罪认罚从宽制度及其实施始终处于发展状态，难于界定与定论。二来认罪认罚从宽制度是一项综合性制度，涉及问题庞杂，无法面面俱到。然而，历史就是一种固化的存在，代表了一种曾经坚持的可爱。拙著更主要是对认罪认罚从宽制度试点、立法化及其实施初期的回顾、反思、完善以及展望，同时兼具注释法学、实证法学以及对策法学的一些因子。同时，拙著也更应当担负供给遵循当代立场之批评的标靶之使命。如是，方能穷尽其"抛砖引玉"之微薄的出版价值与学术意义。如此，实乃吾辈之幸也。

书稿的顺利出版，需要感谢众多领导、师友的关心和帮助。德高望重的高铭暄先生、樊崇义先生在自己最穷困潦倒的时刻，给予极大的人文关怀与心灵鼓励。以往种种历历在目，不断鞭策自己坚持初心，做好学问。吴宏耀院长以常人难有的无私情怀，提供了一份宝贵的教职，情义重如山。诸多领导、师长、好友，在自己回京后，一如既往地予以支持和关心，帮助自己进步，如赵秉志教授、刘志伟教授、黄振中教授、陈奇伟教授、肖礼光主任律师，同窗王静思博士、王辉博士、付强博士、马云雪博士、张礼萍博士，以及王燕玲教授、常铮博士生、徐啸宇主任、王亚楠硕士、陈志娟博士生、韩雪博士等。同时，也要感谢父母、妻子和家人的包容、付出。金潇硕士帮助我分担了繁重的书稿编辑工作，中国政法大学出版社牛洁颖编辑不辞辛劳，在疫情期间校稿，使本书得以顺利出版，在此一并谢忱。

于自己而言，2019 年是一个特殊的年份。北漂十年终有果，学术流浪终得止。更高兴的是，经历折返后，仍在做自己喜欢的事情。对于自己喜欢的志业，也不再"穷于"只争朝夕的焦躁，而是愿意用更长的时间去看待未来及其可能性。如此，三十而立有余之际，也方可以有始终之息。

是为后记。

孙道萃

谨记于南城陋室

改定于 2019 年 11 月 29 日